대한제국기 야학운동

김형목

景仁文化社

간 행 사

우리동리 야학선생 공장아저씨
몸이 아파 공장에는 못오시지만
매밤마다 야학에는 와주신다오
아프신 몸 더해지면 엇지할가요
멋츨동안 쉬시래도 말슴안들어
우리들도 할수업시 매밤 온다우
우리보며 벙글벙글 늘웃던 얼굴
지금에는 산한 얼굴 쓸쓸한 얼굴
매밤마다 바라보면 눈물진다우

* 『중앙일보』 1932년 1월 4일 「야학선생님」

이 시는 1930년대 널리 회자된 야학과 관련된 동요이다. 이를 통하여 야학은 민중생활과 불가분 관계 속에서 진행되었음을 엿볼 수 있다. 곧 근대 민중생활사는 야학과 '동반' 관계 속에 있었다고 해도 과언이 아니다.

야학은 일제강점기는 물론 해방 이후 1980년대까지 문맹퇴치를 주도한 교육기관 중 하나였다. 제도권 교육 혜택을 거의 받을 수 없었던 시기 야학은 文解能力 증진과 더불어 모순된 현실에 대한 비판적인 인식을 배양시켰다. 또한 시세 변화에 부응하는 '새로운'

민중문화 창출을 위한 공간이자 '매개체'도 바로 야학이었다.

자강운동기 이후 전개된 야학운동은 근대 문화계몽운동 이해에 주요한 실마리를 제공하는 원천이자 지렛대이다. 이와 직·간접적인 관련자만도 수백 만 명에 달하는 등 야학운동은 한국근대사상 가장 폭넓은 저변 속에서 전개되었다. 이는 근대교육운동·문화운동 등을 포함하는 실력양성운동을 위한 실천적인 밑거름이었다. 1920년대 이후 노동·농민·여성운동 등 부문별 민족해방운동은 야학운동 진전과 맞물려 진행되었다. 물론 민족해방운동 浮沈과 마찬가지로 야학운동도 이러한 영향을 크게 받지 않을 수 없었다.

야학운동은 자강운동기 이래 사립학교설립운동과 함께 근대교육운동의 주요한 영역 중 하나였다. 설립주체·교사·교육내용 등에 따라 야학은 다양하게 구분된다. 식민체제에 대한 '저항과 순응'이라는 상황이 공존하는 가운데 활동가들은 시세변화에 부응한 민중문화 창출·보존에 노력을 기울었다. 동시에 식민교육체제로 포섭된 주요 세력도 야학운동과 관련된 인물들이었다. 이는 일제강점기 '일그러진' 우리들 자화상이나 다름없다. 최근 정치·사회적인 이슈로 대두되고 있는 '친일파 청산문제'도 결코 이와 무관하지 않다.

필자는 1980년대 초반부터 야학에 관심을 기울여왔다. 다년간 야학교사로서 현장체험은 선입견과 달리 다양한 성격을 지닌 야학을 확인할 수 있었다. 당시 문맹퇴치와 더불어 변혁운동을 추동시키는 '노학연계' 일환으로 야학은 활발하게 운영되었다. 하지만 의도와 달리 본질적인 문제에 대한 접근은 쉽지 않았다. 이는 필자로 하여금 일제강점기 야학운동을 학문적인 관점에서 접근하는 동기를 부여하였다.

근대사의 과정 속에 일과성 사건으로 보도한 내용을 담은 방대한 근대 신문·잡지 등에 관한 자료 정리는 결코 쉬운 일이 아니었다. 무모하게 시작한 자료 입력은 15년이 지난 현재도 진행 중에 있다. 이와 함께 일제강점기 야학운동과 관련된 인물이나 후손에 대한 증언 채록도 일부 병행하였다. 문헌상 한계는 구술사를 통하여 보다 현장감 있는 야학운동으로서 위상을 복원할 수 있다는 확신 때문이다. 지금까지 작업한 결과는 연구자들에게 정보를 공유하는 차원에서 자료집 발간을 계획 중에 있다.

본서는 필자의 박사학위논문 중 대한제국기 부분을 보완·수정하였다. '단순한' 문맹퇴치운동이 아니라 오늘날 현장교육에 자그마한 시사점을 줄 수 있는 야학운동으로서 의미를 부여하고자 한다. 근대교육운동 전반에 대한 이해가 부족한 필자로서 우선 두려움을 느끼지 않을 수 없다. 설립·운영주체의 활동상이나 현실인식 등 아직도 보완할 점이 너무나 많기 때문이다. 그런데 대한제국기 야학운동에 관한 사실조차도 아직 거의 밝혀지지 않았다. 이에 '만용'에 가까운 용기를 내어 감히 출판을 결심하였다.

이 책이 나오기까지 필자는 참으로 많은 선생님의 學恩과 주위 여러 분으로부터 도움을 받았다. 지도교수이신 金鎬逸 선생님은 20년 넘도록 자질이 부족한 필자에게 인간으로서 덕목과 학문하는 자세를 항상 일깨워주셨다. '인간학'으로서 역사연구를 강조하시던 말씀은 아직 귓가에 쟁쟁하게 울린다. 故金龍德 선생님께서는 학문적인 엄격함과 따뜻한 인간애로서 지도를 마다하시지 않으셨다. 삼가 영전에 고마움을 드립니다.

李英範·權錫奉 선생님께서도 세계사적 안목에 입각한 많은 가르침을 베푸셨다. 중앙대 사학과 權重達·秦星奎 선생님을 비롯한 박경하·손준식·육영수·차용구 선생님의 배려와 지도에도 감사를 드린다. 매번 방학마다 개최된 워크숍의 열띤 토론은 나태

한 필자로 하여금 학문에 더욱 정진할 수 있는 계기를 부여하였다.

필자는 박사학위논문을 지도 받는 과정에서 여러 선생님으로부터 많은 교시를 받았다. 尹炳奭(인하대 명예교수) 선생님은 사료 비판과 연구방법론 전반에 대한 조언을 아끼지 않으셨다. 고령에도 불구하고 항상 자신에게 엄격하신 학문 자세는 후학으로서 외경심마저 느낀다. 李文遠(중앙대 명예교수) 선생님은 근대교육운동 성격 규명 등 이 분야 전반에 관한 올바른 안목을 갖도록 지도해 주셨다. 鄭英熹(인천대 교수) 선생님은 논문 지도뿐만 아니라 무능력한 필자에 대한 경제적인 지원을 마다하지 않았다.

柳永烈(숭실대 교수) 선생님께도 감사를 드리지 않을 수 없다. 연구사 정리 위주로 진행된 강의는 필자로 하여금 우리 근현대사를 새롭게 인식할 수 있는 계기였다. 선생님께서는 난간에 부딪칠 때마다 스승으로서, 나아가 인간적인 선배로서 조언을 아끼지 않으셨다. 吳煥一(유한대학 교수) 선생님도 십 수년간 조언과 격려로서 필자를 관대하게 이끌어주셨다.

2002부터 2년간 이화여자대학교 사범대학 초등교육과의 학술진흥재단 기초연구 동참도 새로운 관점에서 야학운동을 접근하는 계기였다. 현장교육을 담당하시는 입장에서 필자의 논리적인 문제를 세밀하게 지적해 주신 부속초등학교 조연순 교장선생님을 비롯한 초등교육과 여러 선생님께도 감사를 드린다.

필자의 일터이자 연구 공간인 독립기념관 여러 분께도 고마움을 표한다. 金三雄 관장님과 金時佑 사무처장님을 비롯한 모든 기념관 가족들에게 너무나 많은 신세를 졌다. 한국독립운동사연구소 金喜坤(안동대 교수) 소장을 비롯한 연구원 동료에게 고마운 마음을 전한다. 40대 중반에 시작된 직장생활은 생소함과 실수의 연속이었다. 초기에는 변변치 못한 실무능력으로 많은 회의와 갈등을 겪었다. 그때마다 기념관 가족들은 지원과 격려로 언제나 화답해 주었다.

한국민족운동사학회·한국근현대사학회·한국사학회·한국사학사학회·흑석사학연구회에서 활동하시는 선생님·선배·동학 여러 분께도 감사를 드린다. 지면 관계상 도움과 격려를 아끼지 않으셨던 분들을 일일이 거론할 수 없어 미안할 뿐이다. 월례발표회·학술심포지엄·워크숍 등에서 지적된 내용은 필자로 하여금 사료에 대한 취사는 물론 새로운 연구방법론을 모색하는 계기이자 자극제였다.

대학원 시절 흑석사학연구회를 조직하여 같이 동고동락한 박순·최호·김문·김인식·박수현·김은국·상대영·이경룡·류주희·이용창·안창모·한동민·김준혁·이규식·강현자 선후배님에게 고마움을 전한다. 변혁운동론 관점만을 고집하던 필자에게 이 분들의 지적은 문화계몽운동 전반에 대한 이해의 폭을 넓히는 계기가 되었다.

가족에게도 고마움을 전한다. 일생을 손자 같은 늦둥이 뒷바라지를 하시다가 얼마 전 돌아가신 부모님 영전에 삼가 이 책을 바친다. 맏사위로서 제대로 역할을 하지 못하는 못난 필자를 곁에서 묵묵히 돌보아주신 장인·장모님께 감사를 드린다. 공부를 핑계로 남편과 아버지로서 마땅한 도리와 역할을 제대로 하지 못하였다. 가정사 전반을 도맡아 묵묵하게 이끌어준 아내 구순옥과 모나지 않고 사랑스럽게 자라준 민지·태현에게 미안함과 아울러 고마움을 전한다. 이 책이 우리 가족에게 희망찬 '새로운' 출발을 위한 하나의 디딤돌이 되었으면 하는 바람이다.

마지막으로 상업성이 거의 없는 이 책 간행을 허락해 주신 경인문화사 韓政熙 사장님께 감사를 드린다. 편집부장 申鶴泰님과 영업과장 李和杓님을 비롯한 편집부원 노고도 잊을 수 없다. 특히 필자가 박사학위논문을 준비하던 1990년대 중반부터 한사장님은 연구에 필요한 각종 자료와 편의를 흔쾌히 제공하여 주셨다. 학위논문을 마치고 2002년 발간을 약속한 지 벌써 4년이나 훌쩍 지났지만, 한 번 독촉도 없이 필자에 대한 배려를 아끼지 않았다. 다시 한번 고마운 마음을 전한다.

　공부를 한다는 사실은 너무 부담스러운 일임에 틀림없다. 한국에서 인문학 연구는 더욱 그러한 느낌을 지울 수 없다. 연구를 하면서 하루 하루를 살아간다는 자체가 어쩌면 주위 모든 분에게 일종의 짐인 지도 모르겠다. 이 책 발간이 그동안 신세를 진 모든 분께 마음의 빚을 갚는데 조그마한 보답이라도 되기를 바란다.

2005년 10월

광복60주년을 맞아

韓國光復軍 印緬工作隊 항일유적지 조사를 떠나면서

흑성산 자락을 바라보며

<목 차>

서 론

1. 문제 제기

1) 야학 기원과 개념

야학은 정규 교육기관이 아닌 사설 강습회·강습소·학습회 등에서 이루어진 여러 유형의 '사회교육'을 의미한다. 일반적으로 교육을 시행한 시간에 따라 주간은 강습회·강습소 등과 야간은 야학·야학강습회 등으로 구분하지만,[1] 이는 야학운동이 분화·발전된 1920년대 이후 일부 현상만을 반영하는 것에 불과하다.[2]

야학을 주경야독이라는 관점에서 본다면, 淵源은 오랜 역사적인 궤적에서 찾을 수 있다. 글방·서당이나 私塾·義塾 등 전통교육기관은 대부분 야간에 교육을 실시하였기 때문이다. 전근대사회 민중은 글방·서당 등을 통하여 교육적인 수혜를 받을 수 있었다. 그러나 교육 수혜는 상당히 제한되는 등 사실상 지배층 전유물이었다.[3] 이는 강고한 신분제와 더불어 지배층 기득권을 보장하는

---

1) 盧榮澤, 1979,『日帝下 民衆教育運動史』, 탐구당, 128~129쪽.
2) 김형목, 2000,「1910년대 夜學의 實態와 性格 變化」『국사관논총』94, 국사편찬위원회 : 2003,「한말 국문야학의 성행 배경과 성격」『한국독립운동사연구』20, 독립기념관 한국독립운동사연구소.
3) 김형목, 2005,「한말 야학운동의 기능과 성격」『중앙사론』21, 한국중앙사학회, 408~414쪽.

장치나 마찬가지였다. 특히 "제도권 교육기관에 의한 교육 수혜＝
지배층"이라는 인식은 역사적인 사실이었다.

한편 조선후기 각 방면에서 일어난 변화는 사회체제 전반에 지
대한 영향을 미쳤다. 이앙법 보급에 따른 농업생산력·토지생산성
의 비약적인 향상, 상품작물 재배의 확대와 場市網 형성에 의한 전
국적인 유통망 구축, 화폐경제 활성화, 민중의식 심화 등은 대표적
인 변화 요인이었다. 이는 마을단위나 門中·개인에 의한 서당 설
립·운영으로 확대되었다.4)

민중교육기관의 상징인 서당은 사회 변화와 더불어 확대·보급
되는 등 발전을 거듭할 수 있었다. 고조된 민중 교육열은 이를 반
증하는 부분이다.5) 19세기 이래 농민운동 활성화는 이러한 변화와
결코 무관하지 않았다. 심화된 현실인식은 민중 스스로 사회적인
자기존재성을 부각시키는 한편 자기권리를 주창하는 기반이었다.
이는 지배체제 근간인 신분제마저 근저에서 흔들었다.

三面一校制에 의한 공교육 제도가 정립된 1920년대까지 서당은
주요한 교육기관으로 존립하였다. 1913～1923년까지 전국적으로
20,000여 개 이상 운영된 서당은 이를 반증한다. 전후 시기 서당도
근대교육기관보다 수적으로 훨씬 우위를 차지하였다.6) 이처럼 일

---

4) 李萬珪, 1947, 『朝鮮敎育史』上, 을유문화사 ; 1988, 『조선교육사(영인)』
   Ⅰ, 거름, 178쪽～186쪽 : 정순우, 1985, 『18世紀 書堂硏究』, 한국학대
   학원박사학위논문, 52～63쪽 : 조연순, 1995, 『한국초등교육의 기원』,
   학지사, 71～72쪽.

5) 우용제, 1998, 「조선후기 서당교육의 양면성」『한국근대초등교육연구』,
   교육과학사, 5～17쪽 : 한국교육연구소, 1992, 『한국교육사(근·현대
   편)』, 풀빛, 99～106쪽.

6) 조선총독부, 『朝鮮總督府統計年報』와 『朝鮮總督府施政年報』의 각년
   도 참조 : 韓基彥, 1970, 「制度的 同化政策과 民族主義 敎育理念의 抵
   抗」『日帝의 文化侵奪史』, 정음사, 45～49쪽 : 노영택, 1979, 『일제하
   민중교육운동사』, 81～89쪽 : 김형목, 2005, 「일제강점 초기 개량서당

제강점기 서당은 특히 농촌사회에서 중요한 교육기관이었다. 교과목은 한문 위주에서 점차 탈피하여 일어·산술·한글 등을 가르치는 '改良書堂'이 대부분이었다. 교수방법도 전통적인 암기 위주가 아니라 시세 변화에 부응하는 새로운 방법론이 모색되었다. 자강운동기부터 대두된 '개량서당'은 문화운동 확산과 더불어 1910년대 이후 커다란 변화를 초래하였다. 교육열 고조에 따른 '입학난'과 식민당국자의 일어보급은 이를 변질·추동시키는 요인이었다.

야학은 설립 목적, 설립자·후원자·교사 등 설립·운영주체, 교육내용, 피교육자 등에 따라 民族夜學과 植民夜學(官制夜學 : 필자주)으로 구분한다.[7] 민족야학은 啓蒙夜學과 民衆夜學으로 크게 대별할 수 있다. 민족야학과 식민야학은 어느 정도 구분이 가능하다. 반면 계몽야학과 민중야학 구분은 뚜렷하지 않을 뿐만 아니라 모호성을 지닌다.[8]

일반적으로 야학 설립·운영주체나 교육내용 차별성은 크게 드러나지 않는다. 사상단체 회원들의 의식화를 위한 讀書會나 특수

의 기능과 성격」『사학연구』78, 한국사학회, 254~256쪽.

7) 崔根植, 1997, 「일제시대 야학운동의 규모와 성격」『史叢』46, 고려대, 1~2쪽.

8) 1920년대 중반 이후 노동·농민·청년·형평운동 등 부문별 민족해방운동 진전과 더불어 階級意識·民族意識 고취를 위한 민중야학은 교재나 교육 내용 등에서 차별성을 보여준다[이준식, 1993, 『농촌사회변동과 농민운동』, 민영사 : 박찬승, 1999, 「나주학생독립운동 관계 자료」『광주학생독립운동과 나주』, 경인문화사]. 그런데 이는 소수에 불과할 뿐만 아니라 구체적인 내용을 제대로 파악할 수 없다. 1920년대 후반 이후 1930년대 초반 '혁명적' 노동조합운동과 농민조합운동 활성화와 더불어 야학운동의 발전적인 양상은 나타난다[지수걸, 1993, 『일제하농민조합운동연구』, 역사비평사]. 이러한 야학조차도 일제 탄압으로 곧 해체되거나 일어보급을 위한 야학으로 변질되었다.

한 목적에 의하여 설립된 경우 이외에는 유사한 성격을 지닌다. 곧
보통학교 상급반이나 중등학교 진학을 위한 입시준비기관인 야학,
노동·농민단체 회원의 의식화를 위한 야학, 점원이나 행정사무원
의 실무 향상을 위한 야학, 음악·미술·어학 향상을 위한 야학
등은 특수한 목적에 따라 운영되었다.

　반면 대다수는 입학난에 따른 학령아동 구제와 근로청소년과 성
인들 문맹퇴치에 중점을 두었다.[9] 특히 1920년대 교육열 상승과
더불어 학령아동 구제는 커다란 사회문제로서 부각되었다. 교육내
용과 교과목 구성은 이러한 목적에 부합되는 방향으로 편성되지
않을 수 없었다. 이는 야학 성격은 물론 야학운동 목적을 규정하는
요인이었다. 현실여건과 유리된 어떠한 변혁운동도 존립할 수 없
기 때문이다.

　이와 관련하여 노동·농민운동 등 민족해방운동의 분화·발전
도 간과할 수 없다. 하지만 야학운동은 합법적인 영역에서 추진된
문화운동의 주요한 영역이었다. 제도권 교육기관은 식민체제나 식
민교육정책을 전면적으로 거부할 수 없었다. 식민당국자를 비롯한
각종 행정기관은 교육기관을 통제·억압하는 데 주저하지 않았다.
「조선교육령」은 일본어를 필수과목인 '국어'로서 중시한 반면 한
글은 선택과목인 조선어로 격하시켰다.[10] 야학운동도 역시 이러한
통제로부터 크게 벗어날 수 없었다. 일부는 비합법적인 방법으로
'민족교육'을 실시하는 등 저항적인 성격을 지녔다. 하지만 이는
소수에 불과할 뿐이며, 대다수는 식민당국자와 '적절한' 관계 속에

---

9) 김형목, 1999, 「1920년대 전반기 경기도 야학운동의 실태와 기능」『한
　국독립운동사연구』13, 독립기념관 한국독립운동사연구소, 131쪽 : 김
　형목, 2000, 「1920년대 전반기 서울지역 야학운동의 분화·발전과 성
　격」『우수논문집』2, 중앙대대학원, 79~81쪽.
10) 鄭在哲, 1985, 『日帝의 對韓國植民地教育政策史』, 일지사, 290~310쪽.

서 운영될 수밖에 없었다.

야학은 피교육자나 교과 과정 등에 따라 광의와 협의로 나눌 수 있다. 전자는 서당 등 전통교육은 물론 야학교・야학과 등을 포함한 야간에 이루어진 모든 교육을 포함한다. 중등교육기관 입시를 위한 야학 등도 이에 포함될 수 있다. 후자는 문맹퇴치를 위한 보통교육・초등교육을 위주로 한 文解敎育에 치중된 근대교육을 의미한다.[11]

그런 만큼 일제강점기 광범위하게 존속한 서당・사숙・의숙 등은 물론 제도권 교육기관인 야학교도 전자에 포함될 수 있다. 야학교 중 극히 일부만이 「사립학교령」・「조선교육령」 등에 의해 인가를 받았기 때문이다. 반면 대다수 야학은 사설강습소(회)로 인가・운영되었다. 법률적인 규정도 '사설강습소법'에 의하여 이루어졌다. 이는 비제도권 교육기관으로 존립한 야학 성격을 어느 정도 반증한다.

이 글에서 다루는 야학은 한문을 위주로 한 서당・사숙 등과 달리 근대교육을 시행한 경우로 한정하였다. 물론 강습회・강습소・학교라 할지라도 교육 내용이나 피교육자가 이에 부합될 경우에 포함시켰다. 사립학교 '야학과'는 가능한 연구 대상에서 제외하지만, 이러한 범주를 명확하게 적용할 수 없다. 勞動學校나 牧童學校는 명칭과 달리, 사랑방에서 樵童牧豎나 문맹한 성인 등을 대상으로 교육하는 등 사실상 야학이나 다름없었다.

한말 충청도・강화도・강원도 등지의 10여 명에 불과한 야학규모는 이를 반증한다.[12] 사립학교 부설인 야학도 '야간학과'인 지를

---

11) 윤복남, 1990,『한국 문해교육의 사회사적 고찰』, 고려대박사학위논문, 76~82쪽.
12) 김형목, 2002,「한말 충청도 야학운동의 주체와 이념」『한국독립운동사연구』18, 독립기념관 한국독립운동사연구소, 51쪽.

쉽게 구분할 수 없다. 심지어 보도에 나타난 기사만으로는 교과목인 지 또는 교과과정인 지를 쉽게 파악할 수 없는 실정이다. 더욱이 대한제국기 야학에 관한 교육법령마저 전무할 만큼 이를 구분할 수 있는 기준마저도 거의 없다.

  '개량서당'도 사숙·의숙 등이나 야학·야학교·강습소 등으로 불려졌다. 야학을 사립학교로 보도하는 경우도 적지 않았다.13) 곧 당시 야학은 사립학교로서 인식되고 있음을 의미한다. 설립·운영 주체의 노력과 주민들의 적극적인 지원은 야학을 제도권 초등교육 기관이나 중등교육기관인 사립고등보통학교로 승격시켰다. 이처럼 야학은 사립학교나 사설교육기관 등과 뚜렷하게 구분할 수 없다.14) 명칭만으로 야학과 사립학교를 구분하는 문제는 결코 간단

---

13) 京畿道 陽根郡 汾院公立普通學校 부설로 설립된 야학은 '自新學校'로 널리 알려졌다[『大韓每日申報』 1908년 2월 22일 잡보 「樵童設校」: 『대한매일신보』 1908년 2월 23일 잡보 「초동학업」: 『황성신문』 1908년 2월 18일 잡보 「汾校夜學」: 김형목, 1998, 「한말 경기지역 야학운동의 배경과 실태」, 184쪽]. 平南 三和府 초동목수들이 설립한 야학을 '靑靑學校'라고 불렀다[『황성신문』 1908년 7월 30일 잡보 「靑靑子衿」: 『경향신문』 1908년 8월 14일 일일특보 「삼화부 증남포에 교육이 발달된다홈을」]. 평남 肅川郡 右上面 通德里의 申榮間 등이 설립한 야학을 '通德學校'로 보도하였다[『황성신문』 1908년 11월 26일 잡보 「通德進就」: 김형목, 1999, 「자강운동기 평안도지방 '夜學運動'의 實態와 性格」 『한국민족운동사연구』 22, 한국민족운동사연구회, 54쪽]. 이 외에 '自立學校'나 '義務學校' 등 야학은 다양한 명칭으로 명명되었다. 박용옥은 대한제국기 여자야학 대부분을 여학교로 파악하였다[朴容玉, 1984, 『韓國近代女性運動史研究』, 한국정신문화원, 210~218쪽]. 이처럼 당시 야학은 '근대교육기관'인 학교로서 보도·인식되고 있었다. 이 글에 인용된 『大韓每日申報』는 국한문 혼용판, 『대한매일신보』는 한글판을 각각 의미한다. 서로 다른 기사가 있어 이를 구분할 필요가 있기 때문이다.

14) 현 중동중·고등학교는 1906년 官立漢語學校 부설 '한어야학'으로 시작하여 「사립학교령」 시행과 더불어 중동야학교로 인가를 받았다[김

하지 않다. 더욱이 이러한 구분은 야학운동 전반을 이해하는 데 별다른 도움이 되지 않는다.

이 글에서 개별적인 사례는 야학, 나머지는 야학운동으로 각각 개념화하였다. 1920년대 이후 문화운동은 물론 한말 자강운동의 주요한 영역 중 하나는 바로 야학운동이었다. 이와 같은 개념화는 종래 문맹퇴치에만 한정시킨 야학운동의 기능·성격 등에 대한 본질을 보다 사실적으로 규명할 수 있는 요인이다. 곧 야학운동은 한말부터 일제강점기 변혁운동의 주요한 영역을 차지함을 의미한다.

사회교육적인 기능은 물론 학령아동 구제라는 사회복지적인 측면 등 다양한 기능을 포함하고 있다.[15] 시대변화와 더불어 교육 수

형목, 1999, 「1906~1910년 서울지역 야학운동의 전개 양상과 실태」, 176·179쪽]. 일제강점기에는 사립중동고등보통학교로 승격되는 등 '민족교육기관'으로 발전을 거듭하였다. 대표적인 노동야학으로 알려진 馬山勞動夜學도 1920년대 교장·교감·부교감·교사·직원 등의 직제와 3년제 교육기관으로 발전하는 등 제도권 교육기관에 비해 전혀 손색이 없었다. 일제의 지속적인 탄압 속에서 이 야학은 1907년부터 1940년까지 운영되었다. 이는 일제강점기를 '대표'하는 노동야학으로서 명성을 얻을 수 있었다. 京畿道 始興郡 西面 所下里(현 광명시 소하동) 전주사 李淵哲이 설립한 국문야학교(일명 雲陽義塾 : 필자주)는 1923년에 西面公立普通學校로 전환되었다[『대한매일신보』1908년 1월 9일 잡보「리씨열심」: 『大韓每日申報』1908년 1월 12일 잡보「리氏熱心」: 『동아일보』1923년 7월 3일「學校期成會場에서 會衆을 感激식힌 乞人, 시흥 서면인사의 교육열, 이만여원을 어렵지 안케」참조]. 이처럼 야학교·야학·의숙 등은 사립학교나 공립학교로 전환되는 등 제도권 교육기관으로 발전되었다. 1920년 朝鮮女子敎育協會가 설립한 여자야학강습회는 발전을 거듭하여 덕성여자대학교로 발전하였다[김형목, 2000, 「1920년대 전반기 서울지역 야학운동의 분화·발전과 성격」, 84쪽]. 이러한 변화는 야학운동의 발전적인 양상을 그대로 보여준다. 나아가 고조된 교육열과 더불어 나타난 중등교육에 대한 높은 관심도 증가되는 등 당시 분위기를 이해할 수 있다.

15) 김형목, 2005, 「한말 야학운동의 기능과 성격」, 396쪽.

혜는 사회구성원의 의무이자 권리라는 새로운 문제로서 부각되었기 때문이다. 의무교육 일환으로 전개된 대한제국기 야학운동은 이를 반증한다.

2) 야학운동의 역사적 성격

(1) 시무책으로서 야학운동

야학은 시무책 일환으로 추진된 근대교육 보급과 더불어 1890년대 중반 이후 시작되었다.[16] 초기 야학은 사립학교 부설 야학과이거나 독립적인 야학교로 주학보다 많은 호응을 받았다. 細泉夜學校・日語夜學・時務學校 등은 당시 분위기를 반증한다.[17] 朴殷植은『學規新論』에서 빈민 자제나 노동자・부녀자 등을 위한 민중교육 일환으로 야학을 권장하였다. 집권층의 의지 부족과 사회불안에 따른 근대교육의 전반적인 부진은 야학 발전을 가로막았다. 다만 야학을 통한 근대교육 시행의 가능성을 제시한 사실은 근대교육사상 중요한 의미를 지닌다.

근대교육운동이 확산되는 자강운동기부터 야학은 야학운동으로

---

16) 김형목, 1999,「1906~1910년 서울지역 야학운동의 전개 양상과 실태」『향토서울』59, 서울특별시사편찬위원회, 164쪽.
周時經은 1893년 7월부터 培材學堂 교사인 朴世陽・鄭寅德에게 야학으로 개인적인 지도를 받았다. 이를 계기로 그는 국문을 연구하는 동시에 국어문법을 짓게 되었다[李基文, 1970,『開化期의 國文研究』, 일조각 : 李基文 編, 1976,『周時經全集』下, 아세아문화사, 741쪽과 709쪽 : 高永根, 1983,「開化期의 國語研究團體와 國文普及活動」『한국학보』30, 일지사]. 이처럼 주시경은 야학을 통한 근대학문을 수혜 받을 수 있었다. 그런데 전통적인 교육 형태인 私師에 의한 '야간교육'으로 이 글에는 포함될 수 없다. 이와 같은 형태는 당시 너무나 많았기 때문이다.
17) 김형목, 1998,「私立興化學校(1898~1911)의 近代教育史上 位置」『백산학보』50, 백산학회, 301~302쪽 : 김형목, 2001,『1910년 전후 야학운동의 실태와 기능』, 중앙대박사학위논문, 77~78쪽.

발흥하는 계기를 맞았다. 러일전쟁을 전후하여 대한제국은 일제의
半植民地 또는 식민지로 전락하는 위기 상황에 직면하였다. 국권
회복운동은 크게 의병전쟁과 자강운동으로 전개되었다. 교육구국
운동·언론운동·종교운동·식산흥업운동 등은 자강운동의 주요
한 영역이었다. 근대교육은 이 시기에 이르러 일부 활동가들에 의
하여 국권회복을 위한 교육구국운동으로 전개되는 등 발전적인 변
화를 가져왔다. 하지만 통감부 설치와 함께 시행된 식민교육정책
으로 보통교육에 입각한 근대교육은 난관에 직면하지 않을 수 없
었다.18)

　자강론자들은 근대교육 보급·확산을 위해 의무교육을 주장하
는 등 향학열 조성에 적극적이었다.19) 大韓自强會·西北學會·畿
湖興學會·嶠南學會·海西敎育總會 등 각종 학회와 지방자치를
표방한 漢城府民會·馬山民議所·金海農務會·葛山農務會·江
景民會 등과 각지에 설립된 수 많은 學務會·勉學會·獎學會 등
은 사립학교·야학·강습소 운영에 노력을 기울였다. 汲水商夜學
(일명 물장수야학 : 필자주)과 마산노동야학·중동야학·국민야학

---

18) 孫仁銖, 1986,「日帝 植民地 敎育政策의 性格」『日帝下 敎育理念과
　　그 性格』, 정신문화연구원, 68~69쪽 : 이광호·전명기, 1994,「식민지
　　교육과 민족교육」『한국사』14, 한길사, 216~225쪽.
19) 자강운동기 地方自治制의 일환으로 조직된 민회·농무회·민의소 등
　　의무교육론은 대체로 500호를 단위로 하는 學區였다. 坊會를 단위로
　　의무교육을 실시한 한성부민회도 마찬가지였다[김형목, 1997,「自强運
　　動期 漢城府民會의 義務敎育 施行과 性格」참조]. 지방에 따라 50호나
　　100호를 기준으로 하는 경우도 적지 않았다. 강화학무회·김해농무회
　　·갈산농무회·승평리농무회 등은 대표적이었다. 즉 농촌은 대체로
　　동리를 학구의 기준으로 삼았다. 사립학교설립운동은 이러한 배경에
　　의해 널리 확산될 수 있었다. 당시 의무교육 실태 파악은 근대교육운동
　　실상과 성격 이해에 매우 중요한 요인이다. 지금까지 지역단위나 부분
　　적인 사례를 제외한 연구는 전무한 실정이다.

교 등은 당대를 대표하는 야학이었다.[20]

동래부 耆英會 회원들은 노동야학교를 설립하는 등 일찍부터 야학을 통한 근대교육 시행에 앞장섰다. 90여 명에 달하는 일시적인 호응은 곧바로 협소한 교육시설 부족에 직면하였다. 회원들은 舊親兵衛廳 藥師廳 사용을 학부대신을 통하여 청원하자,[21] 내각대신 중 불참자 李載崑을 제외한 전원 만장일치로 5년간 임대하는 등 지원을 아끼지 않았다. 1908년 6월 서울의 勞動夜學會는 교사로 前侍衛兵丁守直所 차용을 정부에 요청하자, 내각회의는 5년간 월 5환에 임대를 허용하였다.[22] 李完用을 비롯한 대신들도 야학회의

---

20) 朴殷植, 1908,「勞働同胞의 興學」『西友』15, 서우학회, 19~20쪽 : 박은식전서편찬위원회, 1975,『朴殷植全書』下, 단국대출판부, 97~98쪽 : 김형목, 1999,「1906~1910년 서울지역 야학운동의 전개 양상과 실태」, 177~178쪽.
    김동환이 일제강점기 민족적인 정서에 호소한 '북청물장수'는 이러한 역사적인 배경 속에서 비롯되었다. 1930년대 崔容信이 경기도 화성군 반월에서 운영한 샘골강습소(일명 샘골야학 또는 泉谷講習所 : 필자주)도 이러한 범주에 속한다. 심훈은『상록수』에서 그녀의 야학운동에 대한 헌신적인 열정을 묘사함으로써 야학운동사의 '가장' 주요한 인물로 부각시켰다. 북청물장수의 향학열과 자제에 대한 교육열, 최용신의 헌신적인 활약상 등은 암울한 일제강점기를 살아가는 이 땅 민중에게 신선한 충격이자 새로운 희망이었다. 그러나 야학운동의 체제 순응적인 측면은 도외시 한 채 저항적인 측면만을 지나치게 미화하였다. 지금까지 대다수 연구자들은 객관적인 검증이나 사료에 대한 비판을 도외시한 채 이러한 논리를 그대로 수용할 뿐이다. 이리하여 야학운동은 실상과 달리 식민교육정책에 대한 '저항 논리'나 '저항주체'로서 각인되고 말았다. 미화·과장된 과거사는 또다른 '역사왜곡'에 불과할 뿐이다. 이제 객관적 사실에 근거한 진지한 연구태도와 인식이 절실하게 요구되는 시점이다.
21)『奏本』140册 1908년 8월 29일「內閣會議」와「公廨貸與請議書」: 김형목, 2002,「자료; 夜學 校舍 賃貸에 관한 문서」『한국근현대사연구』21, 한국근현대사학회, 249~250쪽.
22)『奏本』136册 1908년 6월 8일「內閣會議」와「公廨貸與請議書」.

요구에 부응하는 등 적극적인 관심을 표명하기에 이르렀다. 야학
은 노동자교육을 위한 대중적인 교육기관으로서 점차 부각되었다.
이리하여 야학운동은 사립학교설립운동과 더불어 근대교육운동의
주요한 영역을 차지할 수 있었다.

　자강운동론자에게 의무교육은 주요 관심사이자 활동영역이었다.
의무교육론과 더불어 각지에 國民夜學校・國文夜學校・노동학교・
노동야학교・농민야학교・樵童夜學 등이 설립되는 등 야학운동
은 발흥기를 맞았다. 학령아동은 물론 성인 문맹자를 대상으로 한
'사회교육'인 야학운동 차원으로 전개되었다. 교육내용・체제・시
설 등은 제도권 교육기관에 비해 '상대적'으로 미흡하였다.23) 하지
만 설립・운영주체의 열의와 학생들의 '향학열'만은 결코 뒤지지
않았다. 李東輝는 강화도 내 모든 普昌學校支校에 노동야학이나
국어야학을 설립하였다.24) 1906년부터 '한일합병' 이전까지 1,000

---

23) 모든 야학이 제도권 교육기관보다 교육내용・시설・체제 등에서 소규
　　모임을 의미하지 않는다. 다만「사립학교령」시행에 따라 야학 중 사
　　립학교로 인가된 경우는 극히 일부에 불과하였다. 이러한 사실에서 대
　　다수 야학의 교육시설 등을 어느 정도 추측하여 볼 수 있다. 물론 일부
　　야학은 오히려 규모・체제 면에서 사립학교를 능가하였다. 中東夜學
　　校(전신은 漢語夜學 : 필자주)・마산노동야학・齊民夜學校 등은 200
　　여 명을 수용할 정도로 사립학교를 능가하는 규모였다. 교사진도 교과
　　전담제를 실시하는 등 중등교육기관에 버금가는 상황이었다.
24)『大韓每日申報』1908년 2월 25일 잡보「江校復興」, 3월 18일 잡보「江
　　都학風」: 愼鏞廈, 1985,『韓國近代民族運動史研究』, 을유문화사, 140～
　　142쪽 : 김형목, 2005,「대한제국기 강화지역의 사립학교설립운동」『한
　　국독립운동사연구』24, 독립기념관 한국독립운동사연구소, 26쪽.
　　1908년 3월 현재 강화도내에 설립된 보창학교지교는 21개소였다. 기존
　　에 설립・운영된 사립학교 중 지교로서 인가된 학교는 10여 개교에 달
　　하였다. 31개 지교는 모두 야학을 부설로 설립・운영하는 등 근대교육
　　보급에 노력을 경주하였다. 야학생수는 모두 500여 명에 달할 만큼 도
　　내 근로청소년의 향학열을 고조시켰다.

여 개 이상이나 설립·운영된 야학은 당시인의 교육적인 열의와 관심도를 반증한다. 특히 일부 지방관들은 의무교육 일환으로 야학운동을 주도하는 등 근대교육에 솔선하는 입장이었다.[25]

(2) 일어보급을 위한 국어강습회

1910년대 야학운동은 일제의 무단적인 탄압책동과 자강운동자들의 항일전선 일탈로 침체기에 직면하였다. 1911년 단행된「조선교육령」으로 많은 사립학교가 식민지교육 체제 내로 흡수된 것처럼,[26] 야학도 일어보급을 위한 교육기관으로 변질되고 말았다. 각

---

25) 충남 唐津郡守 徐載德은 47개소, 황해도 白川郡守 全鳳薰(勳)과 평북 昌城郡守 金相範은 각 동리마다, 평북 茂山郡書記 南重鉉은 3개소, 강원도 襄陽郡守 崔鍾洛은 유지들과 70개 야학을 각각 설립하였다. 이처럼 야학운동은 사립학교설립운동과 마찬가지로 지방관에 의해 주도되었다[김형목, 2005,「대한제국기 강화지역의 사립학교설립운동」, 10~12쪽].

26) 趙東杰, 1977,「1910년대 民族敎育과 그 評價上의 問題」『韓國學報』6, 일지사, 118~129쪽 : 윤경로, 1996,「1910년대 독립운동의 방략과 특성」『한국독립운동사사전(총론편)』1, 독립기념관 한국독립운동사연구소, 268~269쪽 : 강영심, 1996,「1910년대 일제의 무단통치와 비밀결사투쟁」『한국독립운동사사전』1, 288~289쪽.
이들은 1910년대 '민족교육기관'으로 개량서당과 야학을 지목하였다. 자강운동기 5,000여 개교 이상에 달한 사립학교는「사립학교령」과「寄附金品募集取締規則」에 의해 상당수가 폐교되거나 통합되는 비운을 맞았다. 이러한 탄압을 극복한 사립학교도 이후「조선교육령」실시와 더불어 점차 식민지교육 체제로 포섭되었다. 이에 근거하여, 비제도권 교육기관은 바로 '민족교육' 중심지라는 논리이다. 그런데 1910년대 대다수 야학은 일어보급을 위한 국어강습회로 '민족교육'과 사실상 전혀 무관하였다. 오히려 식민교육정책을 수행하는 교육기관은 바로 야학인 국어강습회였다[김형목, 2000,「1910년대 夜學의 實態와 性格 變化」『국사과논총』94, 국사편찬위원회, 193쪽 : 2000,「한말·1910년대 女子夜學의 性格」『중앙사론』14, 한국중앙사학회, 49쪽 : 2001,「1910년대 同化政策과 私立京城幼稚園」『한국민족운동사연구』28, 한국민족운동사학회 참조]. 더구나 일제는 개량서당에 대해 지방비를 지원하는

관청이나 관리들에 의한 국어강습회는 공립보통학교 부설로 운영
되는 등 이전 야학운동을 대체하여 나갔다. 야학생 중 일본어 능통
자를 하급관리로 채용하는 '특례'는 야학 성격을 변질시키는 결정
적인 계기였다.[27]

　19세기 말과 오늘날 국제화라는 미명하에 '영어만능시대'가 한
국사회를 풍미하듯이, 당시는 '일본어만능시대'였다. 이는 사회적
인 풍조이자 교육계 전반을 지배하는 분위기였다. 국어강습회의
졸업식·학예회는 일본 창가를 부르거나 일어로 답사·축사하는
'진풍경'을 연출하였다. 그런데 한국인 대부분은 이를 시대적인 대
세로서 수용하는 분위기였다.

　일어교육 강화는 통감부 설치 이전부터 친일세력 육성책의 일환
으로 전개되었다. 京城學堂과 三南學堂을 비롯하여 주요 개항장과
도시에 설립된 일어학교는 이를 반증한다.[28] 一進會가 설립·운영
한 33개소 일어학교는 이와 무관하지 않았다. 문명화론에 경도된
일부 계몽론자들은 일본인 교사를 초빙하는 등 일어보급에 치중하
는 양상이었다.

　일제강점 이후 식민체제 강화는 이러한 분위기를 더욱 확산시켰
다. 식민교육정책에 대한 저항은 일부 사립학교로 한정될 뿐이었

　등 同化政策 차원에서 이를 활용하였다. 1930년 이전까지 일제의 서당
　에 대한 온존책으로 개량서당 운영자들이 민족교육을 실시했다는 주장
　은[盧榮澤, 1979,『日帝下 民衆敎育運動史』, 81~89쪽] 실상과 전혀 다
　르다. 대부분 개량서당은 일어를 중심으로 초보적인 한자·산술 등을
　교수하는 등 식민교육정책을 보조하는 성격을 지녔다.

27) 김형목, 2000,「1910년대 야학의 실태와 성격 변화」, 190쪽.
28) 윤건차 지음(심성보외 역), 1987,『한국근대교육의 사상과 운동』, 청사,
　　206~213쪽 : 이명화, 2000,「韓末 日帝의 日本語 普及 實態」『충북사
　　학』11·12, 충북사학회, 453~470쪽 : 김형목, 2001,『1910년 전후 야학
　　운동의 실태와 기능』, 141~143쪽.

다. 곧 관·공립학교나 비제도권 교육기관인 국어강습회는 식민교
육정책 내로 포섭·동화되었다.[29] 심지어 유치원 조차도 일어보급
과 일본인 생활양식을 교육시키는 현장으로 전락하고 말았다. 경
성유치원은 대표적인 경우였다. 오늘날 우리말에 남아 있는 일본
어 잔재는 이러한 역사적인 배경에서 비롯되었다.

(3) 민족해방운동 매개체로서 야학

　3·1운동 이후 1930년대 중반까지 농민·노동운동 등 민중운동
진전과 실력양성운동의 활성화로 야학운동은 다시 '전성기'를 맞

---

29) '민족교육'이나 '민족교육기관'에 대한 개념은 식민교육에 대한 '대립
　적인' 측면을 강조하는 의미에서 사용하였다. 식민교육은 차별적인 同
　化主義에 입각한 '식민지형' 인물 양성이었다. 반면 '민족교육'은 독립
　국가 수립에 필요한 인재 양성을 표방하였다. 당시 사립학교의 교과목
　구성·운영 체제 등을 볼 때, 모든 사립학교에 대한 적용은 오히려 무
　의미하다. 대부분 사립학교는 일어를 주요 교과목으로 채택하고 있었
　다. 물론 관·공립학교에 비해 '상대적인' 자율성은 민족의식을 고취할
　가능성을 보여준다[김형목, 2000, 「1910년대 夜學의 實態와 性格 變化」,
　175쪽]. 그런데 1908년 시행된 「教科用圖書檢定規則」으로 식민교육정
　책에 위배되는 교과서 내용은 모두 삭제되었다. 즉 일어 수업시간의
　'단순한' 비중만으로 "사립학교가 민족교육의 산실"이라는 평가는 재
　고를 요한다. 아울러 교원강습회는 교사들로 하여금 식민교육체제 내
　로 견인하는 통로였다. 우수 교원에 대한 평가 기준이나 포상자의 활동
　상 등은 이를 반증한다. 특히 '한일합병' 직후 사립학교 학생들이 일어
　습득을 위해 공립학교로 대거 전학한 현상은 많은 시사점을 준다. 학생
　들의 현실참여는 개인적인 성향이나 지역적인 분위기 등 다른 관점에
　서 접근할 필요성을 느낀다. 1910년대 조직된 청년회 대부분은 일본인
　군수·경찰서장을 고문으로 추대하였다. 심지어 현지에 거주하는 일본
　인들과 유대강화라는 명분하에 청년회를 조직한 후 정기적인 모임도
　서슴지 않았다[『매일신보』 1916년 5월 26일 지방통신 「安城, 國語講習
　會」, 9월 5일 지방통신 「安城에서, 國語講習會의 位置」, 1917년 11월 7
　일 「珍島郡의 靑年自進會, 뉘선인의 찬동으로」 참조]. 이는 고조된 排
　日感情과 달리 식민정책에 부화뇌동하는 상황을 반증한다. 일본어에
　대한 관심과 열기는 이러한 상황과 결코 무관하지 않다.

았다. 문화운동 확산은 자강운동 이래 교육열을 다시 고조시키는 주요한 계기였다.[30] 교육기관이 '상대적'으로 완비된 서울조차 공립보통학교 취학율은 겨우 지원자의 20~30%를 수용하는 정도로 미미한 수준이었다. 만성적인 입학난 문제는 공립보통학교에서 입학시험을 실시하는 등 전대미문의 '살풍경'을 연출하고 말았다.[31]

---

30) 金鎬逸, 1973, 「近代 私立學校의 設立理念」『사학연구』23, 한국사학회 ; 김호일, 2000,『韓國近現代移行期 民族運動』, 신서원, 108쪽에 재수록 : 金俊燁·金昌順, 1986,『韓國共產主義運動史』2, 청계연구소, 8~14쪽 : 박찬승, 1992,『한국근대정치사상사』, 역사비평사, 20~26쪽. 김호일은 文化主義를 新敎育을 위한 사립학교 설립이념으로 규정하였다. 이러한 개념은 1920년대 학술·문학·종교·언론운동 등과 더불어 교육운동을 포함한 문화운동에 그대로 적용할 수 있다[『동아일보』1920년 6월 29일 논설 「學友會巡廻講演, 文化運動의 第一陣」, 1921년 2월 22~23일 「文化運動에 對하야, 먼저 개인지식 향상이 필요, 모든 운동도 이 주의로 할 것-梨花學堂敎師 金活蘭孃談-」 : 개벽사, 1921, 「권두언, 文化運動이 今昔」『開闢』21, 개벽사 :『조선일보』1923년 8월 3~10일 「文化運動과 無產者運動」 참조]. 반면 이른바 '문화통치' 영역 내에서 전개된 문화운동을 포함한 자치운동·외교운동 등 준비론적인 민족운동은 배척·타도의 대상이었다[신채호, 1975, 「朝鮮革命宣言」 ; 단재신채호선생기념사업회,『丹齋申采浩全集』下, 형설출판사, 38쪽]. 그에게 문화운동은 식민당국자에 의해 항상 왜곡·이용당하는 등 민족운동의 영역에 포함될 수 없었다. 그의 예리한 현실인식이나 굳은 지조는 이러한 논리와 무관하지 않았다. 이는 강동진에게 그대로 반영될 정도로 후대에 많은 영향력을 끼쳤다[姜東鎭, 1980,『日帝의 韓國侵略政策史』, 한길사, 401~413쪽]. 이 글에서는 광의의 의미를 지닌 개념으로서 사용하고자 한다. 왜냐하면 문화운동은 "저항과 순응"이라는 양면성을 지닌다. 즉 야학운동은 식민교육정책에 대한 저항과 동시에 이를 보조하는 성격을 포함하고 있기 때문이다.

31) 『매일신보』1921년 2월 7일 지방통신 「今年普校入學難」, 1922년 5월 12일 「入學難救濟事業, 평양의 안병의란 청년이 만원을 니어 평양학관을 설립힛다」와 5월 17일 「二部敎授遂實施, 入學難에 緩和策決定; 각 보통학교에서 류월일일브터 이부교슈를 흐기로 됨」 :『조선일보』1921년 4월 13~14일 사설 「入校치 못혼 靑年과 兒童에게」 :『동아일보』

朝鮮敎育協會(일명 朝鮮敎育會 : 필자주)·朝鮮女子敎育會·敎育改善委員會 등의 조직·활동은 당시 상황과 밀접한 관련 속에서 이루어졌다.

入學難救濟會는 학령아동 구제를 위한 중심단체였다. 청년단체 주도로 각지에 조직된 후 임원들은 이를 주요한 사회문제로서 부각시켰다. 그런데 당국자의 해결책은 공립보통학교 부설인 이부제와 야학 시행이었다.[32] '삼면일교제'를 근간으로 하는 공교육제도조차 제대로 완비되지 않은 상황에서 입안된 이러한 계획은 미봉책에 불과할 뿐이었다. 그런 만큼 일제의 의도와 달리 별다른 성과를 거둘 수 없었다. 일제가 "一面一校制 확립과 더불어 전면적인 보통교육이 완비되었다"고 자화자찬한 1930년대 후반조차 보통학교 입학난은 여전히 주요한 현안이었다.

이는 야학운동 활성화로 귀결되었다. 전국적으로 거의 모든 마을과 공장 등지를 중심으로 야학은 설립·운영되었다. 각지에 조직된 청년·사회단체는 야학운동을 추동·발전시키는 중심체였다. 당시를 '야학운동기'라 지칭할 정도로 민족주의자나 사회주의

1922년 3월 26~27일 논설 「入學難을 如何히 할가」과 3월 31일 「數字가 證하는 入學難, 청원접수는 삼배이상, 경성부와 학교에서 됴사한바」 : 한우희, 1998, 『일제식민통치하 조선인의 교육열에 관한 연구─1920년 대 공립보통학교를 중심으로─』『근대한국초등교육연구』, 교육과학사, 103~108쪽 : 김형목, 2000, 「1920년대 전반기 서울지역 夜學運動의 分化·發展과 性格」, 67~71쪽.

32) 『동아일보』1922년 4월 11일 광고 「入學難救濟發起會」, 4월 17일 「二部制와 夜學制, 실힝을 당국에 진정하기로 방침을 뎡한 입학난구졔회」, 4월 19일 「府當局에 要求, 입학난구제칙의 二部制와 夜學制」, 4월 31일 「昌寧郡 入學難解決」 : 『매일신보』1923년 3월 20일 「入學難과 兒童」, 1925년 1월 19일 「就學 못한 兒童이 京城에만 萬五千名, 부당국에셔난 더칙을 연구중」 : 김형목, 2000, 「1920년대 전반기 서울지역 야학운동의 분화·발전과 성격」, 67~69쪽.

자들의 이념적인 이질성에 관계없이, 이들의 주요한 관심사이자
활동 영역이었다. 일제강점기 설립·운영된 야학은 70,000여 개소
이상에 달하였다.[33] 이는 야학운동에 대한 열의와 민중의 광범한
지지 속에서 추진된 사실을 반증한다.

2. 연구 동향

1) 1970년대

야학운동 연구는 일제강점기는 물론 해방 이후 1960년까지 매우
부진한 상황이었다. 류달영의 崔容信에 관한 전기와 교육활동가의
일부 활동 정도로 언급되었을 뿐이다. 전체적인 실태는 물론 가장
기본적인 배경조차도 언급되지 못하였다.

학술적인 최초 연구는 1970년 강동진에 의해 촉발되었다. 『동아
일보』기사를 통하여 노동야학의 출현배경·추세, 지역적인 분포,
교육내용, 이에 대한 일제의 탄압·회유책 등을 개괄적으로 밝혔
다.[34] 노동야학은 1910년대 사립학교와 더불어 1920년대 이후 '민

---

33) 김형목, 1999, 「1920년대 전반기 경기도 야학운동의 실태와 기능」, 101쪽.
    필자가 조사한 바에 의하면, 군단위로 최저 120여 개에서 최고 400여에
    달할 정도로 많은 편차를 보였다. 이를 통하여 전국적으로 7만 여 야학
    은 설립·운영되었다고 추측할 수 있다. 물론 실질적인 야학명을 파악
    할 수 있는 야학은 2만여 개소에 불과하다. 상당수 야학은 설립자·교
    사 인물 성격이나 일제 탄압으로 설립과 동시에 폐지되는 등 많은 우
    여곡절을 겪었다. 靑年同盟·新幹會·槿友會나 '혁명적' 노동조합·
    농민조합이 운영한 경우는 특히 탄압을 많이 받았다. 이러한 가운데
    1930년대 후반 운영된 야학은 일어보급을 위한 식민교육기관으로 변모
    하고 말았다. 간이학교로 전환, 서당개량화는 '황민화'를 위한 민족말
    살정책 등과 맞물려 급속하게 진행되었다.

족교육' 산실로서 '애국적인' 인물 양성에 기여하였다고 보았다. 마산노동야학은 1907년 시작된 이래 1920년대까지 지속적으로 실시되는 등 노동야학이 '근대적인' 노동자층의 형성과 밀접한 관련 하에 실시된 사실을 부각시켰다. 그의 연구로 야학에 대한 관심 촉발과 민족해방운동과 관련성을 밝힌 점은 중요한 의미를 지닌다.

이러한 논리는 아무런 비판 없이 이후 대다수 연구자들에 의해 그대로 수용되었다. 하지만 그의 연구는 우후죽순처럼 설립된 노동야학의 전체적인 실상을 제대로 파악하지 못한 채, 부분적인 사실로서 전체적인 성격을 규정하였다. 또한 노동야학이 민족해방운동과 구체적인 연관성을 밝히지 못하는 한계성을 드러내었다. "노동야학은 민족해방운동에 필요한 애국적인 인재를 양성하였다"는 주장도 구체적인 사실보다 '개연성'에서 추측한 사실에 불과하다.[35)]

노영택은 민중교육기관으로 서당·여자야학과 같은 私設講習會에 주목하였다.[36)] 그는 개량서당이 민족교육의 '공백기'인 1910년대부터 1920년대 전반기에 걸쳐 민족교육을 담당한 사실을 강조하였다. 또한 3·1운동 이후 성행한 여자야학의 배경·특징 등을 일부 밝혔다. 사설강습소·개량서당·야학 등의 교재 내용 분석을 통하여 이러한 교육기관은 식민교육에 대항한 민족교육 산실인 점을 부각시켰다. 정규적인 사립학교는 식민교육체제에 순응한 반면

---

34) 姜東鎭, 1970, 「日帝支配下의 勞動夜學」 『歷史學報』 46, 역사학회 ; 1974, 「日帝支配下の勞動夜學」 『韓』 34, 한국연구원에 재수록.
35) 이귀원, 1996, 「1920년대 전반기 마산지역의 민족해방운동」 『지역과 역사』 1, 부산경남역사연구소, 15~17쪽.
36) 노영택, 1974, 「日帝下의 書堂敎育」 『歷史敎育』 16, 역사교육연구회 : 1975, 「日帝下의 女子夜學」 『史學志』 9, 단국대 : 1976, 「日帝下 私設 講習會의 實態」 『史叢』 20, 고려대; 이상은 노영택, 1979, 『日帝下 民衆敎育運動史』에 재수록.

비정규적인 교육기관은 저항을 통해 민족교육을 지탱하였다고 보았다.

그는 식민야학과 민족야학 구분도 하지 않은 채 식민야학이 실력양성에 이바지하였다는 등 결정적인 오류를 범하고 말았다.[37] 1910년대 개량서당의 변화 과정과 성격은 물론 민족교육에 대한 실증도 거의 없다. 특히 일제강점기 전 시기를 무차별적으로 파악하는 등 민족해방운동 분화와 야학운동 성격의 변화 관계를 제대로 밝히지 못하였다. 여자야학 연구는 이러한 사실을 극명하게 보여준다. 더욱이 몇몇 사례로 전체적인 성격을 규정하는 등 사료에 대한 신빙성을 반감시켰다.

임중빈과 박용옥은 尹奉吉의 농촌운동을 파악하는 가운데 농민야학 문제를 언급하였다.[38] 윤봉길이 농민운동가로서 청년회를 중심으로 야학을 실시한 배경, 농민운동과 야학 관계를 밝혔다. 이를 통하여 윤봉길이 중국으로 망명하여 의열투쟁에 투신한 배경과 농

---

37) '문화통치'라는 합법적인 영역에서 추진된 야학운동이 식민교육정책의 저항 주체로서 과연 얼마나 존립할 수 있을까. 곧 '문화통치'와 야학운동은 서로 분리된 채 결코 진행되지 않았다. 물론 야학에 대한 통제가 제도권 교육기관에 비해 '상대적'으로 미약하였다. 일부 설립·운영주체들이 이를 활용하여 民族意識이나 階級意識 등을 강조하는 '민족교육'을 시행할 가능성은 상존한다. 이러한 경우는 교육 내용 등의 차별성을 지닐 수밖에 없었다. 하지만 일제가 '거미줄'처럼 세밀한 정보망을 통하여 식민정책을 수행해 온 사실은 간과할 수 없는 부분이다. 1930년대 후반 皇民化政策과 더불어 민족말살정책 일환인 일어 상용화는 사회 각 부분의 영역으로 확대되었다. 식민당국자는 56만 개에 달하는 야학 설립으로 이를 추진하려는 의도였다. 이러한 '야심찬' 계획은 야학운동 성격과 관련하여 의미하는 바가 크다[『동아일보』 1939년 1월 5일 「夜學大擴充 計劃; 五十六萬部落에 設置」 참조].
38) 任重彬, 1975, 「農村改革의 햇불」 『千秋義烈尹奉吉』, 인물연구소 : 朴容玉, 1976, 「尹奉吉의 農村運動」 『나라사랑(梅軒 尹奉吉特輯號)』 25, 외솔회.

민야학이 청년운동사에서 차지하는 위치 등을 부분적으로 규명하였다. 또한 윤봉길이 저술한 『農民讀本』을 통하여 농민문제에 대한 인식의 일단을 제시한 점은 생생한 의미를 지닌다.[39] 다만 윤봉길의 식민지 상황에 대한 인식과 당시 농민야학의 파급 효과에 대한 부분을 규명하지 못한 점은 아쉬움으로 남는다. 이후 김학준·신용하는 윤봉길의 농민운동을 독립운동과 관련시키는 한편 이러한 문제점을 부분적으로 보완하였다.[40] 보다 근본적인 문제점은 3·1운동 이후 예산일대에 조직된 청년단체·농민단체와 관련성 속에서 그의 위상을 규명하는 문제이다. 김형목은 예산지역 청년운동과 관계 속에서 이를 파악하였다.[41]

야학운동은 '학술운동'으로 독립운동사에서 정리되는 가운데 민족교육의 일환임과 동시에 민족해방운동의 한 영역임을 밝혔다.[42] 노동운동 진전, 농촌계몽운동의 확산, 학생운동 발전은 노동야학·농민야학·강습회 등을 활성화시키는 배경이었다. 방학을 이용한 학생들의 '귀향활동'은 민중들에게 식민정책에 대한 저항심 고취와 더불어 민족실력양성에 크게 이바지하였다. 일제가 농촌계몽운동을 묵인한 배경이 수탈 강화를 위한 '기만적인' 정책의 실상임을 간과하고, 야학 시행 사실만을 지나치게 강조하고 말았다. 이른바 식민야학도 실력양성운동의 일환이라는 몰역사적인 인식을 그대로 드러내었다.

1930년대 전반에 전개된 문자보급운동과 브나르도운동도 실력

---

39) 임중빈, 1976, 『나라사랑(梅軒 윤봉길특집호)』 25, 외솔회.
40) 김학준, 1992, 『매헌윤봉길전서』, 정음사 : 신용하, 1995, 「尹奉吉의 農民運動과 民族獨立運動」 『한국학보』 81, 일지사.
41) 김형목, 2002, 「윤봉길의 현실인식과 청년운동사상 위치」 『한국민족운동사연구』 33, 한국민족운동사학회.
42) 독립운동사편찬위원회, 1976, 『독립운동사』 8, 독립유공자사업기금운용위원회.

양성운동의 주요한 영역이었다.[43] 이는 학생들의 귀향활동과 연계되는 가운데 문맹퇴치·생활개선 등 부문별로 많은 성과를 거두었다는 논리였다. 학생들은 이에 참가함으로써 모순으로 점철된 식민지 현실을 보다 객관적으로 인식할 수 있었다. 이는 학생운동의 질적인 변화·발전을 모색하는 계기를 부여하였다. 그러나 농촌진흥운동은 부르조아세력을 식민체제 내로 흡수하려는 식민정책의 본질을 간과하는 등 결정적인 오류를 범하고 말았다.[44]

농민운동과 농민야학 관련성은 조동걸에 의해 밝혀졌다.[45] 朝鮮農民社는 농민운동 일환으로 농민야학을 적극 추진하였다. 농민야학은 1920년 이후 널리 성행할 수 있었다. 함북 咸興郡 新中面 普成夜學은 1906년부터 농민야학으로 시작된 사실을 그는 밝혔다. 특히 서북지방의 농민야학 실상을 밝힘으로써, "남부지방이 야학 온상지"라는 종래 견해를 실증적으로 반박하는 성과를 거두었다. 경북 英陽郡의 답사를 통하여, 거의 모든 마을에서 시행된 농민야학 실상을 규명하기에 이르렀다. 결론적으로 신문·잡지 등에 보도된 경우는 '대표적'이거나 '모범적인' 야학이라고 그는 추정하였다. 이 연구는 지역적인 사례나 전국적으로 추진된 야학운동 상

---

43) 동아일보사사편찬위원회, 1975, 『東亞日報社史』: 조선일보사사편찬위원회, 1970, 『朝鮮日報五十年史』: 鄭晋錫, 1975, 『日帝下 韓國言論鬪爭史』, 정음사 : 정세현, 1975, 『항일학생민족운동사』: 권희영, 1979, 「1930년대 초 언론기관의 농촌계몽운동-동아일보사의 하기계몽운동을 중심으로-」.

44) 池秀傑, 1984, 「1932-1935년간의 朝鮮農村振興運動-'식민지체제유지책'으로서의 기능에 대하여-」 『한국사연구』 46, 한국사연구회 : 지수걸, 1990, 「일제시기 브나르도운동, 재평가해야」 『역사비평』 여름호, 역사문제연구소.

45) 趙東杰, 1978, 「朝鮮農民社의 農民運動과 農民夜學」 『한국사상』 16, 한국사상연구회; 1979, 『日帝下韓國農民運動史』, 한길사와 1993, 『韓國民族主義의 發展과 獨立運動史研究』, 지식산업사에 재수록.

황을 규명한 점에서 의의를 지닌다. 다만 조선농민사가 식민지정
책과 궤를 같이 가운데 이루어진 사실을 간과한 점은 아쉽다.[46]

2) 1980년대

1980년대 중반 이후 야학운동 연구는 이전보다 진전되었다. 독
립운동사는 물론 사회학·교육사 분야에서도 야학운동의 실태 파
악과 아울러 기능·성격 등을 밝히려는 노력이 이루어졌다. 민주
화운동의 활성화와 더불어 '민주교육'의 실현을 위한 이념 모색과
민족해방운동사에 대한 관심 고조는 이를 가능케 하는 요인이었다.
결과적으로 민족해방운동과 관련성, '사회교육' 또는 '민중교육'으
로서 성격 등이 다양한 관점에서 이루어졌다.

오성광[47]과 김영훈[48]은 자본주의 교육체제의 문제점을 파악하
는 가운데 민주교육을 위한 대안으로 노동야학에 주목하였다. 이
들은 노동야학의 시행 배경을 식민지배에 따른 민중층의 경제적인
몰락과 민족해방운동의 축적된 경험을 통한 민중의식의 성장에서
찾았다. 노동야학은 식민지교육에 대한 저항 주체인 동시에 민족
해방운동을 지속시키는 '민족역량'의 원천이었다는 논리였다. 민
중층은 교육문제를 제도권 교육에서 구하지 않고, 야학 설립을 통
해 해결하는 등 우리의 민주교육 시점을 여기에서 찾았다. 그러나
교육 내용이나 이들 추진 세력에 대한 현실인식을 간과하고, 단지
야학의 설립 현황만으로 이해한 논리는 실상과 부합되지 않는다.

1980년대 중반을 전후하여 나온 교육사 관련 석사학위논문 20여

---

46) 池秀傑, 1985,「朝鮮農民社의 團體性格에 관한 研究」『역사학보』106,
    역사학회.
47) 오성광, 1984,「일제하 노동야학의 성격」『자본주의사회의 교육』, 창비
    사.
48) 김영훈외, 1985,「일제하 민중야학」『교육현장』1, 사계절.

편은 민족교육사적 측면에서 야학 기능과 성격을 부각시켰다. 그
런데 새로운 관련 사료에 의한 실증성이나 논리는 거의 전무한 실
정이었다. 이전 연구자의 논리가 여과없이 무비판적으로 수용될
뿐이었다. 야학의 식민지교육에 대한 저항적인 측면은 김태곤에
의해 1920년대를 중심으로 보다 실증적으로 밝혀졌다.[49]

　사회학 분야에서 연구는 조연주에 의해 이루어졌다. 그는 1920
년대『동아일보』·『朝鮮農民』등을 통해 1,470여 개를 달하는 야
학을 정리하였다.[50] 이러한 과정에서 1920년대 이전 100여 개 야학
이 설립된 사실을 부분적이나마 밝혔다. 특히 1920년대 야학은 단
순한 문자보급 차원을 넘어 '체제변혁'이나 '계급해방'을 위한 학습
장으로 변화되었다. 곧 야학은 민족해방운동의 진전과 더불어 이념
교육을 통해 '정치운동'이라는 발전적인 방향으로 전환될 수 있었
다. 이러한 시각은 야학에 대한 새로운 연구 방향을 제시한 점에서
시사하는 바가 크다. 다만 활동가의 분석이나 교육 내용에 대한 실
증적인 검토가 부족하다. 즉 1920년대 전반기 야학운동은 청년단체
에 의한 계몽야학이 주류였다.[51] 부분적인 극소수 사례로 전체적인
성격 규정은 결국 민족해방운동에 야학운동을 종속시켰다.

　김형태는 1920년대 노동야학의 기능과 실태를 파악하였다.[52] 식

49) 김태곤, 1988,「1920年代 夜學의 對抗敎育的 性格」, 서울대석사학위논
　　문.
50) 조연주, 1986,「1920년대 야학의 교육적 저항에 관한 연구」, 연세대석사
　　학위논문.
51) 김형목, 1999,「1920년대 전반기 경기도 야학운동의 실태와 기능」, 127～
　　128 : 1999,「1920년대 전반기 서울지역 야학운동의 분화·발전과 성격」,
　　84～87쪽.
52) 金亨泰, 1985,「日帝下 勞動夜學의 實態와 그 機能」성균관대석사학
　　위논문; 1988,「民衆夜學運動의 展開」『溪村閔丙河敎授停年退任紀念
　　史學論叢』, 창작과비평사에 재수록.

민지하 노동야학은 민족교육적인 기능과 더불어 '신문화운동'의 주요한 영역이었다. 그와 신용하는 한말 야학운동이 발전할 수 있었던 배경을 밝혔다.[53] 윤건차와 박득준은 교육구국운동을 언급하는 가운데 자강운동기부터 야학이 시행된 사실을 언급하였다.[54] 3·1운동까지 야학 현황에 대한 부분적인 정리는 야학운동을 새롭게 인식하는 계기였다. 다만 야학운동이 사립학교설립운동과 더불어 사회교육 일환으로 전개된 사실을 간과한 점은 아쉬움으로 남는다.

홍석미는 1920년대 농민야학을 다루었다.[55] 그는 농촌계몽운동 고조와 학생층 증가로 농민야학은 전성기를 맞았다고 주장하였다. 그런데 농촌진흥운동은 이를 식민야학으로 변질시키는 주요한 요인이었다. 이를 위하여 일제는 야학에 대한 법제적인 통제와 아울러 행정적인 탄압을 자행하기에 이르렀다. 특히 '일면일교제' 시행은 농민야학을 간이학교로 전환·흡수하는 등 제도권교육기관으로 전락시켰다. 농민야학은 1930년대 중반에 이르러 사실상 본래적인 의미를 상실하고 말았다. 홍석미의 연구도 구체적인 실태보다 경향성을 지나치게 강조하였다. 그는 명칭상 구분에 불과한 농

---

53) 신용하, 1982,『朴殷植의 社會思想硏究』, 서울대출판부, 70~74쪽 : 신용하, 1980,「韓末 愛國啓蒙思想과 運動」『韓國史學』1, 한국정신문화연구원, 282~285쪽.
   그는 박은식의 교육사상을 파악하는 과정에서 民衆敎育論과 야학이 직결된 사실을 지적하였다. 20세기 초 근대교육 시행과 더불어 야학이 태동하는 배경을 밝힌 사실은 중요한 의미를 지닌다. 하지만 자강운동기 야학 발흥과 민중교육론의 관련성은 제대로 파악하지 못하였다. 周時經이 1893년에 培材學堂 교사로부터 私師에 의해 야학 교육을 받은 사실은 이 문제와 관련하여 시사하는 바가 크다[신용하, 1977,「주시경의 애국계몽운동」, 16쪽].
54) 윤건차, 1987,『한국 근대교육의 사상과 운동』, 370~372쪽 : 박득준, 1989,『조선근대교육사』, 185~188쪽.
55) 洪錫美, 1986,「日帝下의 農民夜學硏究」, 숙명여대석사학위논문.

민야학을 농민운동과 도식적으로 연관시켰다.

농민야학이 지역 운동단체의 '매개체'라는 관점의 연구도 있다. 강정숙은 안동지방의 농민운동가들이 30여 개의 학술강습소와 개량사숙을 연합한 '安東講習會聯合協會'의 조직 과정과 구체적인 활동상을 밝혔다.56) 이들은 체계적인 농민교육을 위한 교재편찬·교사양성·순회강연회 등을 개최하는 등 농민과 유대 강화로 지속적인 농민운동을 추진할 수 있었다.

야학은 문자보급과 더불어 민족해방운동의 기반 확대를 위한 주요한 영역이었다. 지수걸은 농민운동의 성격 변화에 주목하여, 실력양성운동의 일환으로 전개된 농민야학은 오히려 식민체제에 순응하는 등 민족해방운동으로서 한계점을 지적하였다.57) 그는 지금까지 거의 알려지지 않았던 혁명적 농민조합운동 일환으로 시행된 농민야학의 교재 등을 밝혔다.

이처럼 지방 활동가들의 정세 인식과 농민운동 변화 속에서 농민야학과의 관계를 분석한 점은 시사하는 바가 크다. 특히 야학운동을 통해 배출된 인물들이 해방 공간에서 농촌사회의 활동가로서 활동하였다는 논리이다. 그런데 구체적인 교육 내용이나 이에 대한 민중층의 반응, 나아가 해방 공간에서 구체적인 인물과 연관성 등은 추론에 그치고 말았다.

민주화를 위한 실천적인 대안으로서 야학의 문제점도 진단하였다.58) 기독교야학연합회는 1960·70년대 성행한 노동야학은 노동자

---

56) 강정숙, 1988, 「일제하 안동지방의 농민운동에 관한 연구」『한국근대농촌사회와 농민운동』, 열음사.

57) 池秀傑, 1984 「1932-35년간의 朝鮮農村振興運動 - '식민지체제유지정책'으로서의 기능에 대하여 - : 1985, 「朝鮮農民社의 團體性格에 관한 硏究」: 1990, 「일제시기 브 나르드운동, 재평가해야」: 1993, 『일제하 농민조합운동연구 - 1930년대 혁명적 농민조합운동 - 』, 역사비평사.

58) 기독교야학연합회, 1985, 『민중야학의 이론과 실천』, 풀빛 : 일송정편집

권익 옹호와 의식화에 크게 이바지하였다는 논리였다. 반면『학생운동논쟁사』는 학생과 노동자 사이에 이질감을 심화시키는 등 '학생의 민중화'라는 노학연계에 장애 요인이라고 비판하였다. 이에 대한 반론으로 일제강점기 노동야학이 보여준 실천적인 면모로 일신을 강조하고 나섰다.[59] 곧 변혁운동의 실천 현장이 바로 노동야학이라는 인식이었다. 이는 민주화 열망과 더불어 노동야학에 대한 당시 학생층의 인식을 그대로 반영하는 부분이다. 그런데 일제강점기 노동야학에 대한 지나친 도식과 편견은 폭압적인 정국과 함께 야학을 '불온시'하는 요인으로 작용하였다.

3) 1990년대 이후

1990년대 이후 연구자 증가와 더불어 야학운동에 대한 연구도 질적으로 심화되었다. 특히 3·1운동 이전 전개된 야학운동의 사실 규명은 중요한 의미를 지닌다. 李勛相은 자강운동기 노동야학을 당시 신문을 통해 230여 곳에서 성행한 실태를 규명하였다.[60] 농민층 몰락에 따른 근대적인 노동자층 형성은 각종 노동회를 조직하는 계기였다. 노동자나 그 자제들의 문맹퇴치를 위한 방안은 바로 노동야학 운영이었다.

또 勞動夜學會 고문인 兪吉濬이『노동야학독본』을 저술하게 된 배경과 내용 등을 분석하였다. 그의 연구로 부분적이나마 자강운동기 야학운동의 실태가 밝혀지는 등 새로운 지평을 열었다. 곧 사립학교설립운동과 더불어 야학운동은 주요한 계몽운동의 영역으

부 편, 1988,『한국학생논쟁사』, 일송정 : 기독학생총연맹, 1987,「의식화 야학의 교육이념」『한국민중교육론』, 학민사.

59) 한완상·허병섭외, 1987,『한국민중교육론』, 학민사, 158~160쪽.

60) 李勛相, 1990,「舊韓末 勞動夜學의 성행과 兪吉濬의『勞動夜學讀本』」『斗溪李丙燾博士九旬紀念韓國史學論叢』, 일조각.

로 위치할 수 있었다. 그런데 노동야학회와 노동야학 관계는 지엽적·부분적인 문제였다.[61] 야학 설립자·교사는 사회적인 영향력을 발휘하는 유지나 교사인 계몽론자들로서 현실순응적인 사실을 간과하고 말았다.

古川宣子는 야학을 일제강점 초기 초등교육기관의 한 범주로 인식하였다.[62] 그녀는 일제강점기 보통학교 체제의 형성과 실상을 파악하는 방법으로 야학을 주목하기에 이르렀다. 1920년 정규 학교의 취학률은 학령아동을 약 2,283,670명으로 추정할 때, 당시 107,365명만 재학할 정도로 취학률은 4.7%에 불과한 사실을 밝혔다. 이러한 현상은 초등교육기관의 입학난을 가중시키는 주요한 요인이었다. 이를 해결하는 방안은 야학운동의 활성화로 귀결되었다.[63]

결국 일제강점기 야학은 초등교육상 제도권 교육기관보다 높은 비중을 차지하였다. 이에 따라 '一面一校制' 완성으로 전면적인 보통교육이 실시되었다는 식민교육정책의 허구성을 실증적으로 비판할 수 있었다. 다만 계몽야학과 식민야학에 대한 무차별성은 다양한 야학운동의 본질을 왜곡시킨다는 점에서 경계할 부분이다.

지호원도 이러한 시각에서 慶南 金海와 梁山地方 사례를 분석하였다.[64] 청년회를 중심으로 운영된 야학·강습소는 이 지방의

---

61) 김형목, 1999, 「1906~1910년 서울지역 야학운동의 전개 양상과 실태」, 178쪽 : 1999, 「畿湖興學會 京畿道 支會 現況과 性格」『중앙사론』12·13, 한국중앙사학회, 79쪽.
62) 고천선자, 1990, 「일제시대 초등교육기관의 취학상황」『교육사연구』2·3, 서울대교육사학회.
63) 김형목, 2000, 「1920년대 전반기 서울지역 야학운동의 분화·발전과 성격」, 67~70쪽.
64) 지호원, 1994, 「일제하 양산 지역의 초등교육」『지역교육연구』2, 창원대 지역교육연구소 : 1995, 「일제하 김해 지방의 민중 교육」『敎育思想研究』4, 교육사상연구회.

초등교육을 사실상 주도하였다는 논지였다. 1920년대 후반 신간회와 근우회 김해지회가 이러한 교육기관을 인수·운영함으로써 일제는 물론 유지들과 갈등을 초래할 수밖에 없었다. 유지들의 야학 운영권 장악은 야학을 식민교육체제 내로 흡수되는 주요한 계기였다. 야학운동의 이러한 경향은 김해지방에 한정된 것이 아니라 당시 전반적인 현상이었다. 즉 탄압·폐쇄된 야학의 요인은 교육 내용의 '불온'보다 설립·운영 주체의 사회활동에서 비롯되었다.[65] 그러나 김해지방 야학운동을 주도한 인물 성격이나 야학 수용력을 포함한 민족해방운동사상 위치 등은 제대로 규명되지 않았다.

유용식은 1920년대 후반 사회주의자들에 의해 실시된 야학에 주목하였다.[66] 그는 3·1운동 이후 교육열의 상승에 따른 입학난이 야학운동을 발전시키는 요인이라고 보았다. 특히 사회주의 사조의 유입은 민중운동 고양과 더불어 "이념의 학습현장"으로서 야학을 실시하는 계기였다. 그런 만큼 문자보급의 차원보다는 '계급해방' 문제가 주요 목적이었다. 결국 야학 성격은 노동·농민운동을 비롯한 사회주의운동의 진전과 더불어 변화할 수밖에 없었다. 사회주의운동과 야학운동의 관련성을 파악한 점은 의미를 지닌다. 그의 주장은 사회주의운동의 변화 과정과 야학의 성격 변화를 도식

---

65) 김형목, 1999, 「1920년대 전반기 경기도 야학운동의 실태와 기능」, 105쪽. 일제에 의해 최초로 폐쇄된 야학은 부산노동야학이었다. 주요한 원인은 교육 내용이 아니라 야학교사인 金炳直·孫命杓·崔泰烈 등의 부두노동자파업 동참에서 비롯되었다. 일제에 의해 자행된 야학운동 탄압은 야학 설립·운영 주체의 사회적인 활동과 연관성을 지닌다[『동아일보』 1921년 9월 28일 「釜山의 大罷業, 事件益益擴大」, 9월 29일 「雙方 形勢去益强硬, 釜山勞働者의 大罷業 續報」, 9월 29일 「휴지통」, 9월 30일 「大罷業의 近因」 참조].

66) 劉鎔植, 1991, 「3·1獨立運動 以後 敎育熱의 上昇과 夜學活動의 展開」 『溫源 鄭在哲博士華甲紀念 敎育學論叢』, 동기념논총간행위원회.

적으로 규정시켰다. 야학 설립·운영 주체의 성격에 대한 파악없이 '막연히' 사회주의 세력이 국내 민족해방운동을 장악하였다는 도식적인 한계를 면할 수 없다.

야학 실태를 통계적으로 활용한 연구는 崔根植이다.[67] 그는 신문에 나타난 40,000여 개의 야학 관련 기사를 토대로 1920년대 후반부터 1930년대 중반까지 야학운동의 시기별·지역별 특징과 규모 등을 파악하였다. 더불어 운영주체, 비용 조달방법, 피교육자의 구성, 교육내용 등을 통하여 운동가들의 교육·문화인식과 성격 변화를 밝혔다. 야학운동은 일제강점기 민중문화운동의 일환이었고, 최소한 300만 명 이상이 교육을 받는 등 가장 광범위한 기반 속에서 추진된 민족해방운동의 한 영역이었다.

또한 식민야학의 성행에 따른 '침체기'로 인식된 1930년대도 민중야학은 지속적으로 추진된 사실을 밝혔다. 최근식의 연구는 규모나 시기별 변화 양상을 민족운동과 관련시켜 이해한 점은 큰 의미를 갖는다. 그런데 3,700여 '표본야학'의 통계처리에 의한 분석은 실상과 부합되지 않는다. '표본야학' 기준은 모호할 뿐만 아니라 1930년대 이후 민족해방운동과 민중야학의 질적 전환이라는 관계도 재고를 요한다. 특히 야학 성격에 대한 지나친 도식화는 민중야학을 미화·왜곡할 위험성을 내포한다.

노동·농민야학 연구와 달리 여자야학은 거의 불모지나 다름없다. 노영택은 30여 사례를 무차별적으로 언급한 실정이다. 이를 확대한 연구는 呂運實에 의하여 이루어졌다.[68] 그는 기존 연구성과를 부분적으로 수용·정리하는 수준에서 크게 벗어나지 않았다. 그런데 사료나 통계 등에 대한 근본적인 의문을 제기하지 않을 수

---

67) 최근식, 1997, 「일제시대 야학운동의 규모와 성격」.
68) 여운실, 1995, 「1920年代 女子夜學 硏究」『성신사학』12·13, 성신여대.

없다.69) 즉 李美春은 1920년대 여자야학이 광범하게 시행된 배경
과 3·1운동 이전에도 20여 개의 여자야학이 운영된 사실을 밝혔
다.70) 여자야학은 문맹퇴치와 더불어 여성생활을 개조하는 등 여
성들의 사회적인 인식과 지위 향상에 이바지하였다. 새로운 시대
변화에 부응하는 여성들의 문화공간이자 활동공간이 바로 여성야
학이었다. 그러나 여자야학이 文化主義에 매몰된 사실과 시기별·
지역별 특성 등은 거의 파악하지 못하였다. 야학 설립·운영주체
나 성격 변화 등은 물론 여성운동과 관련성은 도외시될 수밖에 없
었다.

　야학운동을 '주민교육운동'의 차원에서 접근한 연구도 있다.71)
慶南 晋州의 사례 연구를 통해, 교육운동은 교육열 상승과 더불어
주민들의 공동체적 관계 활용으로 추진될 수 있었다. 비록 열악한
경제적 조건도 주민교육운동을 통하여 극복·추진되는 배경이었
다. 이를 통하여 공동체적 관계나 지역유지들의 민족해방운동사상
역할 등의 규명은 주요한 의의를 지닌다. 다만 이들이 식민지 권력
과 적절한 '밀월관계' 속에서 자신들의 영향력이나 세력을 강화하
는 등 부작용에 대한 문제를 도외시하였다.72)

　최석규는 민중교육운동 일환으로 1930년대 전반기 야학운동에
주목하였다.73) 그는 당시 문자보급운동과 브나르도운동의 긍정과

---

69) 김형목, 2000, 「한말·1910년대 女子夜學의 性格」, 24쪽 : 김형목,
　　2003, 「1920～1924년 여자야학 현황과 성격」『한국여성교양학회지』
　　12, 한국여성교양학회, 48쪽.
70) 이미춘, 1999, 「1920년대 女子夜學의 運營과 그 實態」, 국민대석사학위
　　논문 ; 吳煥一, 2000, 『歷史와 鄕村社會 硏究』, 경인문화사에 재수록.
71) 김중섭, 1995, 「일제 식민 통치와 주민 교육 운동 – 진주지역을 중심으
　　로 – 」『설화와 의식의 사회사(한국사회사학회논문집47)』, 문학과지성사.
72) 김형윤, 1973, 『馬山野話』, 태화출판사 ; 김형윤, 1996, 『마산야학』, 마
　　산문화원(영인).

부정적인 측면을 파악하였다. 민족부르조아 세력의 민중계몽운동
은 당시 현실과 유리됨으로써 민중 주도에 의한 야학운동은 전개
될 수밖에 없었다. 나아가 1930년대 민중야학은 식민교육기관에
대항한 민족교육의 산실이라고 주장하였다. 그런데 근거로 제시된
민중야학은 대다수 식민야학의 범주에 포함된다. 곧 그는 일부 사
례로 당시 야학운동 성격을 규정하는 '결정적인' 오류를 범하고 말
았다.

　군단위 청년회운동의 주요한 영역이 야학운동임을 밝힌 연구도
나왔다.74) 청년단체는 강연회·토론회·연설회 등을 개최하는 한
편 야학을 통한 문맹퇴치에 노력을 기울였다. 초기에는 이른바 재
산가·교사 등 민족주의세력에 의해 주도되어 합법적인 영역 내에
서 추진되었다. 1920년대 중반 이후 사회주의운동의 진전과 맞물
려 식민지배체제를 부정하는 등 교육 내용이나 성격 등이 변모하
였다는 논리이다. 조선청년총동맹의 노선 변화를 지역사회에 그대
로 적용한 도식적인 역사인식에 불과할 뿐이다. 연구자들의 주장
과 달리 대부분 지역의 청년단체 임원진은 1920년대 후반까지 초
기 활동가들이 장악하고 있었다. 세월의 흐름에 따라 일부 세대교
체가 이루어지는 정도였다.

　조정봉은 야학운동의 교육적인 실천문제에 주목하였다.75) 그는

---

73) 崔錫奎, 1996,「1930年代 前半期 民衆敎育運動」『韓國學硏究』6·7, 인
　　하대.
74) 심상훈, 1996,「1920년대 안동지역의 청년운동」『안동사학』2, 안동대 :
　　金補均, 1997,「日帝下 密陽地域의 사회운동 연구－1920년대 청년운동
　　을 중심으로－」, 영남대석사학위논문 : 崔東一, 1998,「新幹會 槐山支
　　會硏究」, 충북대석사학위논문 : 趙鍾燮, 1998,「日帝下 大田地域의 社
　　會運動」, 공주대석사학위논문 : 김해규, 2000,「日帝下 安城地域의 社
　　會運動」, 공주대석사학위논문.
75) 김민남·조정봉, 1998,「1930년대 칠곡지역 야학 재발견」: 조정봉,

군단위 사례연구를 통하여 민중생활과 연관된 변혁운동으로서 야학을 규정하는 입장이었다. 야학의 현장성을 규명한 성과는 야학운동에 대한 새로운 연구방법론을 제시한 점에서 중요한 의미를 지닌다. 더욱이 야학 운영이나 피교육자 등과 관련된 생존자나 후손 등을 통한 구술사 도입도 현장성을 이해하는 데 시사하는 바가 많다. 반면 야학의 변혁운동과 관련성을 지나치게 미화하는 등 문제점도 적지 않다. 저항적인 측면과 아울러 식민체제 내로 포섭되는 부분도 아울러 고려할 필요성을 느낀다. 긍정적인 평가는 실상을 오히려 誤導할 위험성을 내포하기 때문이다.

김형목은 일련의 지역적인 사례를 통해 1890년대 중반부터 근대적인 야학이 시행된 사실을 밝혔다. 「을사5조약」 이후 자강운동 활성화와 더불어 야학운동은 사립학교설립운동과 더불어 근대교육운동의 주요한 영역으로 규정하였다.[76] 나아가 1910년대 야학운동은 同化政策을 수행하는 방편인 일어 보급을 위한 '국어강습회'로 변질된 사실도 밝혔다. 그는 대다수 연구자들이 일률적으로 주장한 야학운동의 배경인 "민중층 성장과 교육열 고조"는 분화·발전의 배경임을 주장하였다.[77] 나아가 "야학이 민족교육 중심지로

2000, 『일제하 야학의 교육적 실천』, 경북대박사학위논문 : 조정봉·김민남, 2004, 「일제하 영주지역 노동야학에 관한 연구」 『한국교육』31-4, 한국교육개발원.

76) 김형목, 1998, 「한말 경기지역 야학운동의 배경과 실태」 : 1999, 「1906~1910년 서울지역 야학운동의 전개 양상과 실태」 : 1999, 「자강운동기 평안도지방 '야학운동'의 실태와 성격」 : 2001, 「한말 해서지방 야학운동의 실태와 운영주체」 : 2002, 「한말 충청도 야학운동의 주체와 이념」 : 2003, 「한말 국문야학의 성행 배경과 성격」 : 2005, 「한말 야학운동의 기능과 성격」.

77) 김형목, 1999, 「1920년대 전반기 경기도 야학운동의 실태와 기능」 : 2000, 「한말·1910년대 여자야학의 성격」 : 2000, 「1920년대 전반기 서울지역 야학운동 분화·발전과 성격」.

서 식민교육의 대항 주체였다"는 기존의 논리적인 모순을 지적하기에 이르렀다. 야학운동은 식민교육정책에 대한 "저항과 순응"이라는 양면성 속에서 진행된 사실을 강조하였다. 또 金九·安重根·李東輝·李允宰·兪吉濬·石鎭衡·朴殷植 등은 초기 대표적인 야학운동가라는 사실을 밝혔다. 이러한 과정을 통하여 야학운동은 물론 교육운동 등을 포함한 문화운동 전반에 대한 이해를 심화시켰다. 그는 사립학교설립운동이나 개량서당 등이 과연 교육구국운동으로 일환인지 강한 의문을 제기하였다.[78] 야학활동가에 대한 미흡한 분석, 현실인식과 이념 등을 보다 구체화하지 못한 점은 아쉬움으로 남는다.

한편 야학운동가에 대한 연구는 지극히 부진한 형편이다. 尹奉吉·安重根[79] 등과 널리 회자되는 『상록수』 주인공인 崔容信에 관한 연구가 유일한 정도이다.[80] 류달영·홍석창·洪仁愛·金鎬逸 등은 최용신 활동상을 크게 부각시켰다. 韓圭茂·千和淑 등도

---

78) 김형목, 2001, 『1910년 전후 야학운동의 실태와 기능』: 2002, 「윤봉길의 현실인식과 청년운동사상 위치」: 2005, 「일제강점 초기 개량서당의 기능과 성격」.

79) 趙珖, 1994, 「安重根의 愛國啓蒙運動과 獨立戰爭」 『교회사연구』 9, 한국교회사연구소 : 윤선자, 1998, 「안중근의사의 천주교 신앙과 애국계몽운동」 『안중근의 의열과 동양평화론』, 안중근숭모사업회 : 최기영, 2000, 「안중근의 애국계몽운동」 『전남사학』 15, 전남대.

80) 류달영, 1939, 『農村啓蒙의 先驅女性 崔容信小傳』, 성서조선사; 류달영, 1978, 『눈속에서 잎피는 나무』, 중앙출판공사에서 재간행 : 3·1여성동지회, 1980, 「崔容信의 브나로드운동」 『韓國女性獨立運動史』, 중앙출판인쇄주식회사 : 민경배, 1987, 「YWCA의 農村運動」 『韓國基督教社會運動史』, 대한기독교출판사 : 홍석창, 1991, 『상록수 농촌사랑』, 기독교문사 : 홍인애, 1997, 「崔容信의 生涯와 思想 硏究」 『한국민족운동사연구』 19, 한국민족운동사연구회 : 김호일, 2001, 「농촌계몽운동과 최용신」 『인문학연구』 33, 중앙대 : 김형목, 2005, 「상록수의 꿈과 희망, 샘골강습소와 최용신」 『2005년 이달의 독립운동가/1월』, 월간 순국.

기독교 농촌계몽운동의 일환으로 그녀의 활동상을 파악하였다.[81] 대부분은 최용신을 농민들을 위하여 산화한 지고지순한 '슈퍼우먼'으로 미화시켰다. 이리하여 일제강점기 모든 야학이 마치 민족교육의 중심지라는 '허상'을 각인시키고 말았다. 沈熏의『상록수』에서 서술된 관점인 야학에 대한 그녀의 열성적·헌신적인 부분만이 강조될 뿐이었다.

독립운동사의 '宣揚'적인 측면은 현장교육에서 필요할 뿐만 아니라 반드시 강조되어야 마땅하다. 하지만 실상과 유리된 '환상'도 반드시 경계해야 한다.[82] 미화된 역사는 현실과 동떨어진 과거에 대한 '화석'일 뿐이다. 잘못된 과거사에 대한 철저한 반성은 새로운 미래를 창조하는 밑거름이자 생생한 역사적인 교훈이기 때문이다.

---

81) 한규무, 1997,『일제하 한국기독교 농촌운동, 1925~1937』, 한국기독교연구소 : 千和淑, 1999,「1920~30년대 조선여자기독교청년연합회(YWCA) 농촌사업의 전개와 그 성격」『사학연구』57, 한국사학회; 2000,『한국여성기독교사회운동사』, 혜안에 재수록.

82) 일제강점기 종교운동에 관한 연구는 괄목할만한 성과를 거두었다. 특히 개신교는 각 분야와 관련된 사료 발굴·정리는 물론 구체적인 양상까지 규명하였다. 이러한 성과에도 지나치게 신앙적인 입장이나 '특수성'을 강조하는 등 미화하는 경우도 적지 않았다. 인물 연구는 이러한 측면을 강하게 반영한다. 종교인 생애나 활동 연구는 종교를 선택한 배경부터 우선적으로 규명할 필요가 있다. 나아가 개인적인 활동이나 종교운동이 민족해방운동을 보조하는 방편인지 민족해방운동을 포기하는 수단에 불과한 지를 구분·파악하는 '진지한' 자세가 요구된다.

3. 연구 목적과 과제

1) 연구 목적

야학은 강연회·토론회·연극회·학예회 등을 통하여 새로운 변화에 부응하는 민중문화를 창출하는 공간이었다. 愚民觀에 입각한 일본인화 획책에도 전통문화의 계승·보존은 이를 통하여 가능할 수 있었다. 더욱이 혁명적 농민·노동운동가들은 회원의 계급의식·민족의식 고취를 위하여 야학운동을 추진하였다. 이는 민족해방운동의 '매개체'로서 활용되는 등 야학운동의 진전된 양상을 보여준다.[83] 야학운동의 다양한 기능은 민중생활사에서 그대로 나타난다.

이 글은 야학운동의 배경, 설립·운영실태, 교과서, 기능과 운영주체 등에 주목하였다. 시기는 1890년대 중반 이후 '한일합병'까지로 한정하였다. 지역적으로 이민과 동시에 하와이·멕시코나 만주·연해주 등지에서 시행된 경우는 제외하였다. 근대교육 시행과 거의 동시에 시작된 야학은 자강운동기에 이르러 야학운동으로 발전하는 계기를 맞았다. 곧 사립학교설립운동과 더불어 야학운동은 근대교육운동의 주요한 영역을 차지하였다. 당시 설립·운영된 1,000여 개 야학은 이를 반증한다. 야학은 고조된 교육열에 부응하는 주요한 교육기관 중 하나였다.

이처럼 야학운동은 1906~1910년 폭발적인 발전을 거듭하였다. 국문야학은 한글을 통하여 민족의식을 고취시키는 등 민족정체성 형성에 일익을 담당할 정도였다.[84] 자기문화와 역사에 대한 자긍

---

83) 김민남·조정봉, 1998, 「1930년대 칠곡지역 야학 재발견」 『중등교육연구』 42, 경북대 중등교육연구소, 26~29쪽.

심은 이러한 가운데 배양되었다. 그러나 일부는 일어보급에 이바지하는 등 식민교육체제 내로 흡수·동화되었다. 야학은 발생 초기부터 이러한 성격을 다분히 지녔다. 1890년대 운영된 일부 사립학교나 일어야학 등의 교과목이나 일본인 교사 채용은 이를 반증한다. 교육구국운동 일환이라는 자강운동기조차 이러한 성격에서 탈피하지 못하는 경우도 적지 않았다. 따라서 이 글은 다음과 같은 사실에 주목하고자 한다.

제1부는 근대교육 시행과 더불어 시작된 야학 배경을 다루었다. 이는 의무교육론 대두, 계몽단체의 조직과 활성화, 의무교육 시행, 사립학교설립운동, 민중의식의 심화, 향학열 고조 측면 등을 통하여 살펴보았다. 근대교육운동은 「을사5조약」 이후 주민 부담에 의한 의무교육으로 귀결되었다. 의무교육은 지방자치제를 논의하는 가운데 지역에 따라 상당한 반향을 불러 일으켰다.[85] 주민들은 근대교육 시행이야말로 자신들 '의무'로 인식하는 분위기였다. 당시 사립학교는 이러한 분위기를 실증적으로 보여준다. 하지만 기형적인 경제구조에 따른 민중의 경제적인 몰락, 식민교육정책의 강화, 자강론자들의 항일전선 일탈 등으로 근대교육운동은 초기 열의와 달리 점차 부진을 면치 못하였다.

반면 민중은 변혁운동의 쓰라린 경험을 통하여 인식 심화와 더

---

84) 김형목, 2003, 「한말 국문야학의 성행 배경과 성격」, 159~164쪽.
85) 民會·民議所·鄕會·保民會·市議所·農民會 등은 지방자치를 목적으로 조직되었다. 식민지배에 배치되는 이러한 활동을 일제는 허용하지 않았다. 이에 사립학교·야학의 설립을 통한 의무교육 시행으로 전환하였다. 근대교육 시행에 따른 민지계발은 지방자치제 시행을 위한 기본조건으로 인식하였기 때문이다. 따라서 지방관이나 일제와의 직접적인 갈등을 초래하지 않은 범위 내에서 민족운동을 전개할 수밖에 없었다. 이는 관권과 적절한 '밀월관계' 속에서 진행된 상황을 반영한다.

불어 점차 외세의 저항주체로 성장하고 있었다. 萬民共同會를 비롯한 의병전쟁과 국채보상운동 참여 등을 통해 민중은 스스로 사회구성원임을 자각하기에 이르렀다. 특히 새로운 질서 변화는 "아는 것이 힘이다, 배워야 산다"라는 근대교육의 필요성을 절감하는 계기였다. 이는 민중 교육열 고조로 연결되었다. 노동자나 근로청소년은 자신들은 물론 자제교육을 위한 학교·야학(교) 설립에 앞장섰다. 이러한 분위기는 자강론자들의 운동 영역 확대를 위한 현실적인 필요성이나 민중 자각에 의해 야학운동으로 발전하는 주요한 배경이었다. 「사립학교령」 시행 이후 사립학교는 통·폐합된 반면, 야학운동은 오히려 발전·확산될 수 있었다.

제2부는 대한제국기 지역별·시기별 야학운동 실태를 파악하였다. 사립학교설립운동이 전국적인 양상인 바처럼, 최소한 1,000여 개 이상 설립된 야학을 실증적으로 밝혔다. 야학운동의 전개양상, 시기별·지역별 현황, 피교육자 구성, 교과목 구성, 야학규모 등을 분석하였다. 야학운동은 전국적으로 비슷한 양상을 띠고 전개되었다. 서울지역을 제외한 다른 지역은 「사립학교령」 이후 오히려 활발한 양상이었다. 이는 야학운동의 지향점인 교육을 통한 실력양성에서 비롯되었다. 다만 제주도를 비롯한 호남지역은 극소수만 운영되는 등 부진한 상황이었다. 이러한 원인은 의병전쟁 확산에 따른 민심 불안과 현지의 전반적인 근대교육운동 부진 등과 무관하지 않다.

교과과정은 대부분 초등교육 과정을 약간 축소하였다. 한글과 초보적인 산술·한문 등은 주요한 과목이었다. 일부 야학은 피교육자 구성이나 현지 사정 등을 고려한 교과목을 편성·운영하였다. 상업·부기·주산·법률 등을 중심으로 한 실무교육이나 일어·영어 등에 치중한 어학교육은 이러한 상황을 보여준다.

운영비는 소수 야학을 제외하고 유지들 기부금·의연금 등으로
충당되었다. 주요 내역은 대부분 교재 마련비나 교실 유지비 등이
었다. 야학규모는 30~60여 명이 절대적인 비중을 차지하였다. 반
면 100명 이상인 대규모 야학도 운영될 만큼 제도권 교육기관을
능가하는 수준이었다. 이러한 야학은 교과전담제를 실시하는 등
교육적인 효과의 극대화를 도모하였다. 그러나 여자야학은 극소수
만 운영될 정도로 부진한 상황이었다. 이는 당시 설립된 200여 여
학교와 극명한 대조를 이룬다. 야학을 통한 여성교육은 강고한 인
습으로 시행되기 어려운 사실을 의미한다.

제3부는 교재와 야학운동의 기능과 성격 등에 주목하였다. 당시
널리 사용된 야학 교재는『교육월보』·『노동야학독본』·『幼年必
讀』등이었다.『교육월보』는 자습서로서 통신강의록 성격을 지닌
다.『유년필독』은 당시 사립학교 교재로서 가장 널리 사용되었다.
『노동야학독본』은 노동이나 노동자의 사회적인 존재성을 인정하
는 변화되는 시대상황에서 발간하였다. 이른바 '노동담론'은 이러
한 사실을 반증한다.[86] 노동가치에 대한 신성성 강조와 달리 노동
자에 대한 인식은 계몽대상자로서 설정될 뿐이다. 더욱이 俞吉濬
노력과 달리 거의 보급되지 않았다. 저자가 행한 일련의 '친일적
인' 활동에서 비롯되었다.

야학의 기능은 교육·문화·복지적인 측면 등 다양한 부분을
포괄한다.[87] 교육적인 기능은 크게 두 부분으로 나눌 수 있다. 첫
째는 근로청소년이나 민중 자제를 위한 초등교육기관과 입시준비
를 위한 교육기관이었다. 이는 사회복지적인 성격을 동시에 포함

---

86) 김종진, 2004,「개화기 이후 독본 교과서에 나타난 노동 담론의 변모양
　　상」『한국어문학연구』42, 한국어문학연구학회, 64~65쪽.
87) 김형목, 2005,「한말 야학운동의 기능과 성격」, 397~398쪽.

한다. 둘째는 문맹한 성인을 위한 사회교육기관으로서 기능을 지녔다. 이는 오늘날 사회교육이나 평생교육 기능과 무관하지 않다. 또한 새로운 시세 변화에 따른 민중문화를 창출하는 현장이 바로 야학이었다.

야학 설립·운영주체의 주요 활동상도 살펴보았다. 설립자·후원자·교사 등은 계몽론자인 전현직 관리·실업가·상급학교 학생 등이다. 이들은 학회나 계몽단체의 회원·지회원으로 계몽운동을 주도한 인물이었다.

나아가 민족운동사상 위치도 규명하였다. 근대교육운동 확산과 민족실력양성이라는 긍정적인 측면과 아울러 식민체제에 이용당한 한계도 지적하였다.[88] 즉 문화운동은 기본적으로 체제 내로 동화·흡수되는 현실순응적인 속성을 지닌다. 3·1운동 이후 설립된 상당수 야학도 순응적인 측면을 많이 반영하고 있다.

논문 작성에 활용된 자료는 대부분 신문과 잡지 등이다. 야학운동의 발전·분화와 침체 배경, 피교육자의 호응도 등은 주요 활동가의 기록물에 대한 면밀한 검토 작업이 요구된다. 하지만 이들이 직접 남긴 기록물은 극히 희소하고, 그나마 야학에 관한 부분은 단편적이다. 신문·잡지 등의 보도 내용도 매우 소략할 뿐이다. 그런 만큼 야학운동에 대한 인식은 전체적인 경향성을 통해 파악할 수밖에 없었다. 이러한 사실을 염두에 두면서 야학운동 실태·지역적인 특성·성격 변화·기능 등을 중심으로 살펴보았다.

2) 연구 과제

야학은 제도권 교육기관보다 더 많은 보통교육을 담당하는 가운

---

88) 金昌洙, 1993, 「문화운동연구의 현단계와 과제」 『한민족독립운동사』 12, 국사편찬위원회, 307~309쪽.

데 문맹퇴치에 크게 이바지하였다. 나아가 민족역량을 강화하는 등 민족해방운동을 추진시키는 원동력의 하나였다.

그런데 자료에 대한 구체적인 검토·비판 등은 전반적으로 미흡한 실정이다. 야학 배경은 3·1운동기 민중의 적극적인 진출에 따른 "새로운 민중에 대한 인식"에서 찾고 있다. 이는 야학운동의 발전·분화 배경과 활동가의 민중에 대한 인식 변화일 뿐이지 결코 야학운동 배경은 아니다. 1890년대 후반부터 시작된 야학은 이러한 상황을 반증한다. 곧 야학은 부국강병을 위한 시무책에서 시작되었다.

더욱이 1910년대 야학 성격은 물론 실태조차도 파악하지 못한 채 막연히 '민족교육기관'이라는 추론을 서슴없이 단행하였다. 나아가 야학 시행 사실만으로 의의를 강조하는 경향이 지배적이다. 대다수 연구는 운영주체나 성격 변화 등을 전혀 고려하지 않았다.

반면 일어보급을 위한 식민교육기관으로 활용되는 등 부정적인 기능도 무시할 수 없다. 1910년대의 國語講習會(所)나 1930년대 簡易學校로 전환은 이를 반증한다. 야학은 일어보급에 치중하는 등 식민교육정책을 충실히 수행하는 최하부 교육기관이나 다름없었다.89) 이는 부족한 제도권 교육기관을 보조하는 식민교육정책에

---

89) 박득준, 1989, 『조선근대교육사』, 한마당(영인), 223～225쪽.
마산노동야학·적중노동야학 등은 한글과 한국역사·지리 등을 통하여 민족의식을 고취시켰다고 보았다. 물론 1910년대 이러한 목적에 따라 설립·운영된 야학도 일부 존재하였다. 하지만 절대다수는 일어보급을 위해 운영되는 등 '민족교육'과 완전히 괴리되었다[김형목, 2000, 「1910년대 야학의 실태와 성격 변화」, 187쪽 : 2005, 「일제강점 초기 개량서당의 기능과 성격」, 253～259쪽]. 국어강습소 운영에 도청·군청 등 행정기관이나 일본인 관리·실업가 등의 자발적인 참여는 당시 상황을 이해하는 데 주요한 실마리를 제공한다. 언어동화정책 근간은 바로 '국어'로 둔갑한 일어보급이나 다름없었다. 「보통학교령」과 「조선교육령」을 통하여 강화된 일어교육은 이를 반증한다.

부응한 사실을 의미한다. 야학운동에 대한 부정적인 평가는 이러한 역사적인 배경에서 비롯되었다.

야학운동은 식민교육정책의 허구성과 모순 파악에 매우 유용한 분야이다. 1930년대 후반 일면일교제가 완성된 상황에서 공립보통학교 취학자 수용률은 시사하는 바가 크다. 그런데 1930년대 중반 이후 야학운동이 변질되는 과정에 관한 연구는 전무하다. 皇民化政策과 더불어 시행된 일어보급은 야학운동을 변질시키는 결정적인 요인이었다. 이러한 사실 등이 실증적으로 밝혀질 때, 야학운동은 문화운동사는 물론 민족해방운동사상 정당한 자리매김을 할 수 있다.

식민교육정책과 야학운동은 불가분의 관계나 마찬가지였다. 다른 부문별 민족해방운동과 마찬가지로 끊임없이 부침한 사실은 식민교육정책에 영향을 받는 '긴장된' 관계를 반영한다. 식민정책에 同化되는 가운데 저항하는 양면성이 공존하는 상황을 활동가들은 야학운동의 직접적인 경험을 통해 적절히 견제할 수 있었다. 물론 이러한 노력도 민족말살정책에 따라 거의 와해되는 등 소기 성과를 거둘 수 없었다.

지역별 운동역량에 대한 객관적인 평가도 수반되어야 한다. 특히 3·1운동 이후 군·면단위로 조직된 청년단체의 인적 구성이나 사회경제적인 기반 등은 중요한 의미를 지닌다. 이들은 사실상 지역 민족해방운동을 주도한 중심적인 인물이기 때문이다. '민족'이나 '민족의식'을 내세운 我田引水的인 평가·인식은 재고를 요한다.

1980년대 이후 중등교육 보편화와 더불어 야학에 대한 관심은 점차 희박해지고 있다. 세계에서 가장 낮은 문맹률은 이러한 현상을 가속화시켰다. 특히 문민정부 출범과 더불어 改良化 국면은 변혁운동과 연계를 지리멸렬하게 만들었다.

해방 이후 1980년대까지 야학운동은 민중에 대한 교육기회의 부여라는 측면과 더불어 "民衆生存權 爭取와 意識化"를 위한 학습현장이었다.[90] 학생운동의 진전은 이른바 '노학연계'의 한 형태로서 노동야학의 사회교육화로 이어졌다. 야학운동은 한국 현대사상 노동운동의 진전과 민주화에 기여하는 등 생생한 '역사 현장'으로서 생명력을 지닌다.

평생교육과 같은 사회교육으로서 야학은 전면적인 교육과정 혁신을 도모할 시기이다. 생활 속에 살아 있는 교육현장으로 자리매김할 때, 야학의 유효성은 현재는 물론 미래에도 여전하리라고 생각한다.

---

90) 기독교야학연합회, 1985, 『민중야학의 이론과 실천』, 풀빛, 21~33쪽 :
   일송정편집부편, 1988, 『학생운동논쟁사』, 일송정, 225~267쪽.

제1부

야학운동의 배경

제1장

근대교육의 도입

제1절 교육입국론 대두

1. 시무책으로서 근대교육

19세기 중엽 이후 조선사회는 새로운 사회질서를 수립하려는 '변혁시대'였다. 안으로 농민운동을 비롯한 민중운동 고조와 더불어 봉건지배체제는 점차 모순을 드러내기 시작하였다. 밖으로 제국주의 열강의 식민지 확보를 위한 개항 강요와 불법적인 무력시위가 바로 그것이다. 대응책은 사회 구성원의 계급적인 입장에 따라 크게 開化自强運動・衛正斥邪運動・민중운동으로 전개되었다.[1]

당시 변혁운동은 각 운동론에 따라 상호 보완적인 관계 속에서

---

1) 鄭昌烈, 1982,「韓末 變革運動의 政治・經濟的 性格」『韓國民族主義論』I, 창작과비평사 : 1985,「韓末의 歷史意識」『韓國史學史의 研究』, 을유문화사, 189～192쪽.

진전되지 못하였다. 대립·분산적인 방향으로 전개된 '변혁운동'
은 오히려 민족역량을 약화시키는 요인이었다. 사회구성원의 계급
적인 입장을 일정 부분 반영하는 등 분화·발전적인 측면과 아울
러 '적전분열'이라는 부정적인 측면도 공존하고 있었다. 개화자강
론자와 의병론자의 '긴장된' 관계는 당시 상황을 분명하게 보여준
다.[2] 이는 일제침략 강화와 더불어 친일세력 발호로 이어지는 등
민족해방운동사상 많은 오점을 남겼다. 최근 사회적인 문제로 떠
오른 친일파문제는 이와 같은 역사적인 연원에서 비롯되었다. 역
사적인 진실은 이들과 이에 영합한 세력들에 의하여 철저하게 '왜
곡과 날조'되는 악순환을 거듭하고 말았다.

한편 개화자강운동은 1920년대 실력양성운동으로 계승·발전되
면서 한국 민족주의운동의 주류로서 위치하였다. 운동론은 실학사
상의 내재적인 계승과 외래 사조인 사회진화론을 수용하는 가운데
성립되었다. 최우선 과제는 개인의 능력 향상을 통한 민족이나 국
가 역량 강화였다.[3] 즉 "근대교육에 의한 人才養成과 民族資本 育
成"인 內修外學 또는 內修自强이 지향점이었다. 이는 직접·적극
적인 저항보다 민족 능력을 배양함으로써 장차 독립국가를 이룩하
려는 準備論적인 독립운동 노선이었다.[4]

2) 김형목, 2005「대한제국기 강화지역의 사립학교설립운동」『한국독립운
   동사연구』 24, 독립기념관 한국독립운동사연구소, 17쪽.
3) 李光麟, 1977,「舊韓末 進化論의 受容과 影響」『世林韓國學論叢』 1, 세
   림장학회 ; 1979,『韓國開化思想研究』, 일조각에 재수록 : 姜在彦, 1982,
   「조선말기의 實力培養=自强運動」『韓國近代史研究』, 한울, 374～384쪽.
4) 尹炳奭, 1973,「1910年代 民族運動試論」『史學研究』 22, 한국사학회 :
   趙東杰, 1988,「1910年代 獨立運動의 變遷과 特性」『한민족독립운동
   사』 3, 국사편찬위원회; 1989,『韓國民族主義의 成立과 獨立運動史研
   究』, 지식산업사에 재수록 : 尹慶老, 1996,「1910년대 독립운동의 방략
   과 특성」『한국독립운동사사전』 1, 독립기념관 한국독립운동사연구소.

운동론인 "근대교육 시행과 식산흥업"도 결국 근대교육 시행 문제로 귀결되었다. 곧 인재 양성과 더불어 실력을 배양하여 외세를 배격함으로써 자주적인 독립국가 수립은 궁극적인 목표였다.[5] 지배층은 개항과 더불어 紳士遊覽團·領選使 등 문물시찰단과 유학생을 해외에 파견하는 등 인재양성에 치중하였다. 또한 국내에도 同文學·育英公院을 설립하는 등 '실무교육'으로서 근대교육 시행·보급에 노력을 기울였다.[6]

육영공원은 서양문물을 도입하기 준비단계로서 영어 교육에 치중하지 않을 수 없었다. 곧 외교와 통상교섭에 필요한 실무자 양성은 궁극적인 목적이었다. 이에 개화정책을 담당한 지배층은『한성순보』를 통하여 외국의 모범적인 교육 상황을 지속적으로 보도하였다.[7] 이러한 노력은 지배층을 중심으로 한 근대교육에 대한 인식 확산에 부분적으로나마 이바지하는 계기였다.

개화정책에 자극을 받은 元山港 鄕中父老와 德原府使 鄭顯奭 등은 1883년 우리나라 최초의 근대교육기관인 '元山學舍'를 설립하였다.[8] 이는 새로운 변화에 부응한 근대교육을 위한 디딤돌이나 마찬가지였다. 하지만 壬午軍亂·甲申政變 등 정국 불안과 외세

---

5) 金鎬逸, 1980,「韓國近代敎育의 成立」『韓國史學』2, 한국정신문화연구원, 53쪽 ; 2000,『韓國 近現代移行期 民族運動』, 신서원에 재수록 : 김호일, 1982,『韓國開港前後史』, 한국방송사업단, 137쪽.
6) 이광린, 1989,「육영공원의 설치와 그 변천」『한국개화사연구』, 일조각, 103~104쪽.
7)『한성순보』1883년 12월 2일 국내사보「駐日生徒」, 12월 20일「英國誌略」, 1884년 2월 17일「米國誌略」, 3월 18일「學校」, 3월 27일「이태리가 날로 盛해지다」, 4월 26일「德國誌略」, 7월 3일「俄國誌略」.
8) 愼鏞廈, 1974,「우리나라 最初의 近代學校의 設立에 대하여」『한국사연구』10, 한국사연구회; 1974,「韓國最初의 近代學校設立について」『韓』35, 한국연구원과 1980,『韓國近代史와 社會變動』, 문학과지성사에 재수록.

침탈에 따른 보수반동체제 강화로 근대교육은 답보 상태를 면치
못하였다.9) 1890년대 후반까지 10여 년간 근대교육은 거의 방치
상태나 다름없었다.

2. 선교사업과 한글교육

반면 선교사업 일환으로 설립된 종교학교10)는 근대교육에 대한
인식과 보급에 크게 이바지하였다. 당시 선교사 입국과 활동 범위
는 의료사업과 교육사업으로 한정되었다. 이는 기독교에 대한 조선
인의 거부감 등을 감안한 선교본부의 현실적인 대안 중 하나였다.
특히 기독교 중 개신교는 한글 보급을 통한 근대교육 시행에 노
력을 기울였다.11) 궁극적인 의도는 한국인의 기독교화를 위한 교
세 확장이었다. 곧 성경 번역은 선교사업을 위한 가장 기본적인 정

---

9) 사회과학원력사연구소, 1980, 『조선전사』 13, 과학·백과출판사, 260~
   273쪽 ; 김형목, 1998, 「私立興化學校(1898~1911)의 近代教育史上 位
   置」 『백산학보』 50, 백산학회, 292~293쪽.
10) '종교학교'로 지칭한 이유는 근대교육 보급보다 서구중심주의에 입각
   한 선교사업의 일환임을 강조하기 위해서이다. 선교사업은 제3세계 국
   가의 근대화·문명화에 이바지하였다. 그러나 긍정적인 측면과 아울러
   서구중심적인 가치관을 강요하는 등 부정적인 측면도 무시할 수 없다.
   즉 복음 전파와 근대적인 교육·의술 시혜는 제3세계인들로 하여금 제
   국주의에 대한 저항의식을 약화시키는 방편이었다. 특히 우리 근대사
   전개 과정에서도 부정적인 측면을 강하게 반영하고 있다[박득준, 1989,
   『조선근대교육사』, 한마당(영인), 83~89쪽]. 제국주의 열강의 '합법적
   인' 침략 통로가 바로 선교사에 의해 구축될 정도였다. 물론 종교학교
   가 우리의 근대교육에 기여한 측면 전체를 부정하려는 의도는 결코 아
   니다.
11) 이덕주, 1986, 「한국성서 번역에 관한 연구-1882~1938년 간행된 성서
   를 중심으로-」 『한국기독교와 민족운동』, 보성, 162~164쪽.

책이나 다름없었다.12) 당시 교회와 선교단체의 한글 사용 권장은
이러한 연유에서 비롯되었다. 교인들은 이에 부응하는 등 노력을
아끼지 않았다.

> … 한문 성경을 국문으로 번역ᄒᆞ는 일은 어찌나 되엇ᄂᆞᆫ지 답답ᄒᆞ
> 옵니다. 예수롤 밋ᄂᆞᆫ 사롬의 양식은 성경이온ᄃᆡ 한문을 모르ᄂᆞᆫ 사롬
> 은 남녀간에 국문으로 번역ᄒᆞᆫ 성경 나려보ᄂᆞ시기롤 배고픈 자의 밥과
> 목마른 자의 물과 같이 기다리오니 …13)

라는 바처럼, 평양 교인은 한글로 번역한 성경의 빠른 우송을 요구
하는 상황이었다. 선교사업은 성경 번역·출판에 보급이라고 해도
과언이 아니었다. 특히 한글판 성경 보급은 문맹퇴치와 교세 확장
에 크게 이바지하였다. "자매 중 60여 명은 도를 밋은 후에 국문을
비워 칙을 볼 줄 아는 자가 되엇다."라는 사실은 이를 분명하게 보
여준다.14)

교인들은 한글의 우수성을 인식하는 등 점차 민족적인 자긍심을
갖는 동시에 개인적인 인격체로서 거듭나는 계기를 맞았다. 기독
교 토착화는 이를 배경으로 점차 확산되었다.15) 무성의한 정부의
한글전용정책에 대한 기독교인 비판은 당시 상황을 반증한다.

> 슬흐도다 대한 독립 이후에 정부가 일신ᄒᆞ고 일만가지 ᄉᆞ무가 나
> 가는 긔미가 잇셔 국민의 이목을 새롭게 하랴고 국문을 슌용홀 ᄯᅳᆺ으
> 로 ᄒᆞ더니 … 근일에 당국ᄒᆞᆫ 제공들이 이ᄀᆞᆺ치 그림글을 조화ᄒᆞᆫ고
> 우리동포들은 엇더케 ᄉᆞᆼ각ᄒᆞ시오 만국만민이 ᄀᆞᆺ치 보ᄂᆞᆫ 글ᄌᆞ를 비호

12) 全澤鳧, 1987, 『韓國敎會發達史』, 대한기독교출판사, 88~91쪽.
13) 『대한그리스도인회보』 1898년 5월 4일.
14) 『그리스도신문』 1901년 8월 1일.
15) 李萬烈, 1986, 「韓末 기독교인의 민족의식 형성과정」 『한국기독교와
  민족운동』, 보성, 63~72쪽.

시려 ᄒᆞᅌᅩ 몃나라 몃사름에 보는 글즈를 비호시려 ᄒᆞᅌᅩ 현불초를 무
론ᄒᆞ고 학문을 비호게 홀쟈는 국문을 온전히 쓰는디서 지나지 아니홀
줄노 밋노라.16)

논지는 국가 주도에 의한 한글 전용을 위한 대책에 관한 요구였
다. 심지어 일부 교도는 지속적인 한자 사용은 國亡으로 직결된다
는 경고마저 서슴지 않았다. 이는 기독교인에게 한정되지 않고 점
차 사회적인 관심사로 부각되었다.

찬송가도 한국인의 언어와 국문학 발달에 새로운 동기를 부여하
였다.17) 자주독립을 지향하는 唱歌 가사는 이를 반증한다. 이는 이
른바 唱歌運動으로 확산·발전되는 등 커다란 반향을 불러 일으
켰다. 지역을 단위로 개최된 연합대운동회는 병식체조 시범과 함
께 부른 창가는 상무정신을 고취시키는 요인이었다. 즉 운동가·
체육가·행보가(일명 행진곡) 등의 내용은 이를 반증한다.18) 체육
은 단순한 신체단련만이 아니라 후일 독립군으로서 국권회복을 달
성하기 위한 준비교육이었다. '軍隊的 精神'이나 '軍國民精神'은
바로 국가를 위하여 생사를 초개같이 버릴 수 있는 용감한 군인정
신을 의미하기 때문이다.19)

개신교의 한글보급은 尙洞靑年學院을 중심으로 지속적으로 추
진되었다. 1904년 당시 교장은 李承晩, 부교장은 박승규였다. 교사
진은 성경 全德基, 국문 주시경, 역사 헐버트, 영어 스크랜튼 등이

---

16) 『대한그리스도인회보』 1900년 1월 24일.
17) 李宥善, 1968, 『韓國洋樂八十年史』, 중앙대출판국, 120~121쪽.
18) 『대한매일신보』 1907년 10월 30일 잡보 「攻玉小學校行步歌」: 『대한
    매일신보』 1908년 5월 17일 잡보 「굉장호운동」: 愼鏞廈, 1996, 『最新
    唱歌集』, 국가보훈처, 29~31쪽.
19) 『大韓每日申報』 1908년 5월 15일 논설 「論國民敎育」, 1909년 10월 2일
    논설 「兩先哲遺論」, 1910년 4월 28일 논설 「今日人生」.

었다. 이후 교과목은 수신・이과・수학・한국역사・만국역사・
본국지리・만국지리・상업・체조・도화 등을 추가함으로써 명실
상부한 중등교육기관으로 발전을 거듭하였다. 물론 柳一宣・李重
華・李東寧・張道斌 등 교사진 충원도 병행되었다.[20] 현직 교사
들의 한글 재교육을 위한 방안은 국어야학강습소 운영이었다.

이러한 가운데 선교사업에 의한 근대교육은 발전을 거듭하는 계
기를 맞았다.[21] 정부도 이를 적극 지원하는 등 기독교에 대하여 비
교적 관대한 입장을 취하였다. 培材學堂・梨花學堂・敬新學校・
貞信女學堂・永化女學堂・崇實學校 등은 당시를 대표하는 종교
학교이자 근대교육기관으로 발전할 수 있었다.[22]

3. 교육법령 정비

갑오개혁은 근대교육 시행을 위한 법제 정비의 새로운 이정표였
다. 金弘集內閣의 온건개화파는 요직을 차지한 후 자신들의 정치개

20) 韓圭茂, 1988,「舊韓末 尙洞靑年會의 설립과 활동」, 서강대석사학위논
문, 27∼29쪽.
21) 류방란, 1994,『한국근대교육의 등장과 발달』, 서울대박사학위논문, 31∼
60쪽.
22) 孫仁銖, 1971,『韓國近代敎育史』, 연세대출판부, 14∼43쪽 : 白樂濬,
1973,『韓國改新敎史』, 연세대출판부, 75∼86쪽 : 尹健次(심성보외 역),
1987,『한국근대교육의 사상과 운동』, 청사, 71∼87쪽 : 김세환, 1965,
『培材八十年史』, 동아출판사, 100∼10쪽 : 鄭忠良, 1967,『梨大八十年
史』, 이대출판부, 31∼51쪽 : 경신팔십년사편찬위원회, 1966,『敬新八
十年略史』, 경신중・고등학교, 30∼31쪽 : 연세대학교100년사편찬위원
회, 1985,『연세대학교100년사』: 숭실대학교10년사편찬위원회, 1997,
『숭실대학교100년사』: 김광현, 1989,『貞信百年史』, 정신여자중・고
등학교.

혁 구상을 실천하여 나갔다. 갑오개혁을 추진한 軍國機務處는「選擧條例」·「銓考局條例」·「文官授任式」등 새로운 관리임용제도를 제정하였다. 특히「선거조례」를 통해 능력본위·인물본위에 의한 관리등용책도 강구되었다. 정부는 "조야신사, 경향귀천을 물론하고 품행이 바르고 재능과 예능이 있으며, 시무에 널리 밝은 자는 확인하여 선취한다"는 사실을 천명하였다.[23] 또한 학교를 廣設하여 인재를 양성하기 이전에는 鄕貢法에 따라 잠정적으로 관리를 충원한다는 사실도 밝혔다. 관리선발 기준이 신분 중심에서 능력 중심과 인물본위로 변화되었다.

정부는 근대교육을 담당할 부서로 1894년 7월 學務衙門을 설치한 후 8월에「학무아문고시」를 통해 근대교육의 필요성을 역설하였다.[24] 학무아문은 이듬해 4월 독립적인 행정기구인 학부로 개편되었다. 국왕은 1895년 1월「洪範14조」와 2월에「敎育詔書」의 반포를 통해 보통교육 이념과 실천의지를 천명하였다.[25] 주요 내용은, 첫째로 교육은 국가 보존과 번영을 위한 근본이고, 둘째로 교육은 허명식을 버리고 실용적이고 과학적인 학문의 추구에 있고,

---

23) 『高宗實錄』고종 31년 7월 12일조 : 宋炳基·朴容玉·朴漢卨·徐柄漢 編著(이하 송병기 외로 표기함), 1970,「選擧條例」『韓末近代法令資料集』I, 국회도서관, 34쪽.
24) 『고종실록』·『일성록』고종 31년 6월 28일 : 송병기 외, 1970,『한말근대법령자료집』I, 7~8쪽.
　학무아문 조직과 인원은 다음과 같다. 총무국(참의 1, 주사 2), 成均館 및 庠校書院事務局(참의 1, 주사 2), 전문학무국(참의 1, 주사 4), 보통학무국(참의 1, 주사 4), 편집국(참의 1, 주사4), 회계국(참의 1, 주사 2) 등이었다.
25) 『관보』개국 504년 2월 2일 : 『승정원일기』·『일성록』·『고종실록』고종 32년 2월 2일 : 송병기 외, 1970,「詔勅; 敎育에 關한 件」『한말근대법령자료집』I, 180~181쪽 : 국사편찬위원회, 1969,『고종시대사』3, 720쪽.

세째로 교육의 3대강령은 德養(德育)·體養(體育)·知養(知育)이고, 마지막으로 근대교육을 위한 학교 廣設과 이를 통한 인재 양성 등이다. 곧 "왕실 안전은 우리 신민의 교육에 있고, 국가 부강도 우리 신민의 교육에 있다"는 논리였다.

초등교육 전반에 관한 「小學校令」은 만 7세에서 15세까지를 '學齡兒童'으로 규정하였다(제16조).[26] 소학교는 설립 주체에 따라 관립(정부), 공립(지방관청), 사립소학교(개인)로 구분하고(제2조), 국가는 이들에게 8년간 국민교육의 기초와 생활상에 필요한 보통지식과 기능 등을 교수할 방침을 밝혔다(제1조). 수업년한은 심상과 3년, 고등과 2년이나 3년이었다(제7조). 심상과 교과목은 수신·독서·작문·습자·산술·체조 등인데, 체조 대신에 본국역사·본국지리·외국지리·외국역사·이과·도화 등과 여학생을 위한 재봉 과목을 추가할 수 있었다(제8조). 반면 고등과 교과목은 수신·독서·작문·습자·산술·본국역사·본국지리·외국지리·외국역사·이과·도화과 등으로 여학생에 한하여 재봉 과목을 추가할 수 있도록 하였다. 또한 시의에 따라 외국어 1과를 추가하는 대신 외국지리·외국역사·도화 1과나 수과를 제외할 수 있는 재량권을 부여하였다(제9조). 郡·府 단위의 지방공공단체는 의무적으로 공립소학교 설립을 규정하는 등 근대교육 시행에 박차를 가하였다. 다만 지방 실정에 따라 먼저 사립소학교 설립·운영을 권장하는 등 급속한 시행보다 점진적인 실시를 권유하였다(제17조와 제18조). 이와 동시에 각종 교육 관계 법령을 제정·반포하는 등 근대교육 시행에 필요한 법제적인 기초를 마련하여 나갔다.[27]

---

26) 『관보』 개국 504년 7월 22일 : 『일성록』과 『고종실록』 고종 32년 7월 19일 : 송병기 외, 1970, 『한말근대법령자료집』 I, 513~516쪽 : 국사편찬위원회, 1969, 『고종시대사』 3, 963~967쪽.
27) 갑오개혁 이후 근대교육과 관련된 주요 법령은 다음과 같다. 「한성사

4. 공교육 부진

이러한 노력에도 壯洞·貞洞·桂洞·廟洞 官立小學校의 학생
수가 각각 23·76·40·48명에 불과하였다.[28] 이는 학령아동 중 극히
일부만이 교육정책에 호응한 사실을 의미한다. 또 교사 자질·교
육내용·교육시설 등도 제대로 구비되지 않았다. 학부모의 무관심
과 위정자의 의지 부족 등은 이와 같은 상황을 초래하는 요인이었
다. 1898년 10월 현재 관·공립학교와 사립학교를 포함한 전체 학
생수도 2,000여 명 정도였다.[29] 학교수와 학생수는 이전보다 약간
증가하였으나 근대교육 자체는 크게 진전되지 않았다. 곧 근대교
육은 별다른 성과를 거두지 못하는 상황이었다.[30] 참고로 제국주

범학교 관제」 1895년 5월 10일(칙령 제79호), 「외국어학교 관제」 1895
년 6월 2일(칙령 제88호), 「성균관 관제」 1895년 8월 21일(칙령 제136
호), 「한성사범학교 규칙」 1895년 9월 11일(학부령 제1호), 「성균관경학
과 규칙」 1895년 9월 27일(학부령 제2호), 「「소학교규칙 대강」 1895년
9월 30일(학부령 제3호), 「보조공립소학교 규칙」 1896년 2월 20일(학부
령 제1호), 「의학교 관제」 1899년 3월 24일(칙령 제7호), 「중학교 관제」
1899년 4월 4일(칙령 제11호), 「상공학교 관제」 1899년 6월 24일(칙령
제28호), 「외국어학교 규칙」 등이다.

28) 『관보』 개국 504년 8월 28일 : 국사편찬위원회, 1969, 『고종시대사』 3,
996쪽.

29) 『독립신문』 1897년 9월 21일 잡보 「안동관립소학교교원 안영상씨의 편
지」 : 『황성신문』 1898년 9월 9일 논설 : 『제국신문』 1898년 10월 15일
잡보.

30) 우리의 교육은 인구 5,000명에 겨우 1명에 불과한 반면 제국주의 문명
국은 학령아동의 90%가 취학한다는 사실을 상기시켰다[『독립신문』
1896년 9월 5일 논설 참조]. 이는 약간 과장된 표현이나 우리의 근대교
육이 대단히 부진한 사실을 반증하는 부분이다. 1897년 9월 관립소학
교는 8개교로 전체 학생수는 400~500명[『독립신문』 1897년 9월 21일
잡보 「안동관립쇼학교 교원 안영상씨의 편지」 참조]에 불과할 뿐이었

의 열강의 보통학교(초등학교)수와 인구 1,000명 당 학생수 현황은
<표 Ⅰ-1>과 같다.

〈표 Ⅰ-1〉 각국의 초등교육 현황[31]

국 명	학교수	취학수	국 명	학교수	취학수
독 일	58,000	161	네들란드	4,097	138
이탈리아	35,748	77	스 페 인	29,828	102
영 국	36,100	146	일 본	24,046	83
프 랑 스	79,755	146	희 랍	1,600	50
스 웨 덴	10,560	159	오스트리아	32,978	111
러 시 아	38,238	22	폴 란 드	5,316	46

<표 Ⅰ-1>과 비교하면, 열악한 우리의 교육 상황이 쉽게 이해
될 수 있다. 독일·네들란드·영국·프랑스·스웨덴 등은 학령아
동 전부를 수용할 정도였다.[32] 곧 자본주의의 성립과 더불어 의무
교육은 정착되는 단계에 이르렀다. 그런데 우리는 일본·러시아와
현격한 차이를 나타내고 있었다. 閔泳煥은 당시 교육 상황을 자조
적으로 다음과 같이 언급하였다.

　　방금 뎐동 민영환씨가 즈긔 친구를 더ᄒ야 말ᄒ기를 방금 대한형
　　편이 정치와 법률과 ᄉ판과 직산등 여러 학교가 아즉 확장치 못ᄒ야
　　인ᄌ를 교육지 못ᄒ엿스며 도하로논 약간 쇼학교가 잇스나 즁학교와
　　대학교를 챵셜치 못ᄒ고 교외와 하방으로논 도모지 학교명식이 업스
　　니 이러ᄒ고야 엇지 빅셩을 모라 붉은 디경에 이르게ᄒ며 정부관원을

　　다. 1898년 7월 현재 9개교 재학생은 838명[『독립신문』 1898년 7월 6일
　　논설 참조]으로 증가하였다.
31) 독립협회, 「외보, 世界各國 小學校의 比較表」『大朝鮮獨立協會會報』
　　5, 17～18쪽.
32) 학령아동에 관한 통계는 대체로 전체 인구수 중 13% 내외이다. 물론
　　문명화의 정도에 따라 약간의 변동 요인은 있다. 이러한 관점에서 볼
　　때, 19세기말 서구 열강은 사실상 의무교육을 시행하는 상황이었다.

엇지 탁용ᄒ리오 심히 긔탄홀 일이라 내 쟝ᄎ 그일을 져져히 샹쥬ᄒ
야 필경 실효가 잇도록 ᄒ겟다 ᄒ엿다더라.33)

우리의 교육은 도회지를 중심으로 몇몇 소학교가 운영될 뿐이
다. 인재 양성을 위한 중학교 · 대학교 등과 같은 교육기관은 거의
전무한 실정이다. 이러한 상황에서 과연 현명한 관리 발탁을 통한
근대국가 수립이 가능한 지를 그는 반문한다. 더욱이 주요 개항장
이나 도시를 제외한 지방에는 소학교마저 없는 '교육부재' 또는
'공백' 상태였다.34) 따라서 민영환은 국민 계몽을 통한 '文明化'는
단지 '망상'에 불과하다고 주장하였다.

교육부재의 궁극적인 원인은 임시방편적이고 즉흥적인 교육정
책과 지배층의 실천력 부족 등이었다. 학부 예산은 학교 운영에 필
요한 최소한 예산마저도 확보할 수 없었다.35) 참고로 주요 예산을
살펴보면 <표 Ⅰ-2>와 같다.

〈표 Ⅰ-2〉 주요 경상비세출예산표36)   (단위 : 원)

경상부	1896	1898	1899	1901	1902	1903
궁내부	500,000	560,000	650,000	961,039	1,157,017	1,261,032
내 부	1,146,630	1,225,655	1,262,892	982,599	973,410	980,533
탁지부	1,740,106	892,197	2,307,907	764,324	578,736	1,665,716
학 부	126,752	89,340	141,627	184,983	167,730	164,743
총 계	5,114,531	4,419,432	6,128,229	8,020,151	6,932,037	9,697,371

---

33) 『미일신문』 1898년 10월 8일 잡보 : 김형목, 1998, 「사립흥화학교(1898~
　　1911)의 근대교육사상 위치」, 298~299쪽.
34) 『황성신문』 1899년 5월 25일 논설 「開國五百三年以後 情形」.
35) 『독립신문』 1899년 1월 9일 논설 「교육 방법」, 1월 14일 논설 「교육 예
　　산」.
36) 金玉根, 1992, 『朝鮮王朝財政史硏究(近代編)』Ⅳ, 일조각, 44~47쪽.
　　지출총계는 부처별 지출예산과 반드시 일치하지 않는다. 이는 학부예
　　산과 몇몇 부서만 단순 비교를 위하여 작성한 데서 비롯되었다.

1896~1903년 학부예산은 전체 예산의 2%에도 훨씬 못미치는 미미한 수준이었다. 더욱이 학부예산 증가율은 전체 경상비 지출 예산 증가율과 반비례하는 상황이었다. 이러한 예산 편성·운영은 지배층의 근대교육에 대한 의지를 그대로 반영한다. 곧 지배층은 표명한 바와 달리 근대교육 시행에 거의 무관심하였다.「소학교령」에 의한 근대교육 시행 계획은 사실상 법제 정비에 불과할 뿐이었다.37) 결국 국가에 의한 근대교육은 시행 과정상 상당히 제한될 수밖에 없었다. 물론 부·군이나 개항장을 중심으로 공립소학교는 많이 설립되었다.38) 그러나 부족한 교육예산은 형식주의에 치우친

---

37) 尹健次, 1987,『한국 근대교육의 사상과 운동』, 103~115쪽 : 安基成, 1984,『韓國近代敎育法制硏究(민족문화총서4)』, 고려대출판부, 77~104쪽과 199~205쪽 : 金興洙, 1994,「韓國 近代 初等學校의 設立에 關한 硏究－1896~1906년의 公立小學校의 開校時期를 中心으로－」『논문집』34, 춘천교대, 30~34쪽 : 韓哲昊, 1996,「俄館播遷期 貞洞派의 개혁활동」『한국근현대사연구』4, 한국근현대사연구회, 314~317쪽 : 류방란, 1998,「소학교의 설립과 운영, 1894~1905」『근대한국초등교육연구』, 교육과학사, 32~60쪽 : 鄭崇敎, 1998,「대한제국기 지방학교의 설립주체와 재정」『한국문화』22, 서울대 한국문화연구소, 278~294쪽. 안기성은「소학교령」이 한국근대교육사에 끼친 영향을 긍적적으로 해석하였다. 근대교육을 위한 법제 정비라는 측면에서 이러한 평가는 가능할 수 있다. 이 법령이 일제의 교육령을 그대로 모방·수용한 측면을 지나치게 간과하고 있다. 김흥수와 류방란은 지방 주요 도시에 공립학교가 설립된 사실을 볼 때, 이 법령은 근대교육에 지대한 영향력을 끼쳤다고 보았다. 한철호는 당시 지배층의 법제 정비로 이후 근대교육이 발흥할 수 있는 기반을 마련한 점에서 의의를 평가하였다. 반면 윤건차와 정숭교는 갑오개혁의 중심 인물 구성이나 성격에서 나타나듯이, 법령은 일제의 교육령을 모방·수용하는 한편 공립소학교 설립도 미온적이었다고 보았다.

38)『황성신문』1903년 3월 20일 잡보「光武七年度 總豫算表」: 김형목, 2005,「대한제국기 강화지역의 사립학교설립운동」『한국독립운동사연구』24, 독립기념관 한국독립운동사연구소, 6~7쪽. 당시 설립된 공립소학교는 觀察府小學校 13개, 港口小學校 9개, 府小

교육 부실화로 귀결될 수밖에 없었다.

일부 관료나 선각자들에 의한 근대교육 보급과 활성화 방안은 사립학교 설립으로 귀결되었다. 이러한 변화로 우리 근대교육은 사립학교에 의해 주도되는 계기를 맞았다. 사립학교 설립은 근대 교육 시행이라는 '단순한' 차원 이상인 부국강병을 위한 시무책 일환이었다. 교육은 이들에게 국가 존립과 관계된 근본 문제로서 인식되었다. 일부 선각자에 의하여 제기된 의무교육은 이와 맞물려 있었다.39)

한편 근로 청소년들에 대한 근대교육 수혜의 확대 방안은 야학교나 야학(과) 설립으로 이어졌다. 이는 근대교육기관으로서 야학을 발생시키는 주요한 계기였다. 근대적인 야학 시행은 노동자·청소년들에게 근대교육의 수학 기회를 보다 확대할 수 있었다.40) 이제 교육 수혜는 기득권자의 전유물이 아니라 각 개인의 의지에 따른 문제로서 귀착되었다. 민중의식 심화와 시세 변화는 야학을 근대교육기관으로 발전시키는 요인으로 작용하였다.

學校 4개, 郡小學校 25개 등 총 51개교였다.

39) 한국독립운동사편찬위원회, 1964, 『독립운동사』8, 독립유공자사업기금 운용위원회, 257~2588 : 安洪, 1984, 『韓國義務敎育成立史硏究』, 동양문화사, 17~22쪽 : 金炯睦, 1997, 「自强運動期 漢城府民會의 義務敎育 施行과 性格」『중앙사론』9, 중앙사학연구회, 66쪽 : 1998, 「사립흥화학교(1898~1911)의 근대교육사상 위치」, 293~294쪽.

40) 김형목, 1999, 「1906~1910년 서울지역 야학운동의 전개 양상과 실태」 『鄕土서울』59, 서울특별시사편찬위원회, 165쪽.

제2절 의무교육론의 전개

1. 의무교육론 대두

갑신정변 실패 후 일본에 망명한 朴泳孝는 국정개혁을 위한 「상소문」에서 처음으로 의무교육론을 제기하였다.[41] 그는 사회질서 유지와 국가발전의 원동력을 근대교육에서 찾았다. 즉 "사람이 어려서부터 교육을 받지 않으면 성장하여 무식한 사람이 된다. 이러한 사람은 서로 사랑하는 마음과 믿는 마음이 부족하여 경거망동하거나 일의 전후 순서를 제대로 구별하지 못함으로써 결국 죄를 짓는 경우가 비일비재하다"고 보았다. '문명=야만'이라는 문명화론은 그의 주요한 논지였다.

그는 6세에 달한 모든 학령아동을 취학시켜 국사·국어 등을 주요 교과목으로 한 의무교육 시행을 역설하였다.[42] 의무교육이 어

---

41) 일본외무성, 『日本外交文書』제21권, 292～311쪽 : 김희일, 1965, 「갑신정변의 역사적 지위」『김옥균』, 사회과학원역사연구소; 주진오 해제, 1990 『김옥균』, 역사비평사에 재수록 : 丁仲煥, 1965, 「朴泳孝 上疏文(資料)」『亞細亞學報』Ⅰ, 아세아학술연구회 : 朴泳孝, 1966, 「開化에 대한 上疏」『近代韓國名論說集(新東亞附錄)』, 동아일보사 : 靑木功一, 1976·1977, 「朴泳孝の民本主義·新民論·民族革命論(一, 二)」『朝鮮學報』80·81, 천리대 : 역사학회편, 1973, 『韓國史資料選集』5, 일조각 : 田鳳德, 1978, 「朴泳孝와 그의 上疏 硏究序說」『東洋學』8, 단국대 동양학연구소 : 李光麟, 1993, 「春皐 朴泳孝」『開化期의 人物』, 연세대출판부 : 1995, 金興洙, 『韓國近代歷史敎育硏究』, 삼영사 : 김흥수, 1995, 「朴泳孝의 歷史敎育觀」『아세아문화』12, 한림대.

42) 국어·국사는 의무교육론의 주요한 교과목으로서 위치한다. 이는 자국의 문자 습득을 통해 자국문화와 역사를 이해하므로써 자국 역사나 문화에 대한 자긍심 고취에 매우 유용하기 때문이다. 민족정신·국가정

느 정도 달성되면, 壯年校(대학교와 같은 고등교육기관 : 필자주)
를 설립하여 청년자제와 젊은 官人들에게 정치·내외법률·역
사·지리·산술·이화학 등을 교육시킨 후 장차 관리로서 채용을
주장하고 나섰다.43) 국내 여건은 이를 당장 실행하기에 미비함으
로 당분간 외국인교사 초빙을 모색하였다. 이처럼 그는 金玉均 등
과 개화정책을 추진하는 중 근대교육의 중요성을 인식한 인물이었
다. 이러한 주장은 궁극적으로 교육개혁을 통한 부국강병책이었다.
그에게 治國을 위한 정치·법률 등 실용적인 학문은 주요한 문제
로 인식되었다.44) 그러나 그의 현실적인 처지로 말미암아 정책에
는 전혀 반영될 수 없었을 뿐만 아니라 사회적인 관심도 받을 수
없었다. 다만 신분에 구애받지 않고 모든 사회구성원에게 균등한
교육 기회를 부여하려는 의도는 중요한 의미를 지닌다. 곧 그의 의

신 고취는 이러한 과정을 통해 이루어졌다. 한글·한국사·한국지리
등의 교육을 강조·중시한 배경은 근대국가 수립과 밀접한 관련성 속
에서 이루어졌다. 특히 식민지화에 대한 위기 고조는 언론·학술지 등
을 통하여 이러한 분위기를 확산·보급시켰다[김흥수, 1995, 「朴泳孝
의 歷史敎育觀－開化上疎文中 敎育改革案의 내용을 중심으로－」,
290쪽 : 朴杰淳, 2000, 「한말 국사교육의 이념과 국사교과서의 편찬」
『인문학지』 20, 충북대, 171~177쪽 참조].

43) 박득준, 1987, 『조선근대교육사』, 29쪽 : 주진오 해제, 1990, 『김옥균』,
369쪽.
박영효의 의무교육론은 "갑신정변의 정강" 속에 이미 구체화된 것으로
보았다. 그런데 이른바 '박영효상소문'은 갑신정변을 주도한 자신들의
과오에 대한 반성과 사죄, 개혁정책의 지속적인 시행 등을 국왕에게 바
라는 입장에서 작성되었다. 더욱이 위의 내용은 3년이라는 시차를 두
고 있다. 교육개혁 구상을 역급하는 원인은 갑신정변의 역사적인 의미
를 긍정적으로 파악하려는 의도에서 비롯되었다. 그런 만큼 이러한 주
장은 신중한 재고를 요한다. 지금까지 갑신정변시 이들이 제시한 정강
이나 기록에서 의무교육에 대한 조항을 파악할 수 없기 때문이다.
44) 정숭교, 1995, 「1904~1910년 自强運動의 國民敎育論」『韓國史論』 33,
서울대, 143쪽.

무교육론은 사실 자체만으로 한국 근대교육사상 획기적인 제안이
었다.

　일찍이 유학을 경험한 兪吉濬은 서구 열강의 교육제도 중 의무
교육을 소개하는 가운데 의무교육론을 제기하였다.[45] 이의 즉각적
인 시행은 조선사회를 文明社會로 이끌 수 있는 원동력이었다. 곧
의무교육은 그에게 시급한 현안으로 인식·부각되었다.

　　凡國家의 大本은 敎育ᄒᄂᆞᆫ 道에 在ᄒ니 現今天下에 富强ᄒ기로
有名ᄒᆫ 諸國은 皆此 一件事ᄅᆞᆯ 勉勵ᄒ야 其效ᄅᆞᆯ 獲致홈이라. 今에 其
敎育ᄒᄂᆞᆫ 制度ᄅᆞᆯ 見ᄒ건디 必然히 一定ᄒ 規則이 有ᄒ야 童穉의 父
兄되ᄂᆞᆫ 者로 ᄒ여곰 其子女와 弟姪을 敎訓ᄒ게ᄒ며 又但 敎訓ᄒ기ᄅᆞᆯ
命ᄒᆯᄯ롬아니라 乃敎誨ᄒᄂᆞᆫ 處所ᄅᆞᆯ 排鋪ᄒ야 願學ᄒᄂᆞᆫ 者ᄂᆞᆫ 無碍히
就學ᄒ게ᄒ니 其處所ᄂᆞᆫ 學校ᄅᆞᆯ 謂홈이라. 學校마다 政府가 先生을
寘ᄒ야 就學ᄒᄂᆞᆫ 者ᄅᆞᆯ 敎誨ᄒ게ᄒ되 一切浮費ᄂᆞᆫ 人民에게 稅ᄅᆞᆯ 收ᄒ
야 擔當ᄒᄂᆞ니 其所入ᄒᄂᆞᆫ 各項用費ᄅᆞᆯ 議ᄒ건디 先生祿俸과 書册購
寘와 學校築造며 其外에도 屢條의 雜費니 …[46]

　국가 근본은 교육과 직결될 만큼 매우 중요한 문제였다. 근대교
육 시행 여부야말로 국가 興亡盛世를 좌우하는 근본적인 요인이었
다. 그에게 서구사회를 문명화로 이끈 원동력은 의무교육이었다.
이는 5～6세에 달한 모든 학령아동이 의무교육 수혜를 받을 수 있

---

45) 細井肇, 1910, 『現代漢城風雲과 名士』, 일한서방; 한국학문헌연구소,
　　1985, 『舊韓末日帝侵略史料叢書(社會篇)』 3, 아세아문화사, 155～166
　　쪽에 재수록 : 牧山耕藏, 1911, 『朝鮮紳士名鑑』, 일본전보통신사; 한국
　　학문헌연구소, 1985, 『구한말일제침략사료총서(사회편)』 5, 아세아문화
　　사, 164～166쪽에 재수록 : 김형목, 1997, 「자강운동기 한성부민회의 의
　　무교육 시행과 성격」, 79～80쪽 : 兪東濬, 1987, 『兪吉濬傳』, 일조각,
　　154～158쪽.
46) 兪吉濬, 『西遊見聞』, 233쪽 ; 유길준전서편찬위원회편, 1971, 「敎育ᄒ
　　ᄂᆞᆫ 制度」 『兪吉濬全書』 Ⅰ, 일조각, 253쪽.

는 국가에 의한 소학교 설립으로 이어졌다. 또 학부형에게 학교 설립은 물론 운영비 부담 등도 의무적인 조항으로 규정하였다. 이리하여 조선사회의 긴급한 현안은 바로 의무교육 시행으로 귀결되었다.

유길준은 "교육의 3대 德目은 正德·利用·厚生으로, 나라의 貧富·强弱·治亂·存亡 등이 人民教育의 有無에 달려 있다"[47]는 國民教育論을 강조하였다. 그런데 대다수 개화론자들처럼 서구사회는 그에게 지구상의 至善極美한 상태로 인식되었다. 그런 만큼 전통교육기관을 개조·개량한 교육개혁안은 모색될 수 없었다. 전통의 계승·발전보다 "단절을 통해 새로운 사회질서 수립"이 보다 중요한 문제였다. 그는 갑오개혁을 추진하던 중 망명객의 신세가 되었다. 결국 그의 의무교육론도 실행되지 못한 채 계획으로 그치고 말았다. 그러나 개화지식인이나 지배층에게 의무교육의 필요성·중요성을 인식시키는 데 이바지하였다.

한편 독립협회도 기관지인 『독립신문』을 통해 의무교육의 중요성과 즉각적인 시행을 강조하였다. 광범한 의무교육 시행은 조선사회를 미국과 같은 문명국으로 발전시킬 수 있다는 논리였다.[48]

> … 인민이 교육이 업스면 아모일도 홀슈 업는 것을 끼다를지라 그 연고를 말ᄒ면 첫지는 빅성들이 구습에 졋고 교육이 업는 고로 다만 목젼 리히만 알고 정치상 큰 도리를 몰으는 고로 당장에 돈량 리히와 몸에 편ᄒ고 아니 편훈 것만 싱각ᄒ고 법률과 강령이 억인 것은 말ᄒ여도 심상히 역이며 둘지는 교육이 업는 고로 무슴 일을 ᄒ던지 죠칙 ᄒ는 규칙을 몰으며 알고셔도 시힝ᄒ지 못ᄒᄋᆞ 미리 일을 헤아리지 못ᄒᆞ고 맛ᄒᆡ 랑픽ᄒᆞ거나 셋지는 교육이 업는 고로 시비 곡직을 분간

---

47) 유길준전서편찬위원회편, 1971 「人民의 教育」『兪吉濬全書』I , 127쪽 : 김형목, 1997 「자강운동기 한성부민회의 의무교육 시행과 성격」, 67~68쪽.

48) 『독립신문』 1896년 5월 12일 논설과 1899년 4월 15일 논설 「지미 잇는 문답」.

호지 못호야 셰력 잇는 사룸이 역적이라 호면 역적으로 녁이고 츙신
이라 호면 츙신으로 녁이여서 일뎡훈 쥬견이 업시 문즈상에 쏠려 다
녀서 올혼 일을 호는 사룸이 잇서도 그 뒤를 밧쳐주지 못호고 그른 일
을 호여도 셰력만 잇스면 다 츄죵호며 넷지는 구습에 편당 쓰홈호던
문견에 익고 넓은 학문이 업는 고로 의심과 혐의를 쥬장호야 열 사룸
만 모히면 그 속이 합호지 못호야 셔로 의심호고 셔로 미워호고 셔로
방히롭게 호야 죠고만훈 이증으로 큰일을 그릇드리며 다섯지는 교육
이 업는 고로 속이 넓지 못호야 사룸을 용랍지 못호야 의견이 달으거
나 큰 목젹을 가지고 작은 당파 쓰홈에 앗가온 지죠와 셰월을 허비호
는 폐단이 잇스니 이 여러 가지는 다 우리가 교육이 업는 신돍이라 글
로 보거드면 대한에 훈가지 브랄것은 교육 밧긔 업도다 …49)

　교육부재가 초래하는 폐단을 5가지로 지적하였다. 즉 첫째로 구
습에서 벗어나지 못할 뿐만 아니라 목전의 이해관계만을 생각함으
로써 사회기강이나 법령이 제대로 운용될 수 없다. 둘째로 일에 대
한 안목을 가질 수 없다. 셋째로 시시비비를 판단하지 못하여 세력
가의 판단에 오직 의존할 뿐이다. 넷째로 의심이 많아 화합하지 못
한 채 서로를 비난하는 데 급급하다. 마지막으로 사소한 문제에 일
생을 허비한다는 등이다. 그러므로 학교를 많이 세우는 등 근대교
육이 원활하게 이루어질 수 있도록 노력해야 한다고 주장하였다.
이에 학교 설립은 우리 사회가 당면한 가장 시급한 문제로서 부각
되었다.50)

　이와 더불어 "사람마다 어릴 때 배우는 것이 장성한 후에 배우
는 것보다 쉽기 때문"이라며, 아동교육 효과에도 주목하였다. 특히
여성교육의 즉각적인 시행은 물론 사회적인 관심·분발을 촉구하
고 나섰다.51) 한글판『독립신문』간행은 이러한 배경 속에서 이루

---

49)『독립신문』1899년 1월 6일「교육이 데일 급무」.
50)『독립신문』1897년 8월 29일 논설 : 김형목, 1998,「사립흥화학교(1898～
　　1911)의 근대교육사상 위치」, 295～296쪽.
51)『독립신문』1898년 7월 6일 논설「동몽교육」, 9월 13일 논설「녀인교

어졌다. 한글 연구의 필요성과 실생활에서 활용은 여성교육과 밀
접한 관련성을 지닌다.

이에 따라 외국의 모범적인 교육 사례는 지속적으로 소개되었
다. 조선사회의 문명화는 근대교육 시행 여부와 직결된다는 논리
였다. 근거는 청일전쟁에서 승리한 일본의 원동력을 광범한 근대
교육 시행에서 찾았다.[52] 일본은 明治維新 이후 전통교육기관을
학교로 전환하는 등 광범한 보통교육을 실시하고 있었다. 반면 우
리의 근대교육은 미미함으로, 초등교육기관을 널리 세워 교육 기
초를 세우는 것이 급선무라고 주장하였다.[53] 이를 기반으로 장차
중학교육과 실업교육 등으로 확대는 소기 성과를 거둘 수 있다는
입장이었다. 『황성신문』도 역시 이러한 입장이었다.[54] 사립학교
설립자에 대한 신문의 상세한 보도는 이들을 더욱 분발시키는 요
인이었다.

2. 유생층의 참여와 사립학교

특히 協成會[55]와 萬民共同會[56] 활동은 근대교육에 대한 인식을

육」, 10월 13일 잡보 「녀학당」, 1899년 3월 11일 논설 「교육업는 ㅇ희」,
5월 26일 논설 「녀학교론」, 5월 31일 논설 「셰가지 우미훈 일」 : 鄭世
華, 1972, 「開化期의 女性敎育」『韓國女性史; 開化期－1945』, 이대출
판부, 296～302쪽 : 朴容玉, 1984,『韓國 近代女性運動史硏究』, 한국정
신문화연구원, 64～72쪽.

52)『독립신문』1896년 4월 25일 논설, 1898년 12월 6일 논설 「일본 개화
긔초」, 1899년 5월 24일 논설 「교육비 청구」.

53)『독립신문』5월 23일 잡보 「리관찰흥학」, 1899년 6월 27일 논설 「요긴
혼 일」, 6월 28일 논설 「학도는 기명의 긔초」, 7월 21일 논설 「부강훌
방칙」.

54)『황성신문』1899년 7월 5일 논설.

널리 보급시킬 수 있었다. 연사들은 정부에 의한 교육만 바랄 것이
아니라 주민 부담에 의한 의무교육을 주장하였다. 이러한 노력으
로 근대교육에 대한 인식은 점차 지방으로 확산되었다. 1890년대
후반 설립된 이른바 '민족계 사립학교'[57]는 이를 분명하게 보여준

55) 金東冕, 1981,「協成會의 思想的 硏究」『史學志』15, 단국대 : 鄭英熹,
   1985,「協成會 硏究」『논문집』9, 인천대 : 金鎬逸, 1988,「우리나라 최
   초의 학생단체 協成會의 조직과 활동」『녹지』21, 중앙대 : 吳煥一,
   2000,「近代學生運動에 관한 연구－協成會 活動을 중심으로－」『歷
   史와 鄕村社會 硏究』, 경인문화사.
   근대적인 토론문화는 徐載弼 지도 하에 培材學堂의 협성회 조직에서
   시작되었다. 미국에서 귀국한 서재필은 1896년 봄부터 배재학당에 초
   빙되었다. 그는 특별강연회를 통해 토론의 중요성을 역설하였다. 이에
   李承晩·周時經 등 13명은 1896년 말 협성회를 조직하기에 이르렀다.
   이들은 조선사회의 현안에 대해 50여 차례 토론회를 실시하는 등 사회
   적인 반향을 불러 일으켰다. 더욱이 대부분 학교는 이를 정규 과목으로
   채택하였다[김형목, 1998,「私立興化學校(1898～1911) 近代敎育史上
   位置」, 312쪽]. 그런데 협성회 설립을 周時經의 지도라는 주장도 있다
   [박득준, 1989,『조선근대교육사』, 82쪽].
56) 愼鏞廈, 1976,『獨立協會硏究』, 일조각, 223～225쪽.
   만민공동회의 운영 방식에 대해 정창렬은 대한제국 시기 농민운동의
   집회시 그대로 도입되었다고 보았다[鄭昌烈, 1982,「韓末 變革運動의
   政治·經濟的 性格」, 40쪽 : 金度亨, 1983,「大韓帝國의 改革運動과 農
   民層의 動向」『한국사연구』41, 한국사연구회, 12쪽]. 이를 가능케 한
   요인은 민중의 정치의식 성장에서 찾았다. 그런데 이 시기의 농민운동
   에서 만민공동회의 운동양식·행동양식을 모방하는 경우도 있으나, 이
   러한 집회방식은 18세기말 이후 민중의 주체의식 성장에 의한 鄕會의
   성격변화에서 원리를 찾아야 마땅하다. 왜냐하면 鄕村社會의 여론 수렴
   과 邑事를 토의하기 위한 鄕會가 이러한 방식으로 자주 개최되었기 때
   문이다[金龍德, 1974,「東學軍의 組織에 대하여」『한국사상』12, 한국
   사상연구회 ; 1983,『韓國制度史硏究』, 일조각, 326～335쪽에 재수록].
57) '민족계' 사립학교는 한국인에 의해 설립된 학교를 의미한다. 이는 선
   교사들이 운영한 '종교학교'와 구분을 위해 편의상 사용한 개념에 불과
   하다. 당시 한국인이 설립한 모든 사립학교가 민족교육기관으로서 성
   격을 지녔는가 하는 문제와 별도의 문제이다. 오직 설립자의 구분에 의

다. 전·현직 관료나 개화론자들에 의해 설립된 사립학교는 <표
Ⅰ-3>과 같다.[58]

<표 Ⅰ-3> 1890년대 '민족계 사립학교' 현황

설립 년도	학 교 명(설립자, 설립지역)	소 계	비 고
1895	蛤洞私立小學校(유지, 서울)·홍문동사립학교(이시선, 서울)	2	
1896	開成學校(朴琪淙외, 부산)·私立法律學校(윤성구, 서울)·松川私立學校 (유지, 松川)	3	
1897	貞善女學校(養賢堂金氏, 서울)·三溪私立小學校(유지, 南原)·舊館支 校(開成學校支校, 부산)·釜山鎭支校(開成學校, 부산)	4	
1898	興化學校(閔泳煥외, 서울)·漢城義塾(學徒등, 서울)·光興學校(朴禮秉등, 서울)·私立小學校(심기섭, 공주)·東萊府學校(辛明錄등, 동래)·順成女學 校(讚楊會, 서울)	6	
1899	時務學校(洪鍾復등, 서울)·中橋義塾·細草夜學校(崔鎭등, 서울; 漢陽學 校)·日語學校(開成學校補助校, 馬山)·洛淵義塾(金鳳基, 서울)·光成學校 (朴箕陽등, 서울; 光成商業學校)·私立日語專修學校(서울)·牛山學校附屬 小學校(牛山學校任員, 서울)·於義洞女學校(養成堂李氏, 서울)·道東學 校(東署유지, 서울; 海東新塾)·巡洞私立小學校(鄭雲好, 서울)·私立進明 學校(유지, 서울)·孔德里小學校(朴承爽, 서울)·齋洞小學校附設夜學校 (재동소학교유지, 서울)·興化學校支校(崔處圭등, 대구)·興化學校支校 (柳琓등, 安東)·達城學校(張圭遠, 대구)·通津私立學校(崔鉒, 通津)·豐德 學校(鄭奎鐘, 豐德)·開昌學校(孫貞鉉, 密陽)·維新學校(유지, 端川)·聚英 學校(유지, 平壤)·漸進學校(安昌浩, 江西)·時興小學校(兪鎭沂외, 廣州)· 사립소학교(유지, 廣州)·永化學校(鄭雲哲외, 陽根)·甑山私立學校(金仁 植, 甑山)·金海私立學校(군수, 金海)·牛山學校(朴齊純, 서울)·弘門洞小 學校(유지, 서울)·永宗鎭小學校(河相驥, 仁川)·사립학교(장규원등, 大邱) ·永興小學校(鄭國翰, 永興)·德原小學校(崔錫華, 德原)·沃溝학교(趙性 協, 沃溝)·培英義塾(金益昇, 서울)·東幕小學校(조현증, 서울)·三一學校 외 26개교(趙民熙, 평남도내)	63	

* 일본인이 설립한 京城日語學堂·筆洞女學校 등은 제외.
** 구체적인 교명이 파악되지 않는 학교도 제외.

한 사실임을 밝혀둔다.
58) <표Ⅰ-3>은 『독립신문』·『황성신문』·『제국신문』·『매일신문』·
    『협성회보』·『시사총보』등 기사를 중심으로 파악하였다. 물론 당
    시 설립된 사립학교 중 일부 누락된 경우도 있겠으나 전체적인 경향성
    을 파악하는데 크게 무리가 없으리라 생각한다[鄭英熹, 1999「私立興
    化學校에 관한 연구」『實學思想研究』13, 무악실학회, 114~115쪽].

<표 Ⅰ-3>에 나타난 바처럼, 갑오개혁 직후 부진하던 사립학교 설립은 1898년을 기점으로 변화와 아울러 발전적인 양상을 보인다. 사립학교 설립의 수적인 증가 뿐만 아니라 설립 지역이 점차 지방으로 확산되었다. 즉 大邱·安東·公州·平壤·端川·馬山·南原·釜山·松川과 서울 인근의 廣州·楊根·豊德 등지에서 사립학교 설립은 발흥하는 상황이었다. 대구[59]와 안동[60]의 興化學校支校나 부산의 開成學校支校[61]처럼, 당시 명성이 있는 학

---

59) 『황성신문』 1899년 12월 14일 잡보 「大邱學校」 : 리진호, 1995, 「私立興化學校와 量地敎育」 『鄕土서울』 55, 서울특별시사편찬위원회 : 김형목, 1998, 「私立興化學校(1898~1911)의 近代敎育史上 位置」, 297쪽 : 權大雄, 1994, 「韓末 慶北地方의 私立學校와 그 性格」 『국사관논총』 58, 국사편찬위원회, 31쪽.
   경북과 대구지방 최초의 근대학교는 達城學校(일명 대구사립학교 : 필자주)와 사립흥화학교 대구지교라는 주장이 있다. 전자는 권대웅이고, 후자는 리진호이다. 그런데 달성학교는 張圭遠이 1899년 6월 설립한 일본어 보급을 위한 일어학교였다[『황성신문』 1899년 12월 29일 잡보 「大邱學校의 請助」, 1900년 2월 5일 잡보 「京鄕學校」 : 『독립신문』 1899년 8월 26일 잡보 「학교 흥왕」 참조]. 교과목은 국한문·지지·산술·일어 등이며, 일본인 신곡송조를 교사로 채용한 사실에서 학교의 이념이나 성격을 엿볼 수 있다. 그런 만큼 1896년 부·군이 설립한 공립보통학교에서 근대교육의 시초를 찾아야 마땅하다[金興洙, 1994, 「韓國 近代 初等學校의 設立에 關한 研究-1896년~1906년의 公立小學校의 開校時期를 중심으로-」, 31~34쪽]. 대구부공립소학교 학생 중 15세 이상을 회원으로 조직된 開進協會는 이와 관련하여 많은 시사점을 준다[『독립신문』 1898년 12월 26일 잡보 「긔진 협회」 참조].
60) 『황성신문』 1899년 9월 25일 광고 「安東郡興化學校支校 學員募集廣告」 : 鄭英熹, 1997, 「私立興化學校에 관한 研究」 『동서사학』 3, 동서사학회, 116쪽 : 김형목, 1998, 「私立興化學校(1898~1911)의 近代敎育史上 位置」, 297쪽 : 심상훈, 1999, 「1910년대 안동지역의 교육구국운동」 『안동사학』 4, 안동대, 83~85쪽.
61) 『독립신문』 1898년 12월 14일 잡보, 1899년 5월 29일 잡보 「총쥰ᄌ데」, 5월 30일 잡보 「부산긔성학교 김셩두의 글」 : 慶尙南道敎育研究院,

교 지교로서 출발하는 경우도 있었다. 안동의 홍화학교 지교를 설립한 柳玩은 사립소학교 설립을 학부에 청원하였다.62)

이처럼 유림의 본산지인 安東·密陽 등지에 설립된 사립학교는 근대교육사상 의미하는 바가 크다.63) 지방자치제를 표방한 密陽市議所가 1910년 설립한 유치원은 당시 상황과 관련하여 주목되는 부분이다.64)

당시 지배층의 근대교육에 대한 관심은 趙民熙·閔泳煥을 통해

1980, 『慶南敎育史』, 경상남도교육위원회, 100쪽.

62) 『황성신문』 1899년 9월 11일 잡보 「安東小學」.

63) 안동 유림들은 大韓協會 安東 支會와 協同學校·寶文義塾 등을 설립하는 등 이 지역 계몽운동을 주도하였다[권대웅, 1994, 「한말 경북지방의 사립학교와 그 성격」: 김희곤, 1997, 「안동 협동학교의 독립운동」『우송조동걸선생정년기념논총』Ⅱ, 나남출판사 : 1999, 『안동의 독립운동사』, 안동시, 105～120쪽 : 김기승, 1999, 「대한협회 안동지회」『안동사학』4, 안동대 참조]. 또한 地方自治制를 위한 民會·民議所 등은 鄕校畓·養士齋畓을 근간으로 사립학교를 운영하였다. 이러한 활동 배경은 시세 변화에 따른 광범한 개신 유학자들 존재 속에서 비롯되었다[『독립신문』1899년 2월 2일 잡보 「경서학교」 참조]. 그런 만큼 "유생층은 근대교육에 부정적인 입장[『대한매일신보』1910년 3월 23일 론설 「유림의 ᄉ상을 곳칠일」: 『大韓每日申報』1910년 3월 23일 논설 「儒林家의 思想界 革命」 참조]"이라는 논리는 다시 검토되어야 한다.

64) 『大韓每日申報』1910년 3월 22～23일 광고와 4월 1일 학계 「幼園進就」 : 『대한매일신보』1910년 4월 1일 학계 「유치원진취」.
1997년 유아교육 관련 단체는 우리나라 유치원교육100주년 기념행사를 성대히 개최하였다. 주최측은 1897년 일본거류민단이 그들의 자제를 위해 부산에 세운 釜山幼稚園을 우리의 유치원 효시로 보았다. 이 유치원은 일본인유치원의 한국 내에서 효시로 볼 수 있지만(이는 1888년 또는 1892년 설립된 것으로 보이는 元山幼稚園과 함께 검토되어야 할 문제이다), 우리의 유치원교육과 전혀 관련성이 없다. 유아교육학계의 이러한 자세는 현상에만 집착하는 몰역사적·몰주체적인 인식을 그대로 반증하는 부분이다[金炯睦, 2001, 「1910年代의 同化政策과 私立京城幼稚園」『한국민족운동사연구』28, 한국민족운동사학회 참조]. 지금까지 밝혀진 한국인이 세운 최초 유치원은 1910년의 밀양유치원이다.

엿볼 수 있다. 조민희는 平南觀察使로 재직 중 관내 鄕校・書院 등 전통 교육기관을 근대 교육기관으로 전환시킨 대표적인 인물이었다.[65] 그는 '齊'를 '학교'로 개칭하는 동시에 규칙 제정과 재정 확보를 위한 노력을 기울였다. 근대학교는 三日學校・日新學校・新又學校・惜陰學校 등 무려 27개교나 된다.[66] 이는 평남의 각 군마다 학교를 하나 이상 운영하였다고 해도 과언이 아니다. 그런데 일부 사립학교는 부호나 지방민에 대한 불법적인 수탈이나 '강제 기부금'을 모금하는 등 사회적인 문제를 일으켰다.[67] 또한 교육 내

---

65) 한국학문헌연구소, 1985, 『구한말일제침략사료총서(사회편)』3, 아세아문화사, 120~122쪽 : 한국학문헌연구소, 1985, 『구한말일제침략사료총서(사회편)』5, 아세아문화사, 38쪽 :『독립신문』1899년 2월 2일 잡보 「원류정장」, 2월 4일 잡보 「관찰신임」 :『매일신보』1913년 2월 6일 「朝鮮人物觀(無順), 態度風采가 典麗淸雅호 子爵 趙民熙氏」.
조민희는 관찰사로 재직 중 불법적인 수탈로 상당한 재산을 축적하는 등 대표적인 비난의 대상자였다. 그러나 근대교육에 대한 관심은 누구보다 열성적이었다. 1898년 평남관찰사 재직시 그는 관내에 소재한 향교 등을 27개의 근대학교로 전환시켰다. 또한 1905년 주일공사 재임시 유학생 李漢卿・林圭 등이 세운 光武學校의 교장을 맡는 등 유학생들에 대한 지원을 아끼지 않았다[金淇周, 1993, 『韓末 在日韓國留學生의 民族運動』, 느티나무, 119쪽 : 金炯睦・鄭英熹, 1994, 「韓末 漢城府民會의 活動과 地方自治論」『民族文化研究論叢』1, 인천대 민족문화연구소, 109쪽 : 김형목, 1997, 「자강운동기 한성부민회의 의무교육 시행과 성격」, 90쪽]. 1908년 이후 한성부민회의 觀鎭坊會長으로서 觀鎭學校 설립을 주도하는 등 坊民 부담에 의한 의무교육을 실시하였다. 또 그는 재정난에 직면한 여러 사립학교에 많은 기부금을 희사하였다. '한일합병' 직후에는 친일활동에 대한 공로로 男爵을 하사받았다[『관보』 1910년 10월 7일]. 그의 소실인 李載(在?)熙도 吳貞子와 함께 야학인 부인강습소를 설립하는 등 여자교육의 보급에 노력하였다[『매일신보』 1910년 9월 20일 학계보 「婦人熱心」, 1911년 1월 5일 「婦人日語講習所試驗」 : 김형목, 2000, 「한말・1910년대 女子夜學의 性格」『중앙사론』 14, 한국중앙사학회, 37쪽].
66) 『황성신문』 1899년 1월 11일 잡보 「西城飛鴻」.

용, 교사 자질, 운영비 확보 등을 포함한 교육 '내실화'는 많은 문제점을 안고 있었다.

閔泳煥은 러시아 황제대관식에 참석하려 가던 중 서구사회를 직접 견학할 기회를 얻었다. 그는 서구사회의 발달된 문물을 목격하는 가운데 근대교육의 필요성을 절감하였다.[68] 귀국 직후 자신의 심정을 『독립신문』에 토로한 사실은 이를 잘 보여주고 있다.

> … 내가 외국 가기 전에 외국 이야기를 다른 사롬들의게 만히 들어스나 과연 말이지 그 사롬들 ᄒᆞᄂᆞᆫ 말을 다 밋지를 안흔거시 ᄒᆞᄂᆞᆫ 말들이 넘우 엄챵이 난고로 반은 밋고 반은 아니 밋엇더니 이번에 내가 가서 친히 본즉 그 사롬들이 날다려 그 엄챵나는 일들을 반도 이야기를 아니ᄒᆞ엿ᄂᆞᆫ지라 쳔가지 만가지 일이 넘우 훈륭ᄒᆞ고 넘우 엄챵이 나셔 학문 업는 사롬은 당쵸에 꿈도 못꿀 일을 만히 보왓노라 ᄒᆞ며 데일 부러운 일이 외국셔는 사롬들이 놀고 먹는 사롬이 업고 사롬마다 남의게 의지ᄒᆞ야 살 성각들이 업스며 사롬마다 ᄌᆞ긔 손으로 버러 먹는 ᄭᆞ닭에 독립과 ᄌᆞ쥬ᄒᆞᄂᆞᆫ ᄆᆞ음들이 다 잇고 둘찌는 샹하 귀쳔이 다 ᄌᆞ긔 님군과 ᄌᆞ긔 동포 형뎨를 ᄉᆞ랑ᄒᆞᄂᆞᆫ ᄆᆞ음들이 잇서 무론 누구던지 나라를 디ᄒᆞ야 실례ᄒᆞᄂᆞᆫ 쟈이 잇스면 젼국 인민이 일시에 합심ᄒᆞ야 그 나라 명례와 영광을 그여히 놉히랴 ᄒᆞ며 셋지는 쳔역ᄒᆞᄂᆞᆫ 사롬ᄭᆞ지라도 거즛 말ᄒᆞᄂᆞᆫ 법이 업고 다 닑고 쓸쥴를 알며 산학을 다 ᄒᆞᄂᆞᆫ 고로 무숨 셰음이던지 호리가 차챡이 업시ᄒᆞ며 이번에 도라온 후에 죠션도 차차 긔혁을 아니 ᄒᆞ여셔는 나라히 부지 못홀쥴을 아죠 밋고 외국에 가서 남의 나라 관원들과 인민들 사ᄂᆞᆫ거슬 본즉 분호 ᄆᆞ음이 것잡을 슈가 업노라 …[69]

---

67) 『독립신문』 1899년 1월 7일 잡보 「창중 의원」.

68) 桂庭閔忠正公記念事業會, 1958, 『閔忠正公遺稿集』, 국사편찬위원회, 70~142쪽 : 張志淵, 1907, 「閔忠正公泳煥傳」『大韓自强會月報』8, 대한자강회, 1~4쪽 : 宋相燾, 1974, 「閔泳煥 ; 乙巳殉節」『騎驢隨筆』, 국사편찬위원회, 60~64쪽 : 金聲均, 1972, 「閔泳煥 ; 血竹의 殉節」『韓國의 人間像(近代先覺者 篇)』6, 신구문화사, 63~75쪽 : 徐建鍥, 1983, 「閔泳煥 ; 國恥民辱 속의 散華」『韓國人物史(近代의 人物Ⅰ)』6, 양우당, 107~114쪽.

그는 순방 이전에 서구사회의 문물 제도에 관한 사실을 전혀 믿
지 않았다. 그런데 자신이 직접 순방한 여러 나라에 대한 느낌은
감탄을 넘어 '충격' 그 자체로 다가왔다. 그의 느낀 점은 다음과 같
이 정리할 수 있다.

첫째로 이들은 자신 생계를 스스로 해결하는 가운데 '독립심'과
'자주정신'을 배양하였다. 둘째로 국민 각자의 '애국심'과 '동포애'
가 일상적인 생활 속에 내재하여 충군애국의 국가의식이 보편화되
었다. 즉 스스로가 행동에 책임을 지는 사회의식·국가의식이 충
만된 사회였다. 마지막으로 하층민도 보통교육(의무교육 : 필자주)
을 받아 정직함과 동시에 자신의 권리를 당당하게 주장하는 능력
을 지녔다. 또한 이들은 교육 수혜로 인하여 수리 계산에도 정통하
다는 점이다. 모든 사회구성원에 대한 교육은 오늘날 서구사회를
문명국으로 이끈 원동력이었다. 문명화 근원은 그에게 강력한 국
가정책에 의한 근대교육 시행이었다. 金信榮·韓宇 등과 함께 설
립한 사립흥화학교는 그의 근대교육에 대한 실천적인 발로이자 결
정체였다.[70] 그의 독립협회에서 적극적인 활동한 배경은 이러한

---

69) 『독립신문』 1896년 11월 10일 잡보.
70) 김형목, 1998, 「사립흥화학교(1898~1911)의 근대교육사상 위치」, 301~
   302쪽.
   사립흥화학교의 설립은 이만규가 『조선교육사』하에서 1895년을 주장
   한 이래 그대로 통용되고 있다. 학교 설립 계기는 閔泳煥의 러시아황
   제대관식 참석 도중 서구사회를 견학한 데서 비롯되었다고 보았다. 그
   의 귀국한 일시는 1896년 10월이었다. 따라서 위의 주장은 흥화학교 설
   립시기와 관련하여 모순된다. 유럽 순방에서 느낀 바를 술회한 내용과
   독립협회 활동 등은 그의 인식 변화를 잘 보여준다. 흥화학교 설립일은
   1898년 11월이었다[內務部學務局學務課, 『京城府內私立學校一斑』;
   渡部學·阿部洋編, 1991, 『日本植民地教育政策資料集成』67, 용계서
   사에 재수록]. 또한 처음부터 영어와 함께 '일본어'를 교수하였다는 주
   장도 설득력이 없다. 乙未事變을 계기로 대표적인 '친러배일파'로서 활

인식 변화에서 비롯되었다.

　그런데 사립학교의 규모 역시 관립소학교와 마찬가지로 상당히 미약하였다. 서울에 소재한 사립학교도 50명 이상을 수용한 경우는 드물었다. 지방은 이보다 소규모였다고 쉽게 추측할 수 있다. 그나마 독립적인 건물을 마련한 경우는 다행이었다. 교사는 여러 학교에서 다양한 교과목을 가르치는 등 교사진 확보도 어려운 문제 중 하나였다.71) 더욱이 근대학문을 교수할 수 있는 교사는 지극히 제한되어 있었다.72) 사립흥화학교의 초기 상황은 이러한 저간의 사정을 단편적이나마 엿볼 수 있다.

　　사립흥화학교는 처음에 학생이 없어서 주간을 못하고 야간을 하였는데, 그나마도 야간에 중국인이 더 많았고 … (이중화씨의 말).73)

───────────────

동한 그가 과연 일본어를 교과목으로 채택하였는지 의심스럽다. 한편 李鍾一이 설립자였다는 기록도 있다[李鍾一, 『默菴備忘錄』 1898년 11월 24일 참조].

71) 『관보』 1899년 3월 31일과 1900년 4월 19일 : 『승정원일기』 1899년 3월 27일 : 『독립신문』 1899년 3월 31일 잡보 「교원신임」 : 『황성신문』 1898년 11월 3~18일 광고와 1900년 11월 30일 잡보 「精選算學」 : 국사편찬위원회, 1970 『大韓帝國官員履歷書』, 탐구당, 660쪽 : 金祥起, 1994 「慶應義塾入社帳(한국유학생편)」 『爭點 한국近現代史』 4, 한국근대사연구소, 288쪽.
　南舜熙는 게이오대학을 수학한 후, 私立廣興學校와 흥화학교의 수학교사로 재직하는 동시에 醫學校 교사로도 임명되었다. 당시 사립학교의 교사는 1~2명에 불과한 반면 임원진은 교장·부교장(2명인 경우도 많음)·교감·학감 등으로 구성될 정도였다. 따라서 많은 학생 수용은 불가능할 뿐만 아니라 교육적인 성과도 미미할 수밖에 없었다.
72) 『독립신문』 1899년 1월 19일 논설 「죠혼 의견」, 1월 20일 논설 「외국류학싱도」 : 『황성신문』 1899년 7월 11일 논설.
73) 『황성신문』 1899년 10월 10일 잡보 「學校施賞」, 11월 28일 잡보 「興化學校의 試驗」 : 『독립신문』 1899년 10월 11일 잡보 「흥화학교 시상」 : 이만규, 1949, 『조선교육사』하, 58쪽.

대한제국기 "대표적인 사립학교"[74]인 홍화학교도 초기에 이러한 실정이었다. 이를 통하여 다른 사립학교 상황도 어느 정도 쉽게 짐작할 수 있다. 1899년 홍화학교 학생수는 150여 명 중 90명이 야학생이었다.[75] 그런데 60명의 주학생 중 출석은 20여 명에 불과하였다. 즉 설립자의 교육에 대한 높은 관심과 달리 학생들 호응도는 기대 이하 수준이었다. 과도한 수업료 부담은 向學熱과 달리 학생들로 하여금 중도에 학업을 포기하는 요인이었다. 특히 일부 班常意識을 가진 학생들은 근대교육을 마치 자신들의 권위를 보장하는 '체면치레'로 인식하는 상황이었다. 수업에 대한 불성실한 태도는 출석을 경시하는 등 학교생활 전반의 무규율성을 초래하였다. 학교 당국자들은 엄격한 교칙을 내세워 이들에게 엄벌주의로 일관하는 상황이었다.

李重華・吳聖根은 홍화학교 출신으로 졸업 후 모교 교사로서 재직한 인물들이었다. 그런 만큼 이들의 증언은 매우 높은 신비성을 지닌다. 다만 학교 설립시기나 초기 현황 등 모순된 부분도 적지 않다[김세한, 1960, 『翰西 南宮檍선생의 생애; 不屈의 얼』, 한서남궁억선생기념사업회, 71쪽]. 이를 토대로 이만규가 서술한 홍화학교 관련 부분은 철저한 검증을 요구한다.

74) 『大韓每日申報』 1906년 7월 20일 논설 「興化學校」.
  사립홍화학교는 우리나라 최초의 근대 사립학교는 아니다. 『大韓每日申報』가 홍화학교를 최초이자 대한제국기를 대표하는 사립학교로 보도한 이유는 여러 측면에서 기인되었다. 주요한 원인은 '을사5조약'에 분개한 민영환 순국정신을 널리 기리자는 의도였다. 민영환 사후 홍화학교 교세의 일시적인 위축은 언론인들로 하여금 안타까움을 자아내는 요인이었다. 자강론자들은 이러한 현실을 개탄하는 한편 민영환의 정신을 널리 고창하려는 입장이었다[김형목, 1998, 「사립홍화학교(1898~1911)의 근대교육사상 위치」, 303~304쪽]. 이는 홍화학교를 당대를 대표하는 사립학교로서 부각시켰다.

75) 『매일신문』 1898년 12월 15일 잡보 : 『제국신문』 1898년 12월 27일 잡보 : 『황성신문』 1898년 12월 15일 잡보 「試才施賞」, 12월 27일 잡보 「學校自旺」.

한편 사립학교 운영자들은 주·야학을 겸설하거나 야학과·야
학교를 운영하는 등 근대교육 확산에 노력을 기울였다. 사립학교
를 통한 근대교육이 점차 확산되는 가운데 朴殷植은 의무교육 시
행에 대한 구체적인 방법까지 제시하는 등 커다란 반향을 불러 일
으켰다.76) 유년기는 교육적인 효과를 극대화할 수 있는 가장 적절
한 시기이므로, 그는 초등교육 중심의 의무교육을 주장하였다.

 (정부가) 各 府郡에 訓諭해서 전국 인민으로 하여금 자제를 가진
 사람은 모두 학교에 보내어 교육을 받도록 한다. 만일 이를 실행하지
 않거나 年少한 자제 중에서 游蕩한 자가 있을 경우에는 그 부모에게
 벌금을 부과하여 전국 인민의 자제가 모두 교육을 받고 勉學하는 제
 도를 실시함이 가능하다.77)

 즉 그는 학부모들이 學齡期의 자제를 교육시키지 않을 경우에
는, 부모에게 벌금을 부과하는 등 "강제성을 수반한 의무교육"을
강조하였다.78) 아울러 학문을 게을리하고 유희나 오락을 탐닉하는

---

76) 愼鏞廈, 1982, 『朴殷植의 사회사상연구』, 서울대출판부, 70~74쪽 :
   1980, 「韓末 愛國啓蒙思想과 運動」『한국사학』 1, 한국정신문화연구
   원, 282~285쪽.
77) 朴殷植, 「興學說」『謙谷文稿』 ; 박은식전서편찬위원회편, 1975, 『朴殷
   植全書』 中, 단국대출판부, 412쪽에 재수록.
78) 의무교육은 제국주의 열강이 국민국가를 수립하는 과정에서 국민사상
   의 통일을 위한 중요한 국가정책이었다. 교과목은 국가 이념을 강하게
   반영할 수밖에 없었다. 이는 곧 자국 역사·언어를 주요한 과목으로
   채택하는 계기였다. 의무교육의 지속적이고 강력한 시행을 위해 국가
   는 강제적인 의무교육을 합법화하였다. 이러한 역사적인 배경은 의무교
   육을 '强制敎育'이나 '强迫敎育' 등으로 개념화되었다[대한자강회, 「雜
   錄, 强迫敎育」『대한자강회월보』6, 60쪽 :『大韓每日申報』1909년 1월
   14일 논설 「私立學校維持에 關한 意見」:『황성신문』1907년 1월 15일
   잡보 「正合時宜」와 1908년 4월 7일 논설 「淸廷의 義務敎育實施」:
   『만세보』1906년 7월 13일 「하운기봉」, 8월 25일 잡보 「大韓自强會演

학령아동은 부모에게 책임을 물었다. 이는 부모 역할 강조와 함께 연대책임으로 교육적인 효과의 극대화를 꾀하려는 의도였다. 나아가 상층사회는 변화를 기피하는 경향이 강함으로 이들에게 교육적인 효과를 기대하기란 어렵다고 보았다. 노동자·부녀자 등을 대상으로 하는 민중교육론은 이러한 인식에서 비롯되었다. 현실적인 대안은 곧 야학 시행으로 귀결되기에 이르렀다.

> … 至若貧民子弟 無餘力入學者 勸以夜學之課 可也 吾恐 此法不擧 則終無爲興學之地矣[79]

빈민 자제로서 학교에 입학할 경제적인 여유가 없는 사람은 夜學課 선택을 권유하는 등 興學을 도모하였다. 그의 민중교육론은 현실 상황을 충분히 고려한 주장이었다. 그런 만큼 현실적인 시행 가능성은 야학 시행으로 귀결되었다. 이는 교육구국운동의 확산과 더불어 야학과·야학을 발흥시키는 계기였다.

說(續)」, 10월 4일 잡보「義務敎育建議」, 11월 13일 외보「强迫敎育實施」:『경향신문』1907년 4월 5일 외국잡보「강제교육을 시행」참조].
79) 박은식, 1904,「論勸懲之規」『學規新論』, 박문사 ; 박은식전서편찬위원회편, 1975,『朴殷植全書』中, 23쪽에 재수록.
그가 주장한 야학은 야학교 등을 포함한 광의의 의미를 지닌다. 당시 운영된 사립학교는 주·야학 겸설로 운영되는 경우가 많았다. 야학과 성행과 더불어 재학생수도 주학을 훨씬 능가하였다[제2부 제1장 참조]. 이는 당시 근대교육에 대한 민중층의 교육열을 반영하는 부분이다.

제2장

근대교육 보급과 민중층 성장

제1절 의무교육론의 확산

1. 근대교육에 대한 인식변화

러일전쟁 발발에 즈음하여 조선은 局外中立을 선언하는 등 전쟁의 소용돌이 속에서 벗어나려는 입장이었다. 하지만 일제는 전쟁의 원활한 수행을 위해 '施政改善'이라는 구실로 조선의 모든 시설을 무단으로 점령·사용하였다. 이와 동시에 一進會를 비롯한 각종 친일단체를 조직하거나 배후에서 조종하여 군수품 수송에 동원하는 행위도 서슴지 않았다.[1] 전황이 일제에 유리하자, 친일세력은 자신들의 정체를 드러내기 시작하였다.

1905년 2월 일진회는 議政府에 公函을 보내 여러 개혁방안을 제시하였다. 개혁안 중 國民敎育은 경향에 학교를 증설하고, 외국인

---

1) 이용창, 2004,『東學·天道敎團의 民會設立運動과 정치세력화 연구』, 중앙대박사학위논문, 132~141쪽.

교사를 고빙하며, 교과서를 널리 편찬할 것을 주장하였다.2) 이어
安州・信川・三水・甲山 등 서북지방을 중심으로 일진회는 사립
학교를 설립・운영하기에 이르렀다. 일진회가 설립한 학교의 재학
생수는 <표 Ⅰ-4>와 같다.

〈표 Ⅰ-4〉 일진회의 학교현황3)

지역	학생수	지역	학생수	지역	학생수	지역	학생수	지역	학생수	지역	학생수
京城	170	江華	70	伊川	70	金城	30	安峽	25	海州	14
載寧	60	安岳	55	瑞興	40	鳳山	42	信川	70	平壤	130
安邊	57	江西	35	定州	80	龜城	60	龍川	73	宣川	90
義州	140	順安	46	江界	70	鐵山	48	安州	60	祥原	35
咸興	120	永興	80	安邊	36	甲山	38	端川	40	利原	70
三水	36	高原	75	文川	55	晋州	35				

---

2) 李寅燮, 1911,『元韓國一進會歷史』2, 문명사, 20쪽.
3)『황성신문』1905년 10월 5일 잡보「一進設校數」.
　　일진회가 설립한 34개교는 당시 운영된 공립소학교 50여 개교와 비슷
　　할 정도였다. 의주・평양・함흥의 재학생수는 100명 이상에 달하였다.
　　이는 근대교육을 통한 개인 능력배양만을 중시한 당시인의 의식이나
　　인식을 반영하는 부분이다. 일진회의 文明化 논리는 주요 지방사회에
　　서 거의 여과없이 수용된 사실을 보여준다. 이리하여 일진회원이 지방
　　관의 불법적인 수탈에 저항하는 농민운동을 주도하거나 계몽단체 지회
　　원과 함께 사립학교 설립을 통한 근대교육을 주도하는 경우도 적지 않
　　았다[金度亨, 1994,『大韓帝國期의 政治思想硏究』, 지식산업사, 166~
　　188쪽 : 김형목, 1999,「畿湖興學會 京畿道 支會 現況과 性格」『중앙사
　　론』12・13, 중앙사학연구회, 60쪽]. 大韓自强會는 총대 沈宜性을 일진
　　회・東亞開進敎育會 등에 파견하여 친목의 예의를 표하였다[대한자강
　　회,『대한자강회월보』1, 37쪽]. 西北學會 개회식에 국민신보사 전・현
　　직 사장인 崔永年・韓錫振과 일진회 부회장 洪肯燮 등이 참석한 후 찬
　　조 연설을 마다하지 않았다[『大韓每日申報』1908년 1월 14일 잡보「西
　　北학회盛況」참조]. 이러한 양상은 자강운동의 성격 규정은 물론 주요
　　활동가에 대한 평가를 어렵게 하는 요인이다.

34개 군에 설립된 일진회 학교의 재학수는 무려 2,255명에 달하였다. 일진회는 지방의 공공 재산을 기초로 학교 설립비는 물론 운영비를 주로 조달하는 상황이었다. 또 각 戶마다 생활 정도에 따라 일정한 '학교비'를 징수하는 등 의무교육을 실시하였다. 이는 학교 설립을 구실로 지방민을 불법수탈하는 등 여러 폐단을 야기시켰다.4) 일부 지방관은 이들과 附和雷同하여 불법적인 행위를 자행할 정도였다.

심지어 주민들이 공동으로 설립한 학교 운영권 장악도 서슴지 않았다. 청도군 일진회원 崔翰冕은 향교답으로 설립한 용명학교의 교사들을 축출한 후 동생들을 교사로 채용하였다.5) 공주군 일진회 지회는 향교전 등을 기반으로 錦城學校를 설립하였다. 이에 관찰사 崔廷德이 학교에 부속된 전답 등을 다른 교육기관에 부속시키자, 지회원들은 오히려 관찰사를 협박할 정도였다.6) 안변군 訪花山面 文化學校는 주민들의 부담으로 7~8년간 유지할 수 있었다. 그런데 李炳殷·尹莘甫 등과 일진회원 金正化가 운영비 조달을 방해로 폐교하는 사태에 이르렀다.7) 일진회의 사립학교 설립 목적은 일어보급을 통한 친일세력 육성이었다. 이러한 가운데 이들은

---

4) 『各司謄錄』 41권, 6·237·240쪽 : 『大韓每日申報』 1908년 1월 10일 잡보 「着味討索」.
　　계몽단체의 지방지회와 지방관이 학교 설립을 구실로 불법적인 수탈을 자행하는 경우도 적지 않았다. 이는 사립학교설립운동에 대한 부정적인 인식을 확산시키는 등 교육구국운동의 부진을 초래하는 요인이었다[윤건차, 1987, 『한국 근대교육의 사상과 운동』, 375~379쪽 : 金度亨, 1994, 『대한제국기의 정치사상연구』, 180~182쪽].
5) 『大韓每日申報』 1908년 4월 4일 잡보 「壹進奪校」.
6) 『대한매일신보』 1908년 12월 13일 잡보 「최씨반대」 : 『大韓每日申報』 1908년 12월 13일 잡보 「崔觀察의 反對」.
7) 『대한매일신보』 1910년 6월 1일 학계보 「학교를 방해」 : 『大韓每日申報』 1910년 6월 4일 학계보 「學界의 蠹」.

우호적인 한일 양국의 관계 개선을 구실로 일제의 '보호국화'를 주장하고 나섰다.

일제 침략의 강화와 친일세력 발호는 계몽운동 단체의 조직과 활동을 강화시키는 계기였다. 獨立協會 이후 輔安會·共進會·國民敎育會 계열로 분화·발전된 계몽운동은 1905년 5월 경 憲政研究會로 결집되었다.[8] 특히 국민교육회는 야학교인 普光學校를 설립하여 노동이나 상업계에 종사하는 청년들에게 교육 기회를 부여하였다. 헌정연구회의 목적은 헌법을 연구·제정한 후 입헌정치의 시행이었다. 이들은 서구 열강의 문명화 근원을 입헌체제로 인식하여 세계 변화에 따라 전제정치를 변혁하려는 의도였다. 이에 강연회·토론회나 신문 등을 통하여 서양 정치이론을 소개하는 계몽활동에 치중하였다. 또한 일진회의 보호국 청원에 반대하는 등 친일세력을 견제하는데 앞장섰다.

「을사5조약」을 계기로 국권회복을 위한 자강운동은 조직의 활성화와 더불어 확산되었다. 운동의 기본논리는 당시 지식인에게 널리 각광을 받던 사회진화론에 기초하고 있었다. 곧 국권회복의 관건은 自修自强인 실력양성으로 '선실력양성 후독립론'이었다. 주요 영역은 정계 개편, 단체 결성, 신교육 실시, 신지식 보급, 실업진흥 등으로 귀결되었다.[9] 이를 실행할 자강단체는 우후죽순처럼 조직되는 상황이었다.

근대교육의 광범한 시행을 위해 제기된 의무교육론은 '을사5조약'을 계기로 國權回復運動의 일환으로 전개되었다. 장지연은 「是

---

8) 趙東杰, 1986, 「韓末啓蒙主義의 構造와 獨立運動上의 位置」 『한국학논총』 11, 국민대 한국학연구소, 61~64쪽 : 崔起榮, 1997, 『韓國近代愛國啓蒙運動』, 일조각, 160~168쪽.
9) 『大韓每日申報』 1905년 12월 14일 잡보 「莫如爲爲」, 1906년 1월 14일 잡보 「危險由於政界無人非書籍之弊」.

日也放聲大哭」에서 「을사5조약」의 부당성과 지배층의 무사안일을 격렬한 어조로 비난하였다.[10] 이어 민영환·조병세 등의 자결순국과 함께 의병전쟁도 전국적인 양상으로 확산되었다. 동시에 각종 학회를 비롯한 수많은 정치·사회단체 조직의 활성화는 자강운동을 촉진시키는 기폭제였다.[11] 자강론자들은 대중강연·출판활동·사립학교 설립을 통한 民智啓發과 민족자본이 육성된다면, 자주적인 근대국가 수립은 곧바로 실현될 문제로 인식하였다. 이는 자강운동의 활동 목표와 방향으로 定立되는 동시에 특히 사립학교설립운동으로 확산되었다.[12]

사립학교의 설립·유지와 교육 내실화 문제는 결국 의무교육 시행으로 귀결되었다. 사회적인 인식 전환·관심은 이러한 문제를 추동시키는 원동력이었다.[13] 사회 구성원의 지원과 호응이 없는

---

10) 『황성신문』 1905년 11월 20일 논설 「是日也放聲大哭」: 국사편찬위원회, 1972, 『고종시대사』 6, 382～383쪽: 宋相燾, 1974, 「張志淵－乙巳皇城新聞記事－」 『騎驢隨筆』, 국사편찬위원회, 59～60쪽: 李種冕, 1992, 「韋庵 張志淵」 『韓國言論人物史話』, 대한언론인회, 120～127쪽: 千寬宇·崔埈·具滋赫외, 1993, 『韋庵 張志淵의 思想과 活動』, 민음사.

11) 李鉉淙, 1966, 「舊韓末 政治社會團體一班」 『金斗鍾博士紀念論文集』, 동간행위원회: 1966, 「舊韓末 政治社會學會會社言論團體 調査資料」 『亞細亞學報』 2, 아세아학술연구회: 趙恒來, 1976, 「舊韓末 社會團體의 救國運動」 『省谷論叢』 7, 성곡문화재단.

12) 『황성신문』 1905년 10월 5～6일 논설 「學部는 廢止언뎡 學校는 不可廢」: 『황성신문』 1906년 1월 16일 논설 「務望興學」와 『大韓每日申報』 1906년 1월 6일 논설 「務望興學」; 박은식전서편찬위원회, 19/5, 『朴殷植全書』 下, 단국대출판부, 83쪽에 재수록: 朴殷植, 1906 「敎育이 不興이면 生存을 不得」 『서우』 1, 서우학회, 8～10쪽; 박은식전서편찬위원회, 1975, 『박은식전서』 하, 86～88쪽에 재수록.

13) 『대한매일신보』 1908년 4월 23일 론설 「이것이 곳 즈긔일 일이지」, 4월 28일 론설 「학성 쳥년들에게 졀ᄒᆞ고 치하ᄒᆞᆷ」, 4월 30일 론설 「한국을 멸망케 ᄒᆞᄂᆞᆫ 쟈는 농상공부라」: 『大韓每日申報』 1908년 4월 25일 기서 「拜賀學生靑年諸君」, 4월 26일 논설 「政界觀測」, 4월 28일 논설 「減

변혁운동은 결국 '공허한' 관념에 불과하기 때문이다. 특히 일진회의 사립학교 운영을 통한 세력의 확대·발호는 자강론자들에게 커다란 충격이 아닐 수 없었다.

이전의 의무교육론은 주로 개별적·산발적으로 주장되었다. 이 시기에는 학회나 자강단체를 중심으로 집단적·지속적으로 제기되는 특징을 보여준다. 이는 근대교육을 받은 새로운 지식인층의 형성과 그들의 사회적인 영향력 증대로 가능할 수 있었다. 대한자강회는 결성 취지문에서 자강운동의 중요성을 강조하는 한편 주요한 영역을 교육과 산업으로 규정하였다.

> 夫邦國之獨立은 惟在自强之如何耳라 我韓이 從前不講於自强之術ᄒ야 人民이 自錮於愚昧ᄒ고 國力이 自趍於衰敗ᄒ야 遂至於今日之艱棘ᄒ야 更被外人之保護ᄒ니 此皆不致意於自强之道故也라 …(중략)… 然이나 如究其自强之術이면 無他라 在振作敎育也요 在殖産興業也니 夫敎育이 不興則 民智未開ᄒ고 不殖則 國富莫增ᄒᄂ니 然則 開民智 養國力之道ᄂ 豈不在敎育産業之發達乎아 是知敎育産業之發達이 卽惟一自强之術巳라 …14)

무릇 나라의 독립은 오직 자강 여하에 달려 있다. 그런데 우리나라는 일찍부터 자강을 전혀 강구하지 않았다. 인민의 몽매와 국력 쇠퇴로 결국 우리는 타인의 지배를 받는 식민지로 전락할 위기에 처하게 되었다. 자강의 요체는 敎育振作과 殖産興業이다. 교육이 흥하지 않으면, 民智가 몽매하다. 식산이 흥업하지 못하면, 국력은 미약하기 마련이다. 현재 급선무는 자주적인 독립국가 건설일 뿐이다. 이를 위한 최선적인 방안은 곧 교육과 산업 발달임을 강조하였다. 이리하여 '自强' 또는 '自强之術'의 개념은 널리 통용되었다.15) 각

亡韓國者ᄂ 農商工部也」.
14) 대한자강회,「大韓自强會趣旨書」『대한자강회월보』1, 9~10쪽.

종 학회나 자강단체는 이러한 취지로 조직되었기 때문이다.

근대교육의 활성화 방안은 의무교육의 시행·확산으로 귀결되었다. 대한자강회 고문인 大垣丈夫조차도 의무교육의 시행을 강조하였다.

> … 所謂 義務敎育이라홈은 人民이 各其國家에 對호 義務와 自己
> 子孫에 對호 義務의 二種이 有홈을 覺知ㅎ고 國民은 必히 普通敎育
> 을 擔任ㅎ야 其經費을 支撥홀 義務가 有홈은 謂홈이오 又國家ᄂᆞᆫ 國
> 家의 義務로 國民全体에 普通知識을 享受케ㅎᄂᆞᆫ 方法을 實施홀 義
> 務가 有홈을 謂홈이라 故로 文明國에서ᄂᆞᆫ 普通敎育令 或小學校令等
> 名稱으로뻐 法令을 頒布ㅎ야 國民에서 義務敎育을 實施ㅎ야 必히 普
> 通知識을 享受케홈이 常例로다 …16)

그는 "의무교육에는 국민이 국가에 대한 의무와 부모로서 자식에 대한 의무"라는 2가지를 역설하였다. 또 국민은 보통교육 실시에 필요한 경비를 부담하는 반면 국가는 이를 가능하도록 할 의무가 있다. 그는 內田良平·武田範之 등과 더불어 자강운동을 분열시키거나 친일세력 육성을 조장한 중심적인 인물이었다.17) 그가 의무교육론을 강조한 이유는 여러 측면에서 기인되었다. 궁극적인 원인은 적극적 저항보다 통감부 체제 내로 합법적인 계몽운동을 유도하기 위함이었다.

물론 그의 의무교육론은 당시 교육 현실과 결코 무관하지 않았다. 즉「을사5조약」이후 전국적으로 우후죽순처럼 사립학교가 설

---

15) 張志淵,「논설, 自强主義」『대한자강회월보』3, 3∼9쪽 : 朴殷植,「自强能否의 問答」『대한자강회월보』4, 1∼3쪽 : 李鍾濬,「논설, 會의 名義 目的과 月報의 讀法」『대한자강회월보』9, 1∼8쪽.

16) 大垣丈夫,「演說; 義務敎育의 本義」『대한자강회월보』3, 45∼51쪽 : 『萬歲報』1906년 8월 22∼25일 잡보「大韓自强會演說」.

17) 姜東鎭, 1980,『日帝의 韓國侵略政策史』, 한길사, 133∼142쪽.

립되었다. 그런데 대다수 사립학교는 몇 사람 유지의 의연금·기부금에 의존하는 형편에서 벗어나지 못하였다. 설립 초기 열의와 달리 상당수 사립학교는 만성적인 재정난에 직면하고 있었다. 나아가 설립된 지 불과 1~2년만에 폐교라는 최악 사태가 속출하는 상황이었다.18) 재정적인 기반이나 장기적인 계획이 없는 가운데 일시에 설립된 수많은 사립학교는 유지들에게 과중한 부담이 아닐 수 없었다. 이들은 점차 이를 기피하는 현상까지 만연하였다. 그런 만큼 지속적인 교육 시행뿐만 아니라 교육적인 성과도 기대하기에 불가능한 상황이었다.19)

이는 박은식의 學區에 따른 의무교육론 연장에 불과하다.20) 그런데 『大韓每日申報』21)·『皇城新聞』22)·『萬歲報』23) 등도 의무교육

---

18) 大垣丈夫,「義務敎育의 本義」『대한자강회월보』 3, 45~46쪽 :『萬歲報』1906년 8월 22일 잡보「大韓自强會演說」: 金有鐸,「會報」『서우』 3, 서우학회, 42~44쪽.
19) 단재신채호선생기념사업회, 1975,「新敎育(情育)과 愛國」『丹齋申采浩全集』下, 형설출판사, 131~135쪽.
   그는 '新敎育界'의 愛國人物이 도리어 愛國소리가 희소한 舊敎育界만 못함을 비판하고 나섰다. 즉 閔泳煥·崔益鉉·許蔿·閔肯鎬 등을 예로 들면서, 신교육은 말로만 애국을 외치는 등 진정한 애국심이 없는 교육 현실을 개탄하였다. 학교수의 양적인 증가와 달리 교육적인 효과는 미미한 당시 상황을 보여준다는 점에서 중요한 의미를 지닌다.
20) 朴殷植, 1904,『學規新論』, 박문사 ; 박은식전서편찬위원회, 1975,『朴殷植全書』中, 23쪽.
   학구에 의한 의무교육은 자강운동기 의무교육론의 주류였다. 주요한 내용은 500여 호를 기준으로 주민 부담에 의한 학교 설립·운영이었다 [김형목, 1997,「자강운동기 한성부민회의 의무교육 시행과 성격」, 74~76쪽]. 이는 지방자치제의 일환으로 논의되는 한편 일부지역은 실시하는 등 부분적인 성과를 거두었다. 특히 지방관이 중심이 된 경우는 소득이나 재산의 정도에 따라 '교육비'를 차등 부과하였다.
21)『大韓每日申報』1906년 3월 24일 잡보「强制敎育」, 1907년 10월 20일 논설「工夫가 緊要홈」, 10월 26일 별보「布哇에 在혼 韓人敎會報를 據

의 당위성을 강조하는 등 여론 형성과 분위기 확산에 노력을 기울였다. 대대적인 언론활동은 대한자강회로 하여금 의무교육 시행 계획을 마련하는 데 크게 이바지할 수 있었다. 계획안을 마련한 대한자강회는 1906년 10월 「義務教育實施建議書」와 「義務教育條例大要」를 정부에 제출하였다. 또한 林炳恒과 尹孝定을 總代委員으로 2차례나 정부에 파견하는 등 법제화를 위한 노력도 병행하기에 이르렀다.24) 대한자강회의 의무교육 건의안은 中樞院의 의결을 거쳐 閣議에서 통과되었다.25) 이는 일부 지배층도 의무교육의 필요성은 물론 시행 방안 등이 모색되고 있던 사실을 반증한다. 의무교육은 곧 변혁운동의 주요한 영역이자 교육정책이었다.

閣議에서 채택된 10개조 「의무교육조례대요」의 주요 내용은 다음과 같다. 첫째로 전국을 적당한 學區로 나누어 주민들 스스로가 區立小學校를 설립한다. 둘째로 학교의 모든 경비는 주민이 스스

호則 義務教育을 勵行ᄒᆞᆫ 것이 必要라 題ᄒᆞ고 論說이 如左ᄒᆞ니」 : 『대한매일신보』 1907년 10월 17일 별보 「공부가 요긴홈이라」와 10월 22일 논설 「의무교육을 힘쓰는 것이 필요홈 ; 민찬호」.

22) 『황성신문』 1906년 12월 5~7일 논설 「義務教育」, 1907년 1월 15일 잡보 「正合時宜」.

23) 『만세보』 1906년 8월 22일 잡보 「大韓自强會演說」, 10월 2일 논설.

24) 『황성신문』 1906년 10월 29일 잡보 「義務教育建議總代」와 12월 22일 잡보 「政總問答」, 1907년 1월 11일 잡보 「教育實施質問」 : 『만세보』 1906년 9월 30일과 10월 4~5일 잡보 「義務教育建議」 : 대한자강회, 「本會會報」 『대한자강회월보』 7, 59~60쪽.

25) 대한자강회, 「잡록」 『대한자강회월보』 9, 71쪽 : 『大韓每日申報』 1907년 1월 26일 잡보 「義務教育實施」 : 『황성신문』 1907년 2월 26일 잡보 「樞院決議」 : 국사편찬위원회, 1972, 『고종시대사』 6, 576쪽 : 柳永烈, 1987, 「大韓自强會의 愛國啓蒙運動」 『韓國近代民族主義運動史研究』, 일조각, 51~55쪽 : 鄭灌, 1995, 『舊韓末期 民族啓蒙運動研究』, 형설출판사, 34쪽 : 김형목, 1997, 「자강운동기 한성부민회의 의무교육 시행과 성격」, 73~74쪽.

로 부담한다. 세째로 학구마다 20인의 學務委員을 선거하며, 이들
에게 교과서 선정 등 학교 운영과 관련된 주요한 모든 사무를 위임
한다. 네째로 학령아동의 보호자는 아동의 취학에 대한 의무를 진
다. 다섯째로 남녀 만 7세에서 15세까지 8년간을 의무교육 기간으
로 정한다. 다만 현실적인 여건을 고려하여 당분간 초등과 5년만을
실시한다. 마지막으로 주민이 의무를 다하지 않으면 벌칙을 시행
한다는 등이다.26) 이는 '차별화된' 동화주의에 입각한 식민교육정
책에 정면으로 배치되는 내용이었다. 결국 의무교육론은 일제의
집요한 방해 책동과 탄압, 지배층의 무사안일 등으로 계획에 그치
고 말았다.

자강운동의 활성화는 단체의 조직 확대와 더불어 의무교육론을
널리 확산시킬 수 있었다. 대한자강회는 회보를 통하여 의무교육
의 중요성을 널리 부각시켰다. 西友學會나 大韓協會 등도 대한자
강회의 취지에서 크게 벗어나지 않았다. 서우학회의 朴聖欽은 많
은 사립학교의 폐교 이유로 의무교육 미실시에서 찾았다.27) 이러
한 논리는 이전부터 논의·주장되었다.

　　… 平壤 各校를 目覩ㅎ던지 京城 各學校의 實狀을 得聞ㅎ더러도
今年에도 廢學之境에 瀕ㅎ 者가 頗多ㅎ다ㅎ니 此는 國民의 義務教
育이 實施치 아니혼 緣故라 今에 國力이 腐敗ㅎ고 將次 人種이 絶滅
홀 境遇에 處ㅎ야 … 義務教育을 實施혼 後에야 人才를 養成ㅎ야 國
權을 回復홀지니 惟我 西道同胞는 自强會議도 不問ㅎ고 政府實施
도 不待ㅎ고 自家之事는 自己가 實行ㅎ는거시 當然혼 義務라 … 學
資를 爲ㅎ야 一家가 敗産ㅎ면 百人이 成功ㅎ야 一國이 富强ㅎ고 東
洋이 富强ㅎ야 世界列强과 併駕홀 日을 可見홀지니28)

---

26) 대한자강회, 「本會會報」『대한자강회월보』 8, 41~42쪽 :『大韓每日申
　　報』 1906년 10월 21일 잡보 「自强會獻議」 : 국사편찬위원회, 1972,『고
　　종시대사』 6, 524~525쪽.
27) 朴聖欽, 「普通教育은 國民의 要務」『서우』 9, 5~6쪽.

우리의 중심 도시인 서울과 평양 등지의 사립학교가 폐교 상태
에 처하였다. 의무교육 미실시는 국력 부패뿐만 아니라 인종을 멸
망케 하기에 이르렀다. 의무교육 시행만이 오직 국권 회복과 부국
을 달성할 수 있다는 입장이었다. 서북 청년들은 이러한 문제를 스
스로 인식하는 동시에 의무적으로 실천하였다. 비록 의무교육을
위해 한 가정이 멸망하더라도, 이는 사회적으로 매우 크게 공헌하
는 문제이다. 오늘날 같은 치열한 생존경쟁시대는 무력의 강약으
로 일시적인 성패를 가늠할 수 있다. 그러나 영원한 성패는 국민의
지력과 도덕에 좌우된다는 논리였다. 이리하여 학회나 자강단체는
조속한 의무교육 실시를 촉구하고 나섰다.

홍사단의 결성 취지는 근대교육 시행을 위한 여건 조성이었다.
의무교육을 위한 교과서 발간, 교사 양성 등은 이 단체의 궁극적인
목적으로 귀결되었다.[29] 이에 隆熙學校를 설립하는 한편 大韓勞動

---

28) 金有鐸, 1906「會報, 十一年 一月 二日에 在京ㅎ 兩西學員을 請激ㅎ야
   懇親會를 開ㅎ엿ᄂ디 會員 金有鐸氏의 演說ㅎ이 如左ㅎ」『서우』3,
   44쪽.
29) 『황성신문』1907년 12월 1일 잡보「興士團設立」.
   "再昨 二十九日에 興士團 第一回 總會를 開하고 任員을 選定ᄒ은 別
   紙와 如하거니와 該團의 目的主旨를 聞ᄒ則 一, 國民普通敎科書籍을
   編纂刊行ᄒᄂ 事이며 二, 敎員에 可備홀 人員을 養成ᄒᄂ 事이며 三,
   旣成홀 學校에 對ᄒ야ᄂ 永久維持의 方法을 講究ᄒ며 且未設홀 地方
   에 對ᄒ야ᄂ 旣設立與 維持의 方針을 硏究成就케ᄒᄂ 事이며 四, 各
   學校에서 敎師의 雇聘及 敎課書의 購買를 請要ᄒᄂ 時ᄂ 力及ᄒᄂ디
   로 此를 周旋酬應ᄒᄂ 事이며 五, 本團의 敎育目的은 一般國民에게
   漸次 義務的 敎育制度를 實行케ᄒᄂ 事이오 一切 政治界에ᄂ 不關ᄒ
   다더라."
   이와 관련된 사료는 다음에서 알 수 있다[『大韓每日申報』1907년 12월
   15일 잡보「興士團發起趣旨書」: 黃玹, 1957,『梅泉野錄』, 국사편찬위
   원회, 1907년 10월조 : 金允植, 1958,『續陰晴史』, 국사편찬위원회, 1907
   년 12월 4일과 6일자].

會가 설립한 노동야학을 지원하였다. 또한 임원들은 거주지에 소재한 사립학교의 후원자나 운영자로서 활동하는 경우가 많았다. 이들 활동과 노력은 漢城府民會의 의무교육 시행에 크게 이바지할 수 있었다.

심지어 일본유학생 단체인 太極學會도 정부로 하여금 의무교육(국민교육)의 조속한 실시를 촉구하고 나섰다.30) 張膺震은 우리의 교육진흥책으로 의무교육 실시, 新武學校와 師範學校 설립, 外國語學校 합병, 유학생 파견 등을 주장하였다. 나아가 일본의 교육제도를 비교하는 가운데 우선적으로 빈민에 대한 의무교육 시행을 요구하기에 이르렀다.31) 이처럼 의무교육은 자강운동 단체의 가장 중요한 활동 영역이었다.

자신들의 이념 보급과 동조세력 확보책은 지회 설립으로 이어졌다. 민중에 대한 불신으로 초기에는 상당히 조심스럽게 추진되었다.32) 그러나 상공업 발전과 근대교육 보급에 따른 새로운 사회세력 성장은 지회 설립을 촉진시키는 계기였다. 「대한자강회규칙」 제11조는 "회무 증진을 위하여 요점 지방에 지회를 설치할 것"을 명시하였다.33) 1906년 5월 26일 江西儒林所에서 지회 설립인가를 청원하기에 이르렀다. 지회 설립 방법은 윤효정·태명식·윤치호·현은 등에 의해 모색되었다.34)

각 단체는 시찰원으로 하여금 연설회·강연회를 개최하는 등 계몽활동을 전개하였다. 주요한 내용은 단체의 취지설명, 지회 역할,

---

30) 張膺震, 「我國 敎育界의 現象을 觀호고 普通敎育의 急務를 論홈」 『太極學報』 1, 태극학회, 12~16쪽.
31) 장응진, 「我國國民敎育의 振興策」 『태극학보』 3, 7~8쪽.
32) 金度亨, 1994, 『대한제국기의 정치사상연구』, 지식산업사, 145~146쪽.
33) 대한자강회, 1906 「大韓自强會規則」 『대한자강회월보』 1, 11쪽.
34) 대한자강회, 1906 「江西郡會奇書」 『대한자강회월보』 1, 59~60쪽.

단체 조직의 필요성, 근대교육의 필요성과 중요성, 식산흥업의 필
요성 등이었다. 특히 이들은 지방유지의 적극적인 동참을 호소하
였다. 각 단체의 노력으로 대한자강회 32개소, 대한협회 76개소, 서
북학회 31개소, 기호흥학회 19개소, 태극학회 7개소, 관동학회 8개
소, 교남교육회 2개소, 대한흥학회 6개소, 호남학회 1개소 등의 지
회를 설립할 수 있었다.35) 이리하여 지회원은 최소한 6만여 명에
달할 정도로 급증하였다.

　지회 가담한 계층은 지방유지인 개신유학자·상공업자·관리 등
으로 중소지주였다. 이들은 이전부터 民會·民議所·市議所·農務
會 등 자치단체를 조직·운영하고 있었다. 이 단체의 목적도 자강
단체와 거의 유사하였다. 이들의 참여와 지원은 지방의 사립학교설
립운동을 추동시키는 원동력이었다. 당시 6,000여 개교에 달하는 사
립학교 설립은 이러한 기반을 배경으로 추진될 수 있었다.36)

---

35) 李松姬, 1985, 『大韓帝國末期 愛國啓蒙學會硏究』, 이화여대박사학위
　　논문, 73～83쪽 : 金項勾, 1992, 『大韓協會(1907～1910)硏究』, 단국대박
　　사학위논문, 77～87쪽 : 金度亨, 1994, 『대한제국기의 정치사상연구』,
　　147～148쪽 : 柳永烈, 1994, 「大韓協會 支會 硏究」 『국사관논총』67, 국
　　사편찬위원회, 62～66쪽 : 전재관, 1999, 「한말 애국계몽단체 지회의 분
　　포와 구성－대한자강회·대한협회·오학회를 중심으로－」 『숭실사
　　학』 10, 숭실대, 176～180쪽.
　　지회수는 연구자에 따라 약간씩 다르게 나타난다. 이는 지회에 관한 연
　　구가 활성화되지 못한 상황을 반증한다. 그러나 이를 통하여 당시 지회
　　설립이 활발하게 이루어진 상황은 엿볼 수 있다. 더욱이 대한협회는 중
　　앙의 진일적인 활동과 달리 사립학교설립운동은 물론 강연회·토론회
　　등 계몽운동을 주도하였다. 안동지회의 李相龍은 본부 임원진의 친일활
　　동에 대해 격려한 비판을 서슴지 않았다[김기승]. 특히 鏡城 支會 임원
　　중 일부는 義兵戰爭을 주도·지원하는 입장이었다[박민영, 1996 「1908
　　년 경성의병의 편성과 대한협회 경성지회」 『한국근현대사연구』 4, 한
　　국근현대사연구회]. 이처럼 지회 활동은 지역에 따라 다양한 양태로 전
　　개되었다.

반면 사립학교의 설립·운영이 여의치 경우에는 야학으로 대체
되었다. 즉 학교 설립에 대한 재원 부족을 비롯하여 교사 확보 등
현실적인 제약 조건은 야학·강습소 등을 통한 근대교육으로 이어
졌다. 농한기나 야간을 이용한 야학은 노동자·농민에게 교육 수
혜를 보다 많이 제공할 수 있었다. 특히 이른바 無産學齡兒童에
대한 근대교육은 야학을 통하여 널리 보급·시행되었다.

2. 사립학교설립운동의 확산

統監府 설치 이후 지방자치제 일환으로 사립학교 설립을 통한
의무교육도 시행되었다. 지방자치제는 갑오개혁에서 논의된 이래
개화자강론자들의 주요한 관심사였다.[37] 새로운 국가체제의 운용
은 지방사회에 대한 통제는 물론 관리 선발·배치와 재정 확보 등
과 긴밀한 연관성을 지니기 때문이다. 지방자치론은 일본 町村制

36) 당시 사립학교수는 5,000여 개교[『대한매일신보』 1909년 6월 20일 잡보
「교육계 물론」과 朝鮮總督府, 1917 『朝鮮の保護及倂合』, 조선총독부,
165쪽; 한국학문헌연구소, 1984 『舊韓末日帝侵略史料叢書』 VI, 아세아
문화사, 165쪽에 재수록], 6,000여 개교 이상[국사편찬위원회, 1965 『韓
國獨立運動史』 1, 탐구당, 359쪽], 수삼천 개교[『황성신문』 1908년 5월
8일 잡보 「私立學校認許數」 참조] 등으로 나타난다. 이를 통하여 최소
한 6,000여 개교 이상의 사립학교가 설립되었다고 생각된다. 이 중 종
교학교·야학교·야학 등도 상당수 사립학교에 포함됨을 알 수 있다.
당시 신문에 보도된 사립학교 설립 현황을 정리한 숫자는 이보다 훨씬
적은 사실은 이를 반증한다[金英宇, 1986 「韓末의 私立學校에 關한 硏
究」 『논문집』 3, 공주사범대학]. 특히 야학의 경우도 노동·농민·국민
야학 등으로 불린 사실은 당시 상황을 엿볼 수 있는 대목이다.
37) 이상찬, 1986, 「1906~1910년의 地方行政制度 變化와 地方自治論議」
『韓國學報』 42, 일지사 : 1991, 「한말 지방자치 실시 논의와 그 성격」
『역사비평』 13, 역사비평사.

를 우리의 부・군에 맞추어 시행하려는 의도였다.

조선후기 이래 향촌사회는 鄕會・民會・里會・農務會・民議所 등 자치조직을 운영하고 있었다. 이러한 조직은 民衆意識 성장과 더불어 주민의 권익을 도모하는 등 점차 反官的인 입장으로 변화되었다. 일제는 효율적인 식민지배를 위한 행정구역 개편과 제도 개선에 착수하였다. 1906년 4월 조직된 地方制度調査所는 바로 이를 실행한 기구였다.[38] 조사위원인 崔錫敏・李健榮・吳尙奎・李原兢・兪星濬・洪在祺 등은 갑오개혁시 구상한 개혁안을 보완시킨 개혁안을 ˙제시하였다. 이는 일제의 의도와 정면으로 배치되는 내용이었다. 일제는 지방사회의 유력자들을 식민체제 내로 흡수하는 地方委員會를 구성하였다.[39] 그러나 지방자치제에 대한 관심은 증폭되었다.[40] 계몽단체 지회는 이러한 조직 등을 근간으로 조직되었기 때문이다.

한성부의 자치제를 표방한 한성부민회는 1908년 8월에 조직되었다. 통감부는 해체될 때까지 공식적으로 인정하지 않았다. 물론 무리한 탄압도 결코 없었다. 기존 행정체제를 기반으로 府民會－部會－坊會 조직에 착수한 한성부민회는 이를 바탕으로 근대교육・위생사업・토목사업・기근구제활동과 坊民 상호부조 등에 치중하였다.[41] 곧 지방자치제 시행의 좌절은 이들에게 합법적인 영역

---

38) 金正明, 1976『日韓外交資料集成』6上, 巖南堂書房, 195～196쪽.

39) 김정명, 1976,『일한외교자료집성』6(上), 452～466쪽 : 김형목・정영희, 1994,「韓末 漢城府民會의 活動과 地方自治論」『민족문화연구논총』1, 인천대 민족문화연구소, 110쪽.

40) 尹孝定,「地方自治制度論」『대한자강회월보』4, 17～21쪽 : 大垣丈夫,「日本의 自治制度」『大韓自强會月報』4, 21～26쪽 : 대원장부,「일본의 자치제도(속)」『대한자강회월보』5, 15～18쪽 : 대원장부,「일본의 자치제도(속)」『대한자강회월보』6, 31～35쪽.

41) 김형목, 1997,「자강운동기 한성부민회의 의무교육 시행과 성격」, 81～

에서 활동을 모색하는 계기였다. 坊民의 부담에 의한 사립학교를
통한 의무교육은 바로 이러한 상황 속에서 이루어졌다.[42] 觀鎭坊
會를 비롯한 12개 방회는 1개교의 사립학교를 신설하거나 기존 학
교를 인수하는 등 의무교육 실시에 적극적이었다. 당시 '의무학교'
인 이른바 방회학교는 다음과 같다.[43]

관진방회; 觀鎭學校   정경방회; 普光學校   덕화방회; 桂山學校[44]
장통방회; 長通學校   중삼방회; 三興學校   광통방회; 共成學校
숭인방회; 興仁學校   북삼방회; 淸風學校   인평방회; 仁平學校
훈도방회; 薰陶學校   용산방회; 普成學校[45]

방회학교는 「私立學校令」 시행하에서 서울의 '대표적인' 사립
학교로서 발전을 거듭할 수 있었다. 방회가 운영한 12개 학교 중

82쪽.

42) 기호흥학회, 「학계휘문, 中塾維持」와 「학계휘문, 嘉安坊義務敎育」『기
호흥학회월보』 4, 42쪽, 「학계휘문, 貞慶民團組織」와 「학계휘문, 貞慶
會協議」『기호흥학회월보』 5, 45~46쪽, 「학계휘문, 私塾廢止決議」와
「학계휘문, 德化坊會」『기호흥학회월보』 5, 51쪽.

43) 김형목, 1997 「자강운동기 한성부민회의 의무교육 시행과 성격」, 94쪽.

44) 『황성신문』 1910년 3월 25일 광고, 4월 5일 잡보 「銀徽章賞與」와 4월
7일 잡보 「兪氏被選」.
계산학교의 원래 명칭은 '桂山私立普興學校' 또는 '桂洞私立普興學
校'였다. 이는 학교의 위치 때문에 붙여진 명칭으로 보통 계산학교라고
불렀다.

45) 『황성신문』 1910년 5월 1일 잡보 「普校復興」 :『大韓每日申報』 1910
년 5월 1일 학계 「普校復興」와 「誠則也」 :『대한매일신보』 1910년 5월
4일 학계 「유지히야지」.
보성학교는 1905년 李鍾浩가 마포에 설립한 보성소학교이다. 그는 1년
간 이 학교를 운영하다가 주민들에게 운영권을 이양하였다. 이후 함경
도를 중심으로 李東輝와 함께 근대교육운동을 주도하는 등 그는 대한
제국기 대표적인 교육운동가였다.

1910년 10월 말 현재 1개교만 폐교되었을 뿐이다. 11개교는 이전보다 교세를 확장한 가운데 여전히 운영되고 있었다.46) 주민 부담에 의한 의무교육은 다른 사립학교보다 지속적인 교육을 실시할 수 있었다. 의무교육에 대한 인식의 보편화는 사립학교 유지를 위한 주요한 기반이었다.47)

이에 자극을 받은 서울 城外 李容浩(興英學校 교감) 등은 沿江學務會를 조직한 후 의무교육 실시를 천명하였다. 이들은 관내의 모든 私塾을 폐지한 대신 주민 부담으로 사립학교를 설립하는데 앞장 섰다.48) 북부 장동과 누각동 유지들도 仁明義務敎育會를 조직하였다. 임원진은 회장 梁性煥, 부회장 李有泰, 총무 金淳和 등이었다.49) 의무학교인 新明學校의 교장은 嚴俊源, 임원 崔昌植 등으로 구성되었다.50) 新門 외 敦下義務敎育會도 華東義塾과 養閨義塾을 의무교육의 일환으로 유지하고자 조직한 단체이다. 주요 임원은 金重煥·金宇鉉·李忠求·朴鼎壽 등이었다. 이 단체는 재산이나 소득 정도에 따라 700여 호를 대상으로 매달 '의무교육비'를 징수하였다.51)

---

46) 內務部學務局學務課, 1910, 『京城府私立學校現狀一斑』; 渡部學·阿部洋編, 1991, 『日本植民地敎育政策資料集成(朝鮮編)』67, 龍溪書舍에 재수록.
47) 『황성신문』 1907년 12월 21일 잡보 「乃是義務」.
48) 『황성신문』 1908년 6월 4일 잡보 「私塾廢止」: 기호흥학회, 「雜組, 私塾을 宜一切打破; 皇城子」 『기호흥학회월보』 1, 40~41쪽.
49) 『대한매일신보』 1908년 8월 27일 잡보 「의무교육회발긔」: 『大韓每日申報』 1908년 8월 27일 잡보 「義務敎育會任員」: 기호흥학회, 「학계휘문, 義務敎育會任員」 『기호흥학회월보』 2, 51쪽.
50) 기호흥학회, 「학계휘문, 新明日進」 『기호흥학회월보』 5, 50쪽 : 『大韓每日申報』 1908년 1월 11일 잡보 「新明允明」.
51) 『大韓每日申報』 1908년 8월 29일 잡보 「捐金贊校」: 『대한매일신보』 1908년 8월 29일 잡보 「의무교육회열성」 : 기호흥학회, 「학계휘문, 八洞義務」 『기호흥학회월보』 1, 44쪽.

한편 지방에서도 의무교육에 대한 인식은 널리 확산되었다. 남
양군수 金寬鉉은 교육을 보급하고자, 私立養性學校를 공립보통학
교와 통합하는 한편 교내에 노동야학교를 설립하였다.[52] 그는 학
교 운영비로 각호의 경제적인 능력에 따라 차등 징수하는 등 사실
상 의무교육을 시행하고 있었다. 용인군수도 郡會에서 면장과 이
장의 월급 중 의연금을 모금하여, 이를 기반으로 한 의무교육 실시
를 결의하였다.[53] 포천군수 崔斗榮은 각 면·리장을 소집한 회의
에서 의무교육 실시를 위한 계획을 밝혔다. 이어 유지들과 협력하
여 莘野義塾 등을 青城第一學校·青城第二學校·青城第三學校
로 개편하는 한편 장차 제4·제5의 청성학교 설립 계획을 세웠
다.[54] 진위군수 金英鎭은 의무교육 시행을 위한 준비에 착수하였
다. 사범양성학교 설립은 영구적인 교사진의 확보를 위한 일환이
었다.[55] 交河郡 지석리에 거주하는 申鳳均은 민속이 우매함은 물
론 근대교육이 부진함을 개탄하여 군수 尹慶燮과 상의한 후 宣城
學校를 설립하였다. 이 학교 내에 3개월 사범속성과를 두어 졸업
생을 각 면리에 설립할 사립학교나 야학의 교사로 활용할 계획을
세웠다.[56]

---

52) 『황성신문』 1908년 9월 4일 잡보 「南郡日進」.
53) 『황성신문』 1908년 10월 20일 잡보 「龍郡義務敎育」.
54) 『황성신문』 1909년 1월 20일 잡보 「抱川郡郡廳會議所條件」: 『大韓每
    日申報』 1908년 10월 27일 잡보 「第三落成」, 1909년 2월 18일 논설 「抱
    川曙光」, 3월 7일 잡보 「崔倅興學」: 『대한매일신보』 1909년 2월 18일
    론설 「포천에 붉은빗」, 3월 7일 잡보 「최씨홍학」과 「최씨열심」: 기호
    홍학회, 「학계휘문, 抱倅有人」과 「학계휘문, 青城第三校」 『기호홍학
    회월보』 9, 43쪽.
55) 『황성신문』 1908년 3월 7일 잡보 「振郡振學」.
56) 『황성신문』 1908년 1월 11일 잡보 「交守勸學」, 1월 12일 잡보 「申氏熱
    心」: 『대한매일신보』 1908년 1월 11일 잡보 「교하군슈열심」: 『大韓
    每日申報』 1908년 1월 11일 잡보 「交守勸學」.

충남 恩津郡 江景浦의 千章郁[57]·方圭錫·白樂鉉 등 10여 명
은 3년 전에 조직된 민회를 기반으로 사립학교를 운영하였다.[58] 이
는 지방자치제의 일환인 의무교육이었다. 물론 운영과정상 지방관
이 학교 설립을 핑계로 불법수탈을 자행하는 등 문제점을 드러내
었다.[59] 진잠군 하남면 미림리 박충서는 수년전 민회를 조직한 후
회장으로 활동하였다. 면민들과 각지에 학교를 설립한 결과, 생도
는 600~700명에 달하는 성황이었다.[60] 홍천군수 金榮鎭은 유림
李承祖·柳基浩 등과 지방자치제 실시를 협의한 郡會·面會·村
會를 각각 조직·운영하였다. 행정 업무 일체는 이러한 조직의 여
론 수렴을 통한 집행을 결의할 정도였다. 또 50호를 기준으로 주민
부담에 의한 1개 사립학교 설립을 결의하는 등 만전을 도모하였
다.[61] 청안군수 金鐸應도 의무교육의 일환으로 重明學校를 세웠
다. 그는 학령아동 중 입학하지 않은 학부형에게 벌금 50전씩을 부
과하였다. 교장 閔明植과 학감 李相泰의 열심적인 활동으로. 출석
생도가 무려 100여 명에 달하는 성황을 이루었다.[62]

---

57) 『日本外交文書』39권 2책 944호 : 牧山耕藏, 1910, 『朝鮮紳士名鑑』, 일
   본전보통신사; 한국학문헌연구소, 1985, 『舊韓末日帝侵略史料叢書(社
   會篇)』5, 아세아문화사, 239쪽 : 국사편찬위원회, 1972, 『고종시대사』
   6, 444~445쪽.
   천장욱은 1906년 3월 이등박문의 주선으로 趙重應·柳赫魯·黃鐵·吳
   世昌 등 15명과 함께 특별사면을 받고 귀국하였다. 그는 지방자치의 일
   환으로 사립학교를 설립하는데 앞장섰다. 하지만 일제의 친일세력 육
   성책에 따라 임실군수 등을 역임할 정도로 친일활동도 서슴지 않았다.
58) 『황성신문』1908년 6월 7일 잡보「江景民會」:『대한민보』1909년 7월
   4일 잡보「江景民會」.
59) 『경향신문』1909년 8월 27일 국닉잡보(츙청보)「벗기는 게 빅셩의 가
   족」:『大韓每日申報』1908년 12월 19일 잡보「靈郡魔賊」:『대한매일
   신보』1908년 12월 19일 잡보「협잡굴혈」, 12월 29일 잡보「학교시비」.
60) 『대한매일신보』1910년 6월 2일 학계보「회장설교」.
61) 『만세보』1906년 12월 20일 잡보「洪川新進」.

평양군수 백낙균은 3개월 속성과정인 사범학교를 설립하였다. 그는 군내 26개 면에 소학교를 설립한 후 사범학교 졸업자를 교사로 파견하는 등 교육운동을 주도한 인물이었다.[63] 장연군 張義澤 등도 군수와 함께 사범강습소를 설립하는 등 의무교육 시행에 앞장 섰다. 이들은 각 면리마다 사립학교와 노동야학을 설립·운영하였다.[64] 안악군 유지들도 安岳郡勉學會를 조직한 후 500호 단위로 의무학교를 세웠다. 교사 양성은 3개월과 6개월 속성과정의 사범강습소 운영으로 이어졌다. 특히 군수 李寅奎는 이들의 활동을 적극적으로 지원하는 등 교육보급에 노력을 기울였다.[65] 신천군수 金禹熙도 면장들과 협의하여 郡立升明學校를 설립하였다. 설립된 지 1년만에 이 학교가 재정난에 봉착하자, 그는 읍내 각호 9전과 그 외 각호 5전씩의 '의무교육비'를 춘추로 거두었다.[66] 평산군수 이규홍도 유지들과 함께 관내에 사립학교를 세웠다. 그는 교사 양성을 위한 사범강습소 설립을 주도하는 등 교육운동에 헌신적이었다.[67]

中和郡의 유지들은 光成學校를 설립하는 한편 6개월 속성의 師範講習所를 운영하였다. 사범과 입학자격은 18세 이상 40세 이하

---

62) 『황성신문』 1910년 6월 5일 잡보「李氏熱心」, 6월 9일 잡보「淸倅治聲」.
63) 『大韓每日申報』 1907년 7월 6일 잡보「平壤興學」: 『대한매일신보』 1908년 1월 9일 잡보「빅군슈션뎡」.
64) 『大韓每日申報』 1908년 8월 4일 잡보「勞働校設立」: 『황성신문』 1908년 7월 7일 잡보「海西講習」.
65) 『황성신문』 1908년 8월 27일 잡보「五百戶의 一校」: 『대한매일신보』 1907년 7월 23일 잡보「사범강습」, 1908년 8월 26일 잡보「안악강습소시험」과「해서교육총회」: 『大韓每日申報』 1908년 8월 26일 잡보「安郡講習試驗」.
66) 『大韓每日申報』 1910년 4월 2일 학계「升明復明」: 『대한매일신보』 1910년 4월 1일 학계「승명학교확장」.
67) 『황성신문』 1910년 5월 25일 잡보「平山의 新學蔚興」.

의 한문에 능통한 자였다. 각 면마다 2명씩 선발된 이들은 관내 사립학교 교사로서 활동할 수 있었다.[68] 이들은 장차 각 面里의 의무학교 교사로 활동하였다.

馬山民議所나 密陽市議所도 각각 야학과 사립학교·유치원을 설립하였다. 宜寧民議所 역시 주민 부담에 의한 宜新學校를 설립하는 한편 노동야학을 부설로 운영하는 등 의무교육 시행에 노력을 기울였다.[69] 이러한 현상은 지방관의 교육에 대한 관심과 더불어 확대 실시되었다. 관내에 설립된 대다수 사립학교는 지방관과 자치단체의 연합으로 이루어졌다.

新民會는 江華島에 普昌學校 본교를 설립한 후 각 동리를 단위로 지교를 설립하였다. 李東輝는 16개면 114개동을 56개 學區로 나누어 보창학교 지교와·進明學校·昌華學校·共化學校를 설립하는 등 의무교육 시행에 적극적이었다.[70] 이어 開城·金川·長湍·豐德·安岳·忠州·咸興 등지에 지교를 설립하였다. 그의 각지 순회 결과로 보창학교 지교는 무려 100여 개교나 설립될 정도였다.[71] 당시 상황을 다음과 같이 묘사하였다.

---

68) 『황성신문』 1907년 11월 20일 잡보 「光校興旺」 : 『大韓每日申報』 1907년 9월 1일 잡보 「師範養成」.

69) 『황성신문』 1909년 4월 25일 잡보 「宜校擴寧」.

70) 『大韓每日申報』 1908년 2월 25일 잡보 「江校復興」, 3월 18일 「江都학風」 : 愼鏞廈, 1985, 「新民會의 獨立軍基地 創建運動」 『韓國近代民族運動史硏究』, 을유문화사, 140~142쪽.
1908년 3월 15일 현재 강화도 내에 설립된 보창학교 지교는 21개교였다. 의무학교는 21개 지교를 비롯하여 모두 31개교에 달하였다.

71) 邊勝雄, 1990, 「韓末 私立學校 設立動向과 愛國啓蒙運動」 『국사관논총』 18, 국사편찬위원회, 51쪽 : 金邦, 1990, 「李東輝 硏究」 『국사관논총』 18, 국사편찬위원회, 46~53쪽 ; 1999, 『이동휘 연구』, 국학자료원, 67~79쪽에 재수록 : 洪英基, 1994, 「이동휘의 구국운동(1905-1907)에 관한 새로운 자료」 『한국근현대사연구』 1, 한국근현대사연구회, 282~

現今 端川에 滯留ᄒᄂᆞᆫ 李東暉시가 咸境南北道에 敎育을 發達코ᄌ
東奔西馳에 到處 說諭하야 寒暑飢飽를 毫不關念ᄒᆞ고 飮泣勸勉ᄒᄂᆞᆫ
故로 該시 壹淚에 壹校가 立ᄒᆞ고 壹言에 壹學會가 立ᄒᆞᄆᆡ 到處 人民
이 晩執不捨ᄒᄂᆞᆫ 故로 희시의 歸期가 三四年後에 在홀 ᄯᅳᆺᄒᆞ다고 北
來人의 傳說이 有ᄒᆞ다더라[72]

이동휘의 순회 강연은 주민들의 열렬한 환호 속에서 진행되었
다. 자신의 고향인 단천을 비롯한 함경도 일대는 그의 격정에 의해
우후죽순처럼 학회와 학교가 설립되는 상황이었다.[73] 곧 의무교육
은 사회 전반적으로 확산되어 나갔다. 물론 일제는 이러한 활동에
대한 경계·탄압을 늦추지 않았다.[74]

平壤民議所는 각 坊里 단위로 의무교육 시행 계획을 밝혔다. 박
은식은 "우리 정부는 교육사업에 태만한 데 비하여, 인민사회는 교
육 의무를 스스로 담당한다"[75]면서 민중의 자발적인 분발을 격찬
하였다. 1908년 1월 西北學會가 協成學校를 설립하자, 그는 교장
으로 취임하여 직접 교육을 담당하였다. 이와 더불어 각 지회는
1909년 12월까지 협성학교 지교를 70여 개교나 설립하는 등 사립
학교설립운동은 요원의 불길처럼 번졌다.[76] 학회나 단체에 소속된

305쪽 : 潘炳律, 1994,「李東輝와 韓末 民族運動」『韓國史研究』87, 한
국사연구회, 168~183쪽 ; 1998,『성재 이동휘 일대기』, 범우사, 56~58
쪽에 재수록.
72)『大韓每日申報』1908년 12월 20일 잡보「敎育大家」:『대한매일신보』
1908년 12월 20일 잡보「교육대가」.
73)『대한매일신보』1908년 8월 29일 시사평론「혀가 달코」: 국사편찬위
원회, 1968,『한국독립운동사』2, 623쪽 : 김형목, 1997,「자강운동기 한
성부민회의 의무교육 시행과 성격」, 75쪽.
74)『大韓每日申報』1908년 1월 9일 잡보「李氏慰勞」와「迫逐李氏」.
75) 朴殷植, 1907「祝義務敎育實施」『西友』7, 서우학회, 1~4쪽; 박은식전
서편찬위원회 편, 1975,『朴殷植全書』下, 90~91쪽에 재수록.
76) 서북학회,「會社記要」『서북학회월보』8, 47~48쪽과『서북학회월보』
12-19.

지교나 학교는 거의 의무교육의 일환이었다.

　이처럼 의무교육은 지방자치제의 일환으로 사립학교 설립을 통해 이루어지는 경우가 많았다. 1910년 초까지 최소한 6,000여 개교 이상의 사립학교가 설립되는 등 근대교육운동은 '전성기'를 맞았다. "근대교육 시행=국권회복"과 직결된다는 인식은 자강론자들에게 팽배하는 동시에 이들의 중요한 활동 영역이었다. "공립학교는 정부를 위한 학교로서 정부의 이익 때문에 교육을 시키는 것이요, 사립은 인민을 위해 교육한다"는 인식 확산은 관·공립학교에 대한 편견을 심화시켰다. 곧 중류 이상의 가정은 이러한 교육기관에 대한 입학을 기피하였다.[77] 이처럼 사립학교를 통한 근대교육에 대한 인식은 국권회복운동의 일환으로 사회 전반에 팽배해졌다.

3. 일제의 탄압

　일제는 조선의 식민지화를 위한 기초 작업으로 식민교육체제를 강화시켰다. 저들은 1908년 8월 「사립학교령」[78]을 반포하여 사학의 설립인가나 운영 등에 관한 통제권을 완전히 장악하였다. 그런데 대다수 사립학교는 교육운동의 일환으로 설립되었다. 그런 만큼 학교 규모나 교육 시설·내용 등은 전반적으로 미비할 수밖에 없었다. 일제는 여러 가지 구실로 강제적인 폐교를 단행하는 등 전면적인 통제를 가하였다.

---

77) 李萬珪, 1949,『朝鮮教育史』下, 을유문화사, 85쪽.
78)『관보』「勅令 제62호 ; 私立學校令」1908년 9월 1일, 14일 :『일성록』·『승정원일기』·『순종실록』융희 2년 8월 26일 : 송병기 외, 1972,『한말근대법령자료집』Ⅶ, 277~279쪽 : 서북학회,『西北學會月報』上, 274~288쪽.

반면 식민교육체제에 부응한 사립학교는 보조금을 지원하는 등 분열을 획책하기에 이르렀다. 식민정책 수행상의 필요에 의해 영세한 사립학교는 통·폐합을 유도하였다. 그러나 비교적 양호한 교육시설을 갖춘 사립학교는 '模範學校'로 선정한 이후 공립학교로 전환시켰다. 조선총독부는 1911년 서울의 사립학교 중 의연금이나 기부금에 의존하는 사립학교를 공립학교로 변경하기에 이르렀다.79) 반발하는 학교는 일본인 교사를 파견하는 등 탄압을 강화하였다. 이리하여 많은 사립학교는 폐교되는 비운을 당하고 말았다.

식민교육정책을 부식시키는 구체적인 방안은 「敎科用圖書檢定規則」80) 제정이었다. 이 법령에 따르면, 敎科書檢定 기준은 "한일 양국의 親交를 비난하거나 한국인으로 하여금 排日思想을 고취하는 내용의 有無"였다. 법령 시행 후 檢定出願한 도서의 30% 정도만 인가된 사실은 제정 취지를 엿볼 수 있다. 따라서 국어·역사·지리·창가와 같은 민족의식을 고취하는 교과서는 철저히 배제되었다. 식민정책을 비판하는 도서 출판은 물론 판매도 원천적으로 봉쇄될 수밖에 없었다. 이에 일제는 관·공립학교 뿐만 아니라 사립학교까지 통제할 수 있었다.

더욱이 1909년 3월 시행된 「寄附金品募集取締規則」81)은 기부금에 의존하던 사립학교에 대한 재정적인 압박을 가중시켰다. 이 법령에 따르면, 기부금을 모금할 경우에는 관할 지방장관의 허가를 반드시 받도록 규정하였다. 실제로 관할경찰서장의 인가와 아

---

79) 『매일신보』 1911년 9월 29일 잡보 「各私立學校調査內容」.

80) 『관보』 「學部令; 敎科用圖書檢定規則」 1908년 9월 1일 : 송병기 외, 1972, 『한말근대법령자료집』Ⅶ, 286~289쪽.

81) 『관보』 1909년 3월 1일 : 『閣令』 1909년 2월 27일 : 宋炳基 외, 1972, 『한말근대법령자료집』Ⅷ, 109~111쪽 : 국사편찬위원회, 1972, 『고종시대사』 6, 823쪽.

울러 수시로 문서 검열과 사용 내용을 보고케 하는 등 완전히 일제의 통제하에 있었다.[82] 이 조치로 대다수 사립학교는 재정난에 직면하지 않을 수 없었다. 이에 따라 폐교하는 사태가 속출하는 상황이었다.[83]

서북학회·기호학회 등 5개 학회는 사립학교유지 방침을 모색하는 한편 학부와 교섭하는 등 자구책을 강구하였다.[84] 그런데 재정문제에 대한 근본적인 해결책은 전무할 수밖에 없었다. 더욱이 자강론자들은 점차 민족운동전선에서 이탈하는 등 교육구국운동을 변질시켰다. 한성부민회의 '이등박문추도회'는 당시 상황을 극명하게 보여준다.[85] 추도위원으로 일진회원은 물론 계몽단체의 중

---

82) 송병기 외, 1972, 『한말근대법령자료집』 Ⅷ, 208～209쪽과 263쪽.

83) 柳漢喆, 1988, 「韓末 私立學校令 以後 日帝의 私學 彈壓과 그 特徵」 『한국독립운동사연구』 2, 독립기념관 한국독립운동사연구소, 65～103쪽.

84) 『황성신문』 1910년 2월 18일 잡보 「私校維持協議」, 20일 잡보 「學部訓諭」, 3월 5일 잡보, 「五學會議案」 : 『대한민보』 1910년 3월 24일 잡보 「學校多廢」 : 『대한매일신보』 1909년 1월 14일 론셜 「스립학교 유지방침에 디훈 의견」, 1910년 2월 18일 잡보 「학교유지ᄒ려고」, 2월 20일 잡보 「련합총회」, 3월 3일 잡보 「스립학교유지 방침」 : 『大韓每日申報』 1910년 2월 18일 잡보 「興學開會」.

85) 『대한민보』 1909년 11월 11일 휘보 「追悼委員」.
委員長 : 尹孝定(회장인 유길준은 이등박문 장례식 참석차 도일하여 부회장이 회장의 대리를 맡음)
委員 : 金鎔濟 姜華錫 任肯淳 鄭永澤 洪忠鉉 權東鎭 玄은 白完爀 吳世昌 柳瑾 韓錫振 鄭雲復 芮宗錫 李舜夏 姜曄 李學宰 劉秉必 張孝根 太明軾 金一善 南宮억 趙允鏞 姜重遠 鄭達永 金昇圭 崔錫肇 鄭鳳時 張基濂 呂炳鉉 沈宜性 李宇榮 鄭永斗 趙鍾泰 趙秉澤 韓相龍 尹晶錫 白寅基 洪肯燮 俞鶴柱 尹定植 李仁稙 崔永年 金重煥 李鳳來 南宮薰 李謙來 朴晶秉 李熙直 姜윤熙 金允五 嚴達煥 閔泳린 李根洪 李億 尹喬榮 金麟 尹致昊 金鎔鎭 閔衡植 李海朝 張도 李冕宇 劉文煥 崔鎭 洪泰潤 李健榮 申泰休 劉臣혁 高凞駿 韓基準 金用集 金時鉉 金台憲 高允默 崔思永 崔罔 鄭凞셜 申光熙 宋振玉 俞鎭泰 金相範 李升鉉 李吉善 李根培 李庚鳳 閔衡植 李觀化 洪鍾완 朴勝鳳 朴勝彬 李範쳘 裵東

요 활동가들이 상당수 포함되었다. 재정 부족, 일제의 탄압, 자강운
동론자들의 일탈 등으로 많은 사립학교는 통합·폐교되고 말았
다.86) 교육을 통한 국권회복운동도 점차 퇴조하는 양상이었다. 지
방관들에 대한 교육운동으로 적극적인 동참 호소는 이러한 배경에
서 비롯되었다.87)

이처럼 근대교육에 대한 관심과 더불어 向學熱은 상당히 고조되
었다. 서울에 소재한 관립학교의 정원은 600명이었으나, 응시생은
무려 4,430명에 달하였다.88) 낙방생을 위한 대책은 국문야학교 내
예비강습소를 설립으로 귀결되었다.

> 한셩니 각학교에서 츈긔학도 모집에 응시키 위ᄒ야 샹경ᄒ 각디방
> 학도가 수천명에 달ᄒ엿ᄂᆞ더 학력이 부죡ᄒ야 시험에 합격지 못ᄒ 쟈
> 가 반이나 되ᄂᆞᆫ지라 교육계 신ᄉ제씨가 그학도들이 그져가는 것을 이
> 셕히 녁여 동구안 국민야학교안에 예비강습소를 셜립ᄒ고 그학도들
> 을 단합ᄒ야 교육ᄒ기로 협의중이라더라89)

이와는 달리 일제의 침탈 강화로 민중에 대한 교육 수혜는 결코
쉽지 않았다. 생존권 유지조차 힘든 상황에서 본인은 물론 자제 교
육은 부차적인 문제였다.90) 이에 자강론자들은 사립학교 부설로

혁 安商浩 李膺鍾 具然浩 洪弼周 趙東元 洪在祺 朴承稷 李範九(국한
문 혼용은 원문을 그대로 전재함).
86)『大韓每日申報』1910년 4월 5일 학계「三仁進興」, 4월 17일 학계「合
併無實」:『대한매일신보』1910년 2월 13일 학계「교육진흥」, 3월 6일
학계「두학교련합」, 4월 6일 학계「세학교 연합」, 4월 20일 학계「반가
운쇼식」.
87)『대한매일신보』1910년 4월 29일 론셜「각디방 관리에게 고ᄒ노라」:
『大韓每日申報』1910년 4월 29일 논설「各地方官吏에게 告ᄒ노라」.
88)『대한매일신보』1910년 4월 15일 잡보「그러ᄒ듯」:『大韓每日申報』
1910년 4월 16일 잡보「其銓願當」.
89)『대한매일신보』1910년 4월 15일 학계「강습소셜립」.

야학·강습소 등을 통하여 자신들의 세력권 내로 흡수하고자 하였다. 교육가들에 대한 사회적인 인식은 민족적인 지도자로서 높이 평가하는 분위기였다. 그런 만큼 이들의 사회적인 영향력은 막강하지 않을 수 없었다.[91]

야학은 사랑방·동네 회관·공회당과 같은 곳이나 기존 학교 시설을 이용하여 운영할 수 있었다. 사립학교에 비해 설립·운영이 비교적 용이하였기 때문이다. 더욱이 통감부에 의한 인가 등 통제를 거의 받지 않았다. 특히 보통학교 고학년은 야학 교사로서 활동할 수 있었다. 또한 소액의 운영비로도 즉각적인 시행을 가능케 하였다. 따라서 사립학교 설립이 쉽지 않는 지역을 중심으로 야학은 성행하는 계기였다.

제2절 민중층 성장과 교육열

1. 민중층 성장

조선후기 移秧法의 보급에 따른 토지생산력 증대는 지주와 소작인간에 분배를 둘러싼 긴장감을 고조시켰다. 농민들은 합법적인 呈訴運動을 통해 이러한 문제를 개선하려는 입장이었다. 민중의식

---

90) 『大韓每日申報』 1909년 11월 11일 잡보 「勢所必至」, 11월 27일 논설 「生活能力의 不進을 嘆하노라」.
91) 자강운동가들이 지방을 순회 강연할 때, 일시에 수천 명이 운집한 사실이나 李東輝가 연설하면 1개의 사립학교가 설립된 상황은 이들의 사회적인 영향력을 이해할 수 있다.

의 성장과 더불어 이들은 鄕會를 통해 자신들에게 유리한 여론 조성에 노력하였다. 이들은 동시에 직접 물리력을 동원한 자신들의 권익을 옹호하기에 이르렀다. 이러한 경험 축적은 고식적인 정책의 실상을 점차 인식하는 계기였다. 나아가 자신 문제는 스스로가 해결해야 한다는 인식을 갖게 되었다.[92]

종래의 분산・고립적인 운동은 점차 지역적인 연계를 모색하는 등 역량의 극대화를 도모할 수 있었다. 이는 "한국 근대사상 최대의 변혁운동"인 甲午農民戰爭으로 분출되었다. 지배층의 무사안일한 대응과 외세의 무력 개입은 농민군의 이념을 좌절시켰다. 그러나 민중은 이를 통하여 지배층과 외세에 대한 실체를 보다 분명히 인식할 수 있었다. 직접 농민군의 탄압에 앞장 선 일제에 대한 배일감정은 증폭될 수밖에 없었다. 따라서 반봉건과 반제국주의 투쟁은 긴박한 위기 의식 속에서 지속적으로 전개되었다.

민중층의 불만 고조와 불안정한 정국을 일시적이나마 완화하고자, 지배층은 甲午改革을 단행하였다. 갑오개혁은 정치・경제・사회 전반에 걸친 대대적인 법제 정비였다. 특히 身分制 폐지[93]를 포함한 일상사와 관련된 사회 전반에 대한 집중적인 개혁이었다. 이리하여 전근대 사회에서 가장 천대받았던 白丁도 사회 구성원으로 인정되기에 이르렀다. 無籍者인 백정・창우・승려 등도 1896년 9

---

92) 安秉旭, 1986, 「朝鮮後期 自治와 抵抗組織으로의 鄕會」『논문집』18,
    성심여대 : 1988, 「19세기 민중의식의 성장과 민중운동」『역사비평』1,
    역사문제연구소 : 김형목, 2000, 「1898년 시흥농민운동의 전개양상과
    성격」『한국근현대이행기 사회연구』, 신서원.
93) 『일성록』・『고종실록』고종 31년 6월 28일과 7월 2일 :『관보』갑오 6
    월 28일과 7월 2일 : 송병기 외, 1972『한말근대법령자료집』Ⅰ, 14・16・
    20쪽 : 국사편찬위원회, 1969『고종시대사』3, 512쪽.
    一, 公私奴婢之典 一切革罷 禁販賣人口事.
    一, 驛人倡優皮工 幷許免賤事.

월「戶口調査規則」[94)과「戶口調査細則」[95)의 시행으로 호적에 등 재되는 등 사회적인 구성원으로서 인정을 받았다.

백정에 대한 불법적인 수탈과 차별 대우는 강고한 인습으로 실 질적인 개선은 거의 이루어지지 않았다. 이를 방지할 대안책도 전 무한 상황이었다. 백정은 여론을 통해 자신들에 대한 편견을 타파 하려는 노력을 기울였다. 또한 백정 상호간의 내부적인 결속력을 강화시켜 나갔다. 특히 개신교의 교세 확장을 위한 "절대자 앞에서 의 만민 평등"은 사회적으로 억압받던 이들에게 새로운 희망이었 다. 부녀자를 비롯한 하층민이 앞다투어 개신교에 입교한 계기는 이러한 상황과 무관하지 않았다.[96) 이들은 교회 활동을 통하여 인 간의 존엄성을 인식하는 동시에 모순된 현실을 타파하려는 방법을 모색하였다.

백정 출신인 朴成春은 1898년 萬民共同會의 연사로 참가하여 "身分差別이 사회적인 모순"임을 지적하였다. 그는 즉각적으로 편 협한 인식에서 벗어나 大同團結로 현재의 난국을 함께 극복하자고 호소하였다.

> 나는 대한의 가장 천한 사람으로 무지몰각하나 충군애국의 뜻은 대강 압니다. 지금 利國便民의 길은 관민이 합심한 후에야 가능합니 다. … 원컨대 관민이 합심하여 우리 대황제의 聖德에 보답하고 國祚 로 하여금 만세를 누리게 노력합시다.[97)

---

94)『日省錄』建陽 元年 7월 24일 :『高宗實錄』건양 원년 9월 1일 :『관 보』건양 원년 9월 4일 :『독립신문』1896년 9월 5일 잡보 : 송병기 외, 1971,『한말근대법령자료집』Ⅱ, 163~164쪽.

95)『관보』건양 원년 9월 8일 :『독립신문』1896년 9월 10일 논설 : 宋炳基 외, 1971,『한말근대법령자료집』Ⅱ, 166~169쪽.

96) 임순만, 1993,「기독교 전파가 백정공동체에 미친 영향」『형평운동의 재인식(형평운동 70주년기념사업회 엮음)』, 솔출판사, 79~97쪽.

97) 鄭喬, 1957,『大韓季年史』上, 국사편찬위원회, 282쪽.

그의 노력은 만민공동회의 활성화와 더불어 사회적인 반향을 불러 일으켰다. 이러한 활동은 실생활에서 신분제의 철폐운동으로 지속되었다. 晉州觀察使가 백정들에게 무리한 요구와 아울러 온갖 모욕적인 행동을 취하였다. 박성춘은 서울·聞慶·醴泉 등지와 연합하여 부당성을 성토하는 등 공동적인 대응책을 모색하기에 이르렀다.98)

백정 중 義兵戰爭에 투신하는 자도 나타났다. 國權恢復運動에 백정도 민족의 한 성원으로서 자기 존재를 부각시켰다. 1906년 전북 태인에서 崔益鉉은 대일항전을 선언한 후 활동하던 중 체포되었다. 인근에 살던 백정 金景哲은 기생 荷葉과 함께 관군의 포위망을 뚫고 義兵陣에 가담하는 투혼을 발휘하였다.

　… 고을 아전 林昌爕과 백정 金景哲이 포위망을 헤치고 들어와서 의병이 되기를 자원하며 사생을 같이 하기로 맹서했으나 모두 대병에게 축출을 당했고, 늙은 기생 荷葉은 밖에서 인삼탕 2사발과 소주 12잔을 가지고 왔다가 문지기에게 거절당하여 들어오지 못하게 되자 한탄하며 하는 말이 "이것을 올리게 된다면 죽어도 여한이 없겠다."고 하니 문지기가 그 의리에 감복하여 받아들였다.99)

"宰設軍 朴成春曰 此漢乃大韓至賤之人 而無知沒覺 然略知忠君愛國之意 今利國便民之道 즉則官民合心然後可也 此如彼遮日 卽天幕也 以一竹撑支 則力不足 若以衆竹行合之 則其力甚固也 伏願官民合心 報答我大皇帝之聖德 而使國祚亨萬萬歲 會中拍手喝采."

98) 『황성신문』 1900년 2월 28일 잡보 「指令免賤」과 10월 20일 잡보 「嚴訓免賤」, 1901년 2월 8일 잡보 「宰軍呼訴」.

99) 독립운동사편찬위원회, 1971, 『獨立運動史資料集』 2, 독립유공자사업기금운용위원회, 91쪽.
　　"郡吏林昌爕 屠漢金景哲 排圍突入 自願執鞭 誓共死生 而皆爲隊兵 所驅出 老妓荷葉 自外人蔘湯二椀 燒酒十二榼而至 爲門者所拒 不得入 乃歎願曰 苟得進獻 死無餘恨 門者 義而納至."

또한 사립학교설립운동이 지방으로 확산되자, 학교 설립에 호응하는 백정도 있었다. 시세 변화에 따라 백정도 사회운동에 동참하고 있었다. 의병전쟁시 피해를 본 충북 제천지역에 구휼금을 하사하자, 백정과 야장은 이를 학교설립 기금으로 희사하였다.

　　堤川郡이 昨年 騷擾를 因ᄒ야 一邑이 沒燒홈은 世所共知어니와
近者 政府에서 救恤金을 下賜ᄒ야 本郡守로 ᄒ야곰 人民에게 分給
ᄒ심 白丁 一名과 冶匠 一名이 郡守에게 問曰 此錢何處에서 給與ᄒ
ᄂ잇가 郡守曰 大皇帝陛下끠옵셔 經校民情을 衿惻히역이샤 下賜ᄒ
신 것이라ᄒ즉 該白丁及冶匠曰 聞ᄒ즉 國庫에 財政이 窘絀ᄒ다니 小
人兩人의 救金은 還納ᄒ쇼셔 ᄒ더 郡守曰 此金은 大皇帝陛下끠서
特恤ᄒ 者인즉 還納홈이 不可ᄒ다ᄒ즉 該兩人曰 然則 此金額으로
學校에 助給ᄒ야 凡我靑年을 敎育ᄒ야 國家의 前途를 進就ᄒ야 此
等被害가 無케홈이 可ᄒ다ᄒ고 該恤金을 光受ᄒ얏던 諸氏가 此言을
聞ᄒ고 欣然ᄒ야 所受ᄒ얏던 金額을 學校로 還附ᄒ 者多ᄒ야 該郡
薄明學校의 基礎가 確立ᄒ얏다ᄒ니 嗚呼라 此兩人의 國性이 可히
大韓人民을 感發케홀지로다.[100]

근대교육은 백정들에게 사회적인 지위(인습의 굴레로부터 탈피를 포함 : 필자주)를 상승시키는 지름길로서 인식되었다.[101] 특히 어학 능통자를 관리로서 채용하는 관리임용제도의 변화는 교육열을 고조시키는 요인이었다. 사립학교설립운동의 확산은 바로 이러한 적극적인 지원과 동참으로 가능할 수 있었다. 부를 축적한 백정은 근대적인 학교를 설립·운영하는 등 사회적인 변화에 적극적으

---

100) 『황성신문』 1909년 5월 4일 잡보 「兩氏其人」, 5월 7일 잡보 「薄校成立狀況」.
101) 박성춘의 아들인 박서양은 세브란스의학전문학교에서 수학하였다. 衡平運動을 주도한 張志弼도 일본유학생 출신이다. 또한 기생 중 일본·중국·미국 등지를 유학하는 경우도 있었다. 이러한 사실을 통하여 근대교육에 대한 관심도가 어느 정도인지를 이해할 수 있다.

로 대처하여 나갔다[후술할 崇正學校 참조].

이처럼 백정조차도 사회운동에 동참하는 등 사회성원으로서 존재를 인식하였다. 한편 사회적인 편견이나 부당한 차별대우는 스스로의 힘으로 타파하여 나갔다. 백정들은 총본부로 서울 仁寺洞에 承洞都家를 두었다. 지방에는 지부격인 於可廳이나 都中을 설치하는 등 전국적인 조직망을 구축하고 있었다.102) 1910년 서울도수조합의 崔鎔圭는 진주를 방문하는 등 상호간 긴밀한 관계를 유지하였다.103)

갑오농민전쟁 이후 일시적이나마 침체기였던 민중운동은 일제에 대한 저항을 멈추지 않았다. 이들은 의병전쟁을 통하여 점차 자신들의 세력 기반 확대와 아울러 변혁운동의 방향을 모색하였다.104) 鄕村社會의 共同體 관계를 기반으로 시작된 의병전쟁은 반일감정 증폭으로 강력한 민중의 지지를 받을 수 있었다. 하지만 의병진 내부의 계급 갈등은 전투력을 약화시키는 요인이었다. 이는 이른바 '班常不敬罪'로 포수 출신 金伯善處斷事件에서 그대로 표출되었다.105) 포수 출신 의병들은 "安承禹가 金伯善의 공적이 많음을 猜忌하여 謀陷해서 죽였기 때문에 군사와 백성들의 인심을 잃었으므로 그를 따를 수 없다"라면, 의병진에서 이탈하여 독자적

---

102) 車賤者, 1924,「白丁社會의 暗澹한 生活狀을 擧論하여 衡平戰線의 統一을 促함」『開闢』49, 44쪽 : 車相瓚, 1947,『朝鮮史外史』, 명성사, 108~109쪽.

103) 『경남일보』 1910년 1월 5일, 7일, 15일.

104) 金度亨, 1985,「韓末 義兵戰爭의 民衆的 性格」『韓國民族主義論』Ⅲ, 창작과비평사 ; 한국민족운동사연구회 편, 1990,『義兵戰爭研究(上)』, 지식산업사, 197~205쪽과 김도형, 1994『大韓帝國期의 政治思想研究』, 지식산업사, 337~370쪽에 재수록.

105) 독립운동사편찬위원회, 1972,『獨立運動史資料集』1, 402~403과 408~414쪽.

인 활동을 전개하였다. 계급적인 갈등은 적전 분열을 일으키는 등 지속적이고 강력한 항일전 수행에 커다란 장애 요인이었다.

특히 유생 의병장의 勤王主義에 입각한 의병정신은 내부 모순을 극복하기에 역부족이었다. 국왕의 해산조칙에 따라 거의 모든 의병진은 해산을 단행하였다. 하지만 농민들은 이를 거부하는 한편 英學黨·活貧黨 등으로 전환되어 나갔다. 이들은 반제국주의 투쟁과 봉건 체제의 타파를 위한 저항을 끊임없이 전개하였다.[106] 이들은 지주층에 대한 투쟁과 일본인에 대한 공격을 병행하는 등 민중 생존권 수호에 노력을 기울였다. 이러한 가운데 러일전쟁이 발발하자, 이들은 전선을 절단하거나 군수품의 수송을 방해하는 등 반제국주의 투쟁을 강화하였다.「을사5조약」을 계기로 후기 의병전쟁에 다시 합류한 이들은 점차 외세의 저항 주체로서 성장하고 있었다.

구한국군의 無力化를 위해 단행된 軍隊解散을 계기로, 의병전쟁은 새로운 양상으로 전개되었다. 서울 시위대는 해산을 거부하고 대대적인 시가전을 감행하였다. 지방의 진위대도 무기를 탈취한 후 대거 의병진에 합류하는 등 전력의 향상과 전술상의 변화를 초래는 계기였다. 일제의 무자비한 탄압과 경제적인 수탈 강화는 식민지화에 대한 위기의식을 점차 심화시켰다. 姜基東은 "韓國 貧民을 救恤함은 우리 의병의 의무"[107]로 인식하는 등 민중과의 일체감을 통한 전력 극대화를 꾀하였다. 이러한 변화는 申乭石·洪範圖·安圭洪·延起羽 등 '平民義兵將'을 배출시키는 기반이었다. 따라서 강력한 반제국주의 투쟁을 위한 기반은 견고하게 구축될

---

106) 釋尾東邦, 1927, 『朝鮮併合史』, 朝鮮及滿洲史(태산문화사, 1985)영인, 210~211쪽.

107) 독립운동사편찬위원회, 1977, 『獨立運動史資料集』 13, 502쪽.

수 있었다. 당시 의병장의 신분별·직업별 현황을 정리하면 <표 Ⅰ-5>와 같다.

〈표Ⅰ-5〉 전국 의병장의 신분·직업별 통계[108]

신분 직업	儒生 兩班	農業	將校	士兵	巡檢	商人	無職 火賊	酒店	學生	教師	砲軍	醫者
의병 장수	63	49	7	35	4	6	30	1	3	3	13	1

신분 직업	運送 業	鑛夫	一進 會員	基督 教徒	東學 徒	郡守 面長	東亞 開進 會員	主事 書記	易者	大木	帽子製 造業	계
의병 장수	1	12	3	1	1	6	1	9	3	2	1	255

대상자 430명 중 175명은 신분이나 직업이 명확하지 않다. 255명은 어느 정도 성격을 파악할 수 있다. 유생·양반 의병장은 63명으로 전체의 23%에 불과한 반면, 농민을 포함한 사병·화적·포군·광부 등이 70% 이상을 차지한다. 신분 등이 밝혀지지 않은 175명의 의병장도 대다수는 민중층이라고 생각된다. 그런 만큼 儒生義兵陣과는 달리 의병에 대해 적대적인 부호가와 친일 관리·일진회원 등은 모두 '투쟁의 대상'이었다. 군량미 확보를 위한 지주에 대한 미곡탈취사건은 이러한 인식 변화 속에서 이루어졌다. 더욱이 의병전쟁이 '전국민전'으로 확대된 배경도 바로 이러한 상황과 밀접한 관련성을 지닌다.[109] 이는 초보적이나마 민중의병진

---

108) 박성수, 1979, 『韓國獨立運動史研究』, 창작과비평사, 223쪽.
109) 洪淳權, 1994, 『韓末 湖南地域義兵運動史 研究』, 서울대출판부, 267쪽. 1906~1910년 호남지역에서 활동 중 逮捕되어 재판을 받은 의병 469명의 직업 분석도 이러한 양상을 보여준다. 이들의 직업을 보면 농업 295명, 상업 44명, 주점업 18, 수공업 13명, 傭人과 노동 6명, 승려 3명, 대장장이 2명, 목수 2명, 의사와 어업 각 1명, 무직 3명, 기타 8명, 미상 73명 등이었다.

의 자립화를 의미한다.

　민중의 국채보상운동 참여도 이들의 현실인식을 심화시키는 계기였다. 1907년 1월 30일 大邱廣文社會 회원인 徐相敦이 "國債 一千三百萬圓을 갚지 못하면 장차 국토를 팔아서 갚아야 함으로 二千萬 同胞가 담배를 석달만 피우지 말고 그 대금으로 國債를 갚자"[110]고 제의함으로 국채보상운동은 시작되었다. 서상돈·김광제 등은 국채보상운동의 취지서를 발표하는 등 전국적인 운동으로 진전시켰다.[111] 이리하여 대한제국기 가장 광범위한 계층의 참여와 지지를 받는 가운데 국채보상운동은 전개될 수 있었다. 大邱市場의 짚신장사·콩나물장사·떡장사 등이 앞을 다투어 義捐金을 出捐하였다.

　　　陰本月 二十日 大邱市場에서 國債報償에 對ᄒᆞ야 甚至於草鞋商과 太荣女商과 酒食餠等物을 行商ᄒᆞᄂᆞᆫ 村婆等이 皆以五六十錢 一二元으로 爭來捐出ᄒᆞᄂᆞᆫ지라 士儒等도 廉隅所在에 尤不可以坐視故로 公議가 大發ᄒᆞ야 特別出義ᄒᆞᆫ다더라.[112]

　이에 자극을 받은 유지나 선비들도 의연금 모금 대열에 참여하였다. 서울의 金成喜·劉文相·吳榮根 등은 국채보상기성회를 설립한 후 국채보상운동의 중앙기구로서 역할을 자임하고 나섰다.[113] 이들은 義捐金收錢所로 대한매일신보사·상동청년학원 등

110) 『大韓每日申報』 1907년 2월 24일 「靑萍一曲」 : 국사편찬위원회, 1972, 『고종시대사』 6, 586쪽 : 대한자강회, 『대한자강회월보』 9, 59쪽.
111) 『大韓每日申報』 1907년 3월 1일 잡보 「國債 一千三百萬圜報償趣旨 大邱光文社長 金光濟 徐相敦氏等公函」 : 대한자강회, 『대한자강회월보』 9, 60~61쪽.
112) 『大韓每日申報』 1907년 3월 1일 잡보 「達市義捐」 : 국사편찬위원회, 1972, 『고종시대사』 6, 582쪽 : 『황성신문』 1907년 3월 1일 잡보 「大邱來信」, 4월 30일 잡보 「特義先捐」.

무려 7개소나 설치·운영하기에 이르렀다. 또 閔泳韶·趙東潤·韓圭卨 등 전·현직 관료들도 금연을 맹세한 후 이에 동참하였다.[114] 이러한 소식이 널리 파급되자, 전 국민적인 호응 속에 국채보상운동은 전국적인 운동 차원으로 확산되었다. 민중의 광범위한 자발적인 참여는 이를 가능케 하는 요인이었다.

> 廟동居 김김史가 年今三十의 혈혈單身으로 寡居ᄒ야 針工으로 爲業資生ᄒ더니 今番 국債報償事의 對ᄒ야 不勝感激ᄒᄂ 意로 自己所持 銀指環을 新貨二元의 典當ᄒ야 가지고 農圃동 本社支社員 鄭禹澤氏의게 交付ᄒ얏다더라.[115]

바느질로 생계를 꾸려가던 과부조차도 반지를 전당포에 맡기고, 그 대금 2원을 의연금으로 내었다. 서울의 인력거꾼 17명도 의연금 3원 40전을 거두어 모금운동에 동참하였다.[116] 당시 신문과 잡지 등은 이러한 미담을 연속적으로 보도하는 등 국채보상운동의 활성화에 크게 기여하였다. 참여한 계층은 高宗을 비롯한 전·현직 관료는 물론 군인·승려·부녀자·기생·노동자 등이었다. 조직적인 모금운동을 위한 國債報償中央義務社는 황성신문사 내 의연금 수전소를 설치하였다.[117]

---

113) 『황성신문』 1907년 2월 25일 잡보 「國債報償期成會趣旨書」:『大韓每日申報』 1907년 2월 27일 잡보 「國債報償期成會趣旨書」.
114) 『大韓每日申報』 1907년 2월 27일 잡보 「大官斷煙」와 「老宰義捐」: 국사편찬위원회, 1972, 『고종시대사』 6, 587쪽 : 『황성신문』 1907년 3월 2일 잡보 「閔氏斷烟」, 3월 5일 잡보 「韓參政愛國出義」.
115) 『大韓每日申報』 1907년 3월 1일 잡보 「婦人義助」.
116) 『大韓每日申報』 1907년 4월 6일 잡보 「車夫出義」: 국사편찬위원회, 1972, 『고종시대사』 6, 602~603쪽.
117) 『황성신문』 1907년 3월 2일 잡보 「國債報償佈告文」 : 대한자강회, 『대한자강회월보』 9, 62~63쪽.

국채보상운동이 전국적으로 전개되는 가운데 陰竹郡 南面 백정 趙今成·白敬발·文有文은 각각 50전과 咸敬션·咸경五는 각 40전의 성금을 회사하였다.118) 심지어 죄수들도 의연금 모금에 동참하는 상황이었다. 충주경무서 죄수 등은 짚신을 삼아 매각한 대금을, 해주군감옥 죄수들은 가죽신을 만들어 판돈을 각각 의연하였다.119) 마을·시장이나 자강운동 단체의 지회와 부인회 등을 단위로 국채보상발기회가 조직되었다. 특히 여성단체는 활발한 모금운동을 전개하는 등 시대변화에 부응한 새로운 여성상을 각인시켰다.120)

池錫永·石鎭衡·尹孝定 등은 강연회를 통하여 국채보상운동을 지원하였다. 지석영은 「吸煙의 害」, 朴治勳은 「斷烟의 利害」라는 주제로 담배가 건강에 백해무익함을 널리 알렸다.121) 심지어 해외 교포들이 대거 참여하는 등 커다란 반향을 불러 일으켰다. 이러한 과정을 통하여 민중의식은 성장을 거듭할 수 있었다.

2. 교육열 고조

국채보상운동은 주도세력에 대한 이간책과 방해 책동 등 일제의 탄압으로 뚜렷한 성과를 거두지 못하고 말았다. 하지만 민중은 적

---

118) 『大韓每日申報』 1907년 7월 21일 「國債報償義捐金」.
119) 『大韓每日申報』 1907년 4월 14일 잡보 『罪囚義捐』, 4월 19일 잡보 「海囚義捐」.
120) 朴容玉, 1984, 「國債報償을 위한 女性團體의 組織과 活動」 『韓國近代女性運動史研究』, 한국정신문화연구원.
121) 『大韓每日申報』 1907년 4월 4일 잡보 「池氏演說」 : 국사편찬위원회, 1972, 『고종시대사』 6, 602쪽.

극 동참하는 등 시대적인 당면과제 해결에 주저하지 않았다. 시세
변화에 따라 민중은 "아는 것이 힘"이라는 사실을 자각하였다. 또
한 개인 능력의 배양을 통한 독립국가 건설은 자립경제를 유지할
때에만 가능한 사실을 점차 인식하기에 이르렀다. 이는 교육열 고
조와 더불어 근대교육운동을 활성화시키는 배경이었다. 교육열은
사회적인 분위기 속에서 고조되어 나갔다.

> … 처처에 녀즈학교가 니러나며 면면에 로동쟈학교가 니러나서 쟝
> 쟝츈일에 규즁에서 조국력스를 열람하며 깁고깁흔 가을밤에 등하에
> 서 세계대세롤 담론하니 슉향젼 소대성젼을 샹등학문으로 알던 구시
> 디롤 싱각하면 과연 얼마나 굉쟝하고 쾌활하다할가 쏘 뎌 로동계의
> 쇼식은 더욱 격졀탄복할만흔 일이 심히 만타하니 혹 피쌈을 흘니고
> 엇은 삭젼을 흔푼두푼 슈합하야 야학교를 셜립하며 혹 츄슈하야 엇은
> 곡식을 혼되두되 슈합하야 야학교를 셜립하야 낫에는 로동하고 밤에
> 는 야학하기로 결심하니 뎌 조반셕쥭하고 긔식이 만면흔 쟈의 셜립흔
> 학교로 엇지 늅과굿치 굉대하고 화려하리오마는 만일 그 학과를 비홀
> 째에는 열심이 외면에 나타나고 지셩이 간쟝에 밋쳐 격렬분발하며 고
> 셩랑독하는 모양이 즁악산즁에 김유신이 국가를 위하야 긔도함과 굿
> 하며 샴쵸디샹에 림경업이 무예롤 련습함과 굿하야 더운볏 논뚝에 피
> 쌈을 흘닌 후에 홈의와 낫을 노코 야학에 가셔도 피곤하고 슬혀하는
> 긔식이 젼혀 업다고 각쳐향곡의 찬양하는 말이 날노 들리는도다 이에
> 더하야 누가 찬미하지 아니하며 공경하지 아니하리오 이것은 국민젼
> 도의 복음이니라.[122)

집안에 갇혀 세상사에 전혀 관심도 없이 오직 복종만을 미덕으
로 알던 부녀자들이 이전과 달리 밤마다 면학에 힘쓴다. 노동자(농
업노동자도 포함 : 필자주)도 면마다 노동야학을 설립하여 자신이
나 자제들의 교육에 노력을 기울이고 있다. 이러한 노동자나 부녀

---

122) 『대한매일신보』 1908년 12월 29일 논설 「녀즈와 로동샤회의 지식을
　　보급케홀 도리」 ; 『大韓每日申報』 1908년 12월 26일 논설 「女子及勞
　　働社會의 知識普及홀 道－第二節; 今日韓國의 風潮－」.

자 등의 맹렬한 교육열은 한국의 장래를 밝게 하는 "새로운 희망"
이라고 격찬하였다. 이들은 품삯 중 한 두푼이나 추수한 곡식 한
두되를 수합하여 야학교를 설립하는데 앞장 섰다. 주경야독이나
이들은 전혀 피로한 기색조차 없이 학문에 정진을 거듭하고 있다.
이리하여 각처에 노동야학과 부녀야학(여학교 포함 : 필자주) 등이
설립됨으로써 근대교육운동은 새로운 전환기를 맞았다.

　각처의 노동자들은 재정난에 직면한 사립학교에 대해 자신들의
품삯마저 기부하였다.123) 강원도 춘천의 북내·서장 2면 초군들은
짚신 판매대금을 학교 보조금으로 義捐하는 데 주저하지 않았
다.124) 三和港의 부두노동자들은 禁酒斷煙運動으로 모금한 금액
을 부근 학교에 보조하는 한편 강연회를 개최하였다. 이를 통하여
노동자들 스스로가 새로운 시대상황에 부응하여 나갔다.125) 서울
西署 玄石里 노동자들은 관내 학교를 지원할 勞動贊學會를 조직
하였다. 이들은 임금 중 일부를 매월 징수하는 등 근대교육 시행에
적극적이었다.126) 開城 光明學校는 목수·미장이 등 노동자 200여
명이 임금 중 일부를 공제하여 학교 경비로 충당하였다.127) 운산군
복진금광 노동자들은 금주단연회를 조직한 후 기금을 모아 사립학
교와 여학교를 각각 설립하였다. 또 신문잡지종람소를 설치하는

---

123) 『황성신문』 1906년 12월 1일 잡보 「勞働有志諸氏」, 1908년 6월 20일
　　 잡보 「役夫村優助」와 6월 21일 잡보 「熱心哉斯人」.
124) 『대한매일신부』 1908년 11월 3일 잡보 「초군의 열심」 ; 『人韓每日申
　　 報』 1908년 11월 3일 잡보 「緬腰補校」.
125) 『大韓每日申報』 1907년 10월 13일 잡보 「捐助繼續」와 10월 17일 「尤
　　 極嘉尚」.
126) 『大韓每日申報』 1908년 9월 17일 잡보 「勞働者의 有志」 ; 『대한매일
　　 신보』 1908년 9월 17일 잡보 「유지로동쟈」, 9월 25일 잡보 「로동졔씨
　　 의 의무」.
127) 기호흥학회, 「學界彙聞 ; 光明復明」 『기호흥학회월보』 12, 45쪽.

등 시세 변화에 부응하고 있었다.[128] 노동자들 스스로가 직접 자금을 모집하여 학교·야학·강습소 등을 설립하는 경우도 적지 않았다. 이처럼 민중 교육열은 근대교육운동의 분위기를 주도하는 등 대단한 기세였다.[129]

심지어 백정들은 자신의 자제 교육을 위한 학교를 설립하였다. 1909년 서울 四賢洞에 설립된 崇正學校가 대표적이다.

　　吾人의 人權은 決코 職業의 卑賤으로 區分이 無흠은 人道上 當然이언마는 文明흔 今日에도 或 地方에서 屠牛業者라면 全然 別波社會로 子弟의 敎育上에ᄭ지 困難을 受ᄒ야 不得已 自家私塾에서 吚唔의 聲을 放흠은 實노 同情을 不堪ᄒᄂ 바어니와 幸히 京城은 萬事가 進步ᄒ야 如此흔 弊害가 無ᄒ나 … 或者 維持의 方法과 同校의 經營者 | 牛肉販賣商인 故로 或 地方과 如흔 別波의 誤解ᄒᄂ 者 | 有흘듯ᄒ나 現今의 狀態로ᄂ 校長以下 職員이 六人이오 生徒가 百四十名인ᄃ 其父兄의 職業이 多大數ᄂ 商業에 從事ᄒᄂ 者 | 多ᄒ나 相當흔 官公吏의 子弟도 有ᄒ다ᄒ며 每月 經費도 固定흔 收入이 百三十圓이 有흔 故로 最初와 如히 生徒에게 對ᄒ야 半孤立的 給與흠은 不得ᄒ나 他校와 如히 月謝金은 不要ᄒ다더라[130]

즉 수육판매상 均興組合은 屠畜稅를 기반으로 이 학교를 설립하였다. 초기에는 교재비·교사 급료 등 운영비 조달조차 어려운 상황이었다. 개성에 거주하는 수육판매상의 의연금은 교육 내실화에 크게 이바지하였다. 특히 사현동의 宋洞·洪泰潤은 유지들의

128) 『대한매일신보』 1910년 2월 1일 론셜 「운산 복진금광에셔 로동ᄒᄂ 동포에게 담빅끈은거슬 치하ᄒ고 연금보닌거슬 감샤흠」 : 『大韓每日申報』 1910년 2월 1일 논설 「雲山 北鎭金鑛 勞働同胞에게, 斷烟의 實行을 祝賀ᄒ고 義金의 捐付를 感謝ᄒᆞᆸ」.
129) 『대한매일신보』 1908년 5월 22~28일 긔셔 「교육이 뎨일 급션무, 긔셩 룡군」.
130) 『매일신보』 1914년 3월 14일 「學校歷訪, 私立崇正學校(四賢洞), 京城 屠牛一頭에 十錢式出 每月 收入 百三十圓으로 維持」.

기부금으로 교사를 신축하는 동시에 근대교육기관 체제로 전환시
켰다. 신분제에 대한 인식 변화와 더불어 관리 자제들도 이 학교에
입학할 정도였다. 결국 고조된 교육열은 강고한 신분제를 약화시
키는 기폭제였다. 곧 교육적인 성과는 실생활에 잔존한 인습을 제
거하는데 크게 이바지하기에 이르렀다.

3. 국문야학과 한글 상용화

교육열의 극대화 방법은 가장 쉬운 동시에 빠른 교육적인 성과
와 관련된 한글 교육으로 귀결되었다. 한글에 대한 관심과 연구는
개화운동기부터 周時經(周相鎬)·池錫永[131]·崔光玉·유길준 등
에 의해 이루어졌다. 민족정신을 고취시키는 한 방편은 이들에게
한글에 대한 연구였다.[132] 또한 한글을 통한 교육적인 효과에도 주
목하였다. 민중은 변화를 잘 적응하기 때문에 이들을 교육시킨다
면, 단시일 내에 교육적인 성과를 거둘 수 있다고 보았다.『대한매
일신보』·『제국신문』·『경향신문』 등의 한글판 신문 간행은 이
러한 취지에서 비롯되었다. 정부도 국문학교 설립을 계획하는 등
한글 대중화에 노력을 기울였다.[133]

특히 근대교육운동의 확산은 한글에 대한 관심을 촉발시키는 계
기였다. 당시 주장은 한글의 우수성을 강조하는 반면 한문의 폐단
을 집중적으로 거론하는 양상이었다.[134] 前主事 尹榮宅은 노동자

---

131) 李光麟, 1993,「松村 池錫永」『開化期의 人物』, 연세대출판부, 190～
199쪽.
132)『황성신문』1899년 11월 9일 논설, 11월 13일 사설.
133)『황성신문』1901년 2월 13일 논설「國文學校設立 瑣聞」.
134)『大韓每日申報』1907년 8월 24일 잡보「有志寄函」, 1908년 3월 1일

를 위한 국문학교 설립을 정부에 건의하였다. 이어 國文速成學校 운영을 위한 구체적인 방안도 제시하는 등 한글 교육에 적극적인 입장이었다.[135] 정부도 1907년 학부에 國語研究所를 설치하는 한 편 한글 보급을 위한 구체적인 방법을 강구하기에 이르렀다.

一. 我國에 通用ᄒᄂᆫ 國文은 雖僻鄕曲巷이라도 一二人의 能解ᄒᄂᆫ 者가 必有ᄒᆯ지니 其人으로 敎師를 別定ᄒ야 男子ᄂᆫ 男敎師로 女 子ᄂᆫ 女敎師로 敎訓ᄒ되 女敎師가 無ᄒ거든 男子中 年老ᄒᆫ 者로 擇定홈.

一. 男女의 老少를 勿論ᄒ고 各其作業ᄒᄂᆫ 餘暇或 夕飯後에 幾時式 就學케홈.

一. 我國風俗에 中等以上의 女子ᄂᆫ 男子에게 受學코자 아니ᄒᆯ지니 下等女子를 先敎ᄒ야 通解ᄒᄂᆫ 境에 至ᄒ면 中等以上의 女子가 必皆自耻ᄒ야 向學ᄒᄂᆫ 心이 發生케홈.

一. 敎習이 實施된 後에 視學員一人을 實ᄒ야 敎課를 視察ᄒ되 家諭 戶說홀 것이아니라 大槪國文의 字句로 行路ᄒᄂᆫ 男女에게 試問 ᄒ야 對應不能ᄒ면 該村里의 敎師와 不學ᄒᆫ에 男女ᄂᆫ 相當ᄒᆫ 罰 金에 처홈.[136]

이 계획안에 따르면, 마을에 있는 한글 해득자를 교사로 삼아 모 든 국민을 대상으로 한 전국적인 시행을 목표로 삼았다. 여자교육 을 담당할 여교사는 남자 중 연로한 사람으로 당분간 대체하는 방 안이었다. 이는 '남녀유별'의 인습을 타파하기 위한 여자교육에 대

논설 「國文硏究에 對ᄒᆫ 管見」, 1908년 5월 15일 논설 「論國民敎育」: 『경향신문』 1907년 5월 10일과 17일 긔셔 「국문론」: 『대한매일신보』 1907년 9월 8일 론셜 「로파의 치하」, 1908년 3월 21~24일 론셜 「국 한문의 경즁」.

135) 『황성신문』 1906년 2월 19일 잡보 「國文學校」.

136) 『황성신문』 1907년 12월 20일 잡보 「先敎國文」: 『大韓每日申報』 1907년 12월 22일 잡보 「農事雜誌」: 『대한매일신보』 1907년 12월 22 일 잡보 「농ᄉ잡지」.

한 배려였다. 특히 많은 사람들의 참여 방안은 농한기나 야간을 이용한 교육으로 귀결되었다. 공부를 게을리하는 당사자는 물론 교사에게도 벌금을 부과하는 등 '강제적인' 교육을 강조하였다. 이러한 의도는 문맹퇴치를 통한 원활한 정책 수행이었다. 아울러 이는 지배층의 한글과 근대교육에 대한 관심도를 보여주는 부분이다.

한편 池錫永·金明秀·李鐘一·兪星濬 등은 國文硏究會를 조직한 후 연구 성과로 잡지 간행을 통해 널리 보급시켰다.[137] 『가뎡잡지』·『녀ㅈ독본』·『교육월보』 등 한글 잡지의 보급 배경은 이러한 노력의 결과물이다.[138] 또한 민중의 지식에 대한 갈망이 그대로 반영된 부분이다. 이러한 분위기는 각지에 국문학교 설립으로 나타났다.[139] 정택용·윤병한·김정식 등은 攻玉學校 내에 국문야학교를 설립하였다. 이들은 설립 취지를 다음과 같이 밝혔다.

　… 만일 이 사롬들노 일직이 보통학문이 잇셧더면 엇지 각국사롬 아래에 쳐ㅎ리오 전일에 그릇된거시 오놀날 거울이라 지금도 늣지아니ㅎ니 ㅈ긔의 무식홈으로 놈의 하슈된거슬 통분히 넉이고 셩애에 골몰ㅎ야 여가가 업다 위인이 용우ㅎ야 지됴가 업다 쳥탁ㅎ지 말고 낫에는 로동ㅎ야 부모쳐ㅈ를 공궤ㅎ나 밤에 혼두시간을 뎡ㅎ야 보통학문으로 공부ㅎ면 불과 일이년간에 사롬마다 능히 시무의 필요를 살피고 뎌세에 긔관을 보리니 무어시 어렵고 무어시 두려워셔 비호지 아니ㅎ리오 혹이 말호되 한문은 뜻이 오묘ㅎ야 학문샹에 유조ㅎ되 국문은 뜻이 쳔루ㅎ야 공부샹에 부죡ㅎ다ㅎ나 우리는 독히 그러치 안타ㅎ

137) 『황성신문』 1907년 1월 12일 잡보 「國文硏究會趣旨書」.
138) 『황성신문』 1908년 2월 25일 논설 「平安北道人士의 進步」 : 『大韓每日申報』 1908년 8월 11일 기서 「女子敎育論, 女士 張敬主」, 9월 7일 논설 「老嫗解」 : 『대한매일신보』 1908년 8월 12일 긔서 「녀ㅈ교육, 쟝경쥬」, 9월 8일 론셜 「로파의 치하」.
139) 『황성신문』 1908년 3월 18일 기서 「國文夜學校」 : 『대한매일신보』 1907년 8월 30일 기서 「삼화항 거ㅎ는 죠영태 김경디 량씨가 본샤에 긔셔가 이긋더라」.

노니
　근일 소위 신학문은 다 한문을 힘쓰던 나라의셔 난거시 아니오 태
셔각국 국문으로 발명호거시니 학문의 발달되는 도리는 문즈의 잇지
안코 깁히 연구호는디 잇다호노라 본인등도 쏘호 시국에 병든쟈로 격
분홈을 이긔지 못호야 국문학교를 셜립호고 과정을 좌에 게지호오니
…140)

　보통학문이 제대로 보급되지 못함으로써 우리는 외세의 압제를
받기에 이르렀다. 이를 극복하는 방안은 우선 1~2년만이라도 한
글 교육을 집중적으로 시행하자는 주장이었다. 한문 중심의 교육
에서 탈피하여 하루 빨리 한글 교육을 시행한다면, 누구라도 시세
변화나 시무를 능히 파악할 수 있다. 나아가 한글에만 국한하지 말
고, 우리의 지리·역사는 물론 산술·일본어 등의 교과목으로 확
대를 강조하였다.

　이를 전후하여 국문야학은 지속적으로 설립되었다. 함남 함흥군
朝陽面의 韓貞鳳은 興仁學校를 설립한 후 자기집에 국문야학교를
세웠다. 이에 주민들 사이 성행하던 雜技가 사라지는 대신 文風이
흥기하였다.141) 始興郡 西面 所下里 주사 이연철은 1907년 음력 3
월부터 국문야학교를 설립한 후 각종 교재를 한글로 번역·교육하
였다. 이에 30여 명이나 호응하는 등 높은 관심도를 보여주었
다.142) 동면 중종리에 사는 안윤서도 1908년 4개 동리에 국문야학
교를 설립하였다.143) 포천군의 의무교육기관인 莘野義塾(靑城第一
學校 등으로 개칭 : 필자주)은 부설로 3개소 국문야학을 설립하는

---

140) 『대한매일신보』 1907년 11월 1일 잡보 「스립국문학교취지서」.
141) 『황성신문』 1908년 2월 19일 잡보 「咸興興仁」.
142) 『대한매일신보』 1908년 1월 9일 잡보 「리씨열심」 : 『大韓每日申報』
　　1908년 1월 11일 잡보 「리氏熱心」.
143) 『대한매일신보』 1908년 2월 28일 잡보 「영등포학교」.

등 노력을 기울였다.[144] 충남 稷山의 元競淵은 국문야학교 설립 취지서를 통해 한글교육의 중요성을 널리 홍보하였다.[145] 국문야학이 성행하는 당시 상황을 『대한매일신보』는 다음과 같이 서술하였다.

> 근릭에 교육의 경황이 증가흠을 쏘라서 국문의 발달을 더욱 지촉ᄒᆞᄂᆞ디 혹 전혀 국문과로만 초동목슈를 ᄀᆞ른치ᄂᆞᆫ 학교도 잇고 혹 쥬야학을 논호와 야학에ᄂᆞᆫ 국문 ᄒᆞᆫ 과정만 강습ᄒᆞᄂᆞᆫ 학교도 잇스며 혹 여러 학과즁에 특별히 국문 ᄒᆞᆫ 과정만 두고 ᄀᆞ른치ᄂᆞᆫ 학교도 잇셔셔 각처에서 오ᄂᆞᆫ 편지와 전셜을 이로 응접홀 겨를이 업스니 본긔쟈ᄂᆞᆫ 이런 잡보를 게지ᄒᆞ기에 ᄌᆞ미가 잇도다 …[146]

근대교육운동 확산으로 한글 연구와 더불어 국문학교도 각처에서 운영되었다. 주로 보통학문을 교육하였으나, 단지 한글만을 전문적으로 교육하는 국문야학도 있었다. 초동목수나 노동자를 대상으로 한 야학은 이러한 범주에 속한다.[147] 당시 언론은 이를 격찬하는 등 국문야학에 대한 지속적인 관심을 보였다.[148] 이리하여 한글로 된 교과서 편찬·보급은 자강운동가에게 시급한 현안으로 부각되었다. 한글은 단순한 문자습득을 위한 수단이 아니라 민족문화나 민족정신의 精髓였기 때문이다.

---

144) 『大韓每日申報』 1908년 1월 22일 잡보 「國文學校蔚興」: 기호흥학회, 「학계휘문, 莘玉兩塾聯合」 『기호흥학회월보』 2, 51쪽.
145) 『황성신문』 1908년 4월 26일 잡보 「國文夜學」.
146) 『대한매일신보』 1908년 1월 29일 론셜 「국문학교의 증가」: 『大韓每日申報』 1908년 1월 26일 논설 「國文學校의 日增」.
147) 『황성신문』 1908년 3월 15일 기서 「遣家僮ᄒᆞ야 入國文夜學校」.
148) 『황성신문』 1908년 3월 10일 잡보 「兼設夜學」: 『大韓每日申報』 1907년 11월 6~9일 기서 「新舊학 利害의 辨論, 肅川 吳尙俊」: 『대한매일신보』 1907년 11월 6~8일 긔서 「오샹준」.

　　국문과 국어는 익국심의 근원이 될뿐아니라 쏘훈 간편ᄒ고 알기가
쉬운쟈ㅣ라. 그런고로 교과셔를 슌국문으로 지어서 녀즈샤회와 로동
샤회의 지식을 열니게홈이 ᄀ쟝 긴요혼 방법이 될지어눌 지금에는 이
런 교과셔가 업스니 가히 흔탄ᄒ올 일이로다 …149)

　부녀자·노동자를 위한 한글 교과서에 의한 교육은 단시일 내에
성과를 거둘 수 있었다. 그런데 지금까지 한글로 된 교과서는 상당
히 부족한 실정이었다. 따라서 교육운동가들은 교육열에 부응한
교과서 발간을 위한 분투를 촉구하고 나섰다.150) 『교육월보』의 취
지서에서도 이러한 인식을 그대로 반영하고 있다.

　　… 대개 국어와 익국심이 셔로 밀졉훈 관계가 잇셔서 나라의 셩픔
을 보젼홈도 국어로써 되고 나라의 혼을 씨게홈도 국어로써 되느니
그 나라에 국민이 된 쟈는 반드시 그 국어를 존슝히 넉이며 그 나라의
말은 통일ᄒ기를 위ᄒ는 바인디 국문이라 ᄒ는 쟈는 곳 그 국어와 일
치되는 문즈인고로 국어의 발달됨은 쏘훈 그 나라의 문화와 홈끠 진
취가 되는거시어눌 …151)

　국어는 애국심과 밀접한 관계가 있기 때문에 민족정신·민족의
식을 보전하는 기반이다.152) 민족성 보전은 국어교육을 통해 가능

---

149) 『대한매일신보』 1908년 12월 30일 논설 「녀즈와 로동샤회의 지식을
　　보급게홀 도리 - 데ᄉ절; 교과셔는 국문으로 지음이 가홈 - 」: 『大韓
　　每日申報』 1908년 12월 27일 논설 「女子及勞働社會의 知識普及홀
　　道 - 第四節; 敎科書를 國字로 撰出홈이 可홈 - 」.
150) 대한자강회, 「尹孝定氏가 女子敎育에 必要란 問題로 演說ᄒ되」 『대
　　한자강회월보』 1, 44~46쪽 : 『대한매일신보』 1907년 10월 20일 시ᄉ
　　평론 「여보시오」.
151) 『대한매일신보』 1908년 1월 29일 론셜 「국문학교의 증가」 : 『大韓每
　　日申報』 1908년 1월 26일 논설 「國文學校의 日增」.
152) 『大韓每日申報』 1908년 8월 12일 논설 「國粹保全說」 : 『대한매일신
　　보』 1908년 8월 12일 론셜 「나라ᄉ 정신을 보전ᄒ는말」.

할 뿐만 아니라 국어 발전은 각 나라 발전과 불가분의 관계에 있다. 그런 만큼 국문학교(국문야학교도 포함 : 필자주) 설립은 가장 급선무로서 부각되었다.[153] 이와 더불어 농민들 스스로에 의한 농부학교나 노동학교 설립도 촉구하고 나섰다.

> 오늘날 시디는 경징ㅎ는 시디이며 넉넉훈 쟈는 이긔요 용렬훈 쟈는 망ㅎ는 시디라 지식이 업고는 비록 천만석의 쌀이 잇셔도 나의 물건이 아니면 빅쳔석직이 던답이 잇셔도 나의 짜이 아니오 다른 사룸의게 짜치의 집에 솔기가 거ㅎ는거슬 면치 못ㅎ리니 슯흐다 농스로 위업ㅎ는 동포여 비록 봄에 갈고 녀름에 기음미는디 안비롤 막기라ㅎ나 불가불 겨를이 업는중에 겨를을 톼셔 지식을 단련홀지어다 지식이 업스면 나와 놈을 물론ㅎ고 모다 슈화에 화를 면치 못홀지니 스십오십에 째는 비록 느젓스나 북희샹유에 성공홈이 늣지 아니ㅎ니 아모됴록 이 시디의 바룸을 짜라셔 농부학교와 농담회와 로동야학교 등을 셜립ㅎ고 시각을 닷토와 열심으로 전진을 도모ㅎ면 거의 이 시디에 슈화의 참혹훈 화롤 면홀가 ㅎ노라[154]

이러한 상황 전개는 야학 설립·시행 전반에 많은 영향을 미쳤다. 노동자·부녀자 등 이른바 민중교육열 고조는 야학에 대한 관심과 더불어 활성화시키는 배경이었다. 한글로 된 잡지·신문의 간행이나 보급은 이를 야학 교재로 널리 활용할 수 있었다.[155]

특히 민중의 경제적인 몰락에 따른 교육 기회는 사회교육 일환인 야학으로 가능하기에 이르렀다. 야학은 사립학교설립운동과 더불어 전국 각지에 우후죽순처럼 설립되었다. 1907년 이후 신문은

---

153) 『大韓每日申報』 1910년 4월 2일 논설 「先覺君子에게 告하노라」 : 『대한매일신보』 1910년 4월 2일 론설 「몬져 씨닷른 졔군즈에게 고ㅎ노라」.

154) 『대한매일신보』 1908년 8월 29일 론셜 「농스로 영업ㅎ는 동포에게 고홈」 : 『大韓每日申報』 1908년 8월 29일 논설 「告農業同胞」.

155) 『황성신문』 1908년 2월 25일 논설 「平安北道人士의 進步」.

야학 설립을 매일 보도할 정도였다. 이는 당시 민중층 성장과 고조
된 향학열을 반증한다. 나아가 민중문화운동 영역으로 야학운동이
추진될 수 있는 기반은 여기에서 볼 수 있다.

제2부

전개 양상과 실태

제1장

1905년 이전 야학

제1절 야학 대두와 전개

1. 야학 대두와 일본어

갑오개혁 이후 정부 의지와 달리 교육정책은 지속적으로 추진되지 못하였다. 정국 불안과 지배층의 실천력 부족은 이를 가로 막는 커다란 요인이었다. 흥학을 도모하는 방안으로 일부 사립학교는 주·야학을 겸설하거나 부설기관인 야학을 설립하였다.[1] 근대교

---

[1] 우리나라 최초의 농민야학은 1906년 함흥군 주서면 신중리 普成夜學[趙東杰, 1978, 「朝鮮農民社의 農民運動과 農民夜學」『한국사상』16, 한국사상연구회], 노동야학은 1907년 馬山勞動夜學[姜東鎭, 1970, 「日帝支配下의 勞動夜學」『역사학보』46, 역사학회]으로 파악하였다. 근대적인 야학의 최초 형태는 1895년 私立興化學校[李萬珪, 1949, 『朝鮮教育史』下, 을유문화사]라는 주장은 지금까지 일반적으로 통용되어 왔다. 이는 야학에 대한 전반적인 연구가 부진한 가운데 몇몇 사례를 통하여 얻어진 결과이다. 사립흥화학교는 1898년에 설립된 주·야학 겸설이었다. 더욱이 학부의 인가를 받는 등 제도권 교육기관이다. 이를

육을 통한 위기상황 극복은 시급한 과제로 사립학교 운영자들에게
인식되었기 때문이다. 이러한 변화는 근로청소년들에게 보다 폭넓
은 교육 기회를 부여할 수 있었다. 이에 전통교육기관은 물론 근대
교육기관도 晝耕夜讀하는 분위기를 조성하는 등 새로운 전기를 맞
았다.

야학은 부국강병 일환인 시무책으로 시행되기에 이르렀다. '단
순한' 文盲退治 차원이 아닌 敎育立國의 이념과 더불어 야학은 시
작되었다. 당시 상황은 이러한 성격을 잘 반영하고 있다. 1890년대
후반 야학교나 사립학교 부설인 야학(과) 등은 이를 보여준다.

갑오농민전쟁의 진압, 乙未事變, 「斷髮令」 시행 등은 배일감정을
증폭시킨 요인이었다. 이는 국내의 정국 불안과 외세 침략과 맞물
러 초기 義兵戰爭으로 표출되었다. 주지하듯이, 경성학당은 일제의
조선 침략을 위한 전초 기지나 다름없었다. 그런데 야학 설립·운
영자들은 어학이 지닌 '문화적인' 침략성을 제대로 간파하지 못하
였다. 이들의 근대교육 시행·보급에만 치중된 인식은 이후 "국적
있는 교육"이나 '민족교육'에 부정적인 영향을 끼쳤다. 경성학당에
대한 우호적인 입장은 이러한 사실을 분명하게 보여준다.[2]

야학으로 규정하는 데 약간 무리가 따른다. 보성야학은 설립 당시 명칭
을 알 수 없지만, 처음부터 농민야학으로 시작하였는지 의문이다. 마산
노동야학도 처음 '보통야학과'에서 1910년에야 '노동야학'으로 변경되
었다[『대한매일신보』 1910년 5월 31일 학계「로동야학흥왕」;『大韓每
日申報』 1910년 6월 2일 학계보「勞校蔚興」 참조]. 이 야학은 1920년
대 이후 대표적인 노동야학으로 명성을 얻었다[『동아일보』 1921년 7월
16일「朝鮮 最初의 勞働夜學; 마산야학의 십사년 긔념」, 8월 1일「馬
山敎育 狀況」 참조]. 이러한 상황을 고려할 때, '근대적인' 야학은 1890
년대 후반 설립된 細泉夜學校·光興學校 등으로 볼 수 있다. 비록 '학
교'라는 명칭을 사용하였으나, 피교육자 대다수는 노동·상업 등 종사
자로 밤에 교육을 받은 점과 학부로부터 정식인가를 받지 못하였기 때
문이다.

··· 빅셩이 잇서야 나라가 잇스나 교육이 업스면 빅셩이 잇서도 나
라를 일으지 못ᄒ나니 나라이 창셩ᄒᆯ 근본은 교육이요 젼국 교육의
근본은 각 사ᄅᆷ의 교육이라 ᄯᅩ 교육의 목적은 다ᄆᆫ 내나라 일ᄆᆫ 비호
쟈ᄂᆫ 곳이 아니라 타국 ᄉᆞ졍과 교졔샹 도리를 비호ᄂᆫ 것이 요긴ᄒ고
대한에 지금 교육을 밧ᄂᆫ 사ᄅᆷ이 슈효ᄂᆫ 젹으나 이 슈효가 만하질쇼
록 대한 부강ᄒᆯ 방칙이 날줄 아노라 ···3)

교육은 國家興亡의 근본이요, 교육의 요체는 인간교육이다. 특
히 교육은 자국 사정만을 이해하기 위함이 아니라 세계정세를 올
바르게 파악하는 데 있다. 교육이 널리 시행된다면, 조선은 곧바로
부국강병을 달성할 수 있다는 낙관적인 논리였다. 그런 만큼 교육
의 내실화보다 교육기관의 양적인 확대는 급선무로서 부각되었다.
京城學堂 운영자들은 이에 편승하는 등 일어보급에 많은 노력을
기울였다.4) 일본어를 교과목으로 채택한 대다수 사립학교 운영자
들도 이러한 인식에서 크게 벗어나지 않았다.

한편 伊藤博文은 경성학당에서 학생과 학부형을 대상으로 근대
교육의 중요성을 연설하였다. 그는 국제적인 교류를 위한 어학의
중요성과 시급함을 강조하기에 이르렀다. 어학은 바로 일본어임은
말할 필요도 없다. 물론 경성학당의 모든 학생들이 이러한 의도에
편승하지 않았다.

··· 경성학당에 잇는 학도들이 학당에 들어올 ᄯᅢ에ᄂᆫ 목적이 잇셔
셔 온거슨즉 그 목적들은 혹 일본말을 비화 가지고 일본 사ᄅᆷ들과 쟝
ᄉᆞ를 ᄒᆞ야 죠션에 상무가 셩왕케ᄒᆞ랴ᄂᆫ 사ᄅᆷ도 잇슬거시요 혹 일본말
을 알아 가지고 기외 각국 ᄉᆞ졍을 비화 죠션에 큰 학ᄉᆞ가 되ᄅᆞᄂᆫ 사ᄅᆷ

---

2) 『황성신문』 1899년 6월 16일 잡보 「卒業禮式」, 8월 28일 광고 「特別廣
示」.
3) 『독립신문』 1898년 8월 30일 「이등 후작 연설」.
4) 『황성신문』 1899년 6월 10일 잡보 「學堂擴張」.

도 잇슬거시요 또 혹 일본말을 알아 일본 스졍을 아는 고로 혹 죠션과
일본이 싸홈이 되거드면 일본 스졍을 아는 ᄭᆞᆰ에 일본 사롬과 싸홈
을 잘ᄒᆞ야 일본을 쳐부슬 획칙을 싱각ᄒᆞ랴고 온 사롬도 잇슬지라 목
젹은 무어시든지 목젹이 잇는 사롬은 죠션 나라를 스랑ᄒᆞ는 사롬들이
라 …5)

　　주한일본공사는 조선 학도들이 일본어를 배우는 목적이 '단순한'
일본어 습득에 그치지 않음을 지적하였다. 이는 증폭된 반일감정을
완화하려는 미사여구에 불과한 술책으로 볼 수 있다. 반면 외국의
학술이나 국제관계를 이해하는 한 방편으로 일어를 배우는 학도들
이 존재함을 의미한다. 일제의 의도와 달리 학생들 중 일부는 일본
의 실상을 이해하는 지름길로 일본어를 습득하였다. 경성학당의
'구렁이사건'은 일제의 침략에 대한 저항심의 발로로 볼 수 있다.6)

2. 전개 양상

　　야학교로 시작한 光成學校는 주학으로 전환을 검토하였다. 학생
은 물론 학부모의 거센 반발로 계획은 무산되고 말았다.7) 이에 교
장 朴箕陽, 교감 徐相勉, 교사 申海泳 등은 학교 발전을 위한 찬성
원으로 유지 25명을 임명하였다. 이들의 후원으로 광성학교는 남
대문 尙洞으로 교사를 이전·확장할 수 있었다.8) 細泉夜學校는
漢陽學校로 개명한 이후 주·야학을 겸설하였다.9) 安泳中·金明

---

5)『독립신문』1897년 4월 15일 논설.
6)『독립신문』1899년 6월 3일 잡보「구렁이겁질」.
7)『황성신문』1899년 5월 3일 잡보「學校擴張」, 8월 22일 잡보「務就夜
　　學」.
8)『독립신문』1899년 8월 23일 잡보「야학승쥬」.
9)『황성신문』1899년 4월 22일 잡보「又一學校」, 8월 29일~9월 21일 광고.

集은 명예로 가르쳤으며, 교과목은 일어·산술 등이었다. 설립자
는 학교를 이전·확장하는 동시에 학부 승인을 청원하였다.[10) 또
한양학교로 개칭과 아울러 劉文相·朴正善·金東圭·朴基駿·
柳永攢 등 교사를 대거 충원하는 등 교육 내실화를 꾀하였다. 당시
주학의 학생수는 12명인 반면 야학은 무려 64명에 달하였다.[11)

홍화학교 역시 주학보다 야학생이 많았다. 속성과정의 量地科는
90여 명에 달하는 등 야학과에 대한 관심은 대단히 높았다.[12) 특히
졸업자에 대한 측량기사로서 발탁 계획은 청소년들에게 많은 반향
을 불러 일으켰다. 齋洞小學校 인근 유지들도 야학교를 설립하는
등 근대교육 보급에 노력을 기울였다.[13) 金益昇 집에 설립한 培英
義塾도 야학으로 운영되었다. 교사진은 尹邦鉉·坂本長隆 등으로,
교과목은 경학·일어·산술·물리학·화학·정치학·법률학·
지지(본국과 만국)·역사(본국과 만국) 등이었다.[14) 입학자격은 15
세 이상으로 제한하는 등 '중등교육기관'이었다. 재동소학교 부근
유지들은 소학교 부설로 야학교를 설립하였다.[15) 운영자들은 하기
방학을 실시하는 등 학생들에 대한 편의를 제공하는 한편 향학열

---

10) 『독립신문』 1899년 11월 8일 잡보 「학국 청원」 ; 『황성신문』 1899년 8
월 29일~9월 21일 광고.
11) 『황성신문』 1899년 4월 22일 잡보 「又一學校」, 8월 29일과 9월 9일~
15 광고 ; 『독립신문』 1899년 11월 8일 잡보 「학국청원」.
12) 『매일신문』 1898년 12월 15일 잡보 ; 『제국신문』 1898년 12월 27일 잡
보 ; 『황성신문』 1898년 12월 15일 잡보 「試才施賞」과 27일 잡보 「學
業自旺」, 1899년 1월 7일 잡보 「學校寄書」, 11월 28일 잡보 「興化學校
의 試驗」 ; 『독립신문』 1899년 10월 11일 잡보 「홍화학교시상」 ; 金炯
睦, 1998, 「私立興化學校(1898~1911)의 近代教育史上 位置」『백산학
보』 50, 백산학회, 302~303쪽과 313~314쪽.
13) 『황성신문』 1899년 8월 26일 잡보 「夜學續開」.
14) 『독립신문』 1899년 5월 4일~20일 광고.
15) 『황성신문』 1899년 8월 26일 잡보 「夜學續開」.

을 고쳐시켰다. 朴禮秉 등이 설립한 光興學校도 법률과와 특별과
를 야학으로 실시하였다. 특별과 교과목은 일어·부기·산술로 일
시에 30여 명이나 호응하는 성황을 이루었다. 교사진은 南舜熙·
申海泳·魚瑢善·金鎔濟 등이었다.16) 광흥학교는 야학교로 시작
한 이래 점차 교세가 확장되어 주학으로 전환되었다. 독립신문은
당시 상황을 다음과 같이 서술하였다.

> 식문밧 유동 광흥학교에서 쥬학(晝學)도 근실히 ᄒ고 근일에 쏘 야
> 학(夜學)을 교휵ᄒ기로 시작ᄒ엿ᄂ디 제일회에 입학ᄒ 학원이 三十여
> 인이라ᄒ니 우리ᄂ 교휵샹 흥왕함을 위ᄒ야 치하ᄒ노라17)

광흥학교 부설로 야학을 설립하자, 입학지원자는 30여 명에 달
하였다. 이는 우리의 교육 전도에 희망임을 밝혔다. 즉 야학에 대
한 관심은 근대교육 보급에 크게 이바지한다는 논리였다. 그러나
만성적인 재정난은 야학을 통한 지속적인 근대교육 시행을 위협하
는 요인이었다. 학교 설립자와 평의원은 학부에 공립학교로 인가
를 청원하였다.18) 한편 월말시험을 실시하는 등 학습 효과의 극대
화가 모색되었다. 성적 우수자에 대한 시상은 이러한 의도에서 비
롯되었다.19)

洪鐘復 등이 설립한 私立時務學校는 실무교육에 중점을 두었다.
교사는 姜興秀·魚允迪·尹邦鉉·金鎔濟 등으로, 교과목은 각부

---

16) 『황성신문』 1899년 7월 13일 잡보 「兩校試驗」, 10월 20~28일 광고 「學
員募集廣告」 ; 『독립신문』 1899년 6월 3일 잡보 「학교슈리」, 11월 4일
잡보 「학교흥왕」, 12월 4일 잡보 「우등시상」.
17) 『독립신문』 1899년 11월 4일 잡보 「학교 흥왕」.
18) 『독립신문』 1899년 11월 18일 잡보 「학교ᄉ건」 ; 『황성신문』 1899년
11월 15일 잡보 「私變爲公」.
19) 『독립신문』 1899년 12월 4일 잡보 「우등 시샹」.

현행장정・각국통상조약・공법・법률・산술 등이었다.[20] 수업은 하오 8시부터 10시까지 2시간씩 진행하였다. 이 학교는 관리 양성을 목적으로 설립된 야학교였다. 그린 만큼 교과목 편성에도 이러한 취지를 그대로 반영하였다. 교세의 확장과 함께 야학교는 주학으로 전환되었다. 이어 부설로 일어야학을 설립한 후 일본인 峯尾흡三郞을 명예교사로 고빙・운영하였다.[21]

西門 외 蛤洞 유지들이 세운 照岸義塾은 주・야학 겸설이었다. 교사는 박서양으로, 교과목은 일어・산술・역사・지지・작문 등이었다.[22] 東署 유지들도 1898년 겨울에 家塾을 설립한 후 야학으로 영어・일어・산술 등을 가르쳤다. 주민들의 호응으로 가숙이 점차 번창하자, 교장 李載克을 추천하는 한편 道東學校로 개칭하였다.[23]

대구에 거주하는 崔處圭는 주・야학 겸설로 흥화학교 지교를 설립한 후 부교장에 취임하였다. 그는 교사로 尹台炳을 초빙하여, 영어・산술・지지・역사 등을 교과목으로 가르쳤다.[24] 재학생은 40여 명에 달하는 등 대구지역을 대표하는 근대학교로 발전을 거듭하였다. 학부는 152원을 지원하는 등 이들의 향학열을 고취시켰다. 이는 근대학문을 가르친 현재까지 밝혀진 영남지방의 최초 사립학교이자 야학으로서 의미를 지닌다.

---

20) 『황성신문』 1899년 1월 20일 광고, 6월 24일 잡보 「夜變晝學」, 6월 29일 잡보 「放學期限」, 7월 13일 잡보 「兩校試驗」, 12월 28일 광고 : 『독립신문』 1899년 6월 3일 잡보 「찬성금 스건」.
21) 『황성신문』 1899년 8월 28일 잡보 「時務學校」, 12월 19일 잡보 「時務校의 擴張」.
22) 『황성신문』 1899년 12월 1일 잡보 「照岸義塾」 : 『독립신문』 1899년 12월 1일 잡보 「죠안의슉」.
23) 『황성신문』 1899년 5월 26일 잡보 「校名道東」.
24) 『황성신문』 1899년 12월 14일 잡보 「大邱學校」.

京城學堂 교사인 高義駿은 자신이 근무하는 학교 내에 6개월 속성과정의 일어야학을 설립하였다.[25] 어학에 대한 관심 고조와 더불어 높은 호응이 있었다. 일부 관리는 재동관립소학교 내에 일어야학을 세웠다. 이들은 현실적인 필요성에 따라 일어야학을 설립·운영하였다. 수업은 매일 밤마다 3시간씩 진행될 정도였다.[26] 또 漢語學校 교사인 김완규도 水河洞小學校 내에 속성인 한어야학을 설립한 후 교사로서 활약하였다.[27] 어학을 위주로 한 야학의 학생수는 알 수 없다. '근대적인' 야학은 민중에게 근대교육에 대한 관심 촉발과 더불어 폭넓은 교육 기회를 제공할 수 있었다. 교육 수혜는 지배층의 전유물이 아니라 개인 의지에 따라 가능한 문제로 변화되었다.

야학교나 야학(과)는 근대교육 보급이라는 측면에서 중요한 의미를 지닌다.[28] 곧 근대교육 시행을 위한 현실적인 대안의 하나는 바로 야학이었다. 따라서 야학은 우리의 근대교육사상 주요한 위치를 차지한다. 다만 일어가 주요한 교과목으로 편성된 사실은 일제의 침략과 관련하여 문제점으로 지적되지 않을 수 없다. 이러한 문제는 당시 사립학교도 예외일 수 없다.[29] 물론 근대문물 수용 등 외국어의 순기능조차 부정하는 입장은 아니다.

---

25)『독립신문』1899년 4월 5일 잡보「학도모집」.
26)『독립신문』1899년 5월 29일 잡보「일어 야학」.
27)『독립신문』1899년 5월 22일 잡보「한어야학」.
28) 김형목, 1998,「사립흥화학교(1898~1911)의 근대교육사상 위치」, 296~297쪽.
29)『독립신문』1899년 1월 24일 잡보「진본 의견」:『황성신문』1899년 8월 8일 잡보「洛淵義塾」.

제2절 야학 현황과 운영주체

1. 설립 현황

근대교육운동을 포함한 야학운동은 복잡다단한 성격을 지닌다. 그런 만큼 교육운동 전반에 대한 일률적인 규정은 다양성을 오히려 획일화시킬 수 있다. 즉 교육 내용과 이념, 설립자·교사·후원자 등의 행적, 나아가 졸업생들의 활동 등을 종합적으로 파악해야 한다. 당시 설립된 야학교·야학 현황은 <표 Ⅱ-1>과 같다.

표에 나타난 바처럼, 1899년을 기점으로 야학과나 야학은 발생과 동시에 점차 성행하였다. 물론 실제로는 이보다 더 많은 야학이 있었다고 생각된다. 인천 영어야학과 대구 흥화학교 지교에서 야학을 운영한 사실은 이를 반증한다. 다만 이러한 사실이 제대로 보도되지 않았기 때문에 구체적인 전모는 알 수 없다.

이러한 상황과 관련하여, 朴殷植은 민중교육론으로 야학·야학과를 권장하였다. 그런데 1905년까지 야학은 전반적으로 부진한 형편이었다. 다만 사립학교의 야학과나 외국어 교수를 위한 속성과정인 야학이 일부 운영되는 정도였다.

근대교육기관으로서 야학에 대한 인식은 아직까지 사회 전반에 확산되지 못하였다. 이는 근대교육의 전반적인 부진과 궤를 같이한다. 선교사들조차도 야학보다 사립학교·주일학교·매일학교 등을 통한 선교사업 일환으로 근대교육을 실시하는 실정이었다.

〈표 II-1〉 1905년 이전 야학 현황[30]

명 칭	설 립 자	교 사	학생수	출 전
興化學校; 서울	閔泳煥·金信榮·韓宇	林炳龜·鄭喬·南舜熙	주; 60 야; 90	황1898.10.25,12.27,1899.7.14, 11.28,12.22,1900.5.31 민1896.10.26; 독1899.10.11
영어학교; 인천	박문협회	이학준·姜準; 명예교사		독1898.6.24,7.4,7.25 협1898.6.9,7.2,7.22;1903.9.8
興化學校支校; 대구	崔處圭	최처규(부교장)· 尹台炳	주야; 40	황1899.9.21,12.14 제1901.5.10
牛山學校支校; 서울	朴齊純	이익진·양재건	10	독1899.4.18 황1899.4.18,12.4,12.19,1900.3. 6,5.21,10.8,11.2;시1899.4.23
培英義塾; 서울	金益昇과 마을유지	尹邦鉉·坂本長隆		독1899.5.5 제1899.5.3
細泉夜學校(일어 야학과); 서울	崔鏞(漢學學校 교주)	최진(교장)·安泳中·金明集·金東奎	주; 12 야; 64	황1899.4.22,5.27,8.29,9.9,11.1 5,1900.2.13,1901.3.11 독1899.11.8; 제1902.11.6
齋洞小學校附設 夜學校; 서울	최문현과 재동소학교 인근 유지	金文鉉·야변전		황1899.8.26 시1899.4.17,5.15 제1899.4.20,5.17
道東學校(海東新 塾); 서울	東署 유지	李載克(교장)		황1899.5.26,1900.6.10
일어야학과; 서울	洪鍾復(時務 學校 교주)	閔泳綺(교장)·成崎運(교감)·峯尾晉三郎·尹邦鉉·金鎔濟·金聲鎭		황1899.1.20,5.31,6.24,6.27,7.1 3,8.29,12.19,12.26; 독1899.3.2, 3.14,3.31,6.3,9.5,9.13; 시1899. 2.3,2.24,3.4,3.8,3.18,7.14,12.19 제1899.1.30,2.28
光成學校(光成商 業學校); 서울	朴箕陽등	申海泳		황1899.5.3,8.22,1900.2.5 독1899.7.25,8.23
光興學校 야학과; 서울	朴禮秉	박예병(교장)·魚瑢善(교감)·南舜熙·金鎔濟·申海泳·金鎔濟	30	황1898.8.9,1899.6.3,7.13,8.28, 10.23 독1899.6.3,11.4,11.18,12.4;시1 899.7.14
日語夜學; 경성학당내; 서울	高義駿	高義駿	일어	독1899.4.5
漢語夜學; 수하 동소학교내; 서울	김완규	김완규	중국어	독1899.5.22
일어야학; 재동관 립소학교내; 서울	官人	官人	일어	독1899.5.29

30) <표 II-1>의 독은『독립신문』, 황은『황성신문』, 시는『시사총보』, 제
는『제국신문』, 민는『민일신문』, 협은『협성회회보』등을 의미한다.

照岸義塾; 서울		박서양	주야학	독1899.12.1; 황1899.12.1
철도학교; 서울	朴箕陽(교주)·김재두·조명하·박제승(찬성원)	박기양(교장)·鄭肯朝(교감)		황1900.5.11.5.14,7.7,10.19,11.28,12.29
修齊學校(博文小學校,博文學校); 인천	전학준·김교원·상민제씨	姜準(교감)·李學仁·姜信穆·김교원	주야60	황1900.9.15,10.6,1902,4.25,1903.9.8,1905.1.22,1908.6.24 제1900.10.6
濟寧學校 영어야학과; 인천	紳商會社	徐相彬	영어;야학	황1904.8.9,1907.3.5,3.14
법률전문야학과; 서울	한성법학교	현채(교장)·나수연(교감)·태명식·장도·신해영·유치형·유문환·이면우·석진형	법률일반	황1905.1.16,1.17,1.26,1.27,2.14,2.27
道東夜塾; 서울	金元會·장태진·申鳳休·姜汝敏·韓廷敎	좌동		황1905.1.28
永成夜學校; 서울 중교의숙 내	南基昌·朴秉基·李仁用·兪致嵩	좌동	30	황1905.9.2
일어속성회; 경성학당내	경성학당	경성학당 교사	일어	황1905.11.9

*괄호 안은 변경된 교명임.

표에 나타난 특징은 다음과 같이 정리할 수 있다. 첫째로 지역적으로 서울에 편중되어 있다. 인천과 대구를 제외한 모든 야학은 서울에 설립되었다. 이는 전반적인 근대교육 부진과 밀접한 관련성을 지닌다. 당시 관·공립학교 재학생수는 이를 반증한다.

둘째로 초등교육보다 중등교육에 중점을 두었다. 이에 대하여 명확하게 구분할 수 있는 기준은 없다. 다만 입학자격이나 교과목 편성 등은 이러한 성격을 보여준다. 영어·일어 등에 치중된 어학교육과 법률·측량 등의 전문강좌 편성은 초등교육 과정과 분명하게 다르다.

셋째로 설립·운영주체는 대부분 전·현직관료였다. 이들 대부

분은 독립협회운동과 만민공동회를 주도하거나 참여한 인물들이
었다. 또한 사립학교를 설립하는 등 근대교육도 이들에 의하여 시
행되고 있었다. 곧 야학도 교육입국론에 입각한 시무책 일환으로
시행된 사실을 의미한다.

2. 운영 주체

남순희는 일찍이 慶應義塾에 유학·졸업한 후 귀국하여 홍화학
교·광흥학교와 의학교 등에서 수학·기하학 교사로서 재직하였
다. 그는 교사로서 경험 등을 토대로『精選算學』을 저술하는 등
수학의 보급·대중화에 크게 기여한 인물이다.[31]

고희준은 경성학당 보통과·특별과의 일본어와 통역을 담당하
였다. 이는 당시 일본어 능력이 상당한 수준임을 암시한다. 그는
광무협회를 결성하여 매주 연설회·강연회 등을 개최하였다.[32]
『大韓新報』 발간은 근대화된 일본 문물을 소개하려는 의도에서
비롯되었다.

정교는 수원판관·장연군수 등을 역임하다가 을미사변에 반발
사직하였다. 독립협회 서기·제의 등을 맡은 그는 특히 서구열강
의 이권침탈에 저항하였다. 지배층의 회유에도 전혀 흔들리지 않
고 만민공동회를 개최하는 등 개혁정책에 앞장섰다. 특히 여성교
육을 위한 양규의숙 설립은 그의 근대적인 여성관의 일면을 보여
준다. 또한『大同歷史』·『大韓季年史』등 저술은 치열한 그의 역

---

31) 김형목, 1998,「사립홍화학교(1898～1911) 近代敎育史上 位置」, 317쪽.
32) 한용진, 2005,「개화기 일본 민간단체 설립 학교 고찰」『동양학』38, 단
   국대 동양학연구소, 211쪽.

사의식을 반영하고 있다.[33]

임병구(이후 임병환으로 개명)는 미국·일본·영국 등에서 유학한 당대 근대교육을 가장 많이 받은 인물이다. 흥화학교 교사와 학감 등으로 재직하는 한편 독립협회와 중앙교육협회 등 문화계몽운동에 투신하였다.[34]

이중화는 家塾을 거쳐 흥화학교에 입학·졸업한 후 모교 교사로서 재직하였다. 그는 한글 교육을 통하여 학생들에게 민족적인 자긍심 고취와 아울러 향학열을 고조시켰다.[35] 이는 『조선어사전』 편찬집행위원과 조선어표준말사정위원 등을 역임하는 계기였다.

신해영은 갑오개혁을 전후하여 경응의숙에서 4년간 경제학을 전공한 인물이다. 그는 朴泳孝·徐載弼 등을 대신으로 천거하는 사건에 연루되어 옥고를 치루었다.[36] 보성전문학교 초대교장으로 재직하는 등 교육계몽운동에 앞장섰다. 서북학회를 비롯한 각종 계몽단체 가입·활동은 이를 실천하려는 입장에서 비롯되었다. 그는 1907년 이후 재일한국인유학생 감독으로 파견되어 어학교인 光武學校를 운영하는 등 한국인 지위향상에 노력하였다.

윤시병은 일진회 중심인물인 崔永年·尹敬重 등과 더불어 일찍부터 李容九와 두터운 교분을 맺고 있었다. 1908년 3월 노동자 권익과 계몽을 내세운 勞動夜學會는 이들에 의하여 조직되었다. 각지 지부·지회 설립과 더불어 노동야학을 통한 문맹퇴치에 노력하

---

33) 박용옥, 1984, 『韓國近代女性運動史研究』, 한국정신문화연구원, 41·57·80쪽.

34) 『매일신문』 1898년 12월 23·24일 논설 「사립흥화학교 교ᄉᆞ 림병구씨긔셔」.

35) 『독립신문』 1899년 10월 11일 잡보 「흥화학교 시샹」;『大韓每日申報』 1906년 3월 28일 잡보 「興校擴張」.

36) 신용하, 1982, 『박은식의 사회사상연구』, 서울대출판부, 100·105·430·433·469·523·553쪽.

였다. 이러한 외형적인 활동과 달리 궁극적인 목적은 노동력 착취
에 있었다.37)

이재극은 동몽교관・가주서・규장원교서・비서원승 등을 역임
한 인물이다. 이어 관찰사・법무대신서리・평리원재판장 등 요직
도 두루 섭렵하였다. 그는 일본시찰단을 이끌고 일본을 방문하는
등 친일적인 행위로 지탄을 받았다.38)

박제순은 1883년 별시 문과에 급제한 이래 통리교섭통상사무아
문주사・홍문관부교리・동부승지 등을 두루 역임하였다. 충청도
관찰사 재직시는 갑오농민전쟁을 진압하는 데 앞장섰다. 외부대신
재직시에는 조청통상조약・조비수호통상조약・조백수호통상조약
등을 체결하는 등 통상 확대에 노력하였다.39) 그는 을사5적으로 지
탄의 대상이 되었다.

인천해관 강준40)・이용인・서병철・이학인, 인천감리 하상기,
인천부윤 서병규 등도 관료로서 계몽운동을 주도한 대표적인 인물
이다.41) 이들은 일찍부터 영어야학교 교사나 명예교사로서 영어
보급을 주도하였다. 하상기는 사립학교 설립・후원은 물론 직접

---

37) 김형목, 2004,「노동야학회」『한국독립운동사사전(운동・단체편Ⅰ)』3,
   독립기념관 한국독립운동사연구소, 606~607쪽.
38) 牧山耕藏, 1910,『朝鮮紳士名鑑』, 일본전보통신사, 68쪽 : 大村友之丞,
   1910,『朝鮮貴族列傳』, 조선총독부인쇄국, 233~234쪽.
39) 大村友之丞, 1910,『조선귀족열전』, 65~69쪽 : 牧山耕藏, 1910,『조선
   신사명감』, 24쪽.
40) 황성신문』1908년 8월 16일 잡보「姜氏義務」.
41)『제국신문』1900년 7월 5일 잡보, 7월 10일 잡보, 8월 7일 잡보, 1901년
   5월 23일 잡보, 9월 3일 잡보「仁監惠政」, 1902년 11월 14일 잡보「友
   有論訓」:『大韓每日申報』1906년 3월 8일 잡보「河氏美政」, 3월 27일
   잡보「河事或說」:『황성신문』1900년 1월 26일 잡보「漂民恤送」, 2월
   12일 잡보「濟州漂民」, 1906년 11월 5일 잡보「仁川警報」, 1907년 3월
   6일 광고「皇城新聞價」.

주민들을 효유하는 등 근대교육 시행에 노력을 아끼지 않았다. 첩인 河蘭史 외국유학도 그의 절대적인 지원으로 이루어질 수 있었다.[42] 서병규는 관내에 성행하는 도박·잡기를 엄단하는 데 노력하였다. 관련자에 대한 엄중 문책은 주민들로부터 호응을 받는 계기였다.[43]

서상빈은 신상협회 회원으로서 민족자본 육성에 노력하였다. 그는 회원들과 더불어 회보 발간을 계획하는 등 문화계몽운동에 앞장섰다. 특히 협회 사장으로 재직하던 1904년 김정곤 후원을 얻어 제령학교 운영도 주도하였다. 영어를 비롯한 근대적인 교과목은 학생들의 향학열을 고취시켰다.[44] 1905년경에는 활인소를 설립하여 무의무탁자나 무산자의 생활비를 지원하였다. 산모나 요식업 종사 부녀자의 건강검진 등으로 주민들의 환영을 받았다. 民議長으로서 그는 부여된 임무를 충실하게 수행함으로써 중망을 받았다. 또한 대한협회 회원으로서 활동하는 한편 신상협회를 대신한 協信商會도 조직하는 등 독자적인 상업활동을 도모하였다.[45]

이처럼 설립·운영주체는 다양한 인물들로 구성되었다. 대부분은 전·현직 관료나 교사 등이었다. 관료 중 상당수는 전통적인 교육을 받은 반면 교사나 해관·세관 등에 근무하는 사람은 해외유학이나 학교 등에서 근대교육을 수학하였다. 심지어 친일적인 인사들도 상당수 있었다. 박제순·이재극·윤시병·고희준 등은 대표적인 경우이다.

---

42) 박용옥, 2002, 『한국 여성근대화의 역사적 맥락』, 지식산업사, 364쪽.
43) 국사편찬위원회, 1972, 『대한제국관원이력서』, 탐구당, 664쪽과 847쪽 : 『大韓每日申報』 1906년 7월 19일 잡보 「雜技被捕」.
44) 고일, 1955, 『인천석금』, 경기문화사, 32~33쪽.
45) 『大韓每日申報』 1910년 3월 13일 잡보 「商會擴張」 : 『대한매일신보』 1910년 3월 13일 잡보 「인천의 상회조직」.

제2장

한말 전개 양상과 실태

제1절 중부지방

1. 서울지역

「을사5조약」 이후 위기의식은 자강론자들로 하여금 私立學校設立運動과 더불어 야학운동을 진전시키는 계기였다. 교사·유지신사·청년·관리 등은 단독 또는 공동으로 야학을 설립한 후 스스로 교사나 후원자가 되었다. 이들은 校舍 마련과 운영비는 물론 교재비·학용품까지 지원하는 등 열성을 기울였다. 이러한 분위기는 특정한 지역에 한정되거나 일시적인 현상에 그치지 않았다. 곧 근대교육운동의 중심영역인 야학운동으로 발전되는 계기를 맞았다.

서울의 야학운동은 야학교로부터 시작되었다. 梁弘默은 懿法會夜學校를 정동 기독교교회당 내에 설립하였다. 선교사의 반대로 곧바로 학교를 水下洞小學校 내로 이전할 수밖에 없었다.[1] 그런데

---

1) 『大韓每日申報』 1905년 11월 11일 잡보 「校不合敎會堂」.

교사진·교과목·학생수 등 야학 전반에 관한 사항은 알 수 없다.
향토현에 설립된 進明夜學校도 이러한 범주에 속한다. 교과목은
일어·영어·한문·역사·지리·산술·현행법률·박물학 등이
었다.2) 관립한어학교 교사인 李命七·崔崙源 등은 학교 내에 漢
語夜學(현 중동중·고등학교의 전신 : 필자주)을 설립하자, 동료인
柳光烈·朴在肅·吳信圭 등도 교사로서 자원하였다.3) 초기 교수
과목은 중국어·산술에서 점차 일본어 등으로 추가되었다. 특히
운영자와 교사들이 노력한 결과 60여 명이나 출석하는 등 대성황
을 이루었다. 이리하여 교장 吳世昌, 교감 崔興模, 한어교사 유광
열, 일어교사 박재숙으로 하는 中東夜學校로 발전하였다.4)

1906년 10월 경 兪鎭國·李承薰·徐丙斗·李範斗 등 유지 9인
은 校洞 姜斅錫 집에 야학인 一成義塾을 세웠다. 慶勳·李恒鎭은
법학, 姜鳳秀·李命七은 산수, 趙瑾植·金鳳圭는 일어를 각각 분
담 교수하였다. 학생들이 70여 명으로 급증하자, 교사를 관립교동
보통학교 내로 이전하였다. 임원진으로 숙장 尹德榮·朴稚祥, 총
무 강효석, 회계 유진국, 서기 具然彩, 사무장 張世基, 사무원 이범
두·李錫駬·尹觀儀 등을 선출하는 등 장기적인 발전책을 강구하
였다.5) 李容稙은 자기집에 華東學校를 설립한 후 부설로 일어야학

---

2) 『황성신문』 1906년 3월 28~31일 광고 「學徒募集廣告」.
3) 『황성신문』 1906년 3월 28일 잡보 「速成夜學」: 『만세보』 1906년 9월
   6일 잡보 「兩氏名譽敎授」와 10월 18일 잡보 「漢語夜學試驗」.
4) 『황성신문』 1906년 3월 28일 잡보 「速成夜學」과 1907년 1월 7일 잡보
   「中東校況」: 『만세보』 1906년 9월 6일 잡보 「兩氏名譽敎授」와 10월
   18일 잡보 「漢語夜學試驗」, 1907년 1월 10일 잡보 「中東校擴張」: 『매
   일신보』 1914년 2월 24일 學校歷訪 「私立中東夜學校(典洞), 國語, 英
   語, 漢語, 漢文, 算術 五大專門夜學」.
5) 『대한매일신보』 1907년 7월 7일 잡보 「윤씨연설」, 7월 17일 잡보 「야학
   시험」: 『황성신문』 1907년 6월 13일 잡보 「一成義塾大將進」, 8월 31
   일 잡보 「一成開學退期」.

과를 운영하였다. 야학이 운영난에 직면하자, 학교장 金重煥, 學監 朴鼎壽, 교감 金東蕭 등은 敎下義務敎育會를 조직하는 등 이를 후원하는 데 앞장섰다. 이 야학은 동아개진교육회관 내로 이전하는 가운데 화동야학교로 발전할 수 있었다.[6) 주민들의 '의무교육비'에 따른 지원은 이 학교를 발전시킨 주요한 기반이었다.

마포 유지들도 普成學校 내에 普明夜學校를 세웠다. 한문 張基壹, 상업 李弼俊, 일어 金炳濟, 산술 吳明根 등으로 교과전담제를 실시하였다. 특히 이필준은 운영비를 거의 전적으로 부담하는 등 매우 열성적인 입장이었다.[7) 북부 누각동 유지들은 의무교육의 일환으로 新明學校를 설립하였다. 교장 嚴俊源과 사무원들의 노력으로 일시에 학도들이 100여 명에 이르렀다. 또 근로청소년을 위한 일어·산술을 중심으로 한 신명야학을 세웠다. 야학은 주민 부담에 의한 의무교육의 일환이었다.[8) 이 지역은 사립학교와 야학을 통한 의무교육이 시행된 대표적인 곳이다.

普成小學校의 校主인 李鍾浩는 당지 유지들과 보성소학교 내에

---

6) 『대한매일신보』 1907년 11월 28일 잡보 「학교ᄀ친회」, 1908년 1월 24일 잡보 「학부죠회」, 1월 28일 잡보 「야동야학교시험」, 7월 31일 잡보 「화동학교시험」, 8월 7일 잡보 「의무교육」, 8월 11일 잡보 「의무교육반대」, 8월 29일 잡보 「의무교육열성」, 11월 3일 잡보 「완고ᄒ다」, 11월 24일 「춈장훈일」 : 『大韓每日申報』 1908년 2월 19일~20일 광고 「學員募集廣告」, 2월 29일 잡보 「私立華東夜학校趣旨書」, 4월 3일 잡보 「夜학移設」, 11월 21일 잡보 「林氏黜會」와 잡보 「敎下義務」.

7) 『大韓每日申報』 1908년 11월 28일 잡보 「麻浦의 普明」.

8) 『大韓每日申報』 1908년 1월 11일 잡보 「信明允明」 : 『대한매일신보』 1908년 4월 12일 잡보 「츈긔운동」, 5월 17일 잡보 「신명학교상품」, 7월 3일 잡보 「학교신건」 : 『황성신문』 1908년 6월 6일 논설 「義務敎育先自貧民始」, 6월 21일 잡보 「熱心哉斯人」, 6월 23일 잡보 「嚴氏響音」과 「但請食料」, 7월 4일 잡보 「兩明擴張」, 7월 8일 광고 「北部 樓閣洞 私立新明小學校學徒帽子寄付氏名及金額이 如左홈」, 12월 3일 잡보 「新明日進」, 1909년 2월 19일 「新明夜學」.

일어야학강습소를 설치하였다. 교사는 朴台秉・윤세용으로 지지・일어・역사 등을 가르쳤다.[9] 자금난으로 이를 폐쇄하려하자, 학생들 스스로가 운영비 모금・조달에 노력을 기울였다. 이를 기반으로 야학은 계속적으로 운영될 수 있었다. 李奎夏는 東明學校(光熙學校의 전신 : 필자주) 내에 국문야학과를 설립하였다. 설립취지는 한글을 통한 교육보급과 민지계발이었다. 수백 명이 일시에 호응하는 등 성황을 이루었다.[10] 이처럼 야학에 대한 인식과 관심은 점차 확산되고 있었다.

柳一宣은 상동청년회관 내에 正則ML야학교를 설립한 후 安一英・洪秉璇 등과 교사로서 활약하였다. 교육기간은 1년으로 교과목은 일어・산술・대수・기하학・삼각법 등이었다.[11] 설립 취지는 민지계발과 수학의 대중화였다. 그러나 기본적인 목적은 중등학교 진학을 위한 입시준비였다. 따라서 매월 일정한 수업료를 징수하는 등 오늘날 입시학원의 성격을 지닌다. 淸風學校는 부설로 영어야학교를 설립하였다. 영어교사는 물론 일부 교사들도 명예교사로서 자원하고 나섰다. 수업료는 물론 교재까지 무료로 제공하는 한편 환등기로 영어 교육을 실시하기에 이르렀다.[12] 특히 영어 李祥來, 산술 吳元夏, 지지 李秉圭 등으로 구성된 교과전담제는 학생들로부터 대단한 호평을 받았다. 南章熙는 자기집에 일어강습소와 가안방회의 부대사업으로 노동야학회를 설립하였다.[13] 그는 노

---

9) 『황성신문』 1906년 9월 2일 잡보 「普成小學校增科」, 9월 8일 잡보 「金氏演說」, 10월 20일 잡보 「普成夜學更設」.
10) 『황성신문』 1908년 7월 17일 잡보 「改名東明」.
11) 『황성신문』 1907년 11월 4~11일 광고 「速成夜學生募集廣告」: 『大韓每日申報』 1907년 11월 5~9일 광고 「速成夜學生募集廣告」.
12) 『大韓每日申報』 1907년 11월 8일 잡보 「以夜幻畫」: 『만세보』 1907년 5월 31일 잡보 「淸風校英語夜學」.
13) 『대한매일신보』 1909년 1월 30일 잡보 「남씨의 잘ᄒ는일」: 『大韓每日

동자교육에 대해 남다른 정성을 쏟았다. 이러한 야학은 관리・교
사・언론인・실업가 등을 포함한 유지들에 의해 설립・운영되었다.
　종교기관이나 단체도 야학을 설립하거나 후원하고 나섰다. 황성
기독교청년회는 회관 내에 상업야학과를 설립하였다. 수업기간은
2년으로, 교과목은 산술・부기・상업학・상법・상업지리・경제
학・어학・성경 등이었다.[14] 영국교당도 성경・일어・영어・산
술 등을 가르치는 聖公開進夜學을 세웠다. 교사진은 타이메이・
李源昶・金汶植・吳周煥・崔彼德 등이며, 교과과정은 초등과와
중등과로 구분・교수하였다.[15] 당시 야학생수는 130여 명에 달하
는 대규모였다. 大同敎도 중부 교동 회관 내에 야학강습소(일명 대
동강습소 : 필자주)를 설립하였다. 야학생수는 주야 80~90명이었
고, 교사는 金鳳鎭・任命鎬・李容浩 등이었다.[16] 이러한 야학은
대부분 교리 등을 교과목으로 채택하였다.
　한성부도 근로청소년을 위한 실업야학교(일명 실업보습야학교 :
필자주)를 관립미동・수하동・어의동보통학교 부설로 설립하였
다. 교사진은 사범학교 교사들이었고, 교과목은 국문・체조・산술
등이었다. 입학자격은 근로청소년으로 한정하였다. 경성상업회의
소는 야학 운영에 관한 전반을 감독하였다. 학생수는 어의동야학
76명, 수하동야학 71명, 미동야학 70명 등이고, 운영비는 한성부의
지방비로 충당되었다.[17] 이는 1910년 이후 京城府民會(한성부민회

　　申報』1909년 1월 30일 잡보「南氏美擧」.
14)『황성신문』1909년 4월 2일 광고「商業夜學科學員募集廣告」, 4월 10
　　일 잡보「商業學員更募」.
15)『대한매일신보』1909년 7월 31일 잡보「긔진야학교신설」, 8월 11일 잡
　　보「긔진학교흥왕」, 8월 15일 잡보「긔진학교」:『황성신문』1909년 7
　　월 31일 잡보「聖公夜學新設」, 8월 4일 잡보「聖敎會內敎授」.
16)『황성신문』1910년 4월 27일 잡보「大同講習興旺」, 7월 20일 잡보「三
　　氏熱心」.

의 후신 : 필자주)의 연초직공야학으로 계승되었다.

반면 노동자나 이들의 자제들은 학교·학회를 비롯한 사회단체
등에 야학 설립을 요청하거나 스스로 자본금을 모집하여 설립하였
다. 西江坊의 樵童牧竪 100여 명은 牛山學校 학생들의 활동상을 보
고, 자신들의 처지와 무식을 타개하는 방안으로 야학을 설립하였다.

> 西署 西江坊의 樵童牧竪 百餘人이 該坊牛山學校의 情況을 每日來
> 覽ᄒ며 或體保游戲ᄒ야 無異敎成隊一部를 作ᄒ 兒戲輩들인ᄃ 自己
> 의 無識夢寐ᄒᄋᆯ 恨歎ᄒ야 夜學校를 刱設ᄒ고 校名은 牛山支校라
> 稱ᄒ고 課程은 國文 漢文 筭術等으로ᄡ 科定ᄒ고 本校長에게 學監
> 과 敎師를 請願ᄒ 全文이 如坐ᄒ니 … 有人이면 必以學校로 爲先務
> 니 草木도 初生之時에 人有培養이면 必成棟梁之材이어던 況人乎잇
> 가 然이나 洽受敎育ᄒ야 欲成社會上高等人은 人皆欽羨이로ᄃ 本人
> 等은 知其敎育이 爲人之本이나 纏身糊口에 有意莫遂라 是以로 本人
> 等이 晝宵嘆惜이옵기ᄂ 但其聰明子弟等이 良知良能之時에 不復天
> 性ᄒ고 處其社會上에 意作下等人이미 一個人之不受敎育이 爲其一
> 國之病本이라 由是而本人等이 不顧寡學淺聞ᄒ고 光武十年八月十日
> 에 搆成尋常科夜學校ᄒ옵고 名曰 牛山學校支校라ᄒ오며 賴其本洞
> 僉員之贊成ᄒ와 校況이 庶有興旺之望이나 夢寐敎育ᄒ와 敎授課業
> 을 何以爲之이오며 姑無學監敎師ᄒ와 中途廢止之歎이 有ᄒ옵기 慈
> 以請願ᄒ오니 照亮後 本校學徒中에 學監敎師兩員을 擇送ᄒ옵셔[18]

이들은 우산학교 내에 야학인 牛山學校支校를 설립한 후 우산
학교에 교사 파견을 청원하였다. 이들은 "학교란 인재를 양성하는
기관으로 東西古今을 막론하고 국가는 8세가 된 아동을 학교에서
교육시켜 인재로 양성하는 것이 만고불변의 진리"라고 주장하였

---

17) 『황성신문』 1910년 2월 26일 잡보 「實業夜學員募集」, 4월 17일 잡보 「實
    校附設과 學徒」; 『대한민보』 1909년 11월 21일 학계기문 「實業敎育
    會」; 『大韓每日申報』 1910년 2월 27일 학계 「實業校設立」; 『대한매
    일신보』 1910년 2월 27일 학계 「실업학설립」.
18) 『황성신문』 1906년 8월 23일 잡보 「奇哉美哉」.

다. 특히 자신들은 누구보다 향학열이 강렬하지만, 사회적인 여건 상 교육 수혜는 거의 전무함을 밝혔다. 이리하여 자신들은 無知蒙昧한 인간으로 항상 사회로부터 천대받는 존재일 수밖에 없고, 국가 병폐의 근원은 여기에서 비롯된다고 주장하였다. 그런 만큼 야학에서 국어·한문·산술 등 普通學問만이라도 배울 수 있는 기회를 달라고 요청하였다. 우산학교에서는 지교장 崔南植, 교감 高晙鎔 등의 임명과 교사를 파견하는 한편 야학을 후원할 찬성회도 조직하는 등 지원을 아끼지 않았다.

西北學會는 급수상의 요구에 호응하여 학회 내에 급수상야학(일명 물장수야학 : 필자주)을 설립하였다.19) 박은식은 급수상야학의 번성을 기원하는 동시에 이들을 격려하는 취지에서 「勞働同胞의 夜學」 소식을 널리 알렸다.

> 今日 我韓學界에 第一 好消息이 發現ᄒ니 卽我 西北學會에 汲水商의 夜學請願이 是也라 盖此 汲水商 諸氏ᄂ 素無一厘之恒産ᄒ고 又乏他種之營業일시 流離漂泊으로 京師에 住着ᄒ야 托身無所ᄒ고 糊口沒策이라 於是漢城各處에 源源不竭ᄒᄂ 井泉을 汲取ᄒ야 許多 人命의 飲料를 供給홀시 自晨至昏에 轆轆軋軋ᄒ야 暫不休息이라 分錢零金을 藉此取得ᄒ야 以延朝夕ᄒ니 其生活의 困難과 身世의 凄凉이 果何如哉아 乃於今日에 慨然奮發ᄒ야 互相協議에 晝而勞動ᄒ고 夜而上學ᄒ기로 本學會를 對ᄒ야 實心懇求ᄒ고 實力做去ᄒ니 是ᄂ 時局의 情勢를 觀念홈이오 國民의 義務를 感覺홈이오 自家의 成立을 志願홈이니 果是世界奇聞이오 今古罕事라 孰不喝采懽迎이며 孰不熱心持導哉아 … 彼勞動同胞가 學問에 從事ᄒ거늘 若等은 飽食暖衣에 酣適ᄒ야 抛棄光陰ᄒ고 學問을 不事乎아 其他士族家와 農業家와 商工業家의 一般子弟아 彼勞動同胞가 學問에 從事ᄒ거늘 若等은 國民의 責任을 不念ᄒ고 男兒의 志氣를 墮失ᄒ야 學問을 不事乎아 …20)

---

19)『황성신문』1908년 1월 5일 잡보「勞働開明」:『대한매일신보』1908년 1월 5일 잡보「물장수의 열심」.

사회의 가장 하층인 급수상들조차도 시대 변화에 부응하여 문명
진보를 위한 교육에 대한 관심은 고조되었다. 이들은 생계 대책이
막연할 뿐만 아니라 생활상 여유도 없지만, 향학열은 어느 계층보
다 높다. 반면 일반인의 자제들은 학업에 종사할 생각없이 무익한
생활로 시간을 허비하니 부끄럽지 않는가. 급수상야학은 우리 사
회의 귀감이다. 이 소식을 듣는 즉시 보통지식이라도 발달시켜 개
인 자유는 물론 국가 자립을 위한 분발을 촉구하였다. 이리하여 급
수상야학은 자강운동기를 '대표'하는 야학으로 널리 알려졌다.[21]
이를 전후하여 노동야학·국문야학(교)이 우후죽순처럼 설립되는
등 야학운동은 발흥하는 계기를 맞았다.

노동단체도 노동자나 그 자제들 교육을 위한 야학운동에 앞장섰
다. 서울은 미장이·목수·인력거군·모군·석수장이 등 각종 노
동자들이 운집한 곳이다. 이들은 자신들의 권익을 보호하는 차원
에서 거주지별·업종별로 노동회를 조직하는 한편 지방에 지회를
설립하였다.[22] 서울노동회(일명 대한노동회 : 필자주)의 회원은 1

20) 朴殷植,「勞働同胞의 夜學」『서우』15, 19~20쪽 : 박은식전서편찬위
원회,『朴殷植全書』下, 단국대출판부, 97~98쪽.
21)『대한매일신보』1908년 2월 20일 논설「한국로동쟈의 긔원될만한흔
일」:『大韓每日申報』1908년 3월 7일 잡보「三氏贊校」:『황성신문』
1908년 2월 19일 잡보「水商上學」, 2월 20일 논설「勸勉勞働同胞夜學」:
『경향신문』1908년 2월 21일「물쟝스의 야학흠」.
자강운동기를 대표하는 야학은 급수상야학이다. 반면 일제강점기 널리
알려진 야학은 마산노동야학이다. 이는 1907년 설립된 이래 1940년까
지 마산지방 노동자의 문맹타파는 물론 학령아동의 入學難 구제에 크
게 이바지하였다. 물론 설립 초기에는 馬山民議所 내 부설로 미미한
수준이었다[『황성신문』1909년 4월 14일 잡보「玉氏敎育熱心」, 4월 17
일 잡보「馬港普通夜學」:『大韓每日申報』1909년 4월 15일 학계「馬港
夜學」:『매일신보』1916년 3월 21일 지방통신「夜學校授輿式」:『동아
일보』1938년 3월 20일「馬山中央夜學校의 二十四回 卒業式 擧行」].
22)『경향신문』1908년 4월 10일 잡보「로동학회소임」:『대한매일신보』

만여 명에 달하는 규모였다. 이 단체는 노동야학을 운영하는 한편 때때로 강연회를 개최하였다. 노동야학회가 운영한 야학은 국어·산술·일어 등이 중요 과목이었다.[23] 연초직공조합소도 3,000여 명에 달하는 노동자 교육을 위해 養正·輔仁·三興 세 학교에 야학을 설립하였다.[24] 이 야학은 당시 가장 큰 규모였다. 운영비는 월급 중 10전(20전 또는 30전)씩의 수업료와 유지의 기부금으로 충당되었다. 직공야학은 항구적인 운영비를 확보함으로써 교육 내실화를 기할 수 있었다.

東部 於義洞 상인 15명과 김두종은 움속야학을 세웠다. 설립 초기 한글만으로 교육한 결과 1개월만에 대단한 호응과 성과를 거둘 수 있었다. 순사 주숙이 한문교사로서 자원하는 등 발전의 기반도 마련하였다.[25] 1909년 신명학교 내에 영업자들이 설립한 야학도 이러한 범주에 속한다. 심지어 중국인 張上達도 화상총회관 내에 한어야학교를 설립·운영하였다.[26]

1908년 8월 12일 잡보 「로동회지회」, 8월 25일 잡보 「로동협의」 : 『해조신문』 1908년 4월 16일 잡보 「勞働會懇親」 : 『大韓每日申報』 1908년 8월 1일 잡보 「勞働開會」, 8월 4일 잡보 「勞働設會」, 8월 6일 잡보 「勞働懇親」, 8월 12일 잡보 「勞働支會」, 8월 25일 잡보 「徐氏勞働」와 「水原勞働開會」 : 金炳睦, 1998, 「한말 경기지역 야학운동의 배경과 실태」 『中央史論』10·11합집, 중앙사학연구회, 179～180쪽.

23) 『대한매일신보』 1908년 4월 7일 잡보 「로동쟈교육」 : 『大韓每日申報』 1908년 4월 5일 잡보 「勞働會費」, 4월 7일 잡보 「勞働設校」 : 李勛相, 1990, 「舊韓末 勞動夜學의 盛行과 兪吉濬의 『勞動夜學讀本』」 『斗溪 李丙燾博士九旬紀念 韓國史學論叢』, 일조각, 752～754쪽.

24) 『황성신문』 1910년 6월 21일 잡보 「煙工夜學請捐」, 7월 1일 잡보 「煙工借校의 交涉」 : 『大韓每日申報』 1910년 7월 9일 학계보 「烟所夜校」 ; 『대한매일신보』 1910년 6월 27일 학계보 「야학교설립」, 7월 1일 학계보 「직공야학」.

25) 『대한매일신보』 1909년 1월 10일 잡보 「움속학교」.

26) 『대한매일신보』 1909년 4월 16일 잡보 「청인열심」.

이처럼 각 학교나 학회 부설인 야학이 널리 성행하였다. 특히 일어야학(강습소) 성행은 서울지역 야학운동의 특징으로 볼 수 있다. 이러한 분위기에 편승한 吉田幸夫는 서부 향토현에 일어사숙을 설립한 후 수업료를 갈취하는 불미스러운 상황을 연출하였다.[27) 당시 서울의 야학운동 현황은 <부록 1>과 같다.

2. 경기지역

한편 경기도 야학운동은 개인과 유지들의 협력으로 추진되었다. 즉 군수·하급관리나 실업가·교사 등인 유지들이 운영주체였다. 新英夜學校는 1906년 安山郡 瓦里面 新角里 유지들에 의해 설립되었다. 경비는 실업가인 咸元植이 전담하였다.[28) 주민들의 호응과 교육적인 성과로 이들은 新英書學校를 설립한 후 鄭雲曄을 교사로 초빙하는 등 근대교육 보급에 노력을 기울였다.

1907년 인천의 郭重根·全圭永 등도 博文學校 내에 영어·일어·산술을 중심으로 하는 야학을 설립하였다. 설립자들은 張箕彬과 함께 교사로서 활약하였다. 당시 출석하는 학생수만도 30여 명이었다.[29) 인천 多所面 松林洞 許還·李甲奎·李明浩·申永愚·趙在榮 등은 노동자 교육기관인 以文學校가 폐지되자, 이를 복설한 후 야학으로 운영하였다.[30) 운영 목적은 노동자의 민지계발과

---

27) 『大韓每日申報』1910년 5월 31일 잡보「學界日賊」:『대한매일신보』 1910년 5월 31일 잡보「일교소도주」.
28) 『대한매일신보』1909년 2월 17일 잡보「함씨열심」:『大韓每日申報』 1908년 4월 22일 잡보「新校日新」, 1909년 2월 18일 잡보「咸氏美擧」.
29) 『황성신문』1907년 12월 18일 잡보「仁港夜學」.
30) 『대한매일신보』1910년 4월 9일 학계「잘ᄒᄂᄂᆫ 일이야」:『大韓每日申

능력향상을 통한 생활안정이었다. 즉 문맹상태는 노동자 개인의
불행일 뿐만 아니라 사회적인 대손실이라고 운영자들은 인식하고
있었다. 인천 舊邑面 官廳里의 金在玉・河錫炫・蔡龍明・鄭泰俊
등도 야학교를 설립하였다. 피교육자는 농업에 종사하는 청년자제
30여 명이었다. 이들은 근대교육의 일환으로 야학을 운영하는 한
편 강연회 등을 통한 계몽운동을 주도하였다.[31]

남양군 新里面 사곳동의 洪在亮 등은 私塾 부설로 노동야학교
를 세웠다. 보통학교 교사인 辛驥夏가 명예교사로서 자원하고 나
섰다. 이에 출석생이 30여 명에 이르는 등 교세가 번창할 수 있었
다.[32] 가평군 가릉학교도 역시 부설로 야학교를 설립하였다. 야학
생이 통학에 불편함을 느끼자, 마을 주민들은 공동 부담으로 길가
에 장명등을 세웠다. 이러한 주민들의 지원은 야학생들로 하여금
향학열을 고취시키는 계기였다.[33]

양평군주사 李殷哲과 우편취급소 李承德은 의병전쟁으로 거의
폐교에 직면한 龍門學校를 복구한 다음 일어야학속성과를 설립하
였다. 이어 노동야학과를 설립한 후 한글로 번역한 교재를 만들었
다. 일시에 40여 명이 호응하는 등 향학열의 고조에 따라 장차 각
동리마다 야학을 운영할 계획이었다.[34] 진위군 전 우편국주사 柳

報』1910년 4월 9일 학계「其志甚善」.
31)『대한매일신보』1910년 2월 20일 학계「야학교설립」:『大韓每日申報』
1910년 2월 23일 학계「夜學刱設」.
32)『대한매일신보』1910년 5월 6일 학계「스슉에 신학문」.
33)『대한매일신보』1910년 5월 31일 학계「그리히아지」:『大韓每日申報』
1910년 5월 29일 학계「勸學之意」와「嘉校運動」.
34)『황성신문』1908년 7월 3일 잡보「龍門再開」, 11월 14일 잡보「勞動科
兼設」와 14일 잡보「敎授其人」:『大韓每日申報』1908년 11월 15일
잡보「龍門의 勞働」: 기호흥학회,「學界彙聞; 龍門再開」『畿湖興學
會月報』1, 44쪽.

俊弘은 자기 사랑을 수리한 후 노동야학회를 창설하고 교사로 柳定基와 金正賢을 초빙하였다.[35] 설립자와 교사들의 열성으로 학생수는 설립된 지 보름만에 50여 명에 달하였다. 南陽郡 재무주사 黃潤東은 普興學校 안에 야학을 특설하고 일어와 산술을 위주로 가르쳤다. 주민들의 호응과 지원으로 이 야학은 발전을 거듭할 수 있었다.[36] 강화도내 모든 보창학교 지교도 부설인 야학을 설립하였다. 교과목은 한글·어학 등이고, 지교 교사들은 명예로 자원하고 나섰다. 이에 자극을 받은 군수 韓永福은 모든 지교에 學父兄契를 조직하는 등 지원을 아끼지 않았다.[37]

학생들이 야학 설립은 물론 직접 교사로서 자원하는 경우도 있었다. 안성군 南面 新村에 거주하는 姜泰範은 성균관학생이었다. 그는 여름방학을 이용하여 고향에서 30여 명의 초동을 모집한 후 金正弼과 함께 야학을 실시하였다. 이들은 경비를 자담하는 동시에 명예로 가르쳤다.[38] 이러한 활동은 주민들에게 커다란 반향을 불러 일으켰다. 주민들은 스스로 기금을 조성하여 사립학교·강습소 등을 설립하였다. 곧 야학 설립·운영이 근대교육에 대한 관심 고조와 더불어 이를 위한 구체적인 실천으로까지 발전하기에 이르렀다.

노동자들 스스로도 야학을 설립하였다. 陽根郡 汾院 등지의 초동목수 40~50명은 분원공립보통학교 부설의 야학과 운영에 자극

35) 『大韓每日申報』 1909년 2월 14일 학계 「柳氏熱心」 : 『대한매일신보』 1909년 2월 14일 잡보 「류씨열심」.
36) 『大韓每日申報』 1910년 1월 28일 학계 「南校良績」 : 『대한매일신보』 1910년 1월 27일 1/5 학계 「졈졈진취」.
37) 『大韓每日申報』 1910년 1월 8일 학계 「江倅知務」 : 『대한매일신보』 1910년 1월 5일 학계 「한씨열심」.
38) 『大韓每日申報』 1908년 10월 9일 잡보 「學勤教勤」 : 『대한매일신보』 1908년 10월 9일 잡보 「강씨열심」.

을 받았다. 이에 자본금을 모집하여 自新學校를 설립하는 등 모범적인 사례를 보였다.[39] 利川郡 草面 대대리의 노동자 30여 명은 私立日新學校 내에 야학교를 설립하였다. 야학생수는 일시에 30명에 달하는 성황이었다. 이에 崔基正과 崔毅珣을 교사로 초빙하는 등 교육의 내실화를 위한 노력을 아끼지 않았다.[40] 이러한 사실은 노동자들이 점차 사회의 구성원으로서 성장함을 의미한다. 특히 의식 심화와 인식 변화는 근대교육의 필요성은 물론 이를 실천하는 요인이었다.

반면 지역 주민의 지원을 바탕으로 한 야학운동도 전개되었다. 이는 사립학교설립운동과 마찬가지로 취지서를 선전하는 가운데 진행되었다. 交河郡의 宣成夜學은 대표적인 경우이다.

… 交通爭雄ᄒ야 生存競爭ᄒ고 優勝劣敗ᄒᄂ 世界를 當ᄒ야 大而國家와 小而身家에 自保自存ᄒᆯ 方策을 講究ᄒ랴면 我同胞靑年이 敎育을 開發ᄒ야 人才를 養成ᄒ고 民智를 啓發ᄒᆷ이 實노 國家를 保全ᄒ고 生命을 鞏固ᄒᆯ 基礎라 所以로 本郡守 尹公이 敎育方針을 經年硏究ᄒ야 本郡內衙에 宣城學校를 設立ᄒ고 師範速成科와 普通高等科와 尋常小學科를 三種으로 分置ᄒ고 舊式先生과 靑年子弟와 幼少兒童을 募集ᄒ고 賢明敎師를 延聘ᄒ야 熱心敎育이러니 師範科ᄂ 期限이 己滿ᄒ야 各面各里에 分出設校ᄒ니 速成之效ᄂ 己爲著見矣오 普通 尋常 兩科ᄂ 方今 熱誠敎授이러니 觀感所發에 近方勞働年少者ㅣ 相聚而言ᄒ야 曰雖一日受學이라도 死無餘恨이라ᄒ니 本校敎師 鄭泰鎬 尹應秀 兩氏가 聞此說話ᄒ고 暢然而警이라가 勃然而起曰 當此時代ᄒ야 如此感發之人 何以不敎也ㅣ리오 趁設夜學一科ᄒ고 使之入學케ᄒ라 敎師ᄂ 吾當自擔ᄒ리라ᄒ니 其翌夜에 上學者ㅣ 爲二十餘人이오 其後에 夜夜增加ᄒ니 盡是貧窮樵牧之類라 身無可着之衣ᄒ고 口嫌有昧之物이나 愛國之心은 一層激昻ᄒ야 晝則勞働ᄒ

39) 『大韓每日申報』 1908년 2월 22일 잡보 「樵童設校」 ; 『대한매일신보』 1908년 2월 23일 잡보 「초동학업」.
40) 『대한매일신보』 1909년 3월 18일 잡보 「로동쟈설교」 ; 『大韓每日申報』 1909년 3월 18일 학계 「勞働設校」.

고 夜則上學ᄒ니 嘉尙趣旨가 如他逈異라 於是에 不拘年限ᄒ고 才藝
를 隨ᄒ야 兩科로 分ᄒ야 立課敎授ᄒ니 國文 漢文 筭術也ㅣ라 大抵
國文者ᄂ 祖國之文일쑨더러 學習도 簡易ᄒ고 使用도 便利ᄒ며 漢文
者ᄂ 性理之學과 倫理之常이 具載昭昭ᄒ며 筭術者ᄂ 民生日用事物
에 筭術로 以ᄒ야 成ᄒ지 안ᄂ者ㅣ 無ᄒ니 此皆人人이 所當先習也ㅣ
오 至於普通合課ᄒ야ᄂ 才藝에 進就를 因ᄒ야 取次敎授ᄒ리니 今日
如此 貧窮樵牧之類가 異日에 安知不爲國家棟梁之用也아 所以로 敎
師가 父兄會를 勸設ᄒ고 敎育에 急務를 懇切說明ᄒ니 所受學徒가
熱誠做業ᄒ야 煥有導養之力ᄒ고 蔚有開發之效ᄒ니 ?豈非我一邑之
大幸也ㅣ며 我同胞之大幸也며 我大韓之大幸也아 惟望任員 諸氏ᄂ
別圖克終ᄒ야 以達人民之才藝ᄒ야 以應國歌에 需用云爾로라[41]

生存競爭과 優勝劣敗가 국제적인 질서로 정착된 오늘날 국가의
독립을 보존하는 요체는 청소년 교육에 달려 있다. 군수를 비롯한
유지들은 각급 교육기관을 설립하는 등 이에 부응하고자 한다. 즉
시세 변화에 따른 시무책 일환으로 야학을 설립한다는 취지였다.
이들은 교육적인 효과를 빨리 거둘 수 있는 한글교육의 유용성에
주목하였다. 특히 노동자교육을 위해 각 면리마다 학교를 세우는
한편 교사 양성을 위한 사범속성과도 운영하기에 이르렀다. 通津
郡 陽陵面 養興學校 부설인 汾陽夜學(일명 通津야학 : 필자주)도
취지서를 발표하였다.[42] 취지서는 위와 비슷한 내용을 담고 있었
다. 이는 신문 지상에 보도되는 등 당시 세인의 주목을 집중 받았
다. 그런 만큼 유지나 주민들의 적극적인 지원과 관심 속에서 발전
을 거듭할 수 있었다. 지방관리·유지·주민들 사이 상호 신뢰감
구축은 조직적이고 통일적인 교육운동을 포함한 모든 변혁운동의
기반이기 때문이다.
　한편 개인이 단독으로 야학을 설립한 후 운영비는 물론 교사로

---

41) 『황성신문』 1908년 6월 24일 잡보 「宣城夜學」.
42) 『황성신문』 1908년 12월 25일 잡보 「通津夜學」.

서 역할하였다. 始興郡 西面 所下里(현 광명시 소하동 : 필자주)에 거주하는 李淵哲은 1907년에 국문야학교를 설립한 후 교사로서 활동했다.[43] 그는 직접 한글로 된 야학교재를 만드는 등 피교육자의 능력에 따른 수업을 진행시켰다. 동군 중종리 安允瑞는 부근 4개 동리에 국문야학교 설립은 물론 경비까지도 부담하였다. 그는 한 곳에 국문교과서 50권씩과 칠판·분필·목종 등을 마련하는 한편 4일을 주기로 순회 교수하는 등 열성을 아끼지 않았다.[44] 동군 동면 日直里 梁柱鶴은 1908년 보통야학교를 설립한 후 유경준을 교사로 초빙하는 한편 경비 일체를 부담하였다.[45] 야학이 운영난에 직면하자, 주민들은 자발적인 의연금 모집에 앞장섰다. 또 교사도 무보수로 자원하여 학도가 40여 명에 달하는 등 발전의 토대를 마련할 수 있었다. 시흥군은 개인 단독으로 야학이 설립된 대표적인 지역이다.

양주군 九旨面 四老里 金奎集(朝?)은 노동자에게 지식을 보급할 景董야학교를 설립하였다. 그는 경비 부담은 물론 교사로서 활약하였다.[46] 또 면장 朴鎭泳과 유지 李鵬儀와 함께 龜同學校를 설립하는 등 면내 교육운동을 주도한 인물이었다.[47] 坡州郡 廣灘面 沈相怡도 민지계발을 위한 廣信夜學校를 설립하였다. 50~60명에

---

43) 『대한매일신보』 1908년 1월 9일 잡보 「리씨열심」 : 『大韓每日申報』 1908년 1월 12일 잡보 「리氏熱心」.
44) 『대한매일신보』 1908년 2월 28일 잡보 「영등포학교」.
45) 『대한민보』 1910년 3월 18일 교육계 「勉之勉之」 : 『大韓每日申報』 1910년 4월 2일 학계 「日直夜校」 : 『대한매일신보』 1910년 4월 2일 학계 「량씨집야학교」.
46) 『대한매일신보』 1910년 1월 23일 학계 「야학교설립」 : 『大韓每日申報』 1910년 1월 28일 학계 「金氏刱校」.
47) 『대한매일신보』 1910년 2월 12일 학계 「박씨열심」 : 『大韓每日申報』 1910년 2월 13일 학계 「朴氏熱心」.

달하는 야학생이 일시에 호응하는 상황이었다.[48] 야학생들은 군내 연합운동회에 참가하는 등 활발한 활동을 전개하였다. 이는 주민들에게 야학을 통한 근대교육의 필요성을 각인시키는 계기였다. 振威郡 東明義塾은 설립자인 金晋熙의 사망 이후 재정난으로 폐교에 직면하였다. 숙장 申錫과 숙감 朴準國은 서울에 거주하는 李在英을 교사로 초빙하는 등 교육 내실화에 노력을 기울였다. 이어 노동야학을 부설하자, 주야학도가 80여 명에 달하는 성황을 이루었다.[49] 월말고사 등을 통한 주학과 야학 사이의 경쟁은 학생들에게 향학심을 고취시켰다.

양천군수 李浩升은 부임한 이래 관내 각 학교에 교과서를 무료 배부하는 등 교육운동에 열성적이었다. 그는 직접 노동야학을 설립한 후 스스로 교수하는 한편 운영비도 월급 중으로 충당하였다.[50] 지방관의 솔선수범적인 자세는 유림들로 하여금 향교 내에 사립학교를 설립하게 하는 요인이었다. 이천군의 면장인 閔仲植도 자기집에 야학을 단독으로 설립·운영하는 등 근대교육 보급에 노력하였다.[51]

한편 1907년 말부터 경기지역은 국문야학이 성행하였다. 당시 상황에 대해『대한매일신보』는 다음과 같은 격찬을 아끼지 않았다.

　　륭희이년에 새로 긔시혼지 오십일이 못되여 이 나라안에 세가지 큰 깃분쇼식이 하늘에서 오는 복음과 굿치 랑쟈혼디 첫재는 각도 각

---

48)『대한매일신보』1910년 1월 22일 학계「광신야학교 설립」:『大韓每日申報』1910년 1월 27일 학계『廣灘夜學』.

49)『大韓每日申報』1909년 11월 18일 학계「東明更明」.

50)『대한매일신보』1910년 1월 1일 잡보「교과서긔부」, 1월 11일 학계「리씨열심」:『大韓每日申報』1910년 1월 6일 학계「陽倅寄서」:『대한민보』1910년 1월 12일 敎育界「陽倅敎熱」.

51)『대한민보』1909년 12월 18일 學界紀聞「利川勞働敎育」.

군에 국문학교가 날마다 증가ᄒᆞ니 이는 한국사름의 나라ㅅ정신을 발
달홀 쥬의니 ᄒᆞᆫ가지 크게 환영홀 쇼식이오 … 이것을 깃거워홈은 다
만 그 국문학교만 위ᄒᆞ야 깃거워홈도 아니며 흥학회만 위ᄒᆞ야 깃거워
홈도 아니며 로동ᄒᆞᄂᆞᆫ 졔씨만 위ᄒᆞ야 깃거워ᄒᆞᄂᆞᆫ 것도 아니라 곳 한
국의 젼졍을 위ᄒᆞ야 크게 츔을 츄며 크게 찬셩홀 일이니 대뎌 세가지
깃분 쇼식이 새희의 새둘과 ᄀᆞᆺ치 둥구며 새봄에 새풀과 ᄀᆞᆺ치 싹이 나
니 텬하에 데일 깃분 쇼식이 이보담 지날 것이 엇지 잇스리오[52]

일제의 식민지나 반식민지로 전락하는 암담한 상황에서 3가지
기쁜 소식이 있다. 첫째는 각 군마다 국문야학이 날마다 증가한다
는 사실이다. 이는 단순한 한글 보급이 아니라 국가정신이 발달한
점에서 환영할 일이다. 둘째는 기호지방의 완고한 선비들이 기호
흥학회를 조직하였다. 마지막으로 서북지역 출신 물장수와 기호
출신 노동자들은 서북학회와 기호흥학회에 노동야학 설립을 요청
한 사실이다. 이는 바로 "우리 장래의 희망을 여기에서 볼 수 있
기" 때문이라 등 격찬을 아끼지 않았다. 이리하여 야학은 전국적으
로 널리 성행하는 계기를 맞았다.

서북학회가 급수상야학을 설립한 이래 초동(목동)야학·국문야
학·노동야학·농민야학 등은 우후죽순처럼 운영되었다. 신문·
잡지 등은 이를 대대적으로 보도하는 등 야학 설립·운영자와 피
교육자에 대한 격려를 아끼지 않았다. 이는 노동자에 대한 사회적
인 인식 변화를 촉구하는 등 지속적인 야학운동의 분위기를 고조
시켰다.[53] 특히 노동자들 스스로가 설립한 사립학교나 야학이 장
차 근대교육의 중심지로 발전하기를 기원하였다.

이러한 현상은 장차 우리 사회가 새로운 사회로 지향하는 데 중

---

52) 『大韓每日申報』 1908년 2월 16일 논설 「韓國勞働界의 新紀元」 : 『대
　　한매일신보』 1908년 2월 20일 논설 「한국로동쟈의 긔원될만ᄒᆞᆫ 일」.
53) 『황성신문』 1908년 2월 20일 논설 「勸勉勞働同胞夜學」.

요한 계기가 될 것임을 전망하는 한편 이에 부응한 유지들의 분발을 촉구하고 나섰다. 한말 경기지역에 설립된 야학 현황을 정리하면 <부록 2>와 같다.

제2절 下三道地方

1. 충청지역

충청도 야학운동은 進明夜學校 설립으로부터 시작되었다. 탁지부주사인 金永斗·金宇鎭, 은행원 李南植, 공주군 유지 李顯周·朴東煥 등은 진명야학교를 설립하였다. 교과목은 경제·산술·부기·상업일반 등 주로 상업계 종사자를 위한 과정이었다.[54] 이를 계기로 야학운동은 사립학교설립운동과 더불어 점차 확산되었다. 지방관리들을 중심으로 전개된 야학운동은 다음과 같다.

林川郡守 金應圭는 趙斗永·李秉五 등과 政法學校를 설립하였다.[55] 이들은 취지서를 발표하는 등 교육운동에 적극적이었다. 특히 김응규는 天興學校를 설립한 후 교장에 취임하였다. 그의 노력으로 개교한 지 불과 7~8개월만에 70여 학도가 출석할 정도로 성황이었다. 이에 군주사 趙東翊과 재무서장 金商翊은 천흥학교 부설로 노동야학을 설립한 후 40여 명을 수용·교수하였다.[56] 옥천군수 申鉉九는 부임한 이래 관내에 7개 사립학교를 설립한 후 노

---

54) 『만세보』 1907년 5월 21일 잡보 「畫仕夜校」.

55) 『황성신문』 1908년 6월 9일 잡보 「林倅倡學」와 「林郡設郡」.

56) 『황성신문』 1908년 7월 29일 잡보 「三氏贊校」.

동야학을 부설로 설치하는 등 야학운동에 앞장섰다.[57] 보은군주사 崔秉轍은 야학을 설립한 후 야간에 교사로서 활동하였다. 그의 열성에 감복한 청년 수십 명이 이에 호응하는 등 발전을 거듭할 수 있었다.[58] 禮山郡 순사 姜寅燮, 헌병소통역 宋秉周, 조합소통역 朴英秀, 유지 金顯東 등은 한천 김현동의 집에 동명야학교를 세웠다. 전기 3인은 교사로서 활약하는 한편 자신들의 월급 중 3분의 2를 야학 운영비로 충당하였다.[59]

진잠군수 曺敦承은 유지 金永基·朴忠緖·宋一鎬·金哲洙 등과 협의하여 향교와 下南面에 각각 학교를 세웠다. 유지비는 군수 자신의 월급 중 의연금과 주민들의 '교육비'로 조달하였다. 학도는 120여 명에 달하는 등 교육열은 널리 확산되었다. 관내 유의유식하는 청소년을 위한 야학도 설립하는 등 교육활동에 헌신적이었다.[60] 음죽군수 徐光世는 노동야학교를 설립한 후 운영비 일체를 담당하였다. 특히 야학생들을 격려한 그의 활동은 이들에게 교육의 중요성을 일깨우는 계기였다.[61] 학도가 60여 명에 달하는 등 야학은 발전을 거듭할 수 있었다. 당진군수 徐載德은 지방위원 印魯洙와 협의하여, 지방자치를 위한 郡會·面會·里會 등과 농사개량과 부업장려를 위한 農會를 각각 조직하였다. 농회 입회자는 무려 170여 명에 이르렀다. 그는 이를 기반으로 47개소에 달하는 노동야학강습소를 관내에 설립하는 등 지식 보급에 심혈을 기울였다.[62] 직산군수 池喜烈은 부임한 이래 유지들과 사립학교를 설립

---

57) 『황성신문』 1909년 2월 13일 잡보 「沃倅勸學」.
58) 『황성신문』 1909년 6월 20일 잡보 「郡主熱心」.
59) 『대한매일신보』 1909년 12월 30일 잡보 「야학교설립」 ; 『大韓每日申報』 1909년 12월 30일 학계 「東明夜校」.
60) 『황성신문』 1910년 2월 24일 잡보 「鎭倅勸學」.
61) 『황성신문』 1910년 3월 13일 잡보 「徐倅勸學」 ; 『大韓每日申報』 1910년 3월 16일 학계 「陰倅興學」.

하는 등 교육운동에 적극적이었다.[63] 주민들의 법률에 대한 무지함을 안 그는 향교 내에 법률강습소를 설립한 후 교사로서 활동하였다.[64] 그의 노력으로 법령에 대한 중요성을 인식하는 등 사회질서가 점차 정립될 수 있었다.

교사·유지들에 의한 야학운동도 활성화되었다. 괴산공립보통학교 교사 李應運·安弘遠 등은 부설로 국문야학을 설립·교수하였다. 이들은 교과서는 물론 학용품 일체도 무료 제공하는 등 한글보급에 노력을 기울였다.[65] 이를 계기로 괴산일대에 야학이 널리 설립되는 등 근대교육 중심지로서 발전을 거듭할 수 있었다. 동군 南中面 典法里 趙宗鎬·金相賢·金演義 등은 초동목수를 위한 국문야학교를 설립하였다.[66] 학교 운영진은 교장 김상현, 학감 金洛瑞, 교감 김연희, 교사 趙準郁·鄭雲漢 등이었다.[67] 이들의 노력은 한글 중요성을 인식시키는 한편 야학생이 대거 호응하는 계기였다. 동군 申桑雨·柳愚根 등도 괴산야학을 설립하였다. 군재무주사인 李起旭·正村要藏은 명예교사로 자원하여 각각 법률과 일어를 전담 교수하는 등 적극적인 지원을 아끼지 않았다.[68]

---

62) 『대한민보』 1910년 3월 29일 地方雜事 「唐倅聲譽」.
63) 기호흥학회, 「학계휘문, 稷守勸學」 『기호흥학회월보』 7, 39쪽.
64) 『황성신문』 1910년 4월 7일 잡보 「民牧과 講師」.
65) 『大韓每日申報』 1908년 1월 11일 잡보 「晝夜熱心」 : 『대한매일신보』 1908년 1월 26일 잡보 「나무꾼의 상학」 : 『大韓每日申報』 1908년 1월 26일 잡보 「樵童上學」 : 기호흥학회, 「학계휘문, 普明復明」 『기호흥학회월보』 8, 64~65쪽.
66) 『황성신문』 1909년 2월 27일 잡보 「槐郡夜學」 : 『大韓每日申報』 1909년 3월 5일 학계 「趙氏熱心」, 4월 2일 학계 『諸氏熱心』 : 『대한매일신보』 1909년 3월 4일 잡보 「국어학교설립」 : 기호흥학회, 「학계휘문, 三氏熱心」 『기호흥학회월보』 9, 42쪽.
67) 『大韓每日申報』 1909년 4월 2일 학계 「諸氏熱心」.
68) 『황성신문』 1909년 6월 8일 잡보 「槐山夜學」.

제천군의 근대교육은 畿湖興學會 제천지회의 활동으로 활성화 되었다. 특히 지회원인 李熙直은 기호흥학회를 비롯하여 서북학회・嶠南學會・關東學會・湖南學會 등에 거금을 의연하는 등 교육운동을 적극적으로 후원한 인물이었다.[69] 그의 활동은 유지들로 하여금 교육운동에 투신하게 하는 주요한 계기였다. 동군 탑내촌 전승지 李鍾華는 자기집에 노동야학을 설립하였다. 이에 당지 일본인 관리는 물론 유지들도 경쟁적으로 의연금을 출연하기에 이르렀다. 야학 발전을 위하여 정강・정집・鄭相緯・崔永庠・李殷雨・鄭泰容・李鍾夏 등을 중심으로 한 찬성원도 조직되었다.[70] 교사 鄭奎奭・李光雨 등의 열성적인 교수는 50여 야학생을 분발시켰다. 이리하여 유지들은 25~26개교에 달하는 노동야학을 설립・운영하는 성과를 거두었다.[71] 야학을 통한 근대교육은 제천군 일대에서 성황을 이룰 수 있었다.

沃川郡 伊南面 坪山里 朴政鎭・李敎喆・曹昌烈 등은 노동야학교를 설립하였다.[72] 일시에 90여 명이나 호응하자, 인근 赤嶺里와 所道里에 각각 지교를 설치하는 등 노동자교육에 전력을 기울였다. 淸州郡 李相(商?)雨는 4~5년 동안 노동야학교를 설립하여 노동자교육에 헌신적인 활동을 펼쳤다. 노동야학교 학생은 80여 명

---

69) 『황성신문』 1908년 6월 21일 논설 「湖中山川에 義俠風이 發現」, 6월 23일 잡보 「捐土附會」, 6월 24일 잡보 「湖中紳士에 特別義捐」 : 『大韓每日申報』 1908년 8월 23일 잡보 「敎育界大熱心家」, 8월 26일 논설 「東南各省의 第一熱心人」 : 서북학회, 「회사요록, 忠淸北道 有志紳士 李熙直氏가 本會의 敎育事業을 維持ᄒ기 爲ᄒ야 所有畓百斗落을 寄付ᄒ 公函이 如左」와 「회사요록, 答李熙直氏 畓百斗落 寄付公函」 『서북학회월보』 1, 42~44쪽.
70) 『大韓每日申報』 1909년 4월 4일 학계 「勞働有校」.
71) 『황성신문』 1909년 5월 6일 잡보 「堤川勞動學」.
72) 『大韓每日申報』 1909년 4월 28일 학계 「沃郡東明」.

이었고, 간이농상공학과 생도는 수백 명에 달하였다.[73] 동군 鄭龍澤은 가산을 정리하여 사립학교를 세웠다. 그런데 주위 사람들은 그의 교육활동에 대해 방해를 일삼았다. 그는 이에 굴하지 않고 「山林令」에 대비하여 측량교육을 실시하였다. 이와 아울러 노동야학을 설립하여 40여 초동목수를 교육하는 등 지속적인 교육운동을 전개하여 나갔다.[74] 忠州郡 牧溪 유지들이 의연금으로 학교를 설립하자, 공립보통학교 교사인 吉野藤藏은 주민들을 설득하여 100여 명이나 출석하는 성황을 이루었다. 그는 노동학교의 명예교사로서 자원하는 등 지원을 아끼지 않았다.[75] 이리하여 상업계 종사자들 사이에 향학열은 고조되었다.

稷山郡 月鏡里 元兢淵은 吳漢泳·金東植의 도움으로 사립학교를 설립하였다.[76] 이 소식을 접한 서울 거주 전목사 吳錫泳은 학용품 일체를 지원하고 나섰다. 원긍연은 국문야학교 설립을 위한 취지서를 발표하였다.

> 夫有國必有敎오 有敎必有文이니 此所以世界各國에 皆有國文ᄒ야 以敎其國人ᄒ야 培養自國之精神者也라 國無精神則 而國이 不强ᄒ고 人無精神한 而人이 必亡ᄒ나니 國文之爲文이 豈徒在於代人宣言之具而已哉아 嗟夫我國의 由來弊習이 崇拜他國하고 自國精神을 消却ᄒ느니 浮簿無識之徒가 反賤視自國國文ᄒ고 以尊客事大로 確作公理ᄒ야 ??皆是라 莫之能救ᄒ니 寧堪慨歎가 所以國統中世에 竟失自由自立之力ᄒ야 以之損國威損國光者ᅵ 幾百年矣라 … 本人等이 不願淺識不文之嫌ᄒ고 愛國愛族之血誠을 不能自己ᄒ와 刱立國文夜學ᄒ고 聘師敎授이온바 以祖國精神으로 爲基礎ᄒ고 共公總義

---

73) 『대한민보』 1909년 9월 22일 學界紀聞 「李氏熱心」, 1910년 3월 23일 敎育界 「淸州勞働校」:『大韓每日申報』 1910년 3월 25일 학계 「靑郡夜校」:『대한매일신보』 1910년 3월 24일 학계 「야학교설립」.

74) 『황성신문』 1909년 3월 23일 잡보 「湖西一星」.

75) 『황성신문』 1909년 11월 28일 잡보 「忠北曙光」.

76) 『황성신문』 1908년 4월 25일 잡보 「元氏倡學」.

로 爲特色ㅎ야 不問年齡之高下와 界分之如何와 識字之有無ㅎ고 但
志願入學者는 旁通廣募ㅎ와 工者 賈者 諸同胞는 庶幾翼贊同情ㅎ야
共躋文明仁壽之域ㅎ야 上以奠國權於盤泰之固ㅎ고 不以保種族於競
爭之中ㅎ실지어라.[77]

　문자는 각 나라의 애국정신을 고취하는 근원이다. 국가정신이
없는 나라는 결코 부강할 수 없다. 이는 조국의 중요성을 인식하지
못한 채 외국을 숭배하는 사대성이 팽배하기 때문이다. 애국정신
의 근원은 곧 자국어를 제대로 익히고 사용하는데 있다. 이러한 취
지에 따라 그는 국문야학을 설립한다고 역설하였다. 동군에 소재
한 사립학교 임원들도 여러 야학을 설립하는데 앞장섰다. 이들의
노력으로 야학생이 무려 300여 명에 달하는 대성황이었다.[78] 이러
한 분위기는 동군 三東面 內九洞 유지들로 하여금 지방자치제의
일환으로 의무교육 실시를 모색케 하는 계기였다. 이들은 사립학
교 설립을 위한 의연금 모집과 동시에 주민 능력에 따른 '교육비'
부과 방안을 세웠다.[79] 동군 山亭里에 거주하는 閔啓東은 자기집
에 야학을 설립하였다. 그는 사숙에 재학 중인 학생과 초동목수를
2반으로 나누어 국어・한문・어학・산술 등을 교수하였다.[80]

　連山 유지들도 노동야학을 설립하여 생도를 모집하자, 몇일만에
50여 명이나 호응하였다. 군주사 金聲洙, 재무서장 金高契 등은 경
비를 부담하는 한편 명예교사로서 활약하였다.[81] 두 사람의 열성적
인 활동은 야학생에게 향학열을 고취시키는 기폭제였다. 홍주군 궁
성면 외상리 덕명학교 교장 이승욱, 교사 이창규・이은규 등은 상

---

77) 『황성신문』 1908년 4월 26일 잡보 「國文夜學」.
78) 『황성신문』 1908년 12월 22일 잡보 「壯哉夜學」.
79) 『황성신문』 1909년 1월 6일 잡보 「三東面義務敎育」.
80) 『황성신문』 1909년 3월 2일 잡보 「英年有志」.
81) 『황성신문』 1909년 11월 17일 잡보 「勞動校進興」.

명노동야학교를 설립하였다.[82] 홍주군수 윤심도 야학 발전과 야학
생을 격려하는 차원에서 애국가를 지었다.[83] 이는 야학에 대한 지
방관의 당시 인식을 반증하는 주요한 부분이다.

恩津郡 上豆面 大谷 전사과 柳星烈, 전주사 徐琦勳, 면장 崔鏡
壹 등은 주야학 겸설로 隆興學校를 세웠다. 교사진은 교장 윌리암
(미국인 목사), 부교장 徐基道, 학감 卜基業, 한문교사 徐琦勳 등으
로, 교과목은 성경·지지·영어·역사·산술·한문·체조 등이
었다.[84] 학교 운영비는 면내 각 호당 보리 1두와 답 1두락당 2전5
분식의 의무금으로 충당되었다. 이 야학도 의무교육의 일환이었다.
禮山郡 成昌永·韓錫命은 읍내에 東一硏成夜學校를 설립하였다.
주민들은 운영비를 부담하는 등 적극적인 지원을 아끼지 않았
다.[85] 全義郡 동면 노계 손창선·정인철 등은 광동학교를 설립한
후 운영비 일체를 부담하였다. 학교 부설로 야학과를 설치하자, 초
동목수 30여 명이나 호응하는 등 성황을 이루었다.[86] 林川郡 內洞
面 北皐里 趙東晋·文相鷹·姜信禹·姜錫台 등은 노동야학교를
설립하여 농부들을 대상으로 가르쳤다. 주요 교과목은 국어·일
어·산술 등이었다. 또 한문·지지·역사·산술 등을 주요 교과
목으로 하는 주학과도 운영하였다.[87] 야학은 문맹한 성인이 주로
대상자였고, 주학은 그들의 자제들이었다. 이처럼 한말 충청도 야
학운동은 각지에서 널리 성행하는 계기를 맞았다. 이를 정리하면
<부록 3>과 같다.

---

82) 『경향신문』 1909년 4월 30일 각디방긔서 「야학교를 셜시홈」.
83) 『경향신문』 1909년 5월 14일 각디방긔서 「공함」.
84) 『대한매일신보』 1908년 10월 17일 잡보 「륭흥학교창설」 ; 『大韓每日申
報』 1908년 10월 20일 잡보 「隆校刱立」.
85) 『大韓每日申報』 1909년 5월 7일 학계 「東一硏成」.
86) 『대한매일신보』 1910년 1월 8일 학계 「광동학교 설립」.
87) 『황성신문』 1910년 4월 6일 잡보 「北皐曙光」.

2. 경상지역

경상도의 야학운동은 김해공립소학교 부설인 일어야학과로부터 시작되었다. 공립소학교 교원인 李瀋鎬가 일본인 교사를 채용하여 일어를 가르치는 데서 비롯되었다.[88]

金海郡의 야학운동은 지방자치제를 표방한 農務會의 조직과 더불어 활성화되었다. 각 동리를 단위로 조직된 농무회는 학업을 게을리 하는 자에게 벌금을 부과하는 등 향학열 고취에 열성적이었다.[89] 涵入學校 교사인 李允宰는 보통학교 내에 야학교를 설립하였다. 그의 열성적인 교수로 개학한 지 불과 1개월만에 노동자 50여 명이나 호응하는 성황이었다.[90] 동군 북외리 농민들은 농무회의 사업으로 야학교를 설립하였다. 상호간 患難相恤은 물론 민사상 소송도 자체적으로 해결하는 한편 주색잡기를 엄금하는 등 규칙을 제정・시행하였다. 특히 임원진은 근로의식을 고취시키고자 농부가를 만들어 보급하는 등 새로운 민중문화 창출에 노력을 아끼지 않았다.[91] 府三面 桃花洞 농무회도 농무야학교를 설립하는 등 농민교육에 앞장섰다.[92] 교사로 이윤재를 초빙하는 등 교육 내실화에 만전을 기하였다. 교과목은 국한문・역사・산술・체조 등이었고, 월말고사 시행은 야학생들에게 향학열을 고취시키는 계기

---

88) 『만세보』 1906년 8월 30일 잡보 「金海學校興旺」.
89) 『대한매일신보』 1908년 9월 6일 잡보 「김희군민가상」 ; 『大韓每日申報』 1908년 9월 6일 잡보 「金海郡의 文明」 ; 『황성신문』 1908년 7월 17일 잡보 「實業趣旨」.
90) 『大韓每日申報』 1908년 5월 26일 잡보 「勞動夜校」.
91) 『대한매일신보』 1908년 6월 7일 잡보 「농무회설립」.
92) 『大韓每日申報』 1908년 10월 15일 잡보 「農會完成」 ; 『대한매일신보』 1908년 10월 15일 잡보 「농회발달」.

였다.93) 성적 우수자에 대한 시상은 이러한 의도와 맞물려 시행되었다. 左府面 東上里 농무회도 주민 부담으로 농무(용진)야학교를 설립한 후 공립보통학교 출신인 배병준을 교사로 영입하였다. 교과목은 국어·산술·체조 등이었다. 이 야학 역시 월말시험을 실시하여 성적에 따른 상벌을 시행하였다.94)

馬山民議所는 보통야학과(일명 마산노동야학 : 필자주)를 설립하였다. 마산항 실업가인 玉麒煥·具聖傳 등은 지방자치제를 표방한 단체를 조직한 후 부대사업으로 야학운동을 전개하였다.95) 이들의 활동은 마산노동야학을 식민지시기 '대표적인' 야학으로 발전시킬 수 있었다. 마산항에 거주하는 李承奎도 노동야학을 설립한 후 운영비 일체를 부담하는 등 야학운동에 전력을 기울였다.96) 마산지방에는 이를 모방한 노동야학이 다수 설립되었다. 이리하여 노동자들에 대한 교육 수혜는 널리 보급될 수 있었다.97)

晋州郡 노동자들은 교육의 필요성을 절감하여 야학강습소 설립을 위한 발기회를 개최하였다.98) 이들은 대한협회 진주지회의 적

---

93) 『大韓每日申報』 1908년 8월 5일 잡보 「農會夜學試蹟」, 9월 3일 잡보 「農務夜學試蹟」:『대한매일신보』 1908년 8월 5일 잡보 「농회야학교 시험」:『황성신문』 1908년 8월 4일 잡보 「農會教育」.
94) 『大韓每日申報』 1908년 8월 9일 잡보 「農校設立」:『대한매일신보』 1908년 8월 9일 잡보 「농무학교설립」.
95) 『황성신문』 1909년 4월 14일 잡보 「玉氏教育熱心」:『大韓每日申報』 1909년 4월 15일 학계 「馬港夜學」:『동아일보』 1921년 6월 7일 「馬山 勞働夜學 近況」과 「馬山夜學校 修業式」, 7월 16일 「朝鮮 最初의 勞働 夜學; 마산야학의 십사년 긔념」.
96) 『대한민보』 1910년 2월 24일 교육계 「李氏熱心」.
97) 『대한매일신보』 1910년 5월 31일 학계 「로동야학흥왕」:『大韓每日申報』 1910년 6월 2일 학계보 「勞校蔚興」.
98) 문산성당80년사편찬위원회, 1980, 『문산성당80년사』, 198쪽.
1898년 프랑스 신부인 다케가 진주 장재실에서 야학을 실시하였다. 이는 문맹퇴치를 위한 야학이라기보다 교리 강습을 위한 종교적인 성격

극적인 지원으로 독립적인 교사를 마련할 수 있었다. 개학과 동시에 60여 명이나 호응하는 등 성황을 이루었다.[99] 大安面 유지들도 농민야학교를 설립하는 등 시세 변화에 부응하였다. 명예교사인 姜璟鎬의 열성적인 지도는 개학한 지 3～4개월만에 90여 명이나 호응할 정도였다. 춘계대운동회 개최는 야학생들에게 자긍심을 고취시키는 계기였다.[100] 유지인 李周說은 노동자의 무식함을 개탄하여 노동야학을 세웠다. 그는 교사로서 활동하는 한편 운영비 일체를 부담하였다.[101] 이에 노동자 70여 명이 출석하는 등 발전을 거듭하는 계기를 맞았다. 玉峯面 開慶洞 金默鎬는 농민교육을 위한 야학교를 설립하였다. 金俊鎬・金永學・權得龜 등은 명예교사로 자원하는 등 교세를 널리 떨칠 수 있었다. 특히 여자 20여 명이 출석하는 등 야학을 통한 여성교육의 시금석을 마련하는 디딤돌이나 다름없었다.[102] 심지어 감옥소의 죄수들에게도 야학을 실시하였다. 죄수 중 미성년자 16명은 일어, 성인은 농학 등을 가르쳤다.[103] 이처럼 진주지역의 야학운동은 제도권 교육기관 수용력을 훨씬 능가하는 수준이었다. 특히 남녀공동야학 운영은 여성차별에 대한 강고한 인습이 잔존한 당시에 대단한 변화가 아닐 수 없다.

東萊府尹 金敎獻의 아들은 자기집에 주야학 겸설의 학교를 세웠다. 그는 작문・산술・지지 등을 중심으로 가르치는 등 지식 보급에 노력하였다.[104] 釜山港 鄭箕斗・金永圭・金德祐 등도 급수

이 강하다. 그런 만큼 이를 야학 범주에 포함하기는 어렵다.

99) 『황성신문』 1908년 11월 1일 잡보 「勞動夜學講習」 : 『大韓每日申報』 1908년 10월 20일 잡보 「支會設立」.

100) 『대한매일신보』 1909년 2월 13일 잡보 「농민학교설립」 : 『大韓每日申報』 1909년 2월 14일 학계 「大安農民」, 6월 8일 학계 「農民運動」.

101) 『大韓每日申報』 1909년 1월 29일 학계 「李氏熱心」.

102) 『大韓每日申報』 1909년 4월 23일 학계 「玉峯開校」.

103) 『대한민보』 1910년 3월 9일 地方雜事 「晉囚有業」.

상야학의 시행에 자극을 받아 草梁洞立學校 내에 야학교를 설립
하였다. 이들은 노동자교육의 긴급함을 인식하고 있었다.[105] 개학
과 더불어 청년들의 명예교사로서 자원은 교육 내실화를 도모할
수 있었다. 특히 설립자들은 경향신문사에 신문의 무료 배부를 요
청하는 등 시세 변화에 상응하는 일반상식 보급에도 노력하였
다.[106] 瀛洲洞 高允河·趙鎭宇·郭重煥·朴勝玉·朴東植 등은
명진야학교를 설립하였다. 박승옥·李長春·韓鎭杓 등의 명예교
수와 설립자의 열성으로 남학생 56명과 여학생 82명이 재학할 정
도로 교세를 크게 떨칠 수 있었다.[107] 야학교가 운영비 부족으로
폐교에 직면하자, 의연금의 답지로 오히려 교세가 번창되는 계기
를 맞았다.

　三嘉郡 유지 朴基準·任稷淳은 自致夜學 설립 취지서를 발표
하였다.

　　檀箕遺化가 洽人骨髓ㅎ야 吾東文風이 不讓鄒魯터니 嗚呼라 世降
致弛ㅎ야 絃誦이 無聞ㅎ고 射御가 無憑ㅎ니 此誠 有志之士의 飮恨
長歎者也라 迨其歐美列邦에 電氣水蒸美妙之術이 日造其奧ㅎ야 太
平洋 以南以北으로 扼腕注目者 各誘文明ㅎ야 治化가 烝烝然日進ㅎ
니 究其由컨디 自幼稚로 至耆耈히 學學敎育ㅎ야 漸臻富强이어늘 當
當호 東洋禮義舊邦으로 文風이 掃如ㅎ야 雖幾個學校가 往往創立ㅎ
오나 匝域에 普及치 못홀뿐不啻라 惟獨 吾鄕은 高髻廣袖가 泥舊暗
新ㅎ야 外門를 漠然히 不省ㅎ니 豈不歎息哉리오 何幸襲君龍德氏가
適幹務於郵便官署타가 悶玆鄕之未開ㅎ고 歎靑年之優遊ㅎ야 創設夜
學校ㅎ고 命名曰 自致라ㅎ야 公退之暇에 敎導諸生ㅎ야 各自致知케

104)『大韓每日申報』1907년 7월 18일 잡보「金氏熱心」:『대한매일신보』
　　1907년 7월 18일 잡보「열심교육」.
105)『황성신문』1908년 3월 17일 잡보「釜山夜學」.
106)『경향신문』1908년 4월 10일 각디방긔서「본샤에 온 공함」.
107)『大韓每日申報』1909년 3월 5일 학계「明進復明」:『황성신문』1909
　　년 3월 18일 잡보「夜學維持」.

ᄒ니 創之未幾에 諸生이 日增ᄒ야 至於庠舍不能容ᄒ니 盛矣乎인져
自致學校여 願諸生은 顧名思義ᄒ야 勤勤勤勤에 漸進致知ᄒ야 光耀
國家ᄒ고 學貫今古ᄒ면 檀箕遺化를 庶幾復覩於今日ᄒ리니 勉哉勉
哉어.108)

　우리나라는 단군 이래로 학문을 숭상하여 왔다. 서구 열강은 태
평양을 횡단하는 등 급변하는 오늘날 우리 교육은 오히려 부진을
면치 못하는 실정이라는 비판도 서슴지 않았다. 이들은 청소년의
흥학을 위한 자치야학 설립에 많은 지원과 참여를 호소하였다. 陜
川郡 興明學校는 군수 朴從龍과 유지들의 지원으로 교세가 확장
되었다. 이에 부설로 국문야학을 설립하는 등 지식 보급에 노력하
였다. 특히 주학 교사인 朴從琪는 '종합강의록'인 『교육월보』를 교
재로 사용하는 등 교육열에 부응하였다. 야학생이 주학생보다 많
은 56명에 달하는 성황이었다.109)

　大邱 玄擎運은 노동야학을 설립한 후 교사 4~5명을 연빙하였
다. 그는 매일 출근하여 학생들의 수업 현황을 점검하는 한편 교사
들에 대한 지원을 아끼지 않았다. 노동자 70~80명의 호응은 일시
에 교세를 확장시키는 계기였다. 특히 역사·지지·산술·체조
등을 한글로 교수하는 등, 그는 교육 효과의 극대화를 도모하였
다.110) 동군 花縣內面 日新學校 설립자 徐舜範·鄭子烈·李允植
·李龍瑞·鄭明龍 등과 학교장 鄭海植, 교감 徐內興, 학감 李能敬
등은 노동야학을 설립하였다.111) 교사 朴龍鎭의 열성으로 야학은
노동자의 적극적인 관심 속에 발전을 거듭할 수 있었다. 達城親睦
會도 동회관 내에 법률야학강습소를 설립하였다. 이들은 사법관을

---

108) 『황성신문』 1908년 11월 20일 잡보 「自致夜學」.
109) 『황성신문』 1909년 9월 7일 잡보 「興明其興」.
110) 『황성신문』 1908년 9월 20일 광고.
111) 『황성신문』 1910년 1월 9일 잡보 「日新校況」.

교사로 초빙하여 보성전문학교 강의록을 중심으로 운영하는 등 법률상식 보급을 도모하였다.[112]

開寧郡 西部 文喆漢은 동군 開進學校 학감으로 재직하는 중 노동자를 위한 국문야학을 세웠다.[113] 동군 西面 富岩里 禹鼎泰는 普成學校 학생으로 자기 동리에 야학을 설립하였다. 그는 야학생을 위한 노동과 관련된 책자 구매·기부에 노력을 기울였다.[114]

순흥군수 元殷常은 교육을 장려할 목적으로 면장·이장에게 勉勵會의 조직을 권유하였다. 이와 동시에 노동자제를 위한 노동야학교와 직조강습소를 설립하는 등 농가부업 향상에 노력을 기울였다.[115] 醴泉郡 金鼎九는 襄陽夜學校 학감으로 교육운동에 헌신적인 인물이었다. 전참서 張昇煥, 군주사 李桓, 체신주사 白漢鎭 등은 그의 활동에 감화되어 명예교사로서 자원하였다.[116] 실무를 중심으로 한 교과 운영은 야학을 발전시키는 기반이었다.[117] 한말 경상도 야학운동은 정리하면 <부록 4>와 같다.

3. 호남지역

호남 야학운동은 목포 永華學校 부설인 야학으로부터 시작되었다. 이 학교교사인 南宮爀과 曹秉禹는 영어와 일어를 각각 담당하였다.[118] 이들의 열성으로 야학은 시작과 동시에 발전을 거듭할 수 있

---

112) 『황성신문』 1910년 6월 15일 잡보 「親睦會法律夜學」.
113) 『황성신문』 1909년 2월 17일 잡보 「文氏熱心」.
114) 『황성신문』 1909년 3월 5일 잡보 「學生獎學」.
115) 『황성신문』 1910년 3월 31일 잡보 「可謂盾良」.
116) 『황성신문』 1910년 5월 18일 잡보 「三氏有譽」.
117) 『황성신문』 1910년 5월 18일 잡보 「三氏有譽」.
118) 『황성신문』 1907년 5월 8일 잡보 「永校將就」.

었다. 야학운동을 주도한 인물은 역시 유지·관리·교사 등이었다.

전주관찰사 金奎熙와 전주공립보통학교 교사 등은 부설로 전주야학교(이후 進明夜學校로 개칭 : 필자주)를 설립하였다. 교사진은 공립보통학교 재직 교사는 물론 尹憲求(검사)·金鳳鎭(통역관)과 재정고문지부주사인 申泰斌·李鍾殷 등으로 구성되었다.[119] 교과목은 법률·산술·일어 등이었다. 일본어는 공립보통학교 교사인 二町耕夫가 담당하였다. 주민들의 야학에 대한 관심이 고조되자, 이들은 취지서를 발표하는 등 분위기 확산에 노력을 아끼지 않았다. 신임 관찰사 李斗璜과 진명야학 설립자는 취지서를 홍보하고 나섰다.

> 夫學校者 人民開進之牖戶國家需用之基礎也 自三代以來 有庠序學校之設 導養人才 是經國濟民之本 而國朝以來 建大學 置四學 敎授於京師 設校宮 書院於鄕邑 有私塾於閭巷 文學蔚興人才卓出 可謂文明時代矣러니 挽近以來 徒尙虛文專無實學 至于今日而極矣 現方五洲列强交通爭雄聞見一新 以若自守習慣不可同日而語也 本州以豊沛大鄕衣冠文物 不讓於八域地靈所 毓人傑能出從古稱人才淵藪 而近有公立普通私立三學校然而 所從學者 不過孩提未及 弱冠者也 … 人而不知法人 而爲人國 而不以法國 不爲國此人 人所可先智者也 日語者韓日兩國 只隔一水往來相接喉舌 不通有防治安莫此爲甚 此人人所可必解者也 …[120]

교육을 통한 인재양성은 우리의 과거부터 이어져온 전통이다. 국제적인 교류가 활발한 오늘날 교육은 훨씬 중요한 의미를 지닌다. 아쉽게도 우리 교육은 허문만을 숭상하는 분위기가 팽배할 뿐만 아니라 제대로 운영되는 교육기관조차 거의 전무한 실정이다.

---

119) 『황성신문』 1907년 12월 13일 잡보 「全校夜學」.
120) 『大韓每日申報』 1908년 3월 26일 잡보 「全州私立進明夜學校趣旨書」:
     『황성신문』 1908년 3월 27일 잡보 「進明夜學」.

그런 만큼 교육을 보급할 야학 설립은 시급한 문제이다. 법률에 대한 상식은 국가이념을 이해하는데 필수적인 요소이며, 일본어는 한일 양국 관계의 진정한 이해를 위해 필요하다고 역설하였다. 부내 유지들은 의연금 출연에 경쟁적으로 참여하는 등 야학에 대한 인식을 보편화시켰다.[121)

순사 안희진과 서상문은 고산읍내 유지들과 노동학교와 농민학교를 설립하였다.[122) 이들은 1년간을 명예교사로서 활동하는 등 교육 보급에 남다른 열정을 보였다. 경비 부족으로 운영난에 직면하자, 생도 일동은 품팔이를 통하여 재원을 마련하였다. 교장 고종하, 교감 허원, 총무 이도성, 사무원 김치삼·이봉길, 교사 이학노 등도 교무에 열성을 다하는 등 교세를 크게 떨쳤다.[123) 만경군수 권주상은 30~40대 성인 남자들을 대상으로 한 야학을 운영하였다. 교과목은 산술·일어·법률 등이었으며, 자신이 직접 교사로서 활동하는 등 야학 시행에 적극적이었다.[124)

목포항 士商會社는 進興學校와 商業學校를 각각 설립하였다. 임원들은 진흥학교 내에 한문·법학을 중심으로 하는 야학을 운영하기에 이르렀다.[125) 근로청소년들은 이를 통하여 보다 다양한 교육 수혜를 받을 수 있었다. 龍潭郡 西面 유지들은 朱陽夜學校를 설립한 후 노동자 40여 명을 모집·교수하였다. 이에 자극을 받은 같은 면 괴정과 성암 등 5~6개동 유지도 각각 야학교를 설립하기에 이르렀다.[126)

---

121) 『황성신문』 1908년 3월 28일 광고 「私立全州進明夜學校寄附金人員」.
122) 『경향신문』 1909년 3월 12일 각디방긔셔 「슌사열심」, 4월 16일 각디방긔셔 「칭숑홀 일」.
123) 『경향신문』 1909년 3월 19일 각디방긔셔 「야학교가 흥왕」, 8월 27일 각디방긔셔 「됴흔쇼식」, 12월 24일 각디방긔셔 「명예로 교육」.
124) 『대한매일신보』 1910년 4월 2일 학계 「그군슈 무던ᄒ다)」.
125) 『황성신문』 1908년 4월 25일 잡보 「木浦校況」.

　야학생은 각 야학마다 20～30명에 달하였다. 군산항 유지들도 상업종사자를 위한 야학을 설립하였다. 교사 申泰根은 명예로 교수하는 등 이들의 향학열에 부응하는데 앞장 섰다.[127] 전북 扶安郡 牛浦 유지신사 金鼎濟는 자기집에 주학으로 測量科를 설립하는 한편 초동목수를 위한 노동야학도 운영하였다. 운영비 부담은 물론 교사로서 열성을 다하여 주민들로부터 대대적인 칭송을 받았다.[128] 광주군 유지 최종섭은 대한협회 광주지회관 내에 노동야학교를 설립하였다. 지회원 참여와 주민들 지원으로 야학생은 130여 명에 달하는 대성황을 이루었다.[129]

　호남지방 야학운동은 다른 지방에 비해 미약한 실정이었다. 이러한 원인은 여러 측면에서 살펴볼 수 있다. 우선 자강운동이 부진한 지역적인 특성을 반영하고 있었다. 이는 의병전쟁의 후유증이 심각한 상황과 맞물러 진행되었다. 일제의 경제적인 침략 강화는 이러한 물질적인 토대를 붕괴시켜 나갔다. 그런 만큼 교육운동은 전반적으로 부진을 면치 못하고 말았다. 한말 호남지방 야학운동을 정리하면 <부록 5>와 같다.

---

126)『大韓每日申報』1909년 1월 6일 잡보「龍潭興學」.
127)『大韓每日申報』1908년 11월 26일 잡보「敎師熱心」:『대한매일신보』1908년 11월 27일 잡보「교ᄉ열심」.
128)『황성신문』1909년 3월 30일 잡보「金氏熱心」, 4월 24일 잡보「金氏熱心」.
129)『대한매일신보』1908년 10월 30일「광쥬에 대한협회」, 1910년 6월 30일 학계보「최씨열심」.

제3절 서북지방

1. 황해지역

황해도의 근대교육은 「을사5조약」 이전까지 개신교가 주도하는 상황이었다.[130] 일부 지방관이나 개신유학자들이 몇몇 사립학교를 설립·운영하는 정도였다. 즉 1900년 長淵郡 유림들은 의연금으로 소학교를 설립하여 인민 開進에 실효를 거두고 있었다. 운영비 부족으로 소학교가 폐교에 직면하자, 이들은 군수의 학교장 취임과 예산 지원을 학부에 호소하기에 이르렀다.[131] 이듬해 兎山郡의 柳載熙·朴永珪 등도 전관찰사 尹吉求와 군수 金容培 후원과 자신들의 의연금으로 읍내에 소학교를 설립하였다. 이들은 학생 30여 명을 모집하는 한편 韓斗運을 교사로 고빙하는 등 근대교육 시행에 앞장 섰다.[132] 安岳郡守 鄭顯哲도 유지들과 함께 소학교를 설립하였다. 학도들이 이에 호응하는 등 근대교육에 대한 관심은 점차 고조되었다.[133] 그런데 이러한 학교는 규모·교육내용·교사진·운영비 등이 미흡할 뿐만 아니라 극히 일부 지방에 한정되었다. 반면 一進會가 海州·信川·安岳·載寧 등지를 비롯하여 전

---

130) 孫仁銖, 1971, 『韓國近代教育史』, 연세대출판부, 14~43쪽 : 白樂俊, 1973, 『韓國改新教史』, 연세대출판부, 75~86쪽 : 李萬烈, 1978, 『韓國基督教文化運動史』, 대한기독교출판사, 185~197쪽 : 尹健次 지음 (심성보외 역), 1987, 『한국근대교육의 사상과 운동』, 청사, 172~1296쪽 ; 鄭英熹, 1999, 『개화기 종교계의 교육운동 연구』, 혜안, 156~173쪽.
131) 『황성신문』 1902년 12월 27일 잡보 「查報校況」.
132) 『황성신문』 1901년 2월 16일 잡보 「補助設校」.
133) 『황성신문』 1902년 1월 23일 잡보 「創立小校」.

국적으로 운영한 34개 사립학교는 제법 큰 규모였다.[134]

러일전쟁 발발은 사립학교설립운동을 통한 근대교육운동을 앙양시키는 계기로 작용하였다. 大韓自强會는 의무교육 실시를 정부에 촉구하여 中樞院을 거쳐 각의에서 이를 가결시키는 성과를 거두었다.[135] 이후 太極學會·大韓協會·西北學會·畿湖興學會 등도 "근대교육을 통한 인재 양성과 殖産 興業"을 표방하였다. 각 단체의 지회 설립은 교육운동을 포함한 자강운동 전반을 활성화시켰다. 자강운동기 황해도에 설립된 계몽단체 지회는 해주(대한자강회, 대한협회), 平山(서북학회), 谷山(대한협회), 재령(대한자강회, 대한협회, 서북학회), 白川(서북학회), 金川(서북학회), 長淵(서북학회) 등이었다.[136] 또 지방자치제를 표방한 민회·민의소·농무회 등과 각종 교육회·면학회·장학회 등도 주민 부담에 의한 사립학교를 설립하는 등 근대교육 보급에 노력하였다. 信川郡 東部面

---

134) 『황성신문』1905년 10월 5일 잡보 「一進設校數」 : 김형목, 1999, 「畿湖興學會 京畿道 支會 現況과 性格」『중앙사론』12·13, 60쪽.

135) 柳永烈, 1987, 「大韓自强會의 愛國啓蒙運動」『韓國近代民族運動史研究』, 일조각 ; 조항래 편저, 1992, 『1900年代의 愛國啓蒙運動研究』, 아세아문화사, 80~86쪽에 재수록 : 김형목, 1997, 「自强運動期 漢城府民會의 義務敎育 施行과 性格」『중앙사론』9, 73~74쪽.

136) 李松姬, 1985, 『大韓帝國末期 愛國啓蒙學會研究』, 이화여대박사학위논문, 80쪽 : 金項勾, 1992, 『大韓協會(1907-1910)研究』, 단국대박사학위논문, 77~87쪽 : 金度亨, 1994, 『大韓帝國期의 政治思想研究』, 지식산업사, 148쪽 : 鄭灌, 1995, 『舊韓末期 民族啓蒙運動研究』, 형설출판사, 82~83쪽 : 柳永烈, 1996, 「大韓協會 支會 研究」『국사관논총』67, 국사편찬위원회, 63쪽 : 전재관, 1997, 「한말 애국계몽단체 지회의 분포와 구성-대한자강회·대한협회·오학회를 중심으로-」『숭실사학』10, 숭실대, 170~172쪽.
김도형은 회장 金基鼎과 부회장 張顯奎인 長淵 支會를 파악하지 못하였다[서북학회, 『서북학회월보』1-15, 서북학회, 50쪽]. 그의 지회 연구는 지방유지로 일컬어지는 이른바 '명망가'의 정치적인 지향과 동향을 이해하는 데 시사하는 바가 크다.

李德禧 등은 인근 주민 5~600명을 규합하여 농림회를 조직하였
다.137)

특히 西友學會는 급증하는 사립학교 설립에 부응하여 시급한
교사 양성을 위한 夜學速成師範科를 설치하는 등 만전을 꾀하였
다.138) 이를 계승한 서북학회는 서울에 본교인 協成學校를 설립하
는 한편 서북지방을 중심으로 기존 사립학교를 협성학교 지교로
승인하는 등 황해도의 근대교육운동을 주도하였다. 지교 승인은
교과과정의 통일과 교재 발간 등을 통하여 교육적인 효과의 극대
화를 위한 방안이었다. 동시에 민족정신·애국정신을 고취하려는
민족교육의 일환에서 비롯되었다. 황해도 내 협성학교 지교로 승
인된 사립학교는 <표 Ⅱ-2>와 같다.

〈표 Ⅱ-2〉황해도의 협성학교 지교 현황139)

郡名	支　　　　校　　　　名	備考
信川	升明學校	
安岳	奉三學校, 東倉學校, 培英學校	
載寧	廣理學校, 隆藝學校, 昌東學校, 文昌學校, 養元學校, 振興學校, 振明學校, 光東學校	
遂安	西華學校, 光興學校	
金川	大明學校, 金興學校, 廣新學校	
平山	古之向陽義塾, 大興學校	
鳳山	朝陽學校	
延安	延興學校	
甕津	花山協成學校	

137) 『大韓每日申報』 1909년 11월 27일 잡보 「有志齋恨」.
138) 서우학회, 「學徒募集廣告」 『西友』 2 ; 『만세보』 1906년 12월 12일 잡
　　보 「西友學會師範夜學」과 12월 25일 잡보 「西友會 設校」.
139) 愼鏞廈, 1982, 『朴殷植의 社會思想硏究』, 서울대출판부, 80쪽 ; 이송
　　희, 1985, 『대한제국말기 애국계몽학회연구』, 81~83쪽.
　　신용하는 信川의 승명학교와 옹진의 화산협성학교, 이송희는 화산협

<표 Ⅱ-2>에 나타난 바처럼, 安岳·遂安·鳳山·延安·瓮津郡은 서북학회 지회가 설립되지 않았다. 그런데 서북학회 회원인 인사들을 중심으로 운영 중인 사립학교는 협성학교 지교로서 인가를 받았다. 서북학회가 시찰위원을 파견한 사실과 신입 회원의 등록 현황을 통해 저간의 사정을 알 수 있다.140) 곧 공식적으로 나타나지 않지만, 이미 이러한 지역은 지회를 조직·운영하는 상황이라고 볼 수 있다.

일찍이 崔光玉·金鴻亮 등은 1906년 11월 勉學會를 조직하여 서북지방 일대에 교육과 산업 진흥을 통한 민족자립사상을 고취하였다. 학교·강습소·야학 등의 교사 확보책은 사범강습소 운영으로 이어졌다. 이들은 평양과 안악군에 각각 이를 설립하는 등 야학운동의 기반을 확대시켜 나갔다.141) 면학회는 교육구국운동 확산과 더불어 1908년 海西敎育總會로 발전하는 계기였다. 白凡 金九는 學務總監이었다. 단체 목적은 근대교육을 통한 황해도민의 문화와 정신적인 부흥이었다.142) 특히 新民會의 외곽단체로서 실업

성학교를 각각 누락하였다. 화산협성학교는 1909년 10월 이전에 임의 지교로서 인가되었다[서북학회, 「會事記要」『서북학회월보』 1-16, 67쪽]. 서북학회 지회수는 32개소(평남 5, 평북 9, 함남 10, 함북 3, 황해 4, 경기 1)였으며, 지교수는 31개 지역에 69개교에 달하였다.

140) 이송희, 1985,『대한제국말기 애국계몽학회연구』, 75~77쪽.
    각 사립학교의 설립자·임원·교사 등과 2,400여 명에 달하는 회원 등을 통해 엿볼 수 있다. 다만 이들의 구체적인 활동은 추후에 살펴보고자 한다.

141)『大韓每日申報』1907년 10월 11일 잡보「敎育學序」, 1908년 7월 7일 잡보「講所新設」, 8월 26일 잡보「安郡講習試驗」:『대한매일신보』 1908년 7월 19일 잡보「최씨열심」, 8월 26일 잡보「안악강습소시험」: 박은식전서편찬위원회, 1975,『朴殷植全書』下, 단국대출판부, 225~226쪽 : 尹慶老, 1990,『105人事件과 新民會硏究』, 일지사, 233~243쪽.

142)『대한매일신보』1908년 8월 26일 잡보「히서교육총회」, 1909년 5월 7일 잡보「양산학교긔부」:『大韓每日申報』1908년 8월 26일 잡보「海

가・교육가・학생 등을 회원으로 확보하는 통로였다. '단순한' 교
육단체가 아니라 독립운동단체로서 강한 성격을 지니고 있었다.

新民會 역시 李東輝가 강화도에 普昌學校를 설립한 이래 서북
지방에만 100여 개 지교를 설립하는 등 교육구국운동에 박차를 가
하였다.[143) 사립학교가 가장 많이 설립된 지역은 평안도와 황해도
일대였다. 특히 평북 義州郡 내에만 수십 개에 달하는 사립학교가
설립・운영될 정도로 사립학교설립운동은 최고조에 이르렀다.[144)
안악군수 李寅奎는 학무회를 조직한 후 각 면리에 학교를 세웠다.
교사 양성을 위한 계획은 중학교 설립으로 귀결되었다. 이처럼 그
는 관내의 교육운동을 주도하는 중심적인 인물이었다.[145) 이리하
여 황해도에 설립된 주요한 사립학교만도 1906년 13개교, 1907년
21개교, 1908년 75개교, 1909년 43개교, 1910년 21개교였다.[146)

일제는 1908년 「私立學校令」 시행과 더불어 사립학교설립운동
에 대한 대대적인 탄압을 자행하였다. 미비한 교육시설, 교사 부
족,[147) 경비 부족 등으로 많은 사립학교는 통・폐합되는 비운을 맞
았다.[148) 하지만 계몽단체의 활동은 다른 지역보다 교육열을 고조

西教育摠開會」 : 金九, 1947, 『白凡逸志』, 백범김구선생기념사업협
회, 182~186쪽 : 도진순 주해, 1997, 『백범일지』, 돌베개, 204~207쪽.

143) 愼鏞廈, 1985, 『韓國民族獨立運動史硏究』, 을유문화사, 63~67쪽.

144) 박윤원, 『의주연혁(1931)』 ; 박득준, 1989, 『조선근대교육사』, 한마당
(영인), 152~153쪽에서 재인용.

145) 『大韓每日申報』 1908년 9월 6일 잡보 「中校設立決定」.

146) 金英宇, 1986, 「韓末 私立學校에 關한 硏究<Ⅱ>」 『논문집』 3, 공주
사대.
신설된 학교 중에 누락된 경우도 있으나 전체적인 경향성을 파악하는
데 큰 무리가 없다. 다만 변경된 학교명을 새로 설립된 학교로 정리한
점은 주의를 요한다.

147) 『대한매일신보』 1908년 11월 3일 긔서 「학교는 잇셔도 교ᄉ가 업는
혼탄」, 12월 6일 논설 「교육가 졔공에게 경고홈」.

148) 柳漢喆, 1988, 「韓末 私立學校令 以後 日帝의 私學 彈壓과 그 特徵」

시켰다. 특히 지회원은 근대교육운동을 주도하는 계층이었다. 이러한 배경으로 황해도 야학운동은 「사립학교령」 이후 더욱 발흥할 수 있었다.

안악군 유지인 車京哲・表致楨・金炳旭・高基泰 등은 배영학교 부설로 야학교를 설립하였다. 이들은 무보수로 교수하는 등 열성을 다하여 40여 명에 달하는 야학생을 확보할 수 있었다.[149] 군수인 李寅奎는 유지들과 협의한 후 500호를 단위로 1개교씩 사립학교 설립을 계획하였다. 의무교육의 일환으로 이를 추진할 기구인 學務會도 조직되었다. 이러한 분위기는 사립학교는 물론 강습소・야학 등의 설립을 촉진시키는 계기였다.[150] 동군 龍門面 遠川洞 유지들도 초동목수를 교육할 원천야학교를 설립하였다. 姜仁元은 자신의 사랑방을 교사로, 柳元桂는 교재를 제공하고, 姜日奎는 명예교사로서 활동하는 등 야학 운영을 위한 준비에 만전을 기하였다. 이리하여 일시에 20여 명에 달하는 학동들이 호응하였다.[151] 동면 德洞의 趙文明・全運爀・吳雲泳・金泳植은 청년교육을 위해 日新學校를 설립한 후 金澤模를 교사로 초빙하였다. 개학한 지 불과 2~3개월만에 60여 명의 학도가 출석하는 등 성황을 이루었다. 근로청소년을 위한 교육은 노동야학과 개설로 이어졌다.[152] 동군 文山面長 鄭學基와 전면장 元宗奎・孫世德・宋昌淳 등도 의연금을 모금하여 文昌學校를 설립하였다. 교사는 근대교육을 수학

『한국독립운동사연구』 2, 독립기념관 한국독립운동사연구소, 65~103쪽 : 김형목, 1997, 「자강운동기 한성부민회의 의무교육 시행과 성격」, 76~77쪽.

149) 『대한매일신보』 1908년 10월 16일 잡보 「ᄾ씨열심」 : 『大韓每日申報』 1908년 10월 16일 잡보 「四氏熱心」.
150) 『황성신문』 1908년 8월 27일 잡보 「五百戶의 一校」.
151) 『大韓每日申報』 1908년 9월 17일 잡보 「三氏敎育」.
152) 『大韓每日申報』 1908년 11월 17일 잡보 「五氏熱心」.

한 당지 張弘範을 초빙하기에 이르렀다. 주학생 53명과 야학생 27명은 매일 출석하는 등 교황의 번창으로 인근 주민의 부러움을 받았다.[153] 동군 瑞山洞 청년들은 친목회를 조직한 후 부대사업으로 목동야학교를 운영하는 등 교육 보급에 앞장섰다. 임원인 張衡哉·金熙文·任聖河·韓楨敎 등이 50여 명을 교수하자, 주민들 스스로가 경쟁적으로 의연금 모금에 동참하고 나섰다.[154] 청년회 활동은 이에 그치지 않고 미신타파·풍속개량 등 생활개선운동으로 확대되었다. 야학을 매개로 한 새로운 民衆文化가 창출되는 현장이었다.

載寧郡은 군수 李容弼과 유지 趙光表(杓)·柳夢澤 등이 牧童自立學校를 설립하는 등 1907년을 기점으로 점차 확산되었다. 군수의 지속적인 지원, 海州總巡 全鳳薰과 세무주사 張錫煥의 후원, 유몽택을 비롯한 교사들의 열성으로 70~80여 야학생이 출석하는 등 발전을 거듭하였다.[155] 야학교 명칭도 교육계의 모범될 뿐만 아니라 국권회복에 기초한다는 의미인 '자립'이었다. 재령군 내 학교연합으로 실시한 乾元節 행사에서 노동자들이 야학생을 격려하는 한편 다수의 의연금을 지원하였다.[156] 특히 연합운동회 개최는 재령 일대에 근대교육을 확산시키는 기폭제였다. 동군 희창의 유지

---

153) 『大韓每日申報』 1908년 11월 22일 잡보 「文山設校」.
154) 『大韓每日申報』 1909년 3월 6일 학계 「靑年有志」.
155) 『大韓每日申報』 1907년 7월 20일 잡보 「靑年興學」, 1908년 1월 5일 잡보 「載敏奮發」, 5월 27일 잡보 「奇哉此兒」, 5월 28일 잡보 「載郡興學」, 7월 21일 잡보 「自立試驗」, 1909년 5월 6일 잡보 「遷于喬木」 : 『만세보』 1907년 6월 27일 잡보 「樵牧夜學」 : 『대한매일신보』 1908년 5월 26일 잡보 「긔특흔 ㅇ희」, 7월 18일 잡보 「목동교시험」, 1909년 6월 15일 「보조원의 보조」.
156) 『大韓每日申報』 1908년 3월 24일 잡보 「志士寄函」, 4월 10일 잡보 「勞動義助」, 1909년 5월 6일 잡보 「遷于喬木」

들도 주민들과 협회한 후 의연금을 모집하여 창명학교를 설립하였
다. 교장 김주현과 교사 한병집의 노력으로 창명야학교를 설립하
자, 30여 명의 초동목수가 응하는 등 교세가 점차 확장되었다.[157]
동군 左栗面長 金正洪은 매월 1차례 洞長會를 개최하여 교육 발
전과 농업 발전을 위한 여러 방안을 강구하였다. 그는 자기집에 사
립학교를 세워 남녀 60여 명을 수용하는 한편 부설로 야학교를 운
영하는 등 지식 보급에 열성적이었다.[158] 이러한 분위기에 호응한
군주사 정건유 등은 학무회를 조직하는 등 사립학교와 야학 유지
책을 강구하기에 이르렀다.[159] 동군 右栗面 雲水學校 생도 張宗鍵
・李達臻 등은 유지 崔濟伯의 후원으로 하기방학을 이용하여 노
동야학을 장종건의 집에 개설하였다. 이들은 야학 유지비 마련을
위해 나무장사를 마다하지 않았다. 이들의 열성은 주민들 지원을
받는 가운데 인근 지역으로 야학을 확산시키는 기반이었다.[160]

長淵郡은 張義澤 등이 공립보통학교 내 노동야학을 설립하자,
개학일에 180여 명이나 호응하였다. 장의택을 비롯한 李基鍾・林
國承・白南薰・莊元鎔 등은 명예교사・후원자였고, 군수 朴喜宅
도 적극적인 지원을 아끼지 않았다.[161] 또 전주사 임원석이 노동야
학교를 설립하자, 이준헌・김태연 등도 명예교사로서 자원하였다.
이들의 활동으로 50여 명이나 호응하는 등 야학에 대한 인식은 널
리 확산되어 나갔다.[162] 동군 秋花溪面 金學卿은 동리의 井榮學校

---

157) 『대한매일신보』 1908년 8월 14일 잡보 「창교신설」.
158) 『大韓每日申報』 1909년 5월 7일 학계 「面長有人」:『대한매일신보』
     1909년 5월 2일 잡보 「면장열심」.
159) 『대한매일신보』 1909년 3월 11일 잡보 「정쥬수 권학」.
160) 『황성신문』 1910년 4월 2일 잡보 「熱心哉兩學生」:『대한매일신보』
     1910년 4월 2일 학계 「희한흔 일」.
161) 『大韓每日申報』 1908년 8월 4일 잡보 「勞働校設立」:『대한매일신
     보』 1908년 8월 20일 잡보 「장연로동학교」.

내에 야학을 설립한 후 스스로 교사가 되었다. 그는 단독으로 수십
명을 교수할 뿐만 아니라 운영비도 부담하였다.[163)

海州郡은 警視 李悳應・警部 전봉훈・재판소주사 黃履淵 등이
주야학인 齊民學校를 설립하였다.[164) 이들의 열성과 주민들의 적
극적인 후원으로 이 학교는 중등・소학・야학으로 분화되었다. 향
학열은 결국 청소년으로 하여금 술집 출입과 도박 등을 일시에 추
방시키는 결과를 초래하였다.[165) 농한기 향촌사회의 고질적인 문
제인 음주와 도박은 야학의 시행과 더불어 일소되었다. 특히 1908
년에는 노동자와 無産兒童 수백 명이 출석하는 등 교세가 거듭 확
장되기에 이르렀다.[166) 야학교의 임원인 吳憲泳・安承圭・金永承
등은 기본금을 분담하고, 명예교사 宋榮泰・趙昌鎬・金昶源 등은
주야 교수에 노력을 아끼지 않았다. 동군 花陽面 晚洞 吳武煥이
廣明夜學校를 설립하자, 그의 열성적인 활동에 자극을 받은 농부
40여 명이나 출석하였다.[167) 주민들은 의연금으로 學契田을 마련
하여 재정적인 기반을 확충하는 등 이에 적극적으로 동참하고 있
었다. 동면 光明學校 교사들 역시 부설로 야학을 설립하여 국문・
한문・습자・체조 등을 교수하였다.[168) 이러한 가운데 이성면 유

---

162) 『大韓每日申報』 1908년 8월 16일 잡보 「勞働夜學校又設」 : 『대한매
　　 일신보』 1908년 8월 20일 잡보 「장연로동학교」.
163) 『대한매일신보』 1910년 1월 28일 학계 「정영학교의 발달」 : 『大韓每
　　 日申報』 1910년 1월 30일 학계 「榮校夜學」.
164) 『황성신문』 1905년 5월 31일 잡보 「齊民開校」.
165) 『황성신문』 1908년 5월 24일 잡보 「打破雜類巢窟」.
166) 『황성신문』 1908년 5월 7일 잡보 「齊校續聞」, 7월 1일 「齊民勇進」 :
　　 『大韓每日申報』 1908년 11월 25일 「可謂齊民」.
167) 『대한매일신보』 1909년 2월 5일 잡보 「광명교확쟝」 : 『大韓每日申報』
　　 1908년 9월 2일 잡보 「光明校夜學附設」, 1909년 2월 10일 학계 「廣明
　　 擴張」.
168) 『大韓每日申報』 1909년 9월 2일 잡보 「光明校夜學 附設」.

지들은 농민들의 권익옹호와 지방자치를 표방한 농무회를 조직하여 전폭적인 교육기관 지원에 나섰다.[169] 이 단체도 역시 농사개량·농가부업·생활개선을 위한 여러 활동을 병행하였다.

殷栗郡은 1907년 樵童牧竪들의 자력으로 설립한 배영야학교가 운영난에 직면하자, 박문서사 사장인 홍진삼의 자금과 교재 기부로 부흥하는 계기를 맞았다.[170] 방학기간 중 귀향활동 일환으로 경신중학교 정문원이 자기 고향인 남상면 계양촌에 야학을 설립하고, 樵童牧竪 50여 명을 모집·교수하였다.[171] 이러한 활동에 자극된 유지들은 읍내에 夜學獎勵會를 조직하는 동시에 師範講習所를 설치하였다. 강습소장은 배영야학교 후원자인 홍진삼으로 가정형편이 곤란한 40여 명에게 무료 교수하는 등 지식 보급에 남다른 노력을 아끼지 않았다.[172] 사범강습소 운영은 군내는 물론 인근 지역 사립학교 교사의 수요에 부응하기 위한 대안이었다.

白川郡守 全鳳薰은 각 면마다 사립학교 1개교씩 14개소를 설립하는 동시에 각 동리마다 야학과 신문잡지종람소를 설치하였다.[173] 이어 읍내에 노동야학교를 설립하여 과목별 전담 교원인 全應敎(일어)·吳昌陸(국어)·金世植(산술)·金宇鎬(한문) 등을 채용하므로 140여 명이나 호응할 정도였다. 또 無仇面 彥默洞 사립보창학교 내에도 노동야학을 설립하여 40여 명에게 농업 과정을 교수하기에 이르렀다.[174] 張東植·劉奎晶은 유지의 기부금으로 進

---

169) 『대한매일신보』 1908년 7월 28일 잡보 「로동쟈농회」.
170) 『대한매일신보』 1908년 8월 25일 잡보 「홍씨열심」.
171) 『대한매일신보』 1908년 8월 25일 잡보 「정씨셜교」.
172) 『대한매일신보』 1909년 3월 7일 잡보 「은률야학」.
173) 『황성신문』 1908년 12월 15일 잡보 「夜學又興」, 1909년 2월 23일 잡보 「晝夜勸學」, 1910년 2월 13일 잡보 「李氏熱誠」: 서북학회, 「通信一束」 『서북학회월보』 1-18, 55~56쪽.
174) 『황성신문』 1910년 5월 4일 잡보 「普校盛況」.

明學校가 증축되자, 교내에 노동야학교를 설립한 후 100여 명을 모집·교수하였다.[175] 배천군수와 유지들의 열성적인 활동으로 군 내는 물론 인근 연안군까지 교육열은 고조되었다.

信川郡 읍내 목동 20여 명은 스스로 야학인 牧童學校를 설립· 운영하기에 이르렀다. 이에 남시훈과 최명준은 각각 한문과 체조 교사로 봉사하였다. 유지 이제규·최상식·방지권 등은 鄕廳을 수 리하여 야학 교실로 사용케 하는 한편 운영비 지원에 나섰다.[176] 동군 加串坊 堂山村 교사인 申永白은 산술에 관심있는 청소년을 위한 야학을 설립·교수하는 등 저변 확대를 꾀하였다.[177]

金川郡의 전신사무원 전진원과 운송사무원 구한회는 유지들과 협의한 후 전의관 김희석 사랑에 진영야학교를 설립하였다. 전진 원은 명예교사, 구한회는 야학 운영 전반의 실무를 각각 맡았다. 이에 60여 명을 수용하여 능력별 수업을 실시하기에 이르렀다.[178] 동군 江北面 助浦 사립보창학교 임원은 노동야학교를 설립한 후 초동목수 20여 명을 수용하였다. 교사인 金性初·安承旭의 열성 적인 교수는 학생들로 하여금 교육의 중요성을 일깨우는 계기였 다. 이리하여 교세 확장과 더불어 교육의 내실화를 기할 수 있었 다.[179]

---

175) 『大韓每日申報』 1910년 1월 29일 학계 「白川喜聞」.
176) 『대한매일신보』 1908년 5월 21일 잡보 「목동학교」.
177) 『大韓每日申報』 1908년 10월 18일 잡보 「美玉의 良工」 : 『대한매일 신보』 1908년 10월 18일 잡보 「신씨열심」.
178) 『대한매일신보』 1908년 10월 23일 잡보 「량씨열심」.
179) 『황성신문』 1908년 12월 22일 잡보 「兩師熱心」 : 『大韓每日申報』 1908년 12월 29일 잡보 「晝樵夜學」.
   조정봉은 대구·경북지방의 최초 야학을 사립보창학교 부설인 노동 야학이라고 보았다. 이는 사실과 다르다. 신문·잡지 등 기본 사료에 대한 무지는 이러한 오류를 초래하고 말았다. 즉 보창학교 지교는 경 북지역에 설립되지 않은 사실을 전혀 인식하지 못한 결과이다. 그가

盧伯麟은 고향인 풍천에 사립학교를 설립하는 한편 노동야학도 운영하였다.180) 야학 운영은 노동자에 대한 인식을 새롭게 하는 동시에 노동자들에게 자신감을 심어주었다. 서흥군 서명학교 임원들과 학도가 연합하여 야학속성과를 설립하였다. 이에 판사 이한길과 서기 송태용이 명예교사로 자원하는 등 교육운동에 적극적인 입장이었다.181) 교과목은 일어·법률·상식 등이었고, 야학생수는 40여 명에 달하였다.

한말 황해도지방 야학운동은 특정한 지역에 한정되지 않았다. 초동목수나 농부들이 스스로 야학을 설립한 사실 등을 통해 기사화되지 못한 야학도 상당수 있었다고 생각된다. 구체적인 사실에 근거한 야학만을 정리하면 <부록 6>과 같다.

2. 평안지역

평안도 야학운동은 대체로 지방유지의 단독이거나 여러 사람의 협력으로 이루어졌다. 단독이나 협력에 의한 야학도 지역민이 동참하는 가운데 근대교육운동의 차원으로 확산되었다. 먼저 개인 단독에 의해 설립된 야학을 살펴보자. 단독으로 설립한 야학은 유지와 관리로 크게 구분할 수 있다. 유지들에 의해 설립된 야학은 다음과 같다.

증남포성당 사역인 吳日煥은 성당 부설인 安熙學校 내에 영어

제시한 지교는 황해도 金川에 설립된 학교이다[조정봉, 1995, 「일제하 야학의 갈등구조에 대한 교육사적 연구」『교육철학』13, 교육철학연구회, 282~283쪽].
180)『대한민보』1909년 8월 27일 學界紀聞「盧氏興學」.
181)『대한매일신보』1909년 4월 30일 잡보「서흥학교 흥왕」.

야학교를 설립하였다. 일시에 40여 명이 호응하는 등 성황을 이루었다. 신도인 安重根은 경비를 부담하는 등 야학교의 발전에 이바지하였다. 그의 외유로 영어야학교가 경비난에 직면하자, 신상회사 임원진은 경비 뿐만 아니라 10여 명이 교대로 학교 사무를 담당하는 등 교육 내실화와 재정적인 확충에 전력을 기울였다. 또한 이들은 야학교 내에 주학으로 소학교인 五星學校[182]를 설립하는 등 교육운동에 노력을 아끼지 않았다. 한편 주민들에게 時勢 변화를 역설하므로 일시에 80여 명이 입학하는 등 校勢를 크게 확장할 수 있었다.[183]

龍岡郡 금천곡면 주흥동의 姜錫胄도 농민들의 문맹퇴치를 위한 노동야학교를 설립하였다. 교사 이봉래와 교감 임관모 등은 무보수로 열심 교수하여 설립한 지 불과 2개월만에 40여 명이나 출석할 정도였다. 노동야학 운영은 주경야독이라는 새로운 분위기가 조성과 더불어 도박·잡기 등이 점차 사라지게 되었다.[184] 곧 야학은 문맹퇴치 차원을 넘어 새로운 민중문화를 창출하는 공간으로 활용되고 있었다.

肅川郡 肅明學校 사무원 李炳乾은 자기 가옥을 교사로 明進夜學校를 설립한 후 농민·상인·초동아동을 무료 교수하였다.[185] 동군 송리면 百石里 함익모도 자기 동리에 야학교를 설립·교수하자, 야학생 30여 명이 호응하는 성황을 이루었다.[186] 江西郡 보

---

182) 鄭英熹, 1999, 「舊韓末 安重根의 國權守護運動」『安重根義士 義擧 90周年紀念國際學術大會』, 인천대, 9~10쪽.
   그는 삼홍학교 후신을 오성학교로 파악하였다. 전후 상황을 살펴보면, 삼홍학교 내에 晝學으로 운영된 사립학교가 바로 오성학교로 생각된다.
183)『경향신문』1907년 1월 4일 국닉잡보(평안보)「학교셜시」, 1908년 4월 24일 각디방긔서「학교셜시홈」.
184)『대한매일신보』1908년 2월 13일 잡보「강씨흥학」.
185)『大韓每日申報』1908년 9월 3일 잡보「肅川郡明進校」.

원면 棲鶴里 김봉하는 1908년 자기집에 야학을 설립하는 한편 경비 부담은 물론 직접 교수로 생도가 날로 증가하는 등 점차 발전되었다.[187]

永柔郡 申秉均은 자기집에 야학교를 설립하는 한편 淑貞女學校 명예교사로 활동하였다. 金正鍊은 여학교에 三間의 건물을 무료로 제공하고, 金志璜・白成驥 등은 교무를 각각 맡았다. 군수 朴容觀의 모친과 부인은 야학생들에게 학용품을 제공하는 등 격려를 아끼지 않았다. 이리하여 영유군을 중심으로 야학이 근대교육의 중심지로 발돋움하는 계기를 맞았다.[188]

雲山郡 南面 諸仁里 청년 李重進은 사립학교를 세우는 한편 농민야학교를 통한 근대교육 실시로 주민들의 호응을 받았다.[189] 義州郡 多智洞 黃基源은 70세 노인으로 시국정세를 개탄하고 교육보급에 노력을 아끼지 않았다. 그는 청년교육을 위한 야학 설립은 물론 경제적인 후원에도 적극적이었다.[190] 이러한 그의 활동은 청년들을 각성시키는 동시에 군내에 교육열을 고조시키는 계기였다. 동군 枇峴面 專對學校長인 金志闓은 7~8년 전에 학교를 설립한 후 3처에 주・야학을 겸설하여 300여 명을 수용・교수하였다.[191] 당시 신문은 김교장의 이러한 노력에 대해 극찬을 아끼지 않았다.

鐵山郡의 沈致珪는 노동청년을 위해 報濟夜學校를 설립하여 교사를 초빙・교수할 뿐만 아니라 학교 사무를 전담하는 등 야학 유지・발전에 전력을 기울였다.[192] 청년들의 주경야독하는 분위기

---

186) 『대한매일신보』 1910년 1월 22일 학계 「함씨 야학교 설립」.
187) 『대한매일신보』 1910년 3월 8일 학계 「김씨열심」.
188) 『大韓每日申報』 1908년 1월 24일 잡보 「永郡二美」: 『대한매일신보』 1908년 1월 23일 잡보 「영유군 묘흔 소식」.
189) 『황성신문』 1908년 8월 1일 잡보 「少年熱心」.
190) 『大韓每日申報』 1909년 5월 7일 학계 「老人熱心」.
191) 『황성신문』 1908년 6월 4일 잡보 「金氏熱誠」.

조성은 교육운동을 활성화시키는 기반이었다. 昌城郡 大倉面 龍淵
里 姜道禧는 형인 姜純禧의 사립학교 설립에 자극되어 자기집에
龍淵夜學을 설립하였다. 동리의 姜昇昱・姜昌海・姜起龍 등이 명
예교사로 자원하는 가운데 야학생은 30여 명에 달하는 상황이었
다.[193]

　成川郡 鳳鳴學校 교주인 韓正烈은 부설로 노동야학교를 설립하
였다. 교사인 盧秉翼은 명예로 가르치는 등 이에 부응하고 나섰다.
이리하여 일시에 노동자 40여 명이 호응하는 성황을 이루었다.[194]
이 외에도 전참봉 이종묵이 定州郡 新梨村 자기집에 세운 야학
교,[195] 雲山郡 古面 上里 부상동에 15세인 백종술이 설립한 노동
야학교,[196] 楚山郡 江面 광영학교장 이변익이 동리 유지의 협조로
세운 야학교[197] 등 다수가 있었다.

　관리들에 의한 야학 설립은 지방관과 기타 관리의 범주로 구분
할 수 있다. 먼저 군수가 야학을 설립한 후 지역민을 참여시키는
경우이다. 평남 永柔郡守 朴箕陽은 부임한 이래 관내에 설립된 22
개 사립학교를 전폭적으로 지원하는 등 普通敎育의 보급에 노력하
였다. 특히 그는 四德里와 芙蓉里에 노동야학교를 설립하는 등 적
극적인 활동을 펼쳤다.[198] 龍岡郡守 전덕룡은 농사개량에 권면하
는 한편 보신학교 안에 야학교를 설립하였다. 그는 교사로 훈도 이

---

192)『황성신문』1910년 1월 19일 잡보「沈氏熱心」.
193)『황성신문』1910년 2월 18일 잡보「姜門勸學」.
194)『황성신문』1910년 5월 5일 학계「賢哉敎師와「韓氏熱心」:『대한매
　　일신보』1910년 5월 7일 학계「됴흔쇼식」과「인지양셩」:『황성신문』
　　1910년 5월 5일 잡보「勞働교喜信」.
195)『대한매일신보』1908년 10월 30일 잡보「리씨의 교육열심」.
196)『대한매일신보』1910년 1월 30일 학계「운산군 야학교」.
197)『대한매일신보』1910년 3월 23일 학계「리씨열심」.
198)『大韓每日申報』1908년 9월 1일 잡보「永柔日進」:『대한매일신보』
　　1908년 8월 26일 잡보「영유군의 교육확장」.

학륜과 군주사 김일홍 등 연빙에 주민들의 열렬한 후원·호응을 받았다.[199]

昌盛郡守 金相範은 군내 9개 면마다 사립학교를 설립하여 學齡兒童을 교육하는 한편 30세 이상 50세 미만인 문맹자를 위한 야학을 각 동리마다 세웠다. 교육적인 효과와 한글 중요성을 고취시키는 방안은 한글과 한문으로 병기된 문패를 부착하도록 하였다. 이리하여 관내의 전 주민들이 야학에 동참하는 지역운동으로 발전할 수 있었다.[200] 碧潼郡守 張鎭奭은 부임한 이래 관내를 순행하면서 유지들에게 학교 설립을 권유하는 한편 자신이 직접 10여 개 사립학교를 설립하였다. 이에 자극을 받은 時興學校 교사인 張龜洙·姜燦弘 등은 어학을 중심으로 하는 야학 설립은 물론 직접 교수에 나섰다. 그의 열성적인 활동으로 50여 명이 출석하는 등 성황을 이루었다.[201]

기타 관리에 의한 야학 설립은 다음과 같다. 順安郡 주재소 순사 金文五는 자기집에 노동야학교를 설립하고, 야학생 30여 명을 모집·교수하였다.[202] 甑山郡 재무서장 韓利殷은 증산공립보통학교 내에 일어야학과를 설립하였다. 군재무주사 金興能과 군주사 羅周源이 명예로 교수하자, 호응하는 생도가 40여 명에 달하는 성황이었다.[203] 신의주경찰서 警部인 崔秉斗는 관내 유지들과 협의하여 일어·산술·법률 등을 교수하는 야학을 설립하는 등 시세 변화에 부응하는 노력을 아끼지 않았다. 당지 근무자인 변호사·순사

---

199) 『대한매일신보』 1910년 7월 16일 잡보 「룡강군슈 션치」.
200) 『황성신문』 1907년 12월 13일 잡보 「知有國文」.
201) 『황성신문』 1910년 5월 21일 잡보 「今之文翁」.
202) 『황성신문』 1908년 11월 12일 잡보 「金巡査教育」.
203) 『大韓每日申報』 1909년 10월 6일 학계 「夜校好績」 : 『황성신문』 1909년 10월 6일 잡보 「公暇教授」.

10여 명과 상인·閑散人 30여 명이 출석하는 등 야학에 적극적으로 참여하였다.204) 실무교육은 물론 일상생활과 관련된 교과목 구성은 야학생의 향학열을 더욱 고취시키는 계기였다.

연합으로 설립된 야학은 관리·교사·유지 등을 중심으로 추진되었다. 평북 慈山郡 豊出面 청년들은 第一里와 第二里에 각각 농민야학을 설립하였다. 이들은『三字經』·『初學階梯』·산술 등의 교재를 직접 만드는 등 학습 효과의 극대화에 많은 노력을 기울였다.205) 안주보통학교 교원 成禧慶, 재무주사 金昌基, 우편국주사 金炳浩는 유지들과 普興夜學校를 설립한 지 불과 3일만에 야학생 115명이나 출석하는 성황을 이루었다. 교사는 김창기·성희경·金愼圭 등이었다. 이들은 야학을 2반으로 분반·교수하는 한편 성적에 따라 우등생과 급제생으로 구분·시상하는 등 '향학열'을 고취시켰다.206)

평남 江東郡 光明學校 교사 崔聖澤은 유지 김장한·원경현·김상준 등과 더불어 蒼海義塾 내에 蒼海夜學校를 설립하였다. 개학한 지 불과 4~5일에 40여 명이 출석하는 성황을 이루었다.207) 특히 최성택의 헌신적인 교수에 자극 받은 야학생들도 이에 부응하였다. 茂山郡 邑內面 私立普成小學校 임원인 南重鉉의 청소년을 위한 야학에 25명이나 호응하였다. 설립자는 수업 담당은 물론 경비 일체를 부담하는 등 야학은 발전을 거듭할 수 있었다. 인근 유지들도 2~3개의 야학을 설립하는 등 곧바로 파급되었다.208) 价

---

204)『황성신문』1910년 5월 12일 잡보「警官熱心」.
205)『황성신문』1908년 2월 28일 잡보「農民夜學」.
206)『황성신문』1908년 8월 14일 잡보「夜學盛況」, 8월 29일 잡보「普興創立」.
207)『대한매일신보』1908년 9월 5일 잡보「창희학교」;『大韓每日申報』1908년 9월 12일 잡보「光明教師의 光明」.
208)『황성신문』1908년 12월 29일 잡보「南氏熱心」.

川郡 中南面 龍院里 廣達學校 교감 吳泰遊와 주무 金炳采·吳泰 希 등은 빈민자제 교육을 위한 明月夜學校와 揚明夜學校를 설립 하였다. 이에 광달학교 임원진은 명예교사로서 자원은 물론 경제 적인 지원을 아끼지 않았다.[209]

노동자·농민이 스스로 근대교육의 필요성을 자각함에 따라 야 학을 설립한 경우도 있었다. 平壤 東砲樓船艙의 노동자 400여 명 은 자신들 뿐만 아니라 자제들의 교육을 위한 야학을 설립하자, 都 房임원인 李昌萬·沈君連 등은 교사로 자원하여 국어·한문·산 술·일어를 교수하였다.[210] 인근 다른 노동단체나 조직도 노동자 1,000여 명을 수용할 수 있는 노동야학 설립을 계획하였다. 江西郡 동십리 朴明善은 노동자의 이러한 활동에 자극을 받아 군주사 白 舜欽과 군내의 儒林所를 수리하여 新興夜學校를 설립하기에 이르 렀다. 군내의 사범학교·청년학교·공립학교 상급생은 교사로 자 원하는 등 주민들의 야학에 대한 관심을 촉발시켰다.[211] 평양 林原 面 도룡동 한원모는 농민교육 부재를 항상 개탄하였다. 그가 농민 교육을 위한 의연금을 출연하자, 수십 명 농민들 호응과 지원으로 농부야학교는 곧바로 설립될 수 있었다. 이에 부응하여 인근 양재 학교 교감 한윤모와 교사 최계업·정리목 등은 명예교사로서 자원 하고 나섰다. 또 야학생 30여 명도 매일 출석하는 등 적극적으로 호응하였다.[212] 三和府 증남포의 樵童들은 여가를 이용하여 초막 으로 된 교사를 짓고 靑靑學校라 명명하였다. 이들은 난방비·석

209) 『大韓每日申報』 1909년 1월 28일 학계 「明月揚明」.
210) 『황성신문』 1907년 11월 29일 잡보 「勞働夜學」.
211) 『황성신문』 1907년 11월 30일 잡보 「又一賀事」: 『大韓每日申報』 1907년 12월 13일 잡보 「新興夜學」와 1908년 3월 21일 잡보 「新校日 新」.
212) 『대한매일신보』 1908년 10월 7일 잡보 「한씨열심」.

유비 등 야학 경비를 근로소득에서 일정하게 모아 충당하는 등 재
정 확보에 노력을 아끼지 않았다. 이에 자극을 받은 金向英은 자기
집 사랑방을 야학 교실로 제공하는 한편 운영비를 부담하는 등 적
극적으로 이들을 도왔다.213) 成川郡 사가면 上坪里 노동자들이 야
학교를 설립하자, 유지 주상룡은 자기집을 교사로 제공하였다. 유
지의 기부금과 주민들의 의연금을 바탕으로 이 야학은 교장 이수,
교사 이각균·한정순을 선정하는 등 제도권 교육기관과 비슷한 교
육체제로 개편할 수 있었다.214)

한편 야학 설립을 위한 단체 조직과 동시에 趣旨書로 선전하는
등 사회적인 후원·관심 속에서 진행되었다. 이는 당시 사립학교
설립운동에 가장 흔히 사용되는 방식이었다. 李明煥·張明昊 등
은 灣友夜學會趣旨書를 발표하였다. 취지서의 주요한 내용은 다음
과 같다.

> … 今古殊理에 時事變遷ᄒ야 列强交濟ᄒ고 立紀維新ᄒ니 回想時
> 宜컨딘 言語法律이 急先學務라 嗟吾 灣友가 泊沒産業ᄒ야 做工無暇
> ᄒ니 何以則 做得餘力之學文 而盡其國民義務乎아 僉議會同曰 古有
> 志士之晝耕夜讀ᄒ니 晝事生計之方ᄒ고 夜做時宜之學이 豈不美哉아
> 所以로 去五月 七日 開會學式也에 學是 英語 日語 法律 三件而 學員
> 則 本府神商間 靑年志氣者 三圓을 募集ᄒ고 推薦敎師인중 本部稅務
> 官 趙在榮氏는 英語를 敎ᄒ고 本府 前鎭衛隊 叅尉 朴東元氏와 前叅
> 奉 金學俊 兩氏는 日語를 敎ᄒ고 本府 警務署巡査 金永一氏는 法律
> 를 敎ᄒᄂ디 同諸氏가 非但嫺熟於 外邦言語及 法律이라 素以名譽有
> 望으로 嗟惜灣友之未達乎 新學ᄒ야 不受資聘ᄒ고 自願敎師ᄒ야 期
> 圖就緖ᄒ오니 伏惟同胞는 感服此意ᄒ야 共勉進就홀지여다.215)

---

213) 『황성신문』 1908년 7월 30일 잡보 「青靑子矜」: 『경향신문』 1908년
　　8월 14일 일일특보 「八月 十二日(삼화부 증남포에 교육이 발달된다
　　ᄒ믈)」.
214) 『대한매일신보』 1910년 1월 19일 학계 「로동학교 셜립」.
215) 『황성신문』 1907년 9월 2일 잡보 「灣友夜學會趣旨書」: 『大韓每日申

지금은 시대가 변하여 각국이 서로 개방·교류하는 시대이다. 이러한 변화에 부응한 교육은 특히 어학과 법률이다. 우리 의주의 교육은 부진할 뿐만 아니라 향학열도 크게 나타나지 않고 있다. 일상사와 실무에 필요한 야학을 설립·운영하니, 많은 참여와 지원을 호소하였다. 특히 세무관 趙在榮은 영어, 전진위대 참위 朴東元과 전참봉 金學俊은 일어, 경무서 순사 金永一은 법률을 각각 분담 교수하는 등 '획기적'인 전문성을 꾀하기에 이르렀다. 시세 변화에 따른 실무 교육은 주민들의 적극적인 관심·호응을 받았다.216) 이후 의주군 내에 설립·운영된 야학은 이러한 상황과 일정한 영향 하에 이루어졌다.

평남 강서군의 야학교취지서 역시 이와 유사한 입장에서 표명되었다.

> … 吾國이 自四千年以來로 不無斯民斯業ᄒ니 可謂完國이로대 至于今日 競爭時代ᄒ야 民權이 亦伸에 國權이 日墜ᄒ니 其故ᄂ 在何오 在於人智未開耳라 竊觀泰西각國컨더 人生 七八歲에 無論男女ᄒ고 率入普通학校ᄒ야 能受卒業然後에 入於專門ᄒ야 從事實業ᄒ니 是以로 爲士而傳道授業者ᄂ 勿論ᄒ고 至於農商工ᄒ야도 一無目不識丁之人而 不從踐覆義務라 覽新報而旰衡時局하야 感발恩愛誠心ᄒ니 此國人之所以 先着鞭於開明之域而 雄飛六?者也라 現今國內 有志紳士가 灼知厥由하야 在在設校ᄒ야 擴張敎育ᄒ며 培育人材로 爲方今第一急務ᄒ니 …217)

생존경쟁 시대에 처한 우리의 민권과 국권은 부진을 면치 못하고 있는 실정이다. 서구 열강은 의무교육 시행으로 문명사회를 달성할 수 있었다. 이들은 근대교육을 위한 야학 설립에 유지들의 적

報』1907년 8월 24일 잡보「義州府灣友夜學會趣旨書」.
216)『大韓每日申報』1908년 1월 19일 잡보「夜學將就」.
217)『大韓每日申報』1907년 11월 16일 잡보「江西郡夜學校 趣旨書」.

극적인 지원을 호소하였다. 이러한 활동은 사립학교설립운동과 더불어 야학에 대한 관심을 촉발시키는 계기였다. 외세 침탈의 가속화로 민중 생존권이 위협받는 상황에서 야학은 근대교육을 위한 새로운 대안이었다. 곧 설립·운영 주체의 의지에 따라 야학은 쉽게 운영될 수 있었기 때문이다. 특히 일제는「私立學校令」을 통해 사립학교에 대한 탄압을 자행하였다. 반면 야학은 이러한 규제로부터 '비교적' 자유로운 입장이었다.[218] 한말 평안도에 설립된 야학 현황은 <부록 7>과 같다.

제4절 기타 지방

1. 강원지역

강원도 야학운동은 1907년부터 영동지방을 중심으로 시작되었다. 강릉군을 중심으로 전개된 영동지방 야학운동은 신사유지와 관리로 대별할 수 있다. 江陵公立普通學校 찬성원 申泰榮은 자기 집에 야학과를 설립하여 學齡兒童을 수용하였다.[219] 야학 설립 목적은 교육을 통한 부국강병과 문명사회의 실현이었다. 그는 일본

---

218) 야학은 1913년 조선총독부령 제3호인「私設學術講習會에 關한 件」에 의해 설립인가나 운영 등에 관한 규제를 받았다[조선총독부학무과, 1942,『現行 朝鮮敎育法規』, 728쪽]. 3·1운동 직후까지 이 법령에 의해 폐쇄되거나 탄압된 야학은 전무하다. 이는 1920년대 이후 많은 야학이 폐쇄된 사실과 대조된다.
219)『황성신문』1907년 11월 4~10일 광고.

인 교사에 의한 강릉공립보통학교의 교육적인 부진을 항상 개탄하고 있었다. 이에 부훈도 洪俊杓・崔大河 등의 협조로 야학을 운영하기에 이르렀다.

敬啓者 國之文明이 在於人民之敎育은 世所共知이온바 此鄕位實가 處在海隅ㅎ야 風氣之野昧와 民智之固陋가 莫此爲甚ㅎ야 敎育發達이 不知何等方針이러니 聖恩이 至重ㅎ옵셔 曾公立普通學校가 己爲歲久에 眇無成就之望이러니 自昨年 陰五月分에 敎監 伊藤藤太郎氏 赴任以後로 漸次興旺發達되는 理由을 目見ㅎ온즉 此敎監이 雖曰外國人이라도 韓語가 能於韓人ㅎ야 授業各科에 一無不能쑨더러 世界上 文明進就홀 目的을 每日演說에 學員의 才與不才은 勿論ㅎ고 聞所不聞ㅎ니 胸茅가 漸明에 面墻을 能免ㅎ여 耳聾을 忽開케ㅎ니 偉歟라 此氏여 其博識廣覽이 足爲人師며 且本郡守兼 公立學校署長 池逸燦氏는 赴任玆土以後에 視民如子ㅎ며 公明正直ㅎ여 一境이 安堵홈은 萬民이 頌德이온바 또혼 學員募集ㅎ옵기을 爲ㅎ야 各面洞里人民을 對ㅎ야 勸勉ㅎ기을 村在私塾이 非曰 不多로되 徒尙古書ㅎ고 不究新學이 不啻昧新染古라 難免野昧固陋之誚인즉 思想을 新覺ㅎ야 世界을 還顧ㅎ라 當此百度가 就緖ㅎ고 萬機가 更張ㅎ는 維新時代ㅎ야 何不務於時急新學이리요.[220]

이들은 사숙과 같은 교육기관으로 시세변화에 부응하는 교육은 시행될 수 없다고 보았다. 그런 만큼 신학문을 통한 인재 양성은 지역 뿐만 아니라 국가의 행복임을 강조하였다. 이 야학은 공립보통학교 생도들의 교육 내실화를 꾀하는데 목적을 두었다. 특히 신태영은 동군 望祥面 私立漸東學校長 沈鴻鐸・韓泰東과 유지 金在仁 등과 3개소 노동야학을 설립한 후 교장에 취임하는 등 강릉지역 야학운동을 주도한 인물이었다.[221]

동군 白橋 金復起, 淮山里 沈相德, 長峴里 崔燦九 등은 각각 자

220) 『황성신문』 1908년 4월 1일 잡보 「江陵寄書」.
221) 『황성신문』 1909년 4월 10일 잡보 「漸東漸就」.

기집에 農人夜學校를 설립한 후 농민자제를 수용·교수하였다. 주
민들의 적극적인 참여로 야학은 급속한 발전을 거듭할 수 있었
다.[222] 동군 河南面 權麟植·沈基洙, 邱里面 沈相祚, 南二里面 崔
東吉, 德方面 崔命洙, 丁東面 심좌섭, 백교 金大振 등도 각각 자기
마을에 노동야학을 세웠다.[223] 일시에 학령아동 30~40명이 호응
하는 등 야학은 근대교육기관의 중심지로서 위치하는 계기였다.
이리하여 강릉군을 중심으로 야학운동은 급속히 확산되었다.

　襄陽郡 南面 유지 趙錘麟·趙淳元·鄭寬時·崔敦五 등은 노
동야학을 설립한 후 노동자 60~70명을 모집·교수하였다.[224] 양
양군수 崔鍾洛은 공무 여가를 이용하여 峴山學校 교사로서 활약
하였다. 그는 토산품 애용의 일환으로 학생들에게 흑색의복 착용
과 단발을 적극적으로 권장하는 등 노력을 아끼지 않았다.[225] 또
유지들에게 학교 설립을 권유하여 70여 개소 노동야학이 운영되는
성과를 거두었다. 노동야학 재학생수는 500여 명에 달하는 아주 소
규모였다.[226] 淮陽郡 통역군주사 朴淳根은 회양공립보통학교 내에
일어야학과를 설립하였다. 그는 명예교사로서 성인은 물론 관공리
를 대상으로 일어를 널리 보급시켰다.[227] 삼척군주사 최기집은 각
동리를 순회하면서 보통학교·노동야학교 설립을 권장하였다. 신
설된 교육기관은 자신의 월급 중 일부를 의연금으로 제공하는 등
교육운동을 주도하는 인물이었다.[228]

　通川郡 興士團 지부는 順達面 庫底里에 通明學校를 설립한 후

---

222)『황성신문』1908년 9월 27일 잡보「農人夜學」.
223)『大韓每日申報』1908년 10월 28일 잡보「江陵文運」.
224)『황성신문』1909년 2월 17일 잡보「襄陽勞働學」.
225)『황성신문』1909년 3월 9일 잡보「襄倅熱心」, .
226)『황성신문』1909년 4월 24일 잡보「勸獎勞働」.
227)『황성신문』1908년 12월 24일 잡보「淮主聲譽」.
228)『대한매일신보』1909년 5월 27일 잡보「최씨열심」.

부설로 측량학교를 세웠다. 노동자를 위한 야학교 설립에 50여 명이나 호응하였다.[229] 교사 李春杉·劉時澤은 한문과 일어를 각각 명예로 교수하는 등 교육 내실화에 적극적이었다. 학감 朴昌奎와 서기 金演周의 지원은 야학을 발전시키는 계기였다. 이들은 야학 명예교사인 韓柱東과 더불어 운영비는 물론 학용품까지 지급하는 등 지원을 아끼지 않았다.[230] 金珣根·張潤升·盧永憲 등은 자본금을 모아 향교 내에 闡明學校를 세웠다. 군수 崔祺集과 군주사 金東和 등도 학무회를 조직한 후 관내 자제들의 입학을 권유하였다. 재판소서기 李鍾淵와 번역관보 金有善 등도 천명학교 내에 야학연구소를 세웠다.[231] 이들은 법률과 일어를 각각 가르치는 명예교사로 호응하였다. 동군 陽址洞 嚴永爕·張泰源·朱基熏 등도 동리의 私塾 내에 노동야학관 설립을 주도한 인물이다.[232] 朴淳秉의 열성적인 교수로 40여 학도가 출석하는 등 발전을 거듭할 수 있었다.

原州郡 元乃薰·張世勳 등 청년들은 노동야학교를 세웠다. 설립자들은 명예교사로서 일어·산술·지지 등을 교수하였다.[233] 야학생 110여 명이 출석하는 등 교육열 고조와 더불어 야학도 발전하는 계기를 맞았다. 횡성군수 沈興澤은 부임 이래 읍내에 보통소학교를 설립하는 등 교육운동에 적극적이었다. 그는 縣內面 開花里에 노동국문전습소를 설립한 후 한글을 교수하였다. 한글해독자는 본국역사와 지리를 가르치는 등 능력별 수업으로 교육 효과를 극대화시킬 수 있었다. 운영비는 자신의 월급 중에서 충당하였으

---

229)『황성신문』1909년 4월 16일 잡보「通明漸就」.
230)『황성신문』1910년 3월 23일 잡보「三氏熱心」.
231)『황성신문』1910년 3월 2일 잡보「通校擴張」.
232)『황성신문』1910년 4월 1일 잡보「陽村益光」.
233)『황성신문』1909년 1월 7일 잡보「原州郡勞働校設立」.

며, 朴容佐・鄭鎬冕・尹斗赫 등도 찬성원으로 그를 적극적으로 지원하고 나섰다.[234] 동군 甲川面 釜洞里 鄭蘭基・張基葉・鄭寅鎔・沈能杞 등은 노동야학교를 설립한 후 경비 일체를 자담하였다. 학도가 30여 명에 달하는 등 발전을 거듭하자, 군수는 관동학회 지교로서 운영 방안과 함께 특별연조금을 기탁하는 등 특별한 관심을 기울였다.[235]

春川郡 南相穆은 고루한 인습을 타파하고자 관동학회 지회를 설립하였다. 그는 사숙에 대해 근대교육의 시행을 장려하는 등 교육운동에 헌신적이었다.[236] 이는 군내 노동야학이 신설・확장되는 계기였다. 이천군수 석명선은 군주사 이창엽과 공립보통학교를 설립하여 수백 명의 학생을 수용하는 등 근대교육 보급에 노력하였다. 하읍면 개양리 천주교인들이 명의학교를 설립하자, 군수는 학교 시설비 지원에 나섰다. 그의 지원과 주민들의 관심은 50여 명에 달하는 학령아동을 수용할 수 있었다. 명의학교 임원진은 근로청소년 교육을 위한 속성야학교를 설립하였다. 군수・군주사와 최한필・김광봉 등은 명예로 교수하였으며, 특히 군수는 자신의 월급을 운영비로 충당할 정도로 관심을 쏟았다.[237] 이리하여 그의 교육활동은 관내 교육열을 고조시키는 주요한 계기였다. 한말 강원도 야학운동 현황은 <부록 8>과 같다.

---

234) 『황성신문』 1909년 1월 19일 잡보 「橫倅興學」.
235) 『大韓每日申報』 1909년 4월 25일 학계 「四氏熱心」.
236) 『황성신문』 1909년 2월 3일 잡보 「春川夜學」.
237) 『경향신문』 1909년 2월 19일 각디방긔셔 「쳥숑홀 일」.

2. 함경지역

함경도 야학운동은 함흥군 신중면 普成夜學으로부터 시작되었다. 이 야학은 1930년대까지 운영된 식민지시기를 대표하는 농민 야학이었다.[238] 우선 지방관리들이 설립한 야학부터 살펴보자.

경흥부윤 金榮鎭은 각 面·社마다 사립학교를 설립한 후 부설로 야학과를 각각 설치하였다. 주요 교과목은 국어·산술로 매일 저녁마다 직접 교수하는 경우도 적지 않았다.[239] 그는 여학교도 설립한 후 60여 명을 교수하는 등 교육활동에 매우 적극적이었다.

> 慶興府尹 金榮鎭氏가 到任以後로 該郡의 人民을 開發키 爲하야 各面에 國文學校를 設立하고 四十歲 以下로 勿論樵夫하고 募集敎授 ᄒᆞᄂᆞᆫ디 此樣으로 數年을 經過하면 文明의 基礎가 되깃다고 稱頌이 藉藉하다더라.[240]

그는 국문학교를 설립하여 40세 이하의 관내 주민에게 교육을 널리 보급시켰다. 이러한 교육활동에 대해 언론은 극찬을 아끼지 않았다. 홍원군수 정면진도 관내 유지들과 회동하여 교육의 필요성을 역설한 후 학교 설립을 권유하였다. 그는 이들과 함께 각 동리마다 야학을 설립하는 등 지식 보급에 헌신적이었다.[241] 문천군수 徐廷淑은 문천공립보통학교에 다수 금액을 의연하는 동시에 하

---

238) 趙東杰, 1978,「朝鮮農民社의 農民運動과 農民夜學」『한국사상』16, 한국사상연구회 ; 1978,『日帝下 韓國農民運動史』, 한길사, 218쪽에 재수록.

239) 『大韓每日申報』 1908년 5월 1일 잡보「慶尹奬학」 :『대한매일신보』 1908년 5월 1일 잡보「경흥부윤권학」.

240) 『황성신문』 1908년 2월 19일 잡보「慶尹興學」.

241) 『대한매일신보』 1908년 8월 26일 잡보「정군슈권학」.

기방학을 이용하여 부설로 강습소와 측량과를 설치하였다. 또 그
는 동리마다 야학을 설립하는 등 관내의 야학운동을 주도하는 인
물이었다.[242]

유지들은 사립학교를 설립하는 한편 야학운동을 주도하고 있었
다. 咸興郡 朝陽面 유지들은 근대교육의 중요성을 인식하고 興仁
學校를 설립하였다. 유지 韓貞鳳은 이 학교에 의연금을 출연하는
동시에 자기집에 국문야학교를 설립하는 등 교육운동에 대한 지원
을 아끼지 않았다. 이러한 노력으로 이 지역은 잡기가 사라지는 동
시에 교육에 대한 관심을 고조시키는 계기였다.[243] 함흥 古驛 豊湖
里에 소재한 普昌學校는 부설로 농민야학교를 설립하였다. 야학생
들은 교육 내실화를 위한 단지동맹을 결행하기에 이르렀다. 이들
은 혈서로 "제1조 애국사상, 제2조 學問進就"를 강조하는 등 향학
열을 표출하였다.[244] 이러한 활동은 교육의 중요성과 필요성을 인
식시키는 계기였다. 동군 오류촌 임경렬은 시장 부근에 주·야학
겸설인 농상학교를 설립한 후 학령아동 30여 명을 모집·교수하였
다.[245] 함흥 가평면 능동 농부야학교는 설립취지서를 널리 홍보하
는 등 주민들의 지원 속에서 설립되었다[246]

북청읍내 金泰爕·安道星·張璟應·金永杓·韓昌世 등은 북
청강습소를 설립한 후 청소년을 모집·교수하였다. 동군 總巡인
金寅昇은 명예교사로 자원하여 경찰학을 가르쳤다.[247] 동군 中山

---

242) 『大韓每日申報』 1909년 9월 14일 학계 「文倅獎學」, 9월 17일 학계 「文
    倅獎學」, 9월 23일 학계 「文倅業績」.
243) 『황성신문』 1908년 2월 19일 잡보 「咸興興仁」.
244) 『황성신문』 1908년 6월 9일 잡보 「學生血盟」.
245) 『대한매일신보』 1909년 3월 14일 잡보 「림씨열심」.
246) 『大韓每日申報』 1908년 2월 26~27일 잡보 「咸興加平陵洞農夫夜학
    校序」.
247) 『황성신문』 1908년 2월 6일 잡보 「青郡講習所」.

面 發英洞 朱元燮・李讚在・金正默 등은 농민들과 더불어 지식
연구회를 조직하였다. 회원들은 기본금을 모집하여 학교를 설립하
는 등 교육운동에 적극적이었다. 이후 이 단체는 靑友獎學會 지회
로서 본부로부터 많은 지원을 받을 수 있었다.[248] 동군 昇平里 유
지들은 농사개량을 위한 농무회를 조직하였다. 의연금과 회비를
기반으로 이 단체는 국문야학교를 설립할 수 있었다. 운영자는 교
장 손석용, 학감 朱龍煥, 회계 이류필, 교사 李榮培・손승린 등이
었다.[249] 이들의 활동으로 야학생은 40~50명에 달하는 성황을 이
루었다. 또 孫昇琫・李日薰・이영배・이류실 등은 다수의 의연금
을 모아 昇聞會를 조직한 후 鄕中父老를 대상으로 신문 구독과 신
교육 보급을 권장하였다.[250] 동군 德城面 羅荷臺 李柱哲은 학령아
동 구제를 위한 농부야학교를 설립하였다. 그는 보통학교 교과서
와 잡지 등을 참고하여 한글로 번역한 교재를 직접 만들었다. 85명
에 달하는 학생들이 출석할 정도로 이 야학은 대단한 반향을 불러
일으켰다.[251]

　鏡城郡 유지신사 金鼎九・金璟洙・金河鍵・柳泰鶴은 국가사
상 고취와 교육보급을 위해 城內・城西・城南 등 3처에 국문야학
교를 각각 설립하였다. 咸一學校 교사인 이들은 직접 야학교사로
서 활동하는 등 실질적인 운영자였다. 호응한 학생은 3개 국문야학
에 140여 명이었다. 교사들의 효과적인 교육방법과 학생들의 열성
으로 함북 일대에서 가장 모범적인 사례로 칭송되었다.[252] 김정구

248)『대한매일신보』1908년 4월 4일 잡보「북청지회」:『大韓每日申報』
　　1908년 4월 4일 잡보「北靑靑會」.
249)『大韓每日申報』1908년 10월 28일 잡보「昇平將平」:『대한매일신
　　보』1908년 10월 28일 잡보「북청농무」.
250)『大韓每日申報』1908년 10월 29일 잡보「昇平昇聞」.
251)『大韓每日申報』1909년 5월 6일 학계「德城의 李氏」:『대한매일신
　　보』1909년 5월 1일 학계「리씨열심」.

・김경수 등은 함일학교 내에 국문야학을 설립・교수하는 등 한 글을 통한 지식 보급에 노력하였다.253) 이처럼 경성군 일대는 국문 야학의 성행과 더불어 한글이 널리 보급되고 있었다.

吉州郡 태성상회는 상업계에 종사하는 근로청소년을 위한 야학 을 설립하였다. 교과목은 국어・산술・역사・지지와 상업상에 필 요한 과목 등이었다. 교사 金子文・金秉淵・梁泰運 등의 열성적 인 활동으로 야학생은 50여 명에 달하는 성황을 이루었다.254) 동군 유지들도 상업종사자를 위한 야학인 養成學校를 설립하였다. 세무 주사 朴勝源의 명예교사로서 자원과 운영자의 열성은 야학을 발전 시키는 요인이었다.255)

洪原郡 유지들은 사립연구야학를 설립・운영하였다. 야학이 운 영난에 직면하자, 학생 3명은 이를 호소하는 방안으로 斷指同盟을 결행하기에 이르렀다. 이들은 '輔國安民'을 혈서로 쓰는 등 유지들 의 지원을 촉구하고 나섰다.256) 군수는 의연금을 지원하는 등, 이 야학은 사회적인 관심과 지원을 받을 수 있었다. 동군 州南面 李載 燁・朴璡厚・劉璟晩 등은 穿中夜學校 설립에 즈음하여 취지를 널리 홍보하였다.

> 竊惟 現今 我大韓紳士人民이 莫不振興學校로 爲自强自立之基礎者
> 는 以其人才之作成과 民智之發達이 亶在於敎育之擴張故也라 況我

---

252) 『황성신문』 1908년 8월 30일 잡보 「四氏分擔三校」 : 『大韓每日申報』 1908년 8월 30일 잡보 「分擔三校」 : 『대한매일신보』 1908년 8월 30일 잡보 「국문야학」.

253) 『황성신문』 1909년 2월 9일 잡보 「熱心哉諸氏」.

254) 『황성신문』 1907년 8월 26일 잡보 「業餘夜學」, 1908년 3월 24일 잡보 「泰成校況」.

255) 『황성신문』 1907년 11월 19일 잡보 「公餘敎授」.

256) 『경향신문』 1908년 5월 29일 일일특보 「(五月 二十一日 목요일) 본년 수월 십륙일에 함경남도 홍원군」.

皇上陛下게옵서 屢降 詔勅ㅎ샤 責勵興學ㅎ시니 凡我臣民이 執不感激興起리오 所以로 本洞이 ?謀詢同ㅎ야 廢由來私塾ㅎ고 仍該夜學校ㅎ야 使一般勞働者로 普通敎育케ㅎ니 惟本洞 諸君子ᄂ 注意公益ㅎ시와 協力贊成ㅎ야 期圖擴張之方ㅎ야 副此 今日發起之意 十分熱望이라ㅎ얏더라[257]

자강자립의 기초는 인재 양성과 민지계발로 가능하다. 이는 오로지 교육 진흥과 보급 여하에 달려 있다. 이에 私塾을 폐지하고 야학교를 설립하여 노동자에게 보통교육을 실시하려고 한다. 이들은 유지들의 참여·지원만이 이를 원만하게 도모할 수 있다고 호소하였다. 定平郡 유지들도 야학연구회를 조직하였다. 이 야학이 운영난에 직면하자, 야학생 5명은 단지동맹을 결행하기에 이르렀다. 이러한 소식이 군수를 통해 학부에 보고되는 등 사회적인 관심을 환기시키는 계기였다.[258]

端川郡 초동목수는 스스로 자금을 모금하여 龍進學校를 세웠다. 교장 金炳洙, 학감 沈宜哲, 교감 朴允信, 회계 徐文淳 등을 운영자로 선임하였다. 이들의 가정 방문이나 강연회 개최는 학령아동들로 하여금 야학교로 입학을 유도할 수 있었다.[259] 이에 普成中學校 교주인 李鍾浩는 단천인 李東輝를 통하여 교과서 20질을 기부하였다. 학교 운영진 조직과 교재의 구비는 야학교의 내실화를 도모하는 주요한 기반이었다. 동군 基坪里 梁柱崙은 주야학 겸설로 昌明義塾을 설립·교수하였다. 그의 노력은 야학을 보급시키는 기폭제였다.[260] 또 동군 유지들이 설립한 노동야학교 교사 李明均과 생도인 趙昌俊·林丙協·李丙洛·吳允澤 등은 하기방학 동안 노동

257) 『황성신문』 1908년 11월 21일 잡보 「洪郡夜學」.
258) 『황성신문』 1908년 5월 10일 잡보 「血書同盟」.
259) 『大韓每日申報』 1908년 10월 8일 잡보 「勇進校勇進」.
260) 『大韓每日申報』 1908년 9월 16일 잡보 「梁氏熱心」.

자 계몽에 진력하였다. 이들은 鏡城·羅津 등지의 노동자 수백 명
을 회집한 가운데 국가사상과 학문방법을 고취하는 순회강연회를
개최하기에 이르렀다.261) 이러한 노력으로 군내 노동자들은 스스
로 노동학교를 설립하는 등 야학운동의 저변을 확대할 수 있었다.

　文川郡 警老洞 蔡元秉·蔡升晙 등은 1907년 文興學校를 설
립·운영하는 등 교육활동에 종사한 인물이다. 채병원은 근로청소
년을 위한 노동야학교를 자기집에 설립하는 한편 운영비를 부담하
였다. 문천군수와 그의 노력으로 문천군 내 근대교육은 점차 확산
될 수 있었다.262) 會寧郡 유지들은 교육의 보급을 위해 四民敎育會
를 조직한 다음 會寧女學校를 설립하였다.263) 회원인 許翁·陳鼎
涉은 명예교사로서 활동하는 등 주민들의 호응을 얻었다. 진정섭
은 자기집에 東興夜學校를 설립하여 농민 30여 명을 대상으로 매
일 밤 10시까지 교수하였다.264) 이처럼 한말 함경도지방 야학운동
도 지방관과 유지 등에 의해 널리 추진되었다. 이를 정리하면 <부
록 9>와 같다.

261)『大韓每日申報』1909년 8월 19일 학계「勞働界志士」, 9월 18일 학계
　　「熱心其人」.
262)『황성신문』1909년 3월 13일 잡보「老洞益壯」.
263)『大韓每日申報』1908년 9월 13일 잡보「女校振興」.
264)『大韓每日申報』1909년 4월 29일 학계「北郡東興」.

제3장

야학 규모와 교과목

제1절 야학 규모

사회교육기관인 야학은 규모·교육시설 등 제도권 교육기관에 비해 '비교적' 열악한 형편이었다. 대다수는 독립적인 校舍는 물론 교재 등도 제대로 구비할 수 없었다. 문맹퇴치를 통한 실력배양에 목적을 둔 야학운동은 시행되었다. 그런데 야학규모는 교사를 포함한 교육시설, 교재 구비 상태, 교육기간, 교사진의 구성, 운영비 등을 종합적으로 검토해야 한다. 이러한 내용을 포괄적으로 보도한 기사는 매우 희소할 뿐만 아니라 단편적인 서술에 불과하다. 따라서 야학생수를 중심으로 지역별 야학규모를 살펴보면 다음과 같다.

서울지역 야학생수를 정확하게 서술한 야학은 34개에 불과하다. 이 중 연초직공야학은 80명 이상이었다고 생각된다. 東明學校 부설의 국문야학과는 수백 명에 달하는 등 상당히 대규모였다. 반면 관리들을 대상으로 한 일어야학·법학강습회 등 특수한 목적으로 운영된 야학은 20명 미만에 불과하다고 추측된다. 설립장소는 사립학교나 기존 교육기관의 부설인 경우가 많았다.

야학규모는 상당한 편차를 보여준다. 즉 20명 미만 3개소 정도로 추정된다. 20~40명 미만은 15개소, 40~60명 미만은 8개소, 60~80명 미만은 5개소, 80명 이상은 6개소 등이었다. 20~60명 미만을 수용한 야학이 23개소 다수를 차지한다. 그러나 60명 이상을 수용한 '비교적' 대규모 야학도 11개소나 운영되는 상황이었다. 이러한 규모는 정규학교로 인가된 사립학교에 버금가는 규모였다.[1] 대체로 특수한 목적으로 설립된 야학은 소규모였다. 반면 공장노동자를 위한 노동야학은 비교적 대규모로 운영되었다.

이러한 원인은 크게 2가지에서 비롯되었다. 첫째로 야학은 교육기관이 제대로 운영되지 않는 지역을 중심으로 성행하였다. 둘째로 빈민층이 거주하는 곳이나 공장지대는 노동자를 위한 교육기관으로 노동야학이 많이 운영되었다. 물론 당시 서울의 각 지역별 학교의 분포현황이나 생활 정도는 가늠할 수 없다. 규모가 큰 야학은 대체로 공장지대라는 사실에서 이를 추측하였을 뿐이다.

경기도 야학은 다른 교육기관의 부설이거나 공공건물에 설립되는 경우가 많았다. 개인 집에 설립된 경우는 1곳에 불과하였다. 야학 시설·체제 등은 정규 교육기관에 비해 상대적으로 미비한 수준이었다. 반면 교과과정과 교사진의 구성이 정규 교육기관에 비해 조금도 부족하지 않는 야학도 있었다. 경기도 야학규모는 다음과 같다.

20명 미만은 32개소, 20~40명 미만은 34개소, 40~60명 미만은 25개소, 60~80명 미만은 6개소, 80명 이상은 1개소에 불과하였다.

---

1) 崔起榮, 1997, 『韓國近代啓蒙運動硏究』, 일조각, 274~275쪽.

20~60명 미만인 경우가 59개소로 많은 비중을 차지한다. 강화도
각 보창학교 지교에 설립된 노동야학(국문야학)은 대다수 20명 미
만으로 생각된다. 31개 지교의 총야학생수가 400여 명이라는 사실
에서 알 수 있다. 이는 서울지역의 야학규모보다 약간 소규모였다.
80명 이상으로 비교적 대규모인 야학은 부평군수 全國煥이 계창학
교 내에 설립한 노동야학교 1개소 뿐이다.[2]

　충청도 야학은 교육기관의 부설로 설립되는 경우가 소수에 불과
하다. 괴산의 초동야학, 황간의 노동학교, 홍성의 상명노동야학교,
청주의 노동야학교, 전의의 광동야학교 등이었다. 개인 집에 설립
된 경우도 전혀 나타나지 않는다. 그러나 야학규모나 분포상황을
볼 때, 사랑방이나 개인집에 설립된 경우가 많았다고 생각된다. 충
청도 야학규모는 다음과 같다.

　20~40명 미만은 96개소, 40~60명 미만은 12개소, 60명~80명
미만은 3개소, 80명 이상은 6개소 등이다. 20~40명 미만인 경우가
절대 다수를 차지한다. 이는 제천군의 26개 노동야학과 당진군의
47개 노동야학강습소의 설립에서 비롯되었다. 더욱이 괴산군내
300여 야학생이 출석하는 상황을 고려하면, 이보다 더 소규모 야학
이 운영되었다고 볼 수 있다. 이와 달리 청주의 노동야학교, 은진
의 노동야학교 등 80명 이상을 수용한 대규모 야학도 설립되었다.
이러한 야학은 운영 방침이나 재정적인 지원을 위한 찬무회나 임
원회 등도 일반적으로 조직·활성되었다.

　경남지방 야학운동은 민의소·농무회 등 이른바 지방자치제를
표방한 단체가 주도하였다. 마산민의소·밀양민의소·의령민의소

---

2)『황성신문』1908년 9월 13일 잡보「富倅勤勸」, 9월 19일 잡보「桂昌益
　昌」:『大韓每日申報』1908년 9월 4일 잡보「富郡將富」, 9월 16일 잡
　보「桂昌校의 夜學」.

와 김해군 마을마다 설립된 농무회는 대표적인 경우이다. 특히 農務會는 의무교육의 일환으로 주민 부담에 의한 농민야학을 실시하였다.[3] 李允宰는 김해 涵入學校 교사로 재직하면서 여러 야학·강습소 명예교사로서 활동하는 등 이를 주도한 인물이었다.

20명 미만은 1개소, 20～40명 미만은 13개소, 40～60명 미만은 7개소, 60～80명 미만은 7개소, 80명 이상은 8개소 등이었다. 20～60명 미만이 20개소로 60% 이상을 차지한다. 그러나 60명 이상인 비교적 대규모 야학도 15개소로 높은 비중을 차지한다. 즉 웅천의 개통학교 부설 노동자야학과는 100여 명, 대구노동학교는 80명, 진주 농민야학교는 90명, 부산 명진야학교는 140여 명, 용남 야학교(주야학 겸설)는 300명, 밀양 노동야학교는 200명 등이었다. 반면 20명 미만은 1개소에 불과하였다. 이처럼 야학규모는 지역에 따라 많은 편차를 나타내었다.

강원도 야학은 교육기관의 부설인 경우 역시 소수에 불과하였다. 회양의 일어야학과, 이천의 속성야학교, 통진의 목동야학교, 통천의 통명야학과 등은 학교 부설로 설립되었다. 개인 집에 설립된 경우는 강릉 읍내의 야학과 1개소에 불과하다. 양양군수와 유지들이 관내에 설립한 70여 개소 야학 중 상당수는 개인집에 설립되었다고 생각된다. 당시 강원도 내 야학규모를 정리하면 다음과 같다.

20명 미만은 70개소, 20～40명 미만은 14개소, 40～60명 미만은 10개소, 60명 이상은 4개소 등이다. 20명 미만인 야학은 70% 이상을 차지하는 등 절대 다수였다. 이러한 현상은 양양군 내 설립된 노동야학교에서 비롯되었다. 70개소 야학의 재학생이 500여 명에 불과한 사실은 당시 상황을 이해하는데 중요한 실마리를 제공한

---

3) 『대한매일신보』 1908년 9월 6일 잡보 「김희군민가상」 ; 『大韓每日申報』 1908년 9월 6일 잡보 「金海郡의 文明」.

다. 이와 달리 원주 노동야학교, 양양 노동야학, 통천 노동야학과 등은 비교적 대규모로 운영되었다. 특히 강릉은 1908년부터 각지에 야학이 설립되는 등 한말 야학운동의 '요람지'였다. 이러한 현상은 당시 향촌사회 변화와 더불어 이들 지방사회 지식인의 동향을 이해하는데 시사하는 바가 크다.

호남지역 야학운동은 전반적으로 부진한 실정이었다. 다른 교육기관의 부설인 경우는 전주야학교, 진안 야학강습과와 농민야학과 등 3개소에 불과하였다. 전주·군산·목포·용담 등지가 비교적 야학운동이 활성화된 지역이었다. 이를 정리하면 다음과 같다.

20~40명 미만은 8개소, 40~60명 미만은 3개소, 60~80명 미만은 1개소, 80명 이상은 3개소 등이다. 호남지역 역시 20~60명 미만이 절대 다수를 차지한다. 반면 고산의 노동농민학교, 목포 노동야학교, 광주 노동야학교 등은 대규모 야학이었다. 대한협회 광주지회원 최종섭이 설립한 노동야학은 150여 명에 달하였다. 이는 지회원들의 열성적인 활동과 주민들의 호응으로 가능할 수 있었다.

황해도의 야학은 사립학교 내 부설로 설립된 경우가 많았다. 연안의 희명야학교, 해주의 제민야학교, 안악의 배영야학교, 재령의 창명야학교, 장연의 노동야학교, 신천의 초동야학교 등이 대표적인 경우이다. 야학생수를 정확하게 서술한 야학은 39개소 불과하다. 다수 또는 수십 명을 20~40명 미만으로 간주하여 야학규모를 정리하면 다음과 같다.

20명 미만에서 180여 명에 달하는 등 야학 규모는 상당한 편차를 보인다. 20명 미만은 1개소에 불과한 반면 비교적 대규모인 80명 이상은 3개소였다. 대규모 야학 중 배천의 진명학교 내 노동야학교, 재령의 목동자립학교, 장연의 노동야학, 배천의 노동야학교는 지방관인 군수가 유지들의 협조로 설립한 경우이다. 이를 통하여 지방관의 관심 여하에 따라 지역별로 많은 차별성이 존재함을 엿볼 수 있는 부분이다.4)

대체적인 규모는 20명 이상 60명 미만이 35개소로 전체의 약 90%를 차지한다. 당시 야학생은 20명에서 60명 미만인 '비교적' 소규모임을 알 수 있다. 물론 제도권 교육기관에 대한 구체적인 학생수가 파악되지 않은 상황에서 일반적으로 규모를 규정할 수 없으나, 공립보통학교는 이보다 큰 규모였다. 반면 사립학교는 이와 유사하였다고 볼 수 있다. 결국 황해도 야학운동은 1909년을 전후 연인원 2천여 명 이상에게 교육적인 수혜를 제공할 수 있었다.

야학규모나 교육시설은 관·공립소학교에 비해 '비교적' 열악한 형편이었다. 단지 고조된 향학열과 야학 운영주체의 열성은 이러한 난관을 극복할 수 있는 원동력이었다. 박은식이 서북지방 여행 중 개천군 노동야학생들과 대화는 이들에 대한 격려이자 근대교육의 중요성을 다시 한 번 일깨우는 계기였다.5)

평안도의 야학생수를 어느 파악할 수 있는 야학은 85개소이다. 야학장소는 제도권 교육기관이나 공회당 등 공공시설을 활용하였다. 증남포의 영어야학교, 증산의 야학교, 곽산의 야학교, 의주의 전대야학교, 용천의 야학과, 순안의 야학교 등은 교육기관을 활용한 대표적인 경우이다. 야학생수에 따른 야학규모는 다음과 같다.

20명 미만에서 수백 명 이상에 달하는 등 야학 규모는 상당한 편

---

4) 배천군수 全鳳薰이 각 면마다 사립학교와 각 마을마다 야학을 설립하였다. 이러한 교육기관 운영비는 주민들의 부담으로 마련되는 등 의무교육의 일환이었다. 지방관의 근대교육에 대한 관심·지원은 근대교육운동 성과를 좌지우지하는 요인이라 해도 과언이 아니다.
5) 『황성신문』 1910년 6월 21일 잡보「西道旅行記(一)」: 박은식전서편찬위원회, 1975, 『朴殷植全書』下, 259쪽.

차를 보인다. 20~40명 미만은 31개소, 40~60명 미만은 32개소, 60~80명 미만은 8개소, 80명 이상 14개소 등으로 20명 이상 60명 미만이 63개소로 절대 다수를 차지한다. 반면 80명 이상은 대규모 야학도 성행하는 등 양극화 현상을 보여준다. 이는 경남지역과 유사한 양상이다.6) 식민지시기 야학규모에 관한 구체적인 연구는 없지만, 대체로 이러한 규모였다고 생각된다. 즉 3·1운동 이후 서울지역을 제외한 모든 지역의 야학운동은 대체로 소규모나 대규모로 양극화되는 경향을 보인다.7)

평양부의 동포루선창야학, 강서군의 신흥야학교와 일신야학교, 의주군의 전대야학교와 극명야학교, 안주군의 보흥야학교, 가산군의 야학교 등은 80명 이상인 비교적 큰 규모였다. 동포루선창야학을 제외한 이러한 야학은 유지들의 연합으로 설립되었다. 반면 20명 미만의 소규모 야학도 운영되었다. 원인은 지역주민의 교육에 대한 무관심이나 인식 부족, 영세한 촌락 규모, 경제적인 파탄 등 여러 측면에서 살펴볼 수 있다. 소규모 야학이나마 운영된 사실은 근대교육에 대한 지역민의 인식을 반영하는 부분이다. 안주군 장흥야학교 생도 15인은 애국하는 마음으로 혈서로 맹서하였다.8) 용천군 외하면 순천동의 길경환과 주기동의 윤희준 등은 의무교육을 시행하고자 노력을 아끼지 않았다. 근대교육 보급을 위한 야학생들의 혈서사건은 이러한 분위기를 반증한다.9)

교실은 청청야학 등 일부를 제외하고 모두 부속 건물을 이용하

---

6) 김형목, 1998, 「한말 경기지역 야학운동의 배경과 실태」, 195쪽.
7) 김형목, 1999, 「1920년대 전반기 京畿道 夜學運動의 實態와 機能」『한국독립운동사연구』13, 독립기념관 한국독립운동사연구소, 117~125쪽 ; 2000, 「1910년대 夜學의 實態와 性格 變化」『국사관논총』94, 국사편찬위원회, 180~186쪽.
8) 『대한매일신보』1909년 4월 29일 잡보 「즈고동밍」.
9) 『대한매일신보』1909년 4월 29일 잡보 「량씨동밍」.

였다. 단독으로 설립된 야학은 설립자의 사랑방이나 마을 洞舍·
회관·사무실 등이 교실로 활용되었다. 학교 부설이나 학교·사무
소 내에 설립된 경우는 그곳이 바로 교사였다. 증남포 성당은 무
려 안희학교·삼흥학교·영어야학교·오성학교 등 무려 4개교의
교실로 사용되었다. 그런 만큼 교육시설은 미비하지 않을 수 없었
다. 피교육자의 향학열과 교사진의 열성은 이러한 난간을 극복하
는 원천이었다. 독립적인 야학교사의 확보는 어쩌면 환상인 지도
모른다. 운영비도 제대로 조달할 수 없는 각 야학이 처한 상황 때
문이다.

함경도의 야학생수를 서술한 야학은 26개소였다. 함흥의 2개 농
민야학은 1928년 당시 상황으로 50%를 계산하였다. 이를 토대로
정리한 야학규모는 다음과 같다.

20명 미만에서 100여 명에 달하는 등 야학규모는 상당한 편차를
보인다. 20명 미만이 2개에 불과한 반면 대규모인 80명 이상은 4개
소에 달하였다. 대규모 야학은 함흥 능동야학당, 북청 농부야학교,
성진 야학교 등으로 설립주체는 유지들이었다. 능동야학당은 설립
취지서를 발표하는 등 유지들의 협조로 가능할 수 있었다. 반면 농
부야학교는 설립자인 이주철의 열성적인 교육활동으로 발전의 기
틀을 마련하는 계기였다. 대체적인 규모는 20명 이상 60명 미만이
19개소로 70% 이상을 차지한다. 특히 문천군수 서정숙이 각면에
설립한 야학을 포함하면, 비중은 훨씬 높아진다. 이상을 정리하면
<표 Ⅱ-3>과 같다.

교육 대상자는 대부분 문맹한 노동자·농민 등과 이들의 자제들
인 이른바 '無産兒童'이었다. 이들은 근대교육운동의 확산과 변혁
운동의 경험을 통해 근대교육의 필요성을 인식하고 있었다.[10] 다

---

10) 김형목, 1999, 「1906~1910년 서울지역 야학운동의 전개 양상과 실태」

만 경제적인 빈곤이나 시간적인 여유 등으로 제도권 교육기관에서 교육받을 기회를 갖지 못하였다. 한글에 대한 관심의 고조와 더불어 곳곳에 설립된 국문학교과 한글로 된 잡지·신문 등의 발간 배경은 이러한 연유에서 찾을 수 있다.[11]

〈표 II-3〉 야학 규모[12]

야학 생수	20인 미만	20~40인 미만	40~60인 미만	60~80인 미만	80인 이상	계
서 울	-	15	8	5	6	34
경 기	32	24	25	6	1	88
충 청	-	96	12	3	6	117
전 라	-	8	3	1	3	15
경 상	1	13	7	7	8	36
강 원	70	14	10	2	2	98
황 해	1	17	13	5	3	39
평 안	-	31	32	8	14	85
함 경	2	10	9	1	4	26
계	106	228	119	38	47	538

『향토서울』59, 서울특별시사편찬위원회, 171~174쪽.

11) 이훈상, 1990,「舊韓末 勞動夜學의 성행과 兪吉濬의 '勞動夜學讀本'」『斗溪李丙燾博士九旬紀念韓國史學論叢』, 일조각, 751~752쪽.

12) 다수나 수십 명은 20~40명, 연초직공야학은 80명 이상, 1920년대 기사와 주야 겸설은 50%, 당진 노동야학 47개소와 직산 국문야학 10개소는 20~40명, 다수 또는 수십 명은 20~40명 미만으로 계산하였다. 양양 70개소 노동야학은 20명 미만, 강화도 보창학교 지교는 31개소, 고양군 한지면 왕십리는 4개소, 문천군수 서정숙과 창성군수 김상범, 배천군수 전봉훈 등이 설립한 야학은 각각 1개소로 파악하였다.

제2절 교과목과 지역별 특성

1. 교과목

민중 '자립화'의 초보적인 단계에서 시행된 야학운동은 文盲退治를 통한 민중 계몽에 역점을 두었다. 이에 따라 교육 내용도 고등교육보다 文字解讀이나 習得인 初等敎育이 주류였다. 대다수 야학에서 한글은 가장 중시된 교과목이었다. 이와 더불어 우리나라 지리나 역사도 민족의식을 각성시키는 방편으로 중요시되었다.[13] 또한 초보적인 한문이나 加減乘除를 중심으로 하는 산술 등도 상당한 비중을 차지하였다. 다만 상무정신을 고취하는 당시 분위기와 관련하여 병식체조인 체육도 중시된 과목 중의 하나였다. 한성부가 설립한 3개소 실업야학교, 밀양의 노동야학교, 신천의 목동학교, 해주의 광명야학 등은 체조를 가르친 대표적인 야학이었다. 그런데 대부분 야학은 과외활동으로 운동회나 야유회 등을 정기적으로 실시하는 등 체육을 중시하였다.

구체적인 교과목을 알 수 있는 야학은 소수에 불과할 뿐이다. 대다수가 사립학교 부설이고, 學齡兒童을 교수한 사실에서 보통학교(일명 소학교) 교과목과 비슷하게 편성되었다고 생각된다. 야학을 수료한 후 보통학교에 입학하거나 3~4학년에 편입하는 경우도 적

---

13)『대한매일신보』1907년 11월 1일 잡보「소립국문학교취지서」, 1908년 12월 30일「녀즈사회와 로동샤회의 지식을 보급홀 도리」:『황성신문』1907년 1월 12일 잡보「國文硏究會趣旨書」, 1908년 2월 12일 잡보「國文夜學」:『大韓每日申報』1908년 12월 27일 논설「女子及勞働社會의 知識普及홀 道」.

지 않았다.14) 이러한 사실은 보통학교 1~2학년 교과목을 위주로
편성한 사실을 의미한다. 인천 박문야학, 통진 초동야학, 가평 보성
야학, 남양 야학교, 임천 노동야학교, 경주 야학교, 동래 야학과, 대
구 여자일한문강습소, 밀양 노동야학교, 금천 사립보창학교, 원주
노동야학교, 통천 통명야학교, 배천 노동야학교, 신의주 의주야학
등은 지방에서 일본어를 교수한 대표적인 야학이다. 이러한 사실
을 통하여 보통학문이나 보교과정은 대부분 일본어를 포함한 것으
로 볼 수 있다. 반면 문맹한 성인들을 대상으로 한 경우는 문자해
독에 비중을 둔 만큼 한글이 중시되었다. 또한 일상생활에서 가장
시급한 일반상식 등도 비중 있는 과목이었다.

교과목은 피교육자나 야학 시행의 목적에 따라 편성되는 경우도
있었다. 즉 현실적인 필요성이 야학의 교과목 구성에 그대로 반영
되었다. 연안 읍내 熙明야학교는 부기・산술・일어 등이었다. 교
장 明海一이 "상업이 가장 중요한 문제"라는 인식과 야학생이 상
업에 종사하였기 때문이다.15) 상업・부기 등을 가르친 야학은 휘
문의숙 내 관영야학사, 화동야학교, 광남학교 내 야학부, 황성기독
교청년회의 상업야학과, 장통학교 내 야학교, 융희강습소의 상업야
학과, 개성학회의 상업야학교, 맹동야학 내 상업야학교, 공주 진명
야학교, 군산의 노동야학교 등이다. 노백린이 풍천에 설립한 노동
야학은 주로 노동 전반에 관한 문제를 교육하였다. 배천의 노동야
학교처럼 교과 전담제가 시행된 경우도 있었다.

교육기간에 대한 구체적인 사례도 거의 없다. 다만 방학이나 속
성과로 운영된 사실을 통해 6개월에서 1년 정도였고, 경우에 따라
그 이상인 경우도 있었다. 즉 교장・학감・부교장・교사・직원

---

14)『大韓每日申報』1909년 5월 6일 잡보「遷于喬木」.
15)『황성신문』1908년 5월 19일 잡보「延郡夜校」.

등을 두는 한편 시험 등을 실시하는 등 수학기간은 2~3년에 달한다고 볼 수 있다. 상동 국문야학·중교의숙은 6개월, 정칙야학·관영야학사·수원의 야학교는 1년, 개성의 상업야학교와 황성기독교청년회의 상업야학은 2년 등이었다. 야학 또는 야학교는 명칭에 불과할 뿐 사립학교와 별다른 차이점이 없었다는 저간의 사정을 반영한다.

교재 역시 보통학교 교과서를 이용하였다. 특히 한글로 된 신문·잡지 등도 유용한 교재였으며, 일종의 '종합강의록'인 『교육월보』가 4천여 부나 발행된 사실은 이를 반증한다.16) 『유년필독』도 가장 널리 활용된 교재였다. 반면 교사가 피교육자의 수준에 따라 직접 교재를 만들었다. 풍천군의 노동야학이나 시흥군 국문야학은 대표적인 경우이다. 이러한 사실에서 교재는 매우 다양함을 알 수 있다.

반면 일어·영어 등 어학도 교수하였다. 특히 일본어에 상당한 비중을 두었다. 어학이나 보통학문으로 표기된 경우도 일본어를 교수한 것으로 생각한다. 당시 관·공립소학교는 대부분 일본어를 교수한 사실에서 이러한 가능성을 찾아볼 수 있다. 더욱이 일본어 능통자는 사회적으로 우대받는 분위기였다. 일부는 이를 추종하는 경향마저 농후하였다.17) 서울지역 야학의 90% 이상에서 일본어를 교수한 사실과 일본인이 운영하는 공장이나 부두 등에 종사하는 노동자들의 현실적인 필요성에서 비롯되었다.

---

16) 崔起榮, 1991, 「舊韓末 『교육월보』에 관한 一考察」 『季刊 書誌學會』 3, 서지학회, 22쪽.
17) 浩然子, 「敎育界의 思潮」 『太極學報』 19, 태극학회, 4~11쪽 : 桂奉瑀, 「社會의 假志士」 『태극학보』 25, 6~8쪽 : 계봉우, 「學校의 弊害」 『태극학보』 26, 16~20쪽 : 李喆柱, 「敎育界의 下梢病」 『기호흥학회월보』 3, 15~17쪽.

교사진은 피교육자인 야학생수에 따라 많은 차이를 나타낸다. 단독 교사와 2~3인 경우가 절대 다수를 차지하였다. 비록 소수에 불과하지만, 교장・학감(교감)・사무원 등 제도권 교육기관의 직제를 갖춘 경우도 있었다. 비록 야학생수는 적지만, 교과전담제를 채택한 야학은 7~8명의 교사진이 포진하였다. 특히 교사보다는 교장・부교장・학감・사무원 등 임직원이 훨씬 많았다. 이처럼 야학생수와 교사수는 반드시 비례하지 않았다.

2. 지역적인 특성

대한제국기 야학운동은 여러 점에서 이후와 다른 특징을 보여준다. 1905년 이전은 근대 야학 태동기로서 부국강병을 위한 시무책의 일환이었다. 이는 근대교육이 부진한 가운데 근로청소년을 위한 가장 현실적인 대안이나 마찬가지였다. 물론 당시에는 근대교육에 대한 인식 부족과 민중의 경제적인 몰락 등으로 크게 주목을 받지 못하였다. 그러나 민중교육기관으로서 향학열을 고취시킨 점은 근대교육사상 중요한 의미를 지닌다. 이는 러일전쟁 발발 이후 위기의식 고조와 더불어 근대교육운동을 촉발시키는 기폭제였다. 야학운동 전개는 이러한 기반을 배경으로 널리 전개될 수 있었다.

한말 야학운동은 다양한 주체들에 의하여 추진되었다. 목적이나 성격은 이러한 요인에 의하여 규정되는 등 다양성을 내포한다. 교과목 구성은 운영주체의 현실인식이나 피교육자 구성 등에 의하여 편성되었다. 그런데 1910년대 국어강습회와는 달리 일본어 위주인 획일성에서 크게 탈피하고 있었다. 대한제국기 야학운동의 특성은 다음과 같이 정리할 수 있다.

첫째, 교실인 교사는 공공기관이나 학교 부설인 경우가 많았다. 1908년 이후 점차 독립적인 건물을 마련한 야학(교)은 약간 증가하는 추세였다. 이러한 요인은 사립학교와 달리 집·마을회관·사무실·교회 등지에서 쉽게 야학을 설립할 수 있었기 때문이다. 또한 야학에 대한 인식 확산과 근대교육 보급에 따른 인적 기반인 교사 확보가 이전보다 용이한 점 등으로 가능할 수 있었다. 물론 대다수 야학은 여전히 공공기관을 교실로 이용하는 형편이었다. 특히 학교 부설인 야학은 재직교사들의 무료 교수로 야학운동을 발흥시키는 중요한 기반이었다.

둘째, 1908년 이후 노동·국문야학 등이 성행하였다. 서울 동명학교 부설의 국어야학과, 상동교회의 국문야학과, 서울 국민야학교, 시흥군 서면 소하리 국문야학교, 동군 중종리 4개소의 국문야학교, 抱川郡 社倉村과 左石池·萬橋里의 국문야학, 보창학교 지교의 국문야학, 직산 국문야학교와 국어야학교, 개령 국문야학, 경성 국문학교 등은 대표적이다.[18)]

노동야학·농민야학은 단지 명칭상 구분에 불과하다. 즉 "1920년대 중반까지도 노동자·농민은 계급적 미분화 상태였다"는 점에서 더욱 그렇다. 하지만 노동야학 확산은 노동자에 대한 사회적인 인식이 전반적으로 변화한 상황을 반영한 사실에 주목할 필요가 있다. 노동자의 존재에 대한 인식이 멸시적·냉소적인 입장에서 '사회적인 존재'로서 인정한 점이다.[19)] 노동을 천시하던 인식

---

18) 『대한매일신보』 1908년 1월 9일 잡보 「리씨열심」, 2월 28일 잡보 「영등포학교」 ; 『大韓每日申報』 1908년 1월 12일 잡보 「리氏熱心」, 1월 22일 잡보 「國文學校蔚興」.

19) 교육월보사, 1908, 「론셜; 로동샤회에 권고홈」 『교육월보』 2, 보성사, 1~3쪽 ; 『대한매일신보』 1909년 4월 15~16일 긔셔 「노동의 뜻을 히셕; 안익션」.

에서 노동의 '신성한' 가치와 중요성을 인정하기에 이르렀다. 자본
주의적 제관계와 더불어 자강론자의 인식이 변화함을 그대로 드러
내는 부분이다.

　세째, 여자야학의 설립·운영이 부진한 점이다. 여자교육의 중
요성은 일찍부터 개화자강론자의 주요 관심사이었으나 전반적으
로 부진을 면치 못하였다.[20] 최초 여자야학은 남녀공동야학에서
출발한 목동야학이었다.[21] 여자야학은 1909년 서울 소안동 趙鳳植
의 사숙 개설로부터 시작되었다.[22] 이에 관한 자세한 내용은 알 수
없지만, 10~40세 여자만을 대상으로 여자야학이다. 李珏卿이 養源
學校 내에 설립한 여자야학[23]이나 養心女學校 내의 여자강습소[24]
는 일본어·영어 등을 중심으로 한 여자야학이지만, 자세한 내용
은 역시 알 수 없다. 연초직공야학은 여자야학에 대한 언급이 없으
나, 근로자 대다수가 여성임을 감안한다면 독립적인 여자야학이
운영되었다고 생각된다.[25] 일본 유학생의 부인들도 동경의 청년회
관에 야학을 설립하자, 남편들이 교사로서 번갈아 가르치는 정도
였다.[26]

　이처럼 여성차별의 인습이 강고한 상황에서 야학을 통한 여성교
육은 상당히 제한적일 수밖에 없었다. 더욱이 오후 10시를 전후한
심야에야 수업이 끝나는 야학에 성숙한 여자들이 다닌다는 것은

---

20) 윤건차, 1987, 『한국근대교육의 사상과 운동』, 96~235쪽.
21) 『대한매일신보』 1908년 2월 26일 잡보 「목동의 야학」.
22) 『大韓每日申報』 1909년 1월 8일 잡보 「趙氏熱心」와 6월 30일 잡보 「安
　　洞夜學」 : 『대한매일신보』 1909년 6월 30일 잡보 「안동야학」.
23) 『대한민보』 1909년 6월 19일 잡보 「女子夜學」.
24) 『대한민보』 1909년 7월 14일 잡보 「女子講習」 : 『황성신문』 1909년 7
　　월 14일 잡보 「慈心講習」.
25) 김형목, 2000, 「한말·1910연대 여자야학의 성격」 『중앙사론』 14, 한국
　　중앙사학회, 38쪽.
26) 『경향신문』 1909년 11월 19일 외국보 「부인야학교」.

거의 禁忌나 다름없었다.[27] 여자야학은 1910년대 국어강습회 성행
과 더불어 증가하다가 1920년대 여성운동의 활성화와 더불어 급속
히 진전되었다. 특히 여자야학의 주요한 설립주체는 사회적인 냉
대(?)를 받던 기생이었다. 이들은 스스로 자금을 모금한 후 교사를
초빙·운영하였다. 사회·경제적인 여유는 이들에게 야학을 통한
근대교육 수혜를 받게 하는 요인이었다. 그런데 일어에 치중된 상
황은 일본인을 대상으로 한 영업활동과 밀접한 관계성을 지닌다.

넷째, 어학 중 일어의 비중이 상당히 높다. 서울은 국문야학·영
어야학 등을 제외한 거의 모든 야학 중 일어는 필수적인 과목이었
다. 올바른 외래 문물을 수용과 학술 교류상 영어를 비롯한 어학은
매우 중요한 위치를 차지한다. 하지만 일제 침략에 의한 식민지로
전락하는 당시 상황을 상기할 필요가 있다. 즉 문맹퇴치를 위한 야
학이 한글보다 일본어를 중시한 점이다. 일부 일어야학·일어강습
소의 교사로 일본인들이 직접 담당하는 상황이었다.[28]

통감부가 관·공립학교의 일어 교육을 시도함에 격렬하게 저항
한 사실을 상기할 필요가 있다.

> 普通學校에서 曾往부터 教授ᄒ든 地誌科ᄂ 刪去ᄒ고 日語科를 添
> 入ᄒ기로 叅與官이 決定ᄒ얏더니 地誌科ᄂ 視學官 魚瑢善氏의 强硬
> 反對홈으로 如前히 教授케되며 日語科ᄂ 各教員들이 反對ᄒ야 아즉
> 停止ᄒ얏ᄂᄃ 二個年後부터 實施ᄒ기로 決定ᄒ얏다더라.[29]

이는 야학운동을 추진한 주체들의 현실인식을 극명하게 보여주

---

27) 『대한민보』 1909년 6월 19일 잡보 「女子夜學」.
28) 『대한매일신보』 1908년 4월 1일 잡보 「김씨의 야학교(868)」 : 『대한민
보』 1909년 6월 2일 학계기문 「日語講習」, 7월 22일 학계기문 「日語開
學」, 9월 23일 학계기문 「教師熱心」.
29) 『만세보』 1906년 9월 15일 잡보 「語科反對」.

는 부분이다. 따라서 "야학이 식민교육정책에 저항한 민족교육기
관"이라는 종래 견해는 철저하게 비판되어야 한다. 일제는 이른바
顧問政治를 통해 조선의 교육계를 사실상 장악한 상황이었다. 식
민교육정책의 목표는 日鮮同祖論에 의한 '차별화'된 同化主義였
다. 친일세력 육성과 한일 양 국민의 동화주의를 위한 주요한 방안
이 바로 일본어 보급이었다.[30] 급박한 현실 상황을 직시하지 못한
채, 대다수 야학운동 운영주체는 "일어와 산술만 배우면, 국가는
부강해진다"는 인식을 갖고 있었다.[31] 이들의 인식은 '克日'보다는
社會進化論에 매몰된 상황을 반증하는 부분이다.

　다섯째, 야학 설립 주체나 교사진은 거의 전·현직 관리이거나
유지·보통학교 교사들이었다. 설립자가 교사를 병행하는 경우도
90% 이상을 차지하는 등 자강론자들은 곧 야학운동을 추진한 중
심체였다. 지방관인 군수가 설립자·교사나 후원자로서 야학운동
에 중심적인 인물이었다. 이들은 각 단체의 지회 설립·운영은 물
론 군단위의 계몽운동 활성화에 크게 이바지하였다. 특히 이동휘
는 강화도에 보창학교 본교를 설립한 이래 각 동리 단위로 설립된
지교의 부설로 노동야학·국문야학를 세웠다. 이는 주민 부담에
의한 의무교육의 일환이었다. 지방자치제를 위해 조직된 민회·향
회·민의소·시의소·농무회 등도 야학운동을 포함한 교육구국
운동을 주도하였다.[32]

　여섯째, 노동자 스스로가 야학을 설립한 사실이다. 서울의 우산

---

30) 이명화, 2000, 「韓末 日帝의 日本語 普及 實態」『충북사학』11·12, 충
　　북대, 453~470쪽 : 김형목, 2000, 「1910년대 야학의 실태와 성격 변화」,
　　172~186쪽.
31) 桂奉瑀, 「學校의 弊害」『태극학보』26, 16~20쪽 : 李喆柱, 「教育界의
　　下梢病」『기호흥학회월보』3, 15~17쪽 :『대한매일신보』1908년 5월
　　20일 론셜「학슐을 홀노 비호는법」.
32) 김형목, 2000, 「한말·1910년대 女子夜學의 性格」, 27~28쪽.

학교 지교와 급수상야학, 양근 분원야학교, 이천 노동야학교, 진주 노동강습소, 간성 노동야학교, 숙천군 葛山洞의 갈산농회, 삼화항 부두조합소, 평양 동포루선창과 경현 노동야학, 평남 성천군 사가면 노동야학, 삼화부 초동목수야학 등이 대표적이다. 이는 소수에 불과하지만, 노동자·농민 등 민중이 사회구성원으로서 자신의 존재를 점차 인식한 점에서 중요한 의미를 지닌다.[33] 민중은 지난한 투쟁을 통해 시세의 변화를 인식하는 한편 개인 능력 배양을 위한 자구책이 바로 야학이었다. 이는 민중층의 성장을 상징적으로 보여주는 부분이다.

이러한 변화는 결국 3·1운동기 민중이 민족해방운동의 전면에 나설 수 있는 배경이었다. 地方自治制를 표방한 農務會나 노동자의 권익을 위한 노동조합소·勞動夜學會 등이 야학을 운영한 사실은 이와 밀접한 관련성을 지닌다. 평안도의 경우는 유지의 교육에 대한 높은 관심과 활동[34]을 반영하는 동시에 안창호 강연 활동과 관련성을 지닌다. 그는 미국에서 귀국한 후 서울과 서북지방에서 여러 차례 순회강연을 실시하는 가운데 "미국에 거주하는 동포 대다수는 노동자로서 고달픈 삶이지만, 야학으로 실력 배양에 정진한다"는 것과 "노동자에게 학문이 필요한 문제" 등을 연설하였다.[35] 이에 노동자·부두조합소 등은 노동야학을 설립하는 등 그의 주장에 적극적으로 호응하기에 이르렀다.[36]

일곱째, 종교기관이나 단체가 운영한 야학이 소수에 불과한 점

---

33) 김형목, 1999, 「자강운동기 평안도지방 '야학운동'의 실태와 성격」, 58~59쪽.

34) 『황성신문』 1908년 1월 10~11일 잡보 「平壤學務會歷史」: 박은식전서편찬위원회, 1975, 「祝義務敎育實施」 『박은식전서』 下, 90~91쪽.

35) 『황성신문』 1907년 12월 11일 잡보 「浿城敎育情況」.

36) 『희조신문』 1908년 2월 28일 잡보 「勞動夜學」.

이다. 서울 상동교회 내의 국문야학교37), 남포성당 내의 영어야학교, 江東郡 晩達面 桓坊洞 三成夜學校38), 경북 영천의 노동야학교 39) 등 극히 일부가 설립되는 정도였다. 기독교는 조선에서 포교가 허용된 이래 교세 확장의 일환으로 전국 각지에 '종교학교'를 상당수 운영하였다. 이러한 사실을 감안한다면, 종교단체는 아직까지 야학에 대한 중요성을 별로 인식하지 않았음을 알 수 있다. 1920년 대 천도교의 朝鮮農民社를 통한 농촌계몽운동과 엡윗청년회·기독교청년회·기독교여자청년회·기독면려회 등이 야학운동을 주도한 사실40)과 대비된다. 이러한 단체나 기관은 사립학교설립운동에 치중한 반면 야학에 대한 인식은 전반적으로 미흡함을 의미한다. 당시 신앙인이 야학활동을 전혀 하지 않았다는 의미는 결코 아니다. 개신교로 개종한 뒤 교육구국운동을 전개한 이동휘는 이러한 대표적인 인물이다.

반면 경상도지역은 불교계에 의한 야학운동이 사립학교설립운동과 병행되었다. 동래 범어사는 明正學校 내에 일어·한문·산술을 중심으로 한 야학과를 설립하였다. 교사 金敎鎔·金梵河·崔一海 등의 열성은 20여 명이 일시에 호응하는 성황이었다.41) 김천 직지사와 장기 기림사 등도 야학을 설립·운영하는 등 야학운동을 주도하였다. 이러한 구체적인 원인은 알 수 없다. 다만 시세변화에 대한 불교계의 대응책으로 주목할 부분이다.

여덟째, 대부분 지역은 「사립학교령」 이후 야학운동이 더욱 성

---

37) 『대한매일신보』 1907년 11월 1일 잡보 「△립국문학교취지서」, 11월 26일 잡보 「국문야학교」, 1908년 2월 8일 잡보 「국문야학교취지서」.
38) 『大韓每日申報』 1910년 1월 25일 학계 「三成夜學」 : 『대한매일신보』 1910년 1월 26일 학계 「삼성야학교 설립」.
39) 『경향신문』 1909년 5월 14일 국니잡보 「로동야학교」.
40) 盧榮澤, 1979, 『日帝下 民衆敎育運動史』, 176~179쪽.
41) 『大韓每日申報』 1908년 6월 6일 잡보 「山門興學」.

행한 사실이다. 이는 서울과 다른 양상을 보여주는 부분으로 주목
된다.[42]「사립학교령」시행 이후 사립학교 설립·운영이 여의치
않자, 야학운동으로 방향을 전환한 사실을 의미한다. 야학운동은
교육구국운동의 주요한 한 영역임을 반증한다.

　마지막으로 지방관청인 한성부가 직접 3개소의 야학을 설립한
점이다. 한성부는 京城商業會議所의 자문을 얻어 상업계 노동자의
자제들을 위해 1909년 11월 미동·수하동·어의동보통학교 내에
실업야학회를 각각 설립하였다. 주요 과목은 산술과 체조였으며,
관립사범학교 교사들이 이를 담당하는 등 노동자들로부터 상당한
호응을 얻었다.[43] 여기에 소요되는 운영비는 한성부의 예산 중 지
방비로 충당할 계획이었다. 행정단체도 노동자와 이들의 자제 교
육을 위한 야학을 설립하기에 이르렀다. 이처럼 야학운동은 사회
단체나 유지신사는 물론 전국적인 관심과 지원으로 활성화될 수
있었다.

---

42) 김형목, 1999,「1906~1901년 서울지역 야학운동의 전개 야상과 실태」,
　　183~184쪽.
43)『대한민보』1909년 11월 21일 학계기문「實業敎育會」:『황성신문』
　　1910년 2월 26일 잡보「實業夜學員募集」:『대한매일신보』1910년 2월
　　27일 학계『실업학셜립』.

제3부

야학교재와 운영주체

제1장

야 학 교 재

한말에는 사립학교 교과서도 제대로 발간·보급되지 않았다. 출판계는 원활한 교재 개발과 발간을 담당하기에 너무나 열악한 상황에 직면하고 있었다. 초등교육기관 교과서는 대부분 야학교재로서 사용되었다고 해도 과언이 아니다. 당시 야학을 위한 특별한 교재는 전무한 실정이었기 때문이다. 그럼에도 이를 위한 계획조차도 전혀 수립되지 않았다. 이는 단시일 내에 해결할 수 있는 '단순한' 문제가 아니었다.

이러한 가운데 사립학교설립운동과 더불어 야학운동도 요원의 불길처럼 확산을 거듭하였다. 한글로 된 교과서 발간은 시급한 현안으로서 대두되었다. 한글판 신문·잡지 발간은 이와 맞물려 보급·확대되는 계기를 맞았다. 이는 사립학교나 야학 교재로서 활용된 사실과 무관하지 않다. 외형적인 성과와 달리 야학운동의 미미한 성과는 부실하고 미비한 교재와 관련성을 지닌다.

이 글에서는 당시 널리 알려졌거나 사용된 교재를 분석하였다. 즉 서지학적인 내용은 물론 발간 배경, 주요 내용, 이에 대한 반응 등도 살펴보았다.

제1절 『노동야학독본』

유길준은 노동자 수신을 위한 교재로서 이 책을 저술하였다. 즉 노동의 중요성과 가치성 등을 포함한 노동자로서 최소한 지켜야할 윤리성 등은 주요한 내용이었다. 1908년 7월 13일 경성일보사에서 발간한 91쪽 분량으로 3,000부나 발행하였다.[1] 일찍부터 國文專主 (한글전용 : 필자주)를 주장한 그는 언문일치와 국한문 혼용의 일상화를 위하여 노력하였다. 이는 『西遊見聞』 간행으로 결실을 거두었다. 이러한 논리는 망명에서 귀국한 직후부터 소학교육 확대로 이어졌다.[2]

갑오개혁을 추진하던 중 金弘集 내각 몰락과 동시에 그는 일본으로 망명길을 떠났다. 그는 약 10년간 망명생활에도 국내 상황에 대한 지속적인 관심을 기울였다. 1907년 10월 伊藤博文 주선으로 귀국한 그는 잠시나마 사태를 관망하는 등 정치활동을 자제하였다. 이후 유길준은 興士團을 조직하는 한편 이듬해 서울의 자치제를 표방한 漢城府民會長에 취임하는 등 활동영역 확대에 노력을 기울였다.[3] 흥사단은 '國民皆士'인 국민의 보편적인 자질 향상을 표방한 국민교육론 차원에서 조직되었다. 이는 자신이 추구하는

---

1) 『대한매일신보』 1909년 7월 25일 잡보 「로동교과발간」 : 『황성신문』 1909년 7월 25일 잡보 「兪氏獎勵」.
2) 『大韓每日申報』 1908년 6월 10일 잡보 「意見書發刊」, 6월 14~16일 잡보 「小學敎育에 對하는 意見」 : 윤병희, 1998, 『유길준 연구』, 국학자료원.
3) 兪東濬, 1987, 『유길준전』, 일조각, 277~282쪽 : 윤병희, 1998, 『유길준 연구』, 142~149쪽.

근대의 주체세력인 '士'를 육성하려는 의도를 강하게 반영하고 있다. 양 단체 회원을 '어느 정도 재산과 지식을 소유한 자'로 제한한 사실은 이와 무관하지 않다.[4]

동시에 그는 상무조합소와 勞動夜學會 고문을 맡는 등 활발한 사회활동을 벌였다.[5] 노동야학회 회원은 서울에만 1만여 명을 넘을 정도로 대단한 조직이었다. 또한 각지에도 지회를 설치하는 등 세력확장을 도모하였다.[6] 노동야학회는 회원과 그들 자제교육을 위한 노동야학을 설립하는 등 권익옹호에 나섰다. 당시 사립학교 설립운동과 더불어 노동야학·국문야학 등이 발흥하고 있었다. 그는 발흥하는 노동야학에 부응하는 교재로서 이 책을 저술하게 되었다.

체재는 50과로 노동자의 권리·의무·단결 등이 주요한 내용을 이루었다. 유사한 내용이 반복되는 경우가 많다. 1과~8과는 사회적인 존재로서 인간의 본질, 9과~13과는 가정과 군주 그리고 국가에 대한 의무와 사랑, 14과~30과는 노동의 중요성·종류와 노동자로서 지켜야 할 윤리, 31과~50과는 국민으로서 지켜야 할 의무와 윤리 등이었다.[7] 특히 「애국가」나 「육조가」 등 개화기에 널리 애창되었던 창가, 6회의 「노동연설」과 이에 대한 노동자의 답사 등은 계몽론자의 노동이나 노동자에 대한 당시 인식을 반영한

---

4) 박기서, 1988,『유길준과 福澤有吉의 정치사상 비교 연구』, 홍익대박사 학위논문, 33~35쪽.

5) 김형목, 1999,「畿湖興學會 京畿道 支會 現況과 性格」『중앙사론』12·13, 중앙사학연구회, 79쪽.

6)『황성신문』1908년 3월 19일 잡보「勞働學會趣旨書」:『대한매일신보』1908년 4월 7일 잡보「로동쟈교육」, 7월 23일 잡보「회장보고」, 8월 12일 잡보「로동회지회」.

7) 李勛相, 1990,「舊韓末 勞動夜學의 盛行과 兪吉濬의『勞動夜學讀本』」『두계이병도박사구순기념 한국사학논총』, 일조각, 756~757쪽.

점에서 중요한 의미를 지닌다.

그는 노동자를 동등한 사회구성원이 아니라 계몽 대상으로 인식할 뿐이었다.[8] 즉 사람은 지위에 따라 대우를 받으며, 이러한 사회적인 불평등도 인간사의 보편적인 도리이자 원칙이라고 보았다. 이는 노동이나 노동가치에 대한 신성함을 강조하는 논리와 상당히 모순되는 부분이다. 그런 만큼 노동자는 철저한 자기수양으로 사회적인 역할과 자기 직분에 부합되는 활동을 요구하였다.

> 질셔는 사람의 사는 도리라 아랫 사람이 되거든 웃사람을 공경(敬)호오 사람되는 권리(權利)에 우 아래(上下)가 잇심은 아니로되 그 디위(其地位)에는 우아래가 잇나니 아랫사람이 되고 웃사람을 공경치 아니호면 이는 신하(臣)가 님군(君)도 엄심이오 아달(子)이 아비(父)도 엄심이라 … 사람이 셰상에 나매 하날에 바든 권리가 쳐음에는 비록 평등(平等)이라호나 그 자란 뒤에 각기 데손으로 만그는 디위는 사람마다 달으니 귀(貴)호 쟈가 잇신즉 쳔(賤)호 쟈도 잇심이며 감연쟈(富者)가 잇심으로 간난(貧)호 쟈도 잇심이라 이갓혼 샤회(社會)의 평등(平等)치 아니홈이니 쪼한 사람살기에 자연(自然)호 도리(道理)니라.[9]

그는 노동자들을 사회적으로 미천한 존재로서 규정하였다. 물론 이들은 다른 사람과 마찬가지로 평등하게 태어났다. 그러나 사회생활에 따라 지위에 차등이 있기 때문에 당연히 자신의 지위에 맞는 생활태도를 견지해야 한다고 강조하였다. 이러한 직분이 제대로 지켜질 때, 사회질서가 유지되는 동시에 국가의 기초가 공고화된다고 보았다. 특히 개인 자유는 교육을 통하여 실현되는 동시에 최대한 보장될 수 있다는 논리였다.

---

8) 강재순, 2004, 「韓末 兪吉濬의 實業活動과 勞動觀」 『역사와 경계』 50, 부산경남사학회, 15~16쪽.
9) 兪吉濬, 1909, 『노동야학독본』, 경성일보사 : 유길준전서간행위원회, 1971, 『兪吉濬全書』 II, 일조각, 79~80쪽.

> … 내(我)가 무식(無識)한 사람이 되지 말어야 능(能)히 독립후나니 사람이 배호지 아니훈즉 뎌(彼)의 정당(正當)훈 권리(權利)를 몰으는지라 그러훈 고로 어려셔 배호지 못후얏거든 비록 늙(老)엇드라도 부지(勤)런히 공부(工夫)후고 쏘(又) 아모리 밧(忙)블지라도 일업는 틈을 타셔 야학(夜學)을 독실히 후며 연셜(演說)은 쫏쳐가며 듯고 신문(新聞)은 잡히는대로 보아서 문견(聞見)은 한치(一寸)라도 넓(廣)히며 디식(知識)은 반뎜(半點)이라도 더(加)후게훈즉 생각이 자연(自然)히 고상(高尙)후며 긔운이 점차(漸次)로 활발(活潑)후리니 누가 감(敢)히 그자유(其自由)후는 정신(精神)을 썩그리오 남에게 의지(依)후는 마암도 업실지며 굽(屈)히는 일도 업실지니라.[10]

즉 무식한 자는 자신의 정당한 권리를 행사할 수 없다. 이는 정당한 권리를 모르기 때문이다. 그런 만큼 어릴 때부터 학문에 정진할 것을 거듭 강조하기에 이르렀다. 만약 배울 시기를 놓친 사람은 야학으로 지식을 습득하는 한편 신문·잡지 등의 구독을 권장하였다. 이러한 주장은 사회로부터 냉대받던 노동자에게 자긍심을 북도우려는 취지였다. 나아가 이들을 자신의 활동 영역에서 활용하려는 의도가 다분히 내재되어 있었다.

이 책은 저자의 의도와 달리 계몽론자는 물론 노동자로부터 철저하게 배척되었다. 이등박문과 친교와 그의 장례식에 참석, 일본인관광단의 환영회 개최 등 일련의 친일적인 행적은 이러한 결과를 초래하고 말았다.[11] 더욱이 친일기관지인 경성일보사에서 간행된 사실은 야학 운영자들에게 쉽게 용납될 수 없었다. 한글 교재의 필요성이 급박한 상황에서도 결국 철저하게 외면당하였다. 이에 학회를 비롯한 각종 계몽단체 임원들을 통해 무료로 지회원들에게

---

10) 유길준전서간행위원회, 1971, 『유길준전서』, 82쪽.
   괄호 안의 한자는 원래 세로쓰기 원문상 오른편에 기록하였다. 인용의 편의를 위하여 이와 같이 사용함을 밝혀둔다.
11) 김형목, 1997, 「自强運動期 漢城府民會의 義務敎育 施行과 性格」 『중앙사론』 9, 중앙사학연구회, 101~103쪽.

우송하려고 노력을 기울였다.[12] 이러한 노력도 별다른 성과를 거둘 수 없었다.

　당시 계몽론자의 노동자나 노동에 대한 인식은 유길준과 같은 범주에서 크게 벗어나지 않았다. 노동단체조차도 원론적인 관점에서 노동자 권익옹호 등을 운운하지만, 실상은 전국적인 노동자조직 장악을 통한 이권 획득에 있었다. 노동야학회의 노동야학교 운영도 노무공급권 장악을 위한 의도와 무관하지 않다. 한말 대한노동회·연강노동회사·활민노동조합소·수상야학회 등 노동조직은 이러한 성격을 그대로 보여준다.[13]

제2절 『교육월보』

　실력양성의 필요성과 당위성을 민중에게 계몽하는 방안으로서 많은 신문과 잡지 등이 출간되었다. 특히 고조된 한글 연구는 한글로 된 간행물을 널리 발간·보급하는 등 문맹퇴치에 크게 이바지하였다.[14] 한글판 신문 발간도 이러한 상황과 맞물러 진행되었다. 『교육월보』 역시 이와 같은 배경에서 간행된 대표적인 한글 잡지의 하나였다.[15]

---

12) 『대한매일신보』 1909년 7월 25일 잡보 「로동교과발간」.
13) 유승렬, 1991, 「한말·일제초 근대 노동자조직의 형성과정」 『이원순교수정년기념 역사학논총』, 교학사.
14) 『황성신문』 1908년 7월 1일 논설 「敎育月報」.
15) 崔起榮, 1990, 「舊韓末 『교육월보』에 관한 一考察」 『季刊 書誌學報』 3, 서지학회.

南宮檍·呂炳鉉 등은 한글 보급을 통한 실력 양성을 꾀하고자 교육월보사를 조직한 후 1908년 6월 25일 보성사에서 창간호를 발행하였다. 잡지 발행한 목적은 「교육월보취지서」에 잘 나타나 있다.

> … 대뎌 교육이라ᄒᆞᄂᆞᆫ 것은 이젼에 우리나라의 구식으로 하늘텬 짜지로 붓허 동몽션습과 통감 스략이며 오언당음 칠언당음 ᄀᆞᆺ흔 글이나 비화셔 긔셩명이나 ᄒᆞ던지 긔글이나 줄글 짓기를 공부ᄒᆞ야 과거나 보는 이런 학업을 ᄀᆞᄅᆞ침이 아니라 어려셔붓혀 사롬의 지식을 널녀셔 셰샹 모든 일을 다 알게ᄒᆞ고 … 국문으로 ᄀᆞᄅᆞ치면 모드는 것이 아닌즉 슌연ᄒᆞᆫ 우리나라 글ᄌᆞ로도 법률 졍치 교육 식산 물리 화학 력스 디지 산슐등 각종 학문을 못ᄀᆞᄅᆞ칠 바ㅣ 업스며 못비흘 바ㅣ 업고 비호면 그ᄃᆡ로 시힝치 못홀 바ㅣ 업슨즉 비호지 못ᄒᆞᆫ 우리 이쳔만 동포로 ᄒᆞ여금 미삭에 한권식 사셔 아춤 져녁 노는 겨를과 일ᄒᆞ다가 쉬는 ᄯᅢ와 심지어 화륜챠 화륜션을 투고 단질 ᄯᅢ라도 놀고 잠자지 말고 열람ᄒᆞ면 젼국 동포가 모두 큰 학쟈가 될것은 뎡ᄒᆞᆫ 일이니 그러케되면 거의 무너진 우리대한 큰집을 바로 잡아 눕의 압졔를 면ᄒᆞ고 ᄌᆞ쥬독립을 회복ᄒᆞ야 셰계에 동등 딕졉을 밧기가 어렵지 아니홀 줄노 밋고 밋노니 동포들은 힘쓸지어다.[16]

교육은 나라의 흥망성세를 좌우하는 근본 요인으로 국력과 문명의 척도이다. 인민의 교육 발달 여하에 따라 국력은 좌우되는 등교육은 매우 중요한 의미를 지닌다. 그런데 우리 교육은 한문에 치중하는 등 단지 입신 출세를 위한 방편으로 전락하고 말았다. 그런만큼 실생활에는 거의 활용되지 못하는 등 유용성을 상실하였다. 곧 학문은 자신의 체면이나 유지하는 허례허문으로 전락한 지 오래 되었다.

더욱이 한문은 몇 십년을 공부하여도 제대로 이치를 깨우치지 못한다. 반면 한글은 배우기 쉬울뿐만 아니라 실생활에 그대로 사용할 수 있다. 특히 부녀자·노동자는 교육받을 기회도 거의 없는

---

16) 교육월보사, 1908, 『교육월보』 창간호, 보성사, 1~5쪽.

실정이다. 뿐만 아니라 장구한 기간을 학문에 몰두할 경제적인 여유는 더욱 전무하다. 서구열강은 의무교육 시행과 더불어 오늘날과 같은 문명사회를 건설할 수 있었다. 결국 優勝劣敗·適者生存이 지배하는 국제사회 주역은 서구 열강이 차지하는 계기였다는 논리였다. 그러나 무분별한 외국 학문 모방은 오히려 경계하는 등 주체적인 교육을 강조하였다.

> … 이제 교육월보를 닑어보니 력ᄉ와 디지 등 각항 부분을 구별ᄒ엿고 ᄌ세히 셜명ᄒ야 국민의 쩟쩟이 알 것을 ᄀ른치고져 ᄒ엿스니 졔군ᄌ의 이 일은 진실노 잘 ᄒ는도다 그러나 졔군ᄌ에게 경고홀 바ㅣ 잇스니 이 날 이째를 당ᄒ야 국민의 지식을 열어주고져ᄒ는 쟈는 다만 긔계뎍으로 ᄉ젹을 말만ᄒ며 외국 문명훈 학문을 슈입홈이 ᄀ쟝 급훈거시 아니라 나라의 정신을 씨여주고 나라혼을 비양홈이 가ᄒ니 그러치 아니면 잡지와 월보가 날마다 더훈들 무슴 유익홈이 잇스리오.[17]

곧 민족정신을 일깨우는 동시에 이를 배양하는 교육이야말로 가장 시급한 문제로서 인식되었다. 이는 당시 어학에만 치중하는 학계 분위기와 무관하지 않았다.[18] '일본어만능시대'와 더불어 일본어는 어학을 대표하는 상징어나 다름없었다.

> … 세계에 예수교가 늦게 드러간 나라중에 한국이 몬져 텬복을 밧으리라 ᄒ엿더니 일본이 한민의 도덕샹 발달됨을 시긔ᄒ야 압졔ᄒ는 수단으로 ᄌ유의 눌기를 버히며 독립의 정신을 쎄앗서 무도훈 … 세상 이목을 속여 한국은 독립홀 ᄌ격이 되지 못ᄒ니 교육을 확쟝 식힌다ᄒ고 각쳐에 일어학교를 셜립ᄒ고 한국 청년ᄌ데를 유인ᄒ야 전혀

---

17) 『대한매일신보』 1908년 7월 3일 론셜 「교육월보의 발간홈을 하례홈」 : 『大韓每日申報』 1908년 7월 3일 논설 「賀敎育月報刊行」.
18) 『대한매일신보』 1907년 11월 19일 잡보 「일어강습」, 11월 22일 시사평론 「근일」.

일어만 ᄀᄅ치니 지금 한국청년회 총무 길늬트씨가 말ᄒ기를 한국에
본국 언어는 점ᄎ로 업서지고 일어로 변ᄒ겟다 ᄒ엿스며 …19)

즉 서양 선교사들조차도 일제 침략에 대한 경계심을 늦추지 않
았다. 물론 궁극적인 의도는 침략 강화에 따른 기독교 세력의 위축
에 대한 우려였다. 다만 일어에 대한 당시인의 분위기는 이를 통하
여 어느 정도 엿볼 수 있다.

책의 구성 체제는 논설·동국역사·대한지지·만국역사·만국
지지·산술·물리학·위생론·가정요결·한문초학·담설·전
호문답해답 등이다. 제8호부터 위생론이 생리학으로 대체되었고,
10호에는 농업요설과 형법대요가 첨가되는 등 약간의 변화를 가져
왔다. 역사·지리를 비롯한 인문학은 물론 물리학·위생론 등 자
연과학과 실생활에 필요한 가정요결·담설 등 균형 있는 체재를
갖추었다.

논설은 교육의 중요성과 노동자의 근면·성실성을 강조하였다.
특히 교육적인 효과의 극대화 방안은 한글을 중심으로 한 의무교
육과 노동자교육이었다.20) 나아가 미신과 습속 타파 주장 등은 풍
속개량을 통한 국력신장 도모로 이어졌다. 동국역사는 단군조선부
터 연대순으로, 대한지지는 위치·폭원·해안선·기후·지세·
풍속·연혁 등을 서술하는 등 역사와 지리를 중시하였다. 역사와
지리를 중시한 점은 민중에 대한 단순한 지식 계발만이 아니라 민
족의식을 고취시키는 데 목적이 있었다. 한편 전호문제해답에서
앞의 내용 중 중요한 문제를 제시하여 스스로 학습한 능력을 평가
할 수 있도록 하였다. 『가정잡지』와 더불어 한글판 잡지로서 명성

19)『대한매일신보』1908년 2월 15일 외보 「떳떳한지스」.
20) 교육월보사, 「로동샤회에 권고홈」『교육월보』2 ; 「로동학교에 권고홈」
    『교육월보』9.

은 물론 가장 많은 부수를 발행하는 등 교육적인 효과를 극대화하는 데 노력하였다.

발행부수는 대체로 4,000부 전후였다. 서울 500부, 지방 3,400부, 해외 100부 등이 각각 배포되었다. 판매처는 국내 70여 곳과 미국 23개소 등이었다. 이 책은 마땅한 교재가 제대로 없던 樵童夜學이나 국문야학 교재로 많이 활용하였다.21) 『교육월보』는 초등교육 전반에 관한 내용으로 구성되었기 때문이다. 그런 만큼 야학운동의 진전과 더불어 각지에서 이를 야학 교재로서 널리 사용하였다고 생각된다. 각 지방 교육월보사 지점 설치는 이러한 당시 상황을 반증한다.

다만 『교육월보』를 교재로 사용한 야학은 공식적으로 2개소에서 불과하다. 즉 군수 朴從龍과 유지들의 지원으로 교세가 확장된 陜川郡 興明學校는 부설로 국문야학을 설치하였다. 주학 교사인 朴從琪는 '종합강의록'인 『교육월보』를 교재로 사용하는 등 교육열에 부응하였다.22) 지방자치제를 표방한 김해군 내 각 동리마다 농무회도 조직되었다. 농무회는 강연회 개최 등을 통한 주민 계몽과 아울러 의무교육 일환으로 야학을 세웠다. 동리마다 설립된 야학은 이를 교재로서 사용하였다.23)

---

21) 『황성신문』 1909년 4월 17일 논설 「敎育月報의 效力」 : 『大韓每日申報』 1908년 7월 3일 논설 「賀敎育月報刊行」.
22) 『황성신문』 1909년 9월 7일 잡보 「興明其興」.
23) 『황성신문』 1908년 7월 17일 잡보 「實業趣旨」, 8월 4일 잡보 「農會敎育」, 5월 26일 잡보 「勞動夜校」 : 『大韓每日申報』 1908년 8월 5일 잡보 「勞動夜學試蹟」, 9월 3일 잡보 「農務夜學試蹟」, 9월 6일 잡보 「金海郡의 文明」, 10월 15일 잡보 「農會完成」 : 『대한매일신보』 1908년 10월 14일 잡보 「농회발달」.

제3절 『유년필독』

　현채가 저술한 소학교용 국어교과서로 1907년 발간하였다. 체재
는 1~3권은 상권, 4권은 하권으로 각 권마다 33과로 모두 132과였
다. 책의 간행 목적을 저자는 우리 민족에게 민족의식·국가의식
의 고취임을 밝혔다.[24] 이러한 의도는 교과서 내용에도 그대로 반
영되었다.

　제2권 13과는 이를 잘 보여주는 부분이다. "나라의 興亡은 幼年
호 學生의게 달녓느니 우리 학생들이 우리 大韓 나라를 중흥치 못
ㅎ면 국민된 의무가 아니오이다. 우리 학생들 이 일을 晝夜 성각ㅎ
야 우리 대한 나라를 중흥ㅎ옵시다"라면서 학생들 분발을 촉구하
고 나섰다. 그런 만큼 한국 역사는 주요한 내용의 대부분을 차지할
수밖에 없었다.

　　　이순신은 우리 나라의 뎨일 명장이다. 전라 경샹 양도의 바다에셔
　　격병을 대파ㅎ기를 수십 차례 되니 일본수구니 바다에셔 진멸혼지라
　　… 그 거북선이라 한 배는 철로써 쌋으니 곧 세계 각국 철갑선의 시
　　조라 하나이다.[25]

　즉 국어교과서보다 역사교과서로서 강한 성격을 지니고 있다.
각 지역에 대한 연혁과 문화에 대한 설명은 바로 이러한 성격을 대
표하는 부분이다. 더욱이 목차 구성도 이를 그대로 반증한다.[26]

---

24) 玄采, 『幼年必讀』: 한국학문헌연구소, 1977, 『韓國開化期教科書叢書』
　　2, 아세아문화사, 5쪽.
25) 현채, 『유년필독』 3, 33~34쪽.

이 책은 자주독립국가 수립을 최고 목표로서 설정하였다. "他國의 간섭을 물니쳐 自主權을 일치 아니ᄒ고 독립ᄒᄂᆫ 실상 힘을 직힌" 상황을 그는 자주독립국으로 인식하고 있었다.[27] 국권회복을 도모한 자강론자 인식도 이러한 범주에서 크게 벗어나지 않았다. 곧 자주독립국은 文明化를 달성한 서구사회를 모델로서 설정하고 있었다. 自强之術이나 內修外學에 의한 문명화는 그에게 자주독립국을 건설·유지할 수 있는 요체로서 인식되었다. 따라서 산업진흥이나 군사력에 의한 국제질서에 부응하려는 방법은 강구될 수 없었다.[28]

이러한 인식의 한계에도 교과서나 대중을 위한 계몽서로서 널리 애독되었다. 그런 만큼 이 책은 학부의 검정기준에 위배되어 인가를 받지 못하였다. 더욱이 1909년 「출판법」에 위배되어 반포는 물론 판매금지처분까지 받았다.

> 幼年必讀 禽獸會議錄 其他 某某册子를 發賣禁止ᄒᆷ은 已報ᄒ얏거니와 學部에서 漢城府尹 各 觀察使에게 訓令ᄒ기를 右册子等은 學徒의 敎科書로 使用치 못ᄒᆷ은 已無暇論이어니와 敎師가 參考書로 使用치 못ᄒ게 ᄒ라 ᄒ얏다더라.[29]

즉 학부는 한성부윤·관찰사 등에게 이 책을 비롯한 발매금지된 책의 교과서로 사용을 금지시켰다. 더욱이 교사들의 참고서로 사용도 금지하는 훈령까지 내렸다. 『유년필독』은 2,154부 압수되는 등 당시 압수된 서적 중 거의 40%를 차지할 정도였다. 이는 『유년필독』이 상당히 많은 부수를 발행한 사실과 무관하지 않다.[30] 유

---

26) 박득준, 1988, 『조선근대교육사』, 한마당(영인), 159~162쪽.
27) 한국학문헌연구소, 1977, 『한국개화기교과서총서』2, 141쪽.
28) 崔起榮, 1997, 『韓國近代啓蒙運動硏究』, 일조각, 74~75쪽.
29) 『황성신문』 1909년 5월 12일 잡보 「參考亦禁」.

길준의 저술인『노동야학독본』이 무려 3,000여 부나 간행된 사실을
통해 저간의 상황을 엿볼 수 있다.31) 일반 도서가 이러한 정도로 발
간된 만큼 교과서는 이보다 훨씬 많았다고 짐작된다. 특히「을사5
조약」이후 사립학교설립운동을 통한 근대교육운동은 전국적인
양상으로 전개되었다. 그러나 각 학교는 향학열에 불타는 학생들
수용도 문제였지만, 마땅한 교재도 제대로 준비되지 않았다. 그런
만큼 많은 사립학교 교재로서 널리 사용되었다고 볼 수 있다.32)

　특히 한글로 된 교재는 야학에서 가장 보편적으로 사용되었다.
당시 성행한 국문야학은 이러한 사실을 보여준다. 따라서『교육월
보』나『유년필독』등은 야학교재로서 많이 채택되었다고 생각된
다. 물론 구체적인 현황 등은 지금까지 거의 알 수 없다. 다만 제도
권 교육기관 교사들 중 상당수는 야학운동에 투신한 사실에서 이

30) 崔起榮, 1997,『한국근대계몽운동연구』, 84～85쪽.
　그는 1만 부 발행한 것으로 추정하였다. 인쇄술 등 당시 출판계 상황을
　감안한다면, 이는 대단한 부수임을 알 수 있다. 곧 '폭발적인' 수요량은
　이에 대한 관심도를 반증한다.
31)『大韓每日申報』1909년 7월 25일 잡보「旣刊未售」:『대한매일신보』
　1909년 7월 25일 잡보「로동교과발간」:『황성신문』1909년 7월 25일
　잡보『兪氏獎勵』: 김봉희, 1999,『한국 개화기 서적문화연구』, 이화여
　대출판부; 151～154쪽.
32)『대한매일신보』1908년 1월 15일 잡보「셔칙긔부」, 1월 19일 잡보「현
　씨열심」, 4월 26일 잡보「현씨권학」, 4월 30일 잡보「현씨권학」, 8월 28
　일 시사평론「여러히를」:『大韓每日申報』1908년 2월 12일 잡보「書
　册寄校」, 3월 29일 잡보「玄氏寄附」, 4월 26일 잡보「書册寄校」, 6월
　7일 잡보「書册寄校」, 11월 24일 잡보「製章表意」.
　저자가 長薰學校와 杷成學校에 각각 80질과 70질을 기부한 사실을 통
　하여 간접적이나마 당시 상황을 엿볼 수 있다. 또 그는 抱川郡 莘野義
　塾에 15부를 기증하였다. 현공립도 攻玉學校와 彰東學校에 각각 50부
　와 30부를 기부하는 등 향학열을 고취시켰다. 이 외 지방 소재의 사립
　학교에『유년필독』이 기증되는 등 당시 널리 배포된 사실을 엿볼 수
　있다.

를 추측할 수 있다. 당시 대체할 만한 교재도 쉽게 구할 수 없었던 저간의 사정에서 추측하여 볼 수 있다.

이 외에도 일부 야학 교사는 직접 교재를 만들어 사용하였다. 적절한 야학교재 부족은 이와 맞물려 교사들로 하여금 교재 개발을 위한 방안을 모색하게 하였다. 경기도 시흥군 서면 이연철이 설립한 야학이나 평북 자산군 풍출면 청년들이 설립한 농민야학 등은 대표적인 경우이다. 그런데 현재까지 당시 사용된 교재는 전혀 발견할 수 없다. 한글판 신문조차도 주요한 야학교재였다. 야학에서 신문사나 잡지사에 신문·잡지의 무료 배부를 요청한 사실은 이를 반증한다. 물론 학교 부설인 경우는 보통학교 교과서 등이 널리 사용된 것으로 짐작할 수 있다.

제2장

야학운동의 기능

제1절 교육적인 기능

1. 초등교육기관

식민정책과 민족해방운동 변화는 야학운동의 발전·침체를 좌우하는 요인이었다. 모든 변혁운동이 그러하듯이, 야학운동도 시대상황에 따라 변화를 거듭하는 등 복잡한 양상으로 전개되었다. 또한 야학운동은 교육적인 차원은 물론 文化啓蒙과 사회복지적인 다양한 기능을 지녔다. 이리하여 "식민교육에 저항한 민족교육의 산실"이나 "민중의 階級意識을 고취시키는 社會敎育 현장" 또는 "민족교육과 민족해방운동을 접목시키는 매개체" 등 연구 목적에 따라 기능을 강조하는 관점은 다양하게 나타났다.[1]

야학운동 기능은 상당히 복합적인 요소를 지닌다. 이에 대한 일

---

1) 김형목, 2005, 「한말 야학운동의 기능과 성격」『중앙사론』 21, 한국중앙사학회, 396~413쪽.

률적이거나 도식적인 규정은 본질과 상당히 괴리된 무리를 수반할 수밖에 없다. 일반적으로 알려진 바처럼, 야학운동은 '단순한' 문맹퇴치 차원의 영역에만 그치지 않았다. 學齡兒童 구제나 문맹퇴치 등 교육적인 기능과 아울러 민중생활 향상이라는 사회복지적인 측면을 내포하고 있다. 부분적으로 나타난 현상이지만, 노동이나 노동자에 대한 인식변화는 이를 반증한다.[2] 더욱이 시세 변화에 부응하는 민중문화 창출은 민중생활사의 관점에서 접근할 필요성을 느낀다. 곧 근대 문화운동의 주요한 영역은 바로 야학운동이었다. 이 글은 교육과 사회문화적인 측면을 중심으로 살펴보고자 한다.

문화운동은 지배체제에 대한 '저항과 순응'이라는 기본적인 속성을 지닌다.[3] 그런 만큼 한 측면만을 지나치게 강조한다면, 실체에 대한 접근은 사실상 불가능할 수밖에 없다. 하지만 지금까지 대다수 연구는 의식적으로 순응적인 측면을 회피한 반면 저항적인 측면만을 부각시켰다. 민족해방운동사상 민족주의계열에 대한 긍정적인 평가와 연구 성과물 집적은 이러한 분위기를 그대로 보여준다. 대한제국기와 1920년대 이후 국내 민족해방운동 주류는 문화계몽운동과 實力養成運動이라는 논리로서 귀결되었다. 물론 1980년대 민주화운동과 더불어 한국근·현대사에 대한 관심 고조와 연구 역량 강조는 이러한 한계를 상당 부분 극복하는 성과를 거두었다.

야학운동의 우선적인 과제는 학령아동 구제와 문맹퇴치였다.[4] 개인의 실력양성과 더불어 민족의식 고취를 통하여 자주적인 독립

---

2) 강재순, 2004, 「한말 兪吉濬의 實業活動과 勞動觀」, 19~30쪽.
3) 이만열, 1987, 「일제하의 문화운동」『한국현대사의 제문제』2, 을유문화사 : 김창수, 1993, 「문화운동 연구의 현단계와 과제」『한민족독립운동사』12, 국사편찬위원회.
4) 김형목, 1999, 「1906~1910년 서울지역 야학운동의 전개 양상과 실태」『향토서울』59, 서울특별시사편찬위원회, 191~192쪽.

국가 수립이 목적이었다. 곧 야학운동은 국권 상실이라는 위기상황 속에서 국권회복운동 일환으로 전개되는 계기를 맞았다. 이는 "선실력양성 후독립"이라는 준비론적 독립운동론이었다.

야학운동의 중요한 기능은 초등교육기관으로서 역할이었다.[5] 일제 침탈에 따른 기형적인 경제구조는 민중 자제들에게 정규 교육기관의 취학을 사실상 불가능하게 만들었다. '無産學齡兒童'은 강습소·야학 등을 통하여 초등교육 수준의 근대교육 혜택을 받을 수 있었다. 대부분 야학의 보통교육(일명 초등교육 : 필자주) 실시는 이러한 사실과 맞물려 진행되었다.

야학운동은 시작과 함께 보통교육 보급에 크게 이바지할 수 있었다. 학령아동은 자신이나 부모의 의지에 따라 야학을 통하여 근대교육 수혜를 받을 수 있었기 때문이다. 곧 야학 대부분은 보통학교 교과 과정을 속성이나 주요 교과목을 중심으로 교수하였다.[6] 물론 단기간에 이루어진 교육은 '필수적인' 몇몇 교과목으로 축소되었다.

서울 西署 西江坊 초동목수 100여 명은 야학을 '우산학교 지교'라 불렀다. 이는 학령아동을 구제하는 초등교육기관이 바로 야학임을 의미한다.

> 西署 西江坊의 樵童牧竪 百餘人이 該坊牛山學校의 情況을 每日來覽ㅎ며 或體保游戲ㅎ야 無異敎成隊一部를 作훈 兒戲輩들인디 自己의 無識夢寐훔을 恨歎ㅎ야 夜學校를 刱設ㅎ고 校名은 牛山支校라 稱ㅎ고 課程은 國文 漢文 筭術等으로써 科定ㅎ고 本校長에게 學監과 敎師를 請願훈 全文이 如坐ㅎ니 …[7]

---

5) 김형목, 2005, 「한말 야학운동의 기능과 성격」『중앙사론』21, 한국중앙사학회, 396~399쪽.
6) 金炯睦, 1999, 「1920년대 전반기 京畿道 夜學運動의 實態와 機能」『한국독립운동사연구』12, 독립기념관 한국독립운동사연구소, 131~133쪽.

즉 야학은 보통학교와 거의 같은 의미로 사용된 사실을 의미한
다. 서울 進明夜學校의 교과목은 일어·영어·한문·역사·지
리·산술·현행법률·박물학 등으로 당시 보통학교와 매우 유사
한 교과 과정이었다.[8] 관립한어학교 내에 설립된 한어야학은 처음
중국어·산술만을 가르쳤다. 야학생의 호응과 향학열은 일어 등의
과목으로 확대되었다. 이리하여 제도권 교육기관인 중동야학교로
발전을 거듭할 수 있었다.[9] 교과목은 보통학교와 같이 편성되는
한편 직제도 역시 이에 준하여 확대·변경되었다. 鄭泰容·金鼎
植·윤병한 등이 상동교당 내에 설립한 국문야학교 역시 초등교육
과정이었다. 다만 피교육생의 자격이 20~35세로 근로청소년과 성
인을 대상으로 한 사실이 특이할 뿐이다.[10] 물론 교육기간은 피교
육생 입장 등을 고려하여 6개월 단기간이었다. 이처럼 서울에 설립
된 대다수는 야학·야학과·야학교·강습소라는 명칭을 사용하
였다. 그런데 일어를 중심으로 한 교과목 편성은 초등교육기관으
로서 성격을 탈피하고 있었다.

---

7) 『황성신문』 1906년 8월 23일 잡보 「奇哉美哉」.
8) 『황성신문』 1906년 3월 28~31일 광고 「學徒募集廣告」.
9) 『황성신문』 1906년 3월 28일 잡보 「速成夜學」, 1907년 1월 7일 잡보
   「中東校況」, 1908년 2월 28일 잡보 「特別補助」, 10월 6일 잡보 「中東
   卒業」;『만세보』 1906년 9월 6일 「兩氏名譽教授」, 10월 18일 「漢語夜學
   試驗」, 1907년 1월 10일 「中東校擴張」;『대한매일신보』 1908년 2월 13
   일 잡보 「중교긔학」, 8월 9일 잡보 「무슴일노」, 10월 3일 잡보 「산술졸
   업」, 10월 6일 잡보 「중동교졸업」, 1909년 1월 1일 잡보 「중동학교졸업」.
10) 『大韓每日申報』 1907년 11월 27일 잡보 「國文夜校」, 1908년 1월 14일 잡
   보 「兩氏熱心」, 5월 14일 잡보 「夜學罷工」;『대한매일신보』 1907년 10
   월 31일~11월 2일 잡보 「亽립국문학교츄ㅣ지서」, 11월 26일 잡보 「국
   문야학교」, 11월 27일 잡보 「열심공부」, 11월 30일 잡보 「리씨보조」,
   1908년 1월 12일 잡보 「량학원의 열심」, 1월 29일 론셜 「국문학교의 증
   가」, 2월 8일 긔셔 「유시무종의 관계」.

반면 지방은 특수한 경우를 제외하고, 대다수 야학은 초등교육
기관으로 기능하였다. 경기도 광주군 오포 양촌리 초동야학교(이
후 開進學校로 개칭 : 필자주)는 이러한 상황을 잘 보여준다.

> 광쥬 오포면 양촌리에서 유지신亽 황헌지씨등 팔인이 의연금을 각
> 츌ᄒ야 쵸동야학교를 설립ᄒ고 긴진학교ㅣ라 일홈ᄒ야 교장은 군슈
> 오태영씨로 ᄒ고 부교장은 황희명씨로 ᄒ고 교감은 황지영씨로 ᄒ고
> 학감은 류근영씨로 ᄒ야 국문 한문 산슐과 본국력亽와 디지를 열심교
> 육ᄒ다더라.[11]

즉 국어 · 한문 · 산술 · 본국역사 · 지리 등을 교수한 초등교육
기관을 알 수 있다. 초동야학교를 개진학교로 개칭한 사실도 이러
한 성격을 반영하는 부분이다. 특히 제도권 교육기관과 같이 교
장 · 부교장 · 교감 · 학감 등의 체제도 결코 우연이 아니었다. 양
근군 초동목수 40여 명이 설립한 분원야학교도 自新學校라 불렀
다.[12] 인천 多所面 松林洞 許還 · 李甲奎 · 李明浩 · 趙在榮 등은
노동야학을 以文學校라 명명하였다. 그런데 교육대상자인 초동목
수는 사실상 학령아동이나 마찬가지였다.[13] 진위군의 주야 겸설인
東明義塾도 보통학교와 같은 교과목으로 편성되었다. 운영자는 월
말시험 실시와 토론회를 개최하는 등 향학열을 고취시켰다.[14] 이
처럼 '야학=학교'라는 인식은 당시 널리 공인되고 있었다.

---

11) 『대한매일신보』 1908년 9월 25일 잡보 「쵸동야학」.
12) 『황성신문』 1908년 2월 18일 잡보 「汾校夜學」 : 『大韓每日申報』 1908
    년 2월 22일 잡보 「樵童設校」 : 『대한매일신보』 1908년 2월 23일 잡보
    「초동학업」.
13) 『대한매일신보』 1910년 4월 9일 학계 「잘ᄒ는 일이야」 : 『大韓每日申
    報』 1910년 4월 9일 학계 「其志甚善」 : 김형목, 2004, 「대한제국기 인천
    지역 근대교육운동 주체와 성격」 『인천학연구』 3, 인천학연구원, 85쪽.
14) 『大韓每日申報』 1909년 11월 18일 학계 「夜校興旺」.

충남 은진군 상두 대곡의 柳星烈·徐琦勳 등은 융교야학을 설립하였다. 교과목은 성경·영어·지지·역사·산술·한문·체조 등이었다.[15] 이 야학은 당지 목사인 윌리암이 후원자겸 교사였기에 성경·영어를 교과목으로 편성하였다. 경북 대구유지 玄擎運이 설립한 노동야학교의 교과목도 역사·지지·산술·체조·국문 등이었다.[16] 곧 교과목은 설립자나 현지 사정 등에 따라 매우 다양하게 편성되고 있었다. 선교사가 운영한 야학은 대체로 교리·성경·영어 등을 주요한 교과목으로 취급하였다.

경남 김해군 각 동리마다 조직된 농무회가 설립한 야학교는 월말시험을 실시하는 등 보통학교와 같은 체제로 운영되었다. 다만 현실적인 여건상 교과목은 축소되는 한편 교육기간도 단축된 속성과정이었다.[17] 합천군 赤中面 上部里 유지들이 설립한 노동야학은 1920년대까지 운영되었다. 교사 車載文·吳達用·金萬成 등은 설립 당시부터 그때까지 명예교사로서 재직하였다. 이 야학도 한글·산술·한문 등 보통학교 교과목으로 편성되었다.[18] 밀양군 유지들이 설립한 노동야학 역시 보통학교 과정이었다. 국어와 한문은 군주사 李應悳, 일어는 재판소번역관보 李漢燾와 기수 表正淑, 산술은 밀양공보교훈도 盧百容과 군주사 崔元植, 체조는 黃尙奎 등이 각각 분담·교수하였다. 교과전담제 실시는 교육적인 효과를 극대화하려는 야학 운영자들의 중장기적인 계획에서 비롯되었다.[19]

---

15) 『대한매일신보』 1908년 10월 17일 잡보 「륭흥학교창설」 : 『大韓每日申報』 1908년 10월 20일 잡보 「隆校刱立」.
16) 『황성신문』 1908년 9월 20~24일 광고 : 『大韓每日申報』 1908년 9월 21~25일 광고.
17) 『大韓每日申報』 1908년 8월 5일 잡보 「農務夜學試驗」, 8월 9일 잡보 「農校設立」 : 『대한매일신보』 1908년 8월 5일 잡보 「농회야학교시험」.
18) 『동아일보』 1921년 6월 23일 「上部里勞働夜學」.

강원도 강릉군 읍내에 申泰榮이 설립한 야학도 한문·일어·산술·지지·역사·수신·체조·작문·도화 등을 가르치는 교과과정이었다. 이는 야학의 설립 목적과 부합되는 부분이다. 즉 강릉공립보통학교 생도들의 학습 효과 증진을 위한 일환으로 야학은 설립되었다.[20] 이는 오늘날 '보충학습'과 유사한 성격을 지닌다.

황해도 재령군수 李容弼과 유지 趙光表(杓)·劉夢澤 등이 설립한 牧童自立學校(일명 自立牧童學校 : 필자주)도 보통학교 체제로 운영되었다. 운영자들은 월말고사를 실시하는 한편 수료증서식을 거행하는 등 향학열을 고취시켰다.[21] 수료자 중 상당수는 공립보통학교 고학년에 편입하는 등 관내 면학 분위기 조성에 크게 이바지하였다. 張義澤 등이 장연공립보통학교 내에 설립한 노동야학도 초등교육 과정이었다.[22] 이는 의무교육 일환으로 실시되었다. 은률군 남상면 계양촌에서 경신중학교생 鄭文源이 설립한 노동야학교도 역시 보통학교 과정이었다.[23]

각 지역별 야학현황 중 교과목이 파악되지 않은 대다수 야학도 초등교육기관으로 성격을 지닌다. 즉 성인 노동자나 청년층을 대상이나 특수한 목적으로 설립된 야학을 제외한 대다수는 학령아동

---

19)『황성신문』1909년 10월 29일 잡보「勞働夜學名譽教授」.
20)『황성신문』1907년 11월 4~10일 광고, 1908년 4월 1일 잡보「江陵寄書」.
21)『만세보』1907년 6월 27일 잡보「樵牧夜學」:『대한매일신보』1908년 5월 26일 잡보「귀특훈ᄋᆞ희」, 7월 18일 잡보「목동교시험」:『大韓每日申報』1908년 1월 5일 잡보「載民奮發」, 1909년 5월 6일 학계「遷于喬木」.
22)『大韓每日申報』1908년 8월 4일 잡보「勞働校設立」:『황성신문』1908년 7월 7일 잡보「海西講習」: 김형목, 2001,「한말 해서지방 야학운동의 실태와 운영주체」『백산학보』61, 백산학회, 227쪽.
23)『대한매일신보』1908년 8월 25일 잡보「정씨설교」:『大韓每日申報』1908년 8월 26일 잡보「有志設校」.

을 구제를 위한 교육기관이었다. '초동목수'는 청년보다는 주로 학령아동에 대한 표현이었다. 1970년대까지 농촌에 소재한 초등학교는 농번기를 맞아 1주일간 방학을 실시하였다. 이는 초등학교 학생들도 주요한 노동력으로 활용된 사실을 의미한다. 일제강점기 이른바 '새끼머슴'의 광범한 존재는 당시 상황을 분명하게 보여준다.[24] 그런 만큼 교과 과정은 한글을 중심으로 기초적인 한자·산술 등으로 편성되었다. 1~2년이나 6개월 정도에 불과한 교육기간은 교과목을 축소하는 주요한 요인이었다. 당시 널리 성행된 국문야학은 이러한 사실을 잘 보여준다.

6,000여 개에 달하는 사립학교가 설립된 상황에서 왜 야학은 초등교육에 중점을 두었을까. 주지하는 바처럼, 사립학교설립운동은 재정적인 기반을 제대로 갖추지 못한 채 우후죽순처럼 추진되었다. 운영주체의 열의와 달리 대다수 사립학교는 설립과 동시에 심각한 재정난에 봉착하였다. 이리하여 설립한 지 불과 1~2년만에 폐교되는 학교도 적지 않았다. 특히 일부 지방관의 학교 설립을 구실로 자행된 불법적인 수탈은 근대교육에 부정적인 영향을 끼쳤다.[25]

민중의식 고양은 근대교육에 대한 중요성과 필요성을 절실하게 인식하는 계기였다.[26] 외세 침탈에 따른 경제적인 몰락에 따른 민중의 자제에 대한 교육문제는 부차적일 수밖에 없었다. 그런데 고조된 향학열은 심각한 입학난을 초래하였다. 이러한 사실은 <표

---

24) 윤수종, 1991, 「머슴 제도에 관한 일 연구」『한국 근현대의 사회조직과 변동(한국사회사연구회논문집28)』, 문학과지성사, 151~152쪽.

25) 윤건차(심성보외 역), 1987, 『한국근대교육의 사상과 운동』, 청사, 375~379쪽 : 金炯睦, 1998, 「私立興化學校(1898~1911)의 近代敎育史上 位置」『백산학보』 50, 백산학회, 297쪽.

26) 『황성신문』1908년 2월 18일 잡보 「汾校夜學」: 『大韓每日申報』 1908년 2월 22일 잡보 「樵童設校」.

Ⅲ-1>을 통하여 엿볼 수 있다.

〈표 Ⅲ-1〉 1910년대 보통학교 취학률

년도	전체학생수	취학률(%)	남학생취학률(%)	여학생취학률(%)
1912	44,638	2.2	3.7	0.4
1913	51,826	2.4	4.1	0.5
1914	59,397	2.6	4.6	0.5
1915	63,854	2.8	4.9	0.6
1916	73,575	3.1	5.5	0.7
1917	84,283	3.5	6.1	0.8
1918	90,778*	3.8	6.4	1.0

출전 : 『朝鮮諸學校一覽』, 『朝鮮總督府統計年報』 각년도 참조.

　표에 나타나는 바와 같이, 1918년도 남자취학률이 불과 6.4%에 불과하였다. 여학생취학률은 겨우 1%에 근접하는 상황이었다. 이른바 공립보통학교에 의한 三面一校制가 거의 완성되는 시점이 이러한 정도였다. 입학자 중 졸업자는 40% 미만에 불과한 실정이었다. 고조된 향학열은 학령아동 구제를 위한 교육기관을 필요로 하는 요인이었다. 곧 야학은 이들을 위한 초등교육기관으로 등장하였다.

　　　동대문밧게 사는 풀무장이 김윤근씨가 새 학문을 공부ᄒ기에 열심
　　ᄒ야 낫졔는 야장이 일을 ᄒ고 밤이면 샹동 국문야학교에 ᄃ니며 글
　　을 비호ᄂᆞᆫᄃ 비가 오던지 바롬이 부던지 ᄒ로밤도 궐ᄒ지 아니ᄒᄂᆞᆫ고
　　로 그 학교에 여러 학도가 칭숑ᄒ다더라.27)

　야학에 대한 관심과 향학열은 일부 지역에 한정되지 않고 전국적인 양상이었다. 이에 계몽론자들은 사립학교설립운동과 더불어

───────────

27)『대한매일신보』 1907년 11월 27일 잡보 「열심공부」.

야학운동을 추동시키지 않을 수 없었다. 그런데 사립학교설립운동
은 「사립학교령」 시행과 더불어 급격한 퇴조 양상을 나타내었다.
그런 만큼 입학난은 가중될 수밖에 없는 상황이었다. 제도권 교육
기관을 통한 無産學齡兒童의 교육 수혜는 극도로 제한되었다. 이
에 유지들에 의한 초등교육기관의 설립은 급선무로 강조되었다.

> … 오늘날 형편으로는 굉장훈 학교를 셜립ᄒ여 허다훈 박ᄉ와 학
> ᄉ를 양셩ᄒ여 내이는 것보다 초초ᄒ게 쇼학교를 셜립ᄒ여 어린 동ᄌ
> 들을 교육ᄒ는거시 급ᄒ며 고상ᄒ고 오묘훈 학문의 리치를 강구ᄒ여
> 션현의 발명치 못훈 것을 발명ᄒ는 것보다 초등교과의 최ᄌ를 발간ᄒ
> 여 로동ᄒ는 동포에게 널니 젼포ᄒ여 경셩케훔이 급ᄒ니 슘림을 경영
> ᄒ는 쟈ㅣ 잇거든 종ᄌ와 모죵을 몬져 기르는거시 가ᄒ며 만리를 가
> 고져ᄒ는 쟈ㅣ 잇스면 갓가온디셔 몬져 시작훔이 가ᄒ니라 …[28]

즉 고상한 학문이나 학자를 배출하는 것보다 광범한 보통교육이
강조되었다. 따라서 사립학교설립운동의 대안으로 야학운동은 활
성화되는 계기를 맞았다. 이는 곧 초등교육을 중심으로 하는 야학
운동을 전개시켰다. 3·1운동 후 이러한 현상은 더욱 심화되기에 이
르렀다.

2. 일어보급기관

서울에 소재한 상당수 야학은 어학 등을 목적으로 성인 노동자
나 보통학교 상급반 학생을 수용한 일어보급기관이나 다름없었다.
대다수 야학은 특수한 목적을 위해 설립·운영된 사실을 의미한

---

28) 『대한매일신보』 1910년 4월 2일 론셜 「몬져 ᄭᅢ드른 졔군ᄌ에게 고ᄒ노
    라」 ; 『大韓每日申報』 1910년 4월 2일 논설 「先覺君子에게 告ᄒ노라」.

다. 즉 대부분은 일본어 보급에 치중된 교육기관이었다. 물론 시세 변화에 따른 외국과 교류나 학술의 이해를 위한 어학은 매우 중요한 요인임에 틀림없다. 그러한 면에서 일어도 예외일 수 없다. 그러나 일어에 대한 지나친 편중은 분명 많은 문제점을 지닌다.

일어에 편중된 야학은 근대교육 전반에 대한 불신을 초래하는 계기였다. 당시 성행한 일어학교는 이러한 분위기를 더욱 심화시켰다.

> 근일 한국에 일어 어학의 풍세가 점점 놉혀셔 일어학교는 별ᄌᆞ치 버려잇고 일어를 비호는 쟈는 수풀ᄌᆞ치 셩ᄒᆞᆫ도다 이ᄌᆞ치 일어학교가 만코 이ᄌᆞ치 일어를 비호는 쟈가 만흔거슨 과연 문명을 슈입코져 홈인가 국가를 발젼코져홈인가 븩초가 푸른 가온디 일뎜 붉은 곳과ᄌᆞ치 혹 흔두개 졍의를 잡은 일어학교와 일어 비호는 쟈가 아조업는거슨 아니지마는 대개는 그 학교들은 노례의 셩질을 양셩ᄒᆞᆫ는 학교ㅣ오 그 비호는 쟈들은 노례의 셩질을 비호는 학도ㅣ 니라 그럼으로 그학교의 양셩ᄒᆞᆫ는 인지는 노례의 인지이며 그 비호는 쟈의 실힝ᄒᆞᆫ는 슈업은 노례의 슈업이니 슯ᄒᆞ도다 … 혹이 굴ᄋᆞ디 이말과 ᄌᆞ흘진디 외국말을 비호지 아니홈이 가홀가 굴ᄋᆞ디 그러치 아니ᄒᆞ다 외국말은 불가불 비홀거시니라 외국말은 불가불 비홀거시나 다만 노례의 셩질을 양셩ᄒᆞᆫ는 어학을 비호는거슨 불가ᄒᆞ고 문명을 슈입ᄒᆞ고 국가를 발젼홀 뜻을 뎡ᄒᆞ고 외국말을 비호는거시 가ᄒᆞ니라 … 그러나 근일에 어학계의 쇼식을 드른즉 일어학교에 입학ᄒᆞ기롤 원ᄒᆞᆫ는 쟈는 송스리ᄌᆞ치 만코 다른 각국 어학교에 입학ᄒᆞ기를 원ᄒᆞᆫ는 쟈가 아조 업셔셔 학교ㅅ뜰에 풀이 ᄀᆞ득홀 디경이 되엿다ᄒᆞ니 실노 가셕ᄒᆞ도다.[29]

성행한 일어학교는 노예학교로 불릴 만큼 비난의 대상이었다. 즉 대다수 일어학교는 학생들에게 일제에 복종하는 인간을 양성하는 데 주안점을 두었다. 개방화시대에 걸맞는 어학교육이 아닌 오직 일어에만 편중된 당시 어학교육은 배격되어야 한다는 논리였

---

29) 『대한매일신보』 1910년 4월 10일 론설 「어학계의 츄셰」 : 『大韓每日申報』 1910년 4월 10일 논설 「語學界의 趨勢」.

다. 이는 민족정신이나 국가의식을 말살시키는 등 반민족적인 교육이라는 극언도 서슴지 않았다. 심지어 일어야학은 '엽관운동'이라고 규정하기에 이르렀다.

> 평안북도에 부쟈로 유명ᄒᆞᆫ 김도준씨ᄂᆞᆫ 지금 나히 륙십여세인디 즈긔의 집에 일어야학교를 셜립ᄒᆞ고 일어를 열심으로 공부ᄒᆞᆫ다ᄂᆞᆫ디 이것은 소환계에 츌신코져ᄒᆞᆷ이라고 사ᄅᆞᆷ마다 비쇼ᄒᆞᆫ다더라.30)

이에 한글·산술·한문 등을 위주로 하는 '계몽야학'은 전반적으로 부진할 수밖에 없었다.31) 물론 일본어 교수를 위한 과정에서 완전한 문맹자들에게 文字習得을 위한 한글교육도 병행되었다. 이는 한글을 통한 민족의식이나 자국사에 대한 자긍심을 고취한 야학과는 전혀 다른 성격을 지닌다. 단지 일본어 보급을 위한 보조수단으로 한글교육은 병행되었을 뿐이다.

더욱이 각 마을마다 운영된 書堂·私塾마저도 근대교육 시행이라는 미명 하에 일어보급을 위한 교육기관으로 전락하고 말았다.32) 식민당국자에 의하여 서당은 미풍양속 권장을 구실로 일부 장려되었다. 民風改善을 위해 서당은 물론 친일단체인 矯風會를 조직하는 등 이를 적극적으로 활용하였다.33) 일부 인사들은 산술·일어 등을 가르치는 改良書堂으로 전환하는 등 시대변화에 부응하기에 이르렀다. 하지만 일본어 치중된 개량서당은 저변을 그만큼 축소시키는 결과를 초래하였다.

---

30) 『대한매일신보』 1910년 4월 27일 학계 「웬말을 빗화」.
31) 金炯睦, 2000, 「1910년대 夜學의 實態와 性格 變化」 『국사관논총』 94, 국사편찬위원회, 176쪽.
32) 김형목, 2005, 「일제강점 초기 改良書堂의 기능과 성격」 『사학연구』 78, 한국사학회, 256~257쪽.
33) 박찬승, 1991, 『한국근대정치사상사연구』, 역사비평사, 128~131쪽.

제2절 사회문화적인 기능

1. 사회교육의 현장

청년층이나 성년 노동자로 구성된 피교육생은 교과목 편성을 좌우하는 요인이었다. 야학은 '단순한' 문맹퇴치를 위한 교육과정만이 전부가 아니었다. 현실적인 필요나 피교육생 구성에 따라 다양하게 교과과정은 편성·운영되었다.[34] 일어·영어는 물론 상업·부기·법률·농학·축산학·측량학 등을 주요 교과목으로 구성하였다. 특히「山林令」시행 후 각지에 설립된 측량강습소는 대부분 야학으로 운영되는 계기를 맞았다.

水下洞·泥洞·於義洞 3개 공립보통학교에 설립된 실업야학교는 이러한 성격을 보여준다. 경성상업회의소는 면접을 통하여 야학생의 입학자격을 심사하였다. 자격조건은 상업계 종사자로 한정되었다.[35] 서북학회 내에 운영한 급수상야학도 재경 서북지방 출신의 물장수로 입학자격을 제한하였다. 崔在學·趙重吉 등이 설립한 국민야학교 역시 14～35세인 노동자에게만 입학을 허용할 뿐이었다.[36] 입학자격 제한은 피교육생에게 동류의식을 강화하려는 목적에서 비롯되었다. 서울 소안동 趙鳳植이 설립한 일어야학도 10～40세에 달한 여자로 입학을 제한하였다.[37] 이는 가정부인에게

---

34) 김형목, 2005,「한말 야학운동의 기능과 성격」, 404쪽.
35) 『황성신문』1910년 2월 26일 잡보「實業夜學員募集」: 『대한매일신보』1910년 2월 27일 학계「실업학설립」: 『大韓每日申報』1910년 2월 27일 학계「實業校設立」.
36) 『황성신문』1908년 2월 12일 잡보「國文夜學」: 『大韓每日申報』1908년 2월 13일 잡보「國民夜學校趣旨書」, 9월 5～8일 광고「特別廣告」.

근대교육을 보급하려는 '사회교육'의 일환이었다.

야학의 부대사업인 신문잡지종람소 운영은 민중으로 하여금 시세 변화를 인식시키는 계기였다.[38] 이는 지역사회의 주요한 정보 센터이자 여론수렴장이나 다름없었다. 배천군수 전봉훈은 관내를 대상으로 이를 실천하는 등 주민들의 적극적인 참여를 유도하였다.[39] 이러한 과정을 통해 이른바 "침묵이 미덕이다"라는 소극적인 생활자세에서 점차 자신의 존재를 인식하는 적극적인 방향으로 전환되었다.

한편 노동자·농민들은 문자습득만으로도 자신감을 갖게 되었다. 야학을 통한 상호간의 의견 교환과 생활은 사회를 새로운 안목으로 인식하는 계기였다. 특히 국어나 한국사는 자국사와 자국 문화에 대한 자긍심으로 이어질 수 있었다. 국권회복론을 주장한 대다수가 역사와 국어교육을 중시한 까닭은 이러한 연유에서 비롯되었다.[40]

이러한 분위기는 각지에 국문학교 설립으로 나타났다.[41] 정택용·윤병한·김정식 등은 국문학교 취지서를 통하여 이를 분명하게 밝히고 있다.

　　…만일 이 사롬들노 일직이 보통학문이 잇셧더면 엇지 각국사롭 아

---

37) 『大韓每日申報』 1909년 1월 8일 잡보 「趙氏熱心」 ; 『대한매일신보』 1909년 6월 30일 잡보 「안동야학」.

38) 『大韓每日申報』 1910년 4월 5일 학계 「公益是務」 ; 『대한매일신보』 1910년 4월 5일 잡보 「공익스업」.

39) 『황성신문』 1908년 12월 15일 잡보 「夜學又興」, 1909년 2월 23일 잡보 「晝夜勸學」 ; 서북학회, 「通信一束」 『서북학회월보』 1-18, 56～57쪽.

40) 김형목, 2003, 「한말 국문야학의 성행 배경과 성격」 『한국독립운동사연구』 20, 독립기념관 한국독립운동사연구소, 163～164쪽.

41) 『황성신문』 1908년 3월 15일 기서(岳下散人) 「遣家僮ᄒ야 入國文夜學校」.

래에 처흐리오 전일에 그릇된거시 오늘날 거울이라 지금도 늣지아니
흐니 즈긔의 무식홉으로 눕의 하슈된거슬 통분히 녁이고 싱애에 골몰
흐야 여가가 업다 위인이 용우흐야 지됴가 업다 칭탁흐지 말고 낫에는
로동흐야 부모처즈를 공궤흐나 밤에 혼두시간을 뎡흐야 보통학문으로
공부흐면 불과 일이년간에 사롭마다 능히 시무의 필요를 살피고 디세
에 긔관을 보리니 무어시 어렵고 무어시 두려워서 비호지 아니흐리오
혹이 말흐되 한문은 뜻이 오묘흐야 학문상에 유조흐되 국문은 뜻이 천
루흐야 공부상에 부죡흐다흐나 우리는 독히 그러치 안타흐노니
　　근일 소위 신학문은 다 한문을 힘쓰던 나라의셔 난거시 아니오 태
셔각국 국문으로 발명혼거시니 학문의 발달되는 도리는 문즈의 잇지
안코 깁히 연구흐는디 잇다흐노라 본인등도 쏘혼 시국에 병든쟈로 격
분홈을 이긔지 못흐야 국문학교를 셜립흐고 과정을 좌에 게직흐오니
…42)

보통학문이 제대로 보급되지 못함으로 우리가 외세의 압제를 받
기에 이르렀다. 극복 방안은 1〜2년만이라도 한글로 교육하자는
주장이었다. 시간이나 재주 등을 핑계로 공부를 기피하지 말고, 각
자는 공부에 노력할 것을 강조하였다. 특히 한문 중심 교육에서 탈
피하여 하루라도 빨리 한글교육을 시행하면, 누구라도 시세 변화
나 시무를 능히 파악하는 능력을 배양할 수 있다는 논리였다.
　상동국문야학교에 대한 지원은 이러한 분위기 속에서 비롯되었
다.43) 『대한매일신보』는 당시 상황을 다음과 같이 서술하였다.

　　근리에 교육의 경황이 증가홈을 쏘라셔 국문의 발달을 더욱 지촉
흐는디 혹 전혀 국문과로만 초동목슈를 フ르치는 학교도 잇고 혹 쥬
야학을 논호와 야학에는 국문 혼 과정만 강습흐는 학교도 잇스며 혹
여러 학과즁에 특별히 국문 혼 과정만 두고 フ르치는 학교도 잇셔셔
각쳐에셔 오는 편지와 전셜을 이로 응접홀 겨를이 업스니 본긔쟈는
이런 잡보를 게직흐기에 즈미가 잇도다 (이하 생략)…44)

42) 『대한매일신보』1907년 11월 2일 잡보 「스립국문학교취지서」.
43) 『대한매일신보』1907년 11월 30일 잡보 「리씨보조」.

근대교육운동 확산에 따라 한글연구와 더불어 국문학교도 각처에서 운영되었다. 일반적으로 속성과정인 보통학문을 교육하였지만, 한글만을 전문적으로 교육하는 경우도 적지 않았다. 초동목수·노동자를 대상으로 하는 야학은 보편적인 현상이었다.[45] 이러한 현상은 특정 지역에 한정되지 않았다. 전국적인 양상이기에 이를 거듭 격찬하였다. 이는 사회교육적인 기능을 보여주는 부분이다. 당시 애창된 「진보가」는 이러한 성격을 잘 보여준다.[46]

2. 문화활동 공간

문맹자의 굴레로부터 탈피는 민중에게 진정한 '광명'이었다.[47] 그런 만큼 노동자들은 야학을 통한 문맹퇴치에 노력을 기울였다. 재미교포 사회의 노동야학 실시에 대해 당시 언론은 이를 격찬하였다.

  … 여럿슬 째에 비호지 못ᄒ여 삼ᄾ십년 세월을 지니도록 국문의 반절 홀줄도 닑지 못ᄒ엿스며 ᄌ기 성명 삼ᄾᄌ도 긔록지 못ᄒ다가 근골이 이믜 굿은 즁년을 당ᄒ엿스니 어ᄂ 곳에서 학문을 비홀 싱각이 나오리마는 뎌희들이 그러치 아니ᄒ야 로창ᄒᆫ 쟝부가 초학ᄒᄂᆫ 동

---

44) 『대한매일신보』 1908년 1월 29일 논설 「국문학교의 증가」.

45) 『大韓每日申報』 1907년 11월 6~9일 기서 「新舊학 利害의 辯論」 : 『대한매일신보』 1907년 11월 6~8일 기서 「오샹준」.

46) 『대한매일신보』 1907년 11월 8일 잡보 「진보가, 리용근」.

47) 盧榮澤, 1991, 「日帝時期의 文盲率 推移」 『國史館論叢』 51, 국사편찬위원회, 109~159쪽.
  1930년대까지 문맹률이 80% 이상인 사실을 감안한다면, 자강운동기는 이보다 훨씬 높았으리라 쉽게 짐작할 수 있다. 그러한 상황에서 문맹을 극복함에서 오는 기쁨은 배가되지 않을 수 없었다.

> 몽의 모양으로 본국 세종대왕씌셔 지으신 국문을 기억 니은브터 초례
> 로 빈화 지식을 진보코져 홀시 죵일 로동호 뭇헤 갓부고 곤혼 몸을 억
> 지로 가다듬어 야학교에 참셕호니 오호ㅣ라 장호다 뎌들이여 누가 뎌
> 희들을 쥰쥰무식호다 호리오 즈긔나라 빅셩의 지식이 열니지 못홈을
> 붓그러워 아니호면 능히 이런 싱각이 나지 못홀 거시오 즈긔나라의
> 실력이 썰치지 못홈을 졀통히 녁이지 아니면 능히 이런 싱각이 나지
> 못홀지니 누가 뎌들을 쥰쥰무식호다 호겟는가 …[48]

시대의 낙오자가 된 재미교포 노동자들은 자괴감 속에서 삶을
영위하는 상황이었다. 고국을 떠나 30~40세가 된 지금까지 자기
이름조차도 제대로 쓰지 못하는 경우가 비일비재하였다. 시세 변
화는 이들로 하여금 문맹퇴치에 노력을 경주하는 계기였다. 이리
하여 노동자들은 비참한 조국 현실을 개탄하는 등 애국심 배양에
전념을 기울이는 상황이다. 따라서 우리 노동자·농민들도 현상황
을 불평하지 말고, 스스로도 문맹퇴치에 노력할 것을 요청하였다.

야학을 설립·운영하는 과정에서 주민이나 단체 구성원은 빈번
한 교류로 유대를 강화할 수 있었다. 야학을 매개로 한 자강단체와
각종 과외활동은 새로운 민중문화를 창출하는 현장이나 다름없었
다. 토론회·강연회·연설회·운동회 등은 이를 가능케 하는 요
인이었다.[49]

토론회는 야학생은 물론 주민들 자신의 의견을 직접 개진할 수
있는 현장으로 자신감을 부여하였다. 특히 각종 자강단체·노동단
체 등은 교육문제·풍속개량·생활제도 개선 등 현안으로 토론회
를 공동 개최하는 경우가 일반적이었다. 연설회·강연회 또한 민
중에게 새로운 변화에 대한 인식을 각성시키는 계기였다. 해주 來

---

48) 『대한매일신보』 1908년 7월 18일 론셜 「아직 늣지안타」 : 『大韓每日申
報』 1908년 7월 18일 논설 「尙未晩矣」.
49) 김형목, 2005, 「한말 야학운동의 기능과 성격」, 408~409쪽.

城面農務會의 발기회 연설은 이러한 사실을 엿볼 수 있다.

> 희쥬군 리셩면에서 로동쟈 수십명이 발긔ᄒ야 농무회를 조직ᄒ고
> 림시긔회를 ᄒ엿는ᄃᆡ 히면님에 잇는 유지신ᄉ 류훈영 최승학 량씨가
> 연셜ᄒ기를 농업을 발달ᄒ는 것시 ᄌ긔상의 필요ᄒᆞᆯᄲᅮᆫ 아니라 국가의
> 부강과 인민의 단톄가 되는거시니 참는 힘과 뿌지런ᄒ ᄆᆞ음으로 날마
> 다 진춰ᄒ야 우리 면에 산업이 풍족케ᄒ면 우리 고을이 엇지 다 본밧
> 지 아니ᄒ리오ᄒᆞ민 물론 로쇼ᄒ고 듯는 쟈가 감동ᄒ야 박쟝갈치ᄒ고
> 만셰를 셰번 부른 후에 폐회ᄒ엿다더라.[50]

즉 연설회는 민중에게 새로운 삶의 가치관을 제시하였다. 개인
적인 삶이라도 '단순한' 개인적인 차원에 그치지 않고 사회·국가
적인 문제와 연계된다는 사실을 각성시켰다. 평양 東砲樓船艙 노
동자 400여 명은 자신들과 자제들의 교육을 위한 노동야학을 설립
하였다. 都房 임원인 李昌萬·沈承運·沈君連·車柱寅·李東雲
등이 경제적인 지원을 하는 한편 유지 4명이 명예교사로서 호응하
는 상황이었다.[51] 인근 노동자들도 노동야학을 설립하는 등 이러
한 분위기 조성에 노력하였다.

> 本月 三日 上午 十二時에 平壤城內 一般勞働者를 明倫堂에 一一
> 會集ᄒ고 辯士 安昌浩氏가 勞働者에게 學問이 必要ᄒ 問題로 演說
> ᄒ얏는ᄃᆡ 激切ᄒ 辭意가 茅塞ᄒ 心肚를 感動ᄒ야 當夜붓터 己設夜學
> 校에는 生徒가 輻集ᄒ고 未設 兩處도 卽地設校ᄒᆞᆯ 準備中이니 勞働
> 敎育이 於斯爲盛이오 …[52]

안창호의 연설에 감격한 노동자들은 곧바로 야학으로 운집하는
등 성황을 이루었다. 이곳에 참여한 사립학교 학생들은 토론회를

---

50) 『대한매일신보』 1908년 7월 28일 잡보 「로동쟈농회」.
51) 『황성신문』 1907년 11월 29일 잡보 「勞働夜學」.
52) 『황성신문』 1907년 12월 11일 잡보 「浿城敎育情況」.

개최하여 제2공립보통학교 설립을 결정하였다. 이들은 明倫堂을 수
리한 후 보통학교 설립을 학부에 청원하는 등 자신들의 교육문제를
스스로 모색하였다. 노동자들은 이를 통하여 자신들의 교육문제를
스스로 해결하려는 안목을 점차 갖게 되었다. 이러한 변화는 곧 인
근지역의 농민야학·노동야학을 발흥시켰다. 이처럼 안창호[53]나
이동휘[54] 등의 활약은 야학운동 활성화에 크게 이바지하였다.

　운동회는 지역민을 통합·단결시키는 활력소였다. 운동회가 개
최되면, 수천명이 인산인해를 이룬 사실은 이를 반증한다. 특히 강
화도 보창학교를 비롯한 연합운동회는 도내는 물론 인근 풍덕·개
성 등지의 사립학교와 야학 등 80여 개교 생도들이 참석하는 성황
을 이루었다.[55] 마을대항 줄다리기나 릴레이 등은 주민 상호간에
협력심을 일깨우는 동시에 선의의 경쟁심을 배양시켰다. 더욱이
‘군대식 체조’(병식 체조 : 필자주) 등은 상무정신을 고취시키는 유
효한 방법이었다.

　민중문화 확산은 農閑期 농촌사회에서 만성적인 사회문제인 도
박이나 ‘술타령’ 등 이른바 주색잡기를 완화·근절시키는 데 크게
이바지하였다.[56] 김해군 농무회는 이러한 상황을 반영하고 있다.

　　김회군 북외리에서 농민 일빅십여호가 일심협의ᄒ야 농무회를 셜
　　립ᄒ고 야학교를 셜시ᄒ고 유의유식ᄒᄂ 쟈와 후쥬잡기ᄒᄂ 쟈를 엄

---

53) 『대한매일신보』 1908년 8월 29일 시사평론 「연설쟝에셔」.
54) 『大韓每日申報』 1980년 12월 20일 잡보 「敎育大家」 : 국사편찬위원회,
　　1968, 『韓國獨立運動史』 2, 정음문화사, 623쪽.
55) 『황성신문』 1908년 5월 12일 잡보 「普昌運動」 : 『大韓每日申報』 1908
　　년 5월 12일 잡보 「江校運動」, 5월 17일 잡보 「江校運動盛況」 : 김형
　　목, 2005, 「대한제국기 강화지역의 사립학교설립운동」 『한국독립운동
　　사연구』 24, 독립기념관 한국독립운동사연구소, 23쪽.
56) 『대한매일신보』 1908년 2월 13일 잡보 「강씨흥학」.

금흐며 민소상에 저근송소는 그 회중에서 처리흐며 농시를 당흐야 만
일 병이 잇셔 실농흐는 쟈는 그 회중으로셔 경작을 도와주며 즈리로
오동들이 노리흐는 도화가는 폐지흐고 농부가를 새로 몬드려 지금 실
힝흐는 즁이라고 남도에서 온 사름이 칭찬흐더라[57]

농무회 조직과 야학을 실시한 후 유의유식하는 자와 향촌사회에
만연하던 주색잡기가 일시에 사라졌다. 더구나 상부상조의 전통을
계승하여 어려운 이웃을 원조하는 등 미풍양속이 되살아났다. 경
시 李悳應, 경부 全鳳薰(勳), 재판소주사 黃履淵 등이 해주군 읍내
에 주야학인 齊民學校를 설립한 후에도 이러한 변화가 초래되었
다.[58]

주민의 결속력 강화는 지방관이나 일제의 수탈에 대한 저항이나
공동 대응책을 수립하는 기반이었다. 즉 지방관의 불법적인 수탈
이나 탐학한 관리의 배척 등은 주민들의 결집된 힘으로 저지될 수
있었다. 의무교육 일환으로 전개된 야학운동은 이러한 성격을 강
하게 반영하고 있다.[59] 야학을 위한 學契田이나 공동기금 조성은
이를 반증하는 부분이다. 충남 은진군 상두면의 융교야학은 대표
적인 경우이다.[60] 이러한 연결고리의 하나가 바로 야학의 설립·
운영과 관련성을 지닌다.

웅천군 스립개통학교는 설립흔지 삼년에 유지흐기에 대단 곤난흐
더니 금년 봄에 그학교구역 안에 잇는 스슉지산을 합흐고 향교답과
량스지 던답 륙십칠두락과 전향청 식리전 삼천량을 그 학교에 긔부케

57) 『대한매일신보』 1908년 6월 7일 잡보 「농무회설립」.
58) 『황성신문』 1908년 5월 7일 잡보 「齊校續聞」:『大韓每日申報』 1908
년 11월 25일 잡보 「可謂齊民」.
59) 『大韓每日申報』 1910년 4월 5일 학계 「南道曙星」.
60) 『대한매일신보』 1908년 10월 17일 잡보 「륭흥학교창설」:『大韓每日申
報』 1908년 10월 20일 잡보 「隆校刱立」.

ㅎ고 쏘 유지신ㅅ의 보조와 긔부금 오천환으로써 학교를 확쟝ㅎ고 고
명훈 교ㅅ 류인을 고빙ㅎ야 교슈ㅎ눈디 쥬야학과를 합ㅎ야 학도가 삼
빅여명에 니른지라 그 학교교쥬 쥬긔효씨가 인허룰 엇기 위ㅎ야 학부
에 쳥원ㅎ엿다더라[61]

새로운 공동체 관계에 기반을 둔 민중문화의 차원에서 야학에
대한 접근도 필요한 부분이다. 물론 이러한 과정에서 전통적인 가
치관과 대립·갈등은 상존할 수밖에 없었다. 일제는 식민정책의
일환으로 활용하는 데 주저하지 않았다. 1920년대 강제로 폐쇄된
상당수 야학은 이러한 배경과 무관하지 않았다.

---

61)『대한매일신보』 1908년 11월 25일 잡보「개통학교대통」.

제3장

운영주체와 성격

　야학운동의 운영주체는 단체의 임원진이나 교사·관리 등이 대부분이었다. 상급학교 재학생은 이러한 범주로 포함될 수 있다. 야학장려회·청년친목회·학교·노동단체·농민단체 등과 같은 각종 단체 임원들 역시 마찬가지이다. 반면 노동자·농민·초동목수 등 민중 스스로가 자신이나 자제 교육을 위한 야학 설립주체인 경우도 있었다. 교육열에 부응한 이들의 활동은 야학운동을 보다 지속적으로 추진할 수 있는 기반이었다.[1] 상호간의 신뢰와 긴밀한 유대는 야학을 매개로 강화되었기 때문이다. <부록 1~9>에 근거하여 야학 설립주체를 정리하면 <표 Ⅲ-2>와 같다.

　표에 나타난 바처럼, 유지·관리들이 설립한 야학은 736개 중 550개소였다. 특히 지방관 등이 각 동리마다 세운 야학을 고려하면, 실제는 이보다 훨씬 높은 비중을 차지한다. 학교·학회·교사 등은 98개소나 설립하였다.

---

1) 김형목, 1999, 「自强運動期 平安道地方 ‘夜學運動’의 實態와 性格」 『한국민족운동사연구』 22, 한국민족운동사연구회, 63쪽.

〈표 Ⅲ-2〉 한말 야학 설립주체[2]

년 도	유지·관리·행정기관	학교·학회·교사	종교단체	학생	노동자·농민	기타	소 계
서 울	54	25	2	3	8	2	94
경 기	89	15	-	9	4	-	117
충 청	103	6	-	1	1	-	111
전 라	16	4	1	-	-	3	24
경 상	30	6	5	3	5	5	54
강 원	97	12	1	-	1	-	111
황 해	36	5	-	2	3	2	48
평 안	85	20	2	2	11	3	123
함 경	40	5	-	2	4	3	54
소계	550	98	11	22	37	18	736

학생들은 22개소의 야학을 설립하여 교사로서 활동하는 등 근대 교육운동 동참에 나섰다. 이들 대부분은 '명망가' 자제들로 사회적인 막강한 영향력을 지닌 인물이었다. 1920·30년대나 해방 직후 심화된 이념적인 대립·갈등은 시사하는 바가 크다. 신지식인은 지역사회 이념은 물론 민족해방운동론을 좌지우지할 정도였다.

노동자·농민이나 노동단체·농민단체 등도 37개소를 설립·운영할 만큼 적극적인 입장이었다. 이는 1920년대 이후 노동·농민운동의 심화·발전과 더불어 민중이 민족해방운동의 주체로 성장하기까지 보편적인 현상이었다. 결국 자강운동기 야학운동은 전국적으로 이른바 유지들이 주도하는 상황이었다. 주요 활동가들의 경력 등을 살펴보면 다음과 같다.

---

2) 배천군수 전봉훈, 창성군수 김상범, 경흥부윤 김영진, 문천군수 서정숙 등이 동리마다 세운 야학은 1개소로 파악하였다. 설립년도는 신문기사 중 1월까지 전년도에 포함시켰다. 기생과 중국인이 설립한 경우는 기타로 처리하였다.

제1절 중부지방

李命七은 근대 수학자이자 자강론자였다. 그는 1901년 官立漢語學校에 입학하여 1904년 졸업과 동시에 모교 교사로 발령 받아 재직하였다.[3] 그는 동료인 崔崙源 등과 중동야학(현 중동중·고등학교 전신 : 필자주) 설립하였다. 또 兪鎭國 등이 관립교동보통학교 내에 설립한 一成義塾夜學에서 산술을 담당하는 등 수학의 대중화에 노력하였다.[4] 1910년에는 자기집에 산술만을 전문으로 가르치는 사립학교를 설립·운영하였다. 수학에 대한 그의 열정은 야학운동에 투신하는 계기나 다름없었다.[5] 그의 저술로 1908년『算學通編』과 1913년『訂重算學通編(상, 하)』등이 있다.[6]

柳一宣도 역시 우리나라 수학사를 발전시킨 초창기 대표적인 수학자이다. 그는 출판사 精理舍를 운영하는 가운데 1908년 교과서인『초등산술(상, 하)』을 저술하였다. 또한 우리나라 최초의 수학잡지인『數理雜誌(통권 8권)』주간을 1905년 11월부터 1906년 9월까

---

3) 국사편찬위원회, 1972,『대한제국관원이력서』, 89·687쪽.
4)『황성신문』1907년 6월 13일 잡보「一成義塾大將進」, 8월 31일 잡보「一成開學退期」:『대한매일신보』1907년 7월 7일 잡보「윤씨연설」, 7월 17일 잡보「야학시험」.
5)『大韓每日申報』1910년 4월 3일 학계「算術大敎授」:『대한매일신보』1910년 4월 2일 학계「산슐교슈」.
6)『황성신문』1906년 3월 28일 잡보「速成夜學」, 1907년 1월 7일 잡보「中東校況」, 1908년 10월 6일 잡보「中東卒業」:『만세보』1906년 9월 6일 잡보「兩氏熱心敎授」, 10월 18일 잡보「漢語夜學試驗」, 1907년 1월 10일 잡보「中東校擴張」:『大韓每日申報』1910년 4월 2일 학계「算術大敎授」.

지 말았다. 1907년 11월에는 상동청년회관 내에 1년 과정의 正則
ML야학교를 설립한 후 洪秉璇·安一英 등과 함께 교편을 잡았다.
1908년 기호흥학회의 평의원으로 활동하는 한편 기호흥학회의 畿
湖學校에서 수학을 맡았다.[7] 한편 경성학당동창회 발기인으로 활
동하는 등 일어보급에 대한 관심도 높았다. 그는 대한학회 찬성원
의 일원이었다.[8] 한성부민회의 中部長으로 활동하는 가운데 연초
직공야학 교사로도 활동하였다. 그의 열성적인 활동은 이 야학의
교세를 크게 확장시킬 수 있었다.[9] 1924년에는 서울 청진동에 甲
子幼稚園을 설립하는 등 유아교육에도 남다른 관심을 기울였다.
특히 1926년 유치원 부설로 幼稚師範科를 설치한 이후 이를 1927
년 8월에 京城保育學校로 승격시키는 등 근대교육에 지대한 족적
을 남겼다.[10]

嚴柱益은 내장원 종목과장, 군부 포공국장, 한성판윤, 군부협판,
유군참령, 법부협판, 육군참장, 육군법원장 등을 역임한 전형적인
관료였다.[11] 그는 養正義塾을 설립하는 등 근대교육 보급에 앞장
섰다. 이어 부설로 일어야학과를 설치한 후 직접 일본어를 교수하
였다.[12] 또한 그는 기호흥학회 찬무장과 대한학회 찬성원으로서

---

7) 『황성신문』 1907년 11월 4~11일 광고 「速成夜學生募集廣告」 : 『大韓
每日申報』 1907년 11월 5일 광고 「正則ML夜學校學員募集」 : 기호흥
학회, 『기호흥학회월보』 3, 54쪽 : 李鉉淙, 1960, 「畿湖興學會에 대하여」
『사학연구』 21, 한국사학회.
8) 『大韓每日申報』 1908년 3월 15일 광고, 5월 14~15일 광고 「大韓學會
贊成會趣旨書」.
9) 『매일신보』 1911년 6월 27일 교육잡사 「李氏熱心」.
10) 김형목, 1999, 「1906~1910년 서울지역 야학운동의 전개 양상과 실태」,
187~188쪽.
11) 牧山耕藏, 1910, 『조선신사명감』, 164쪽 : 국사편찬위원회, 1972, 『대한
제국관원이력서』, 370쪽.
12) 『대한매일신보』 1907년 9월 1일 잡보 「열심으로 교육」 : 『황성신문』

활동을 마다하지 않았다. 적극적인 교육활동으로 그는 한말 교육 대가로서 명성을 얻을 수 있었다.[13] 한편 이러한 명성과 달리 일어 교육 강화는 비난을 받는 요인으로 작용하였다.

崔在學은 서북학회의 평의원으로 활약한 인물이다.[14] 그는 서북 학회의 함경도·평안도 일대 普昌學校支校 설립을 위한 순회강연 에 가담하였다. 1908년에는 李昌植·趙重吉 등과 국민야학교를 설립하고 교사로서 활동하기에 이르렀다.[15] 그는 대한협회 평의원 과 대한학회 찬성원으로서 활동하는 등 교육운동에 적극적이었 다.[16] 서부 양영학교장으로 취임과 사립학교 교사로서 자원 등은 그의 교육에 대한 관심도를 반증하는 부분이다.[17]

林圭는 1895년 慶應義塾 중학교를 거쳐 동 전수학교 경제과를 졸업한 후 그곳에 유학생의 일본어 교육을 위한 光武學校를 李漢 卿 등과 설립하였다.[18] 귀국한 후에는 여러 사립학교에서 일본어 교사로 활동한 어학교사였다. 한편 그는 각종 학회 임원으로 활동

1907년 9월 27일 잡보 「塾長夜學」 : 『매일신보』 1914년 2월 26일 「學 校歷訪, 養正高等普通學校」.
13) 기호흥학회, 『기호흥학회월보』 1, 51쪽 : 『大韓每日申報』 1908년 3월 15일 광고, 5월 14~15일 광고 「大韓學會贊成會趣旨書」.
14) 『황성신문』 1908년 1월 10~11일 잡보 「平壤學務會歷史」.
15) 『황성신문』 1908년 2월 12일 잡보 「國文夜學」과 6월 6일 잡보 「國民校 移接 : 『大韓每日申報』 1908년 1월 26일 논설 「國文學校日增」, 2월 13 일 잡보 「國文夜學校趣旨書」, 9월 5일 광고 「特別廣告」 : 『대한매일신 보』 1908년 2월 11일 긔셔 「국민야학교취지셔」, 2월 11~18일 광고 : 李鉉淙, 1966, 「舊韓末 政治·社會·學會·會社·言論團體調查資料」 『亞細亞學報』 2, 아세아학술연구회, 66쪽.
16) 대한협회, 『대한협회회보』 1, 58쪽 : 『大韓每日申報』 1908년 5월 14~ 15일 광고 「大韓學會贊成會趣旨書」.
17) 『大韓每日申報』 1908년 2월 11일 잡보 「三氏視務」 : 『대한매일신보』 1909년 6월 13일 잡보 「양영흥왕」.
18) 김형목, 1997, 「자강운동기 한성부민회의 의무교육 시행과 성격」, 90쪽.

하는 등 일본어 보급에 노력하였다.[19] 그는 자기집, 흥사단, 攻成 學校, 보성전문학교 내에 야학인 일어연구회 설립을 주도하는 동 시에 교사로서 활약하였다.[20]

崔崙源은 한학을 수학한 후 1904년 관리로 발탁되었다. 그는 1907년 일어학교를 졸업한 후 주로 탁지부에서 근무하였다.[21] 그 는 한어학교 재직을 계기로 이명칠 등과 중동야학 설립을 주도하 였다.[22] 柳光烈은 관립한어학교 졸업한 후 1900년 옥구감리서 주 사로 관계에 진출하였다. 1903년 관립외국어 부교관, 1905년 관립 한어학교 교관으로 임명되는 주로 외국어학교에서 후진 양성에 노 력을 기울였다.[23] 그는 동료 최윤원·이명칠 등과 한어야학을 설 립하여 교사로서 활약하였다.

이종호는 李容翊의 손자로 普成學校(고려대학교 전신 : 필자주) 의 제2대 교주였다. 통감부가 이 학교의 관립화를 획책하자, 이를 거부하는 등 민족교육기관 유지에 노력을 아끼지 않았다. 또한 한 북흥학회의 임원으로 속성사범과를 설치하는 한편 서북학회의 부 설인 협성학교장을 맡았다. 그는 여성교육의 광범한 시행을 도모 하고자 양규의숙장을 역임하였다.[24] 강화도와 청주 보창학교에 대

---

19) 호남학회, 1909,『湖南學報』 4, 호남학회, 57쪽.

20)『황성신문』 1909년 10월 10~14일 광고「日語夜學員大增募」, 7월 1일 잡보「三氏勸學」, 8월 23일 잡보「日語研究會」.

21) 국사편찬위원회, 1972,『대한제국관원이력서』, 340~341쪽.

22)『황성신문』 1906년 3월 28일 잡보「速成夜學」, 1907년 1월 7일 잡보「中 東校況」, 1907년 6월 13일 잡보「一成義塾大將進」, 1907년 8월 31일 잡보「一成開學退期」, 1908년 10월 6일 잡보「中東卒業」 :『만세보』 1906년 9월 6일 잡보「兩氏熱心敎授」와 10월 18일 잡보「漢語夜學試 驗」, 1907년 1월 10일 잡보「中東校擴張」 :『대한매일신보』 1907년 7 월 17일 잡보「야학시험」.

23) 국사편찬위원회, 1972,『대한제국관원이력서』, 300·650~651·839쪽.

24)『大韓每日申報』 1908년 2월 12일 잡보「養閨擴張」.

한 의연금을 지원하는 동시에 普成社에서는 많은 교과서를 간행하여 이를 전국에 무료 배포하는 등 근대교육에 지대한 족적을 남겼다.[25] 그의 활동은 일진회와 일제에 의해 많은 방해를 받았다. 대표적인 경우는 명천군연합운동회의 개최였다.[26] 그는 보성소학교 내에 일어야학강습소를 설립하였다. 박태병과 윤세용을 교사로 채용한 후 일어·지지·역사 등을 중심으로 가르쳤다.[27]

李夏榮은 외아문 주사로 발탁된 후 사헌부 감찰, 미국공사관 서기, 기기국 사사, 웅천현감, 홍덕현감, 외아문 참의, 한성부관찰사, 중추원 부의장, 일본특명전권공사, 의정부 찬정, 궁내부 특진관, 외부대신, 법부대신, 군부대신 등 요직을 두루 거친 전형적인 관료였다.[28] 관직생활 중 기호흥학회에 서기·평의원 등으로 활약하는 등 사회활동에도 적극적이었다.[29] 그는 1909년 산림협회 내에 일어강습소를 설립한 후 경비 일체를 담당하였다.[30]

이각경은 李址鎔의 부인으로 大韓婦人會長·女子普學院長·女子教育會의 임원 등을 역임한 신여성이었다. 養源學校長으로 재직 중 방학을 이용하여 야학과를 설립하였다. 또 용산 萬里倉契에 養德女學校를 설립하는 등 여성교육 보급에 노력을 기울였다.[31] 『여자지남』의 발간은 여성교육 활성화를 위한 전문인력 양

25) 고려대학교사편찬위원회, 1965, 『高麗大學校六十年誌』, 고려대 : 서북학회, 『서북학회월보』 3-15 : 『대한매일신보』 1908년 9월 8일 「리씨열성」 : 『황성신문』 1910년 5월 1일 잡보 「普校復興」.
26) 『大韓每日申報』 1909년 10월 16일 학계 「學界魔物」와 「爾何心腹」 : 『대한매일신보』 10월 16일 잡보 「심장이 엇지 그러흔고」.
27) 『만세보』 1906년 9월 2일 잡보 「普成小學校增科」, 9월 8일 잡보 「金氏說明」, 10월 20일 잡보 「普成夜學更設」.
28) 국사편찬위원회, 1972, 『대한제국관원이력서』, 766~767쪽.
29) 기호흥학회, 『기호흥학회월보』 2, 61~62쪽.
30) 『대한민보』 1908년 7월 21일 學界彙聞 「林會講習」.
31) 『대한민보』 1909년 6월 19일 잡보 「女子夜學」 : 『황성신문』 1910년 9

성과 밀접한 관계 속에서 진행되었다.[32] 그는 강연회를 통해 불합
리한 인습과 여성기술교육의 중요성을 강조하는 등 여성에 대한
사회적인 인식 변화에 노력을 기울였다. 이러한 교육활동과 달리
그녀는 친일여성단체인 日本愛國婦人會·東洋婦人會의 평의원으
로 활동하는 등 일제 침략에 동조·편승하고 말았다.[33] 교육활동
은 자신의 사회적인 명성과 기득권 유지를 위한 방편일 뿐이었다.

홍병선은 기호흥학회 임원으로 활동하면서 1907년 11월에는 상
동청년회관 내에 1년 과정의 正則ML야학교를 설립하고 安一英 등
과 교편을 잡았다. 1908년 일본으로 유학하여 同志社大學에서 신
학을 전공한 후 귀국하여 특히 농촌계몽운동 일환으로 야학 보급
에 노력하였다. 그는 중앙유치원(중앙대학교 전신 : 필자주)의 부흥
을 위한 임원과 야학을 직접 설립하는 등 유아교육에도 관심이 높
았다.[34]

南章熙는 1897년 문과에 급제한 후 비서원랑, 홍문관시독, 장례
원상례, 사마도감, 비서원승을 역임한 인물이다.[35] 그는 1909년 자

월 14일 잡보「開校式擧行」: 朴容玉, 1984,『韓國近代女性運動史硏
究』, 한국정신문화연구원.

32)『大韓每日申報』1907년 7월 19일 잡보「雜誌請斷」, 1908년 2월 12일
잡보「女子指南」.

33) 牧山耕藏, 1910,『朝鮮紳士名鑑』, 일본전보통신사, 221쪽 :『大韓每日
申報』1908년 9월 27일 잡보「婦人會請願留案」:『매일신보』1912년
1월 17일「李夫人被訴」.

34)『황성신문』1907년 11월 4~11일 광고「速成夜學生募集廣告」:『大韓
每日申報』1907년 11월 5일 광고「正則ML夜學校學員募集」:『동아일
보』1921년 5월 23일 3(5)「幼稚園建設計劃, 중앙유치원은 짜로 건축코
자」:『매일신보』1920년 5월 5일「勞働夜學復活」: 李鉉淙, 1960,「畿
湖興學會에 대하여」『史學硏究』21, 한국사학회 : 김양선, 1971,『韓國
基督敎史硏究』, 기독교문사 : 전택부 1978,『한국기독교청년운동사』,
정음사 : 팔십년사편찬위원회, 1998,『中央大學校八十年史』, 중앙대.

35) 국사편찬위원회, 1972,『대한제국관원이력서』, 353~354쪽.

기집에 일어강습소를 설립하는 한편 가안방회에 노동야학회를 부
설하는 등 노동자교육에 노력을 기울였다.[36] 이는 지방에 소재한
교육기관에 대한 지원으로 이어졌다. 곧 황해도 백천군 옥산포 사
립소학교에도 渡航稅를 보조금으로 지원하였다.[37] 또한 고육열 고
조에 따른 중학입시를 위한 중학예비강습소를 설립하는 등, 그는
교육운동에 적극적이었다.[38]

　연초직공야학의 설립을 주도한 俞吉濬은 개화사상가로서 널리
알려진 인물이다. 10여 년간의 일본에서 망명생활을 청산한 후
1907년 귀국한 그는 漢城府民會와 興士團을 기반으로 사회활동을
재개하였다.[39] 홍사단 내의 隆熙學校와 노량진에 恩露學校(현 동
작구 흑석동 은로초등학교의 전신 : 필자주)를 각각 세웠다.[40] 또
한성부민회의 각 방회를 중심으로 사립학교를 설립하거나 인수하
는 등 근대교육 보급에 많은 노력을 아끼지 않았다. 각지 노동야
학·국문야학 등의 발흥에 부응하여, 그는 저서『노동야학독본』을
3,000여 부나 발간하였다. 또한 勞動夜學會 고문으로 활동하는 등
야학에 많은 관심을 가졌다.[41] 이러한 그의 관심은 연초직공조합
소 총재로 취임한 후 곧바로 연초직공야학의 설립으로 나타났다.
이는 이후 한성부가 인수하여 8개소로 확장하였다. 1913년 助產婦

36)『大韓每日申報』1909년 1월 30일 학계「南氏美擧」:『대한매일신보』
　　1909년 1월 30일 잡보「남씨의 잘흐는일」.
37)『大韓每日申報』1909년 12월 4일 학계「南氏寄付」.
38)『대한매일신보』1910년 4월 21일 잡보「강습소설치」.
39) 김형목, 1997,「자강운동기 한성부민회의 의무교육 시행과 성격」, 79~
　　80쪽 : 俞東濬, 1987,『俞吉濬傳』, 일조각, 277~282쪽 : 윤병희, 1998,
　　『俞吉濬硏究』, 국학자료원, 142~149쪽.
40)『매일신보』1914년 12월 23일「恩露學校의 曙光」.
41) 李勛相, 1990,「구한말 노동야학의 성행과 유길준의『노동야학독본』」,
　　751~752쪽 : 김형목, 1997,「1906~1910년 서울지역 야학운동의 전개
　　양상과 실태」, 193쪽.

養成所長이 된 후 여자국어강습소를 설립[42]하는 등 사망 직전까지
도 야학 설립·후원에 앞장섰다.

그의 노력에도 자신이 저술한 야학교재인『노동야학독본』은 거
의 판매되지 않았다. 그가 행한 일련의 친일적인 행동인 일본인관
광단의 환영회 개최, 이등박문 사후 조문 참가와 추도대회의 개최
계획, 韓日同志會 조직과 활동 등에서 비롯되었다.[43] 특히 사회진
화론에 경도된 계몽론자 대부분이 그러하듯이, 그의 현실인식은
식민지 상황에 대해 적극적인 저항보다는 '타협'의 길을 택할 수밖
에 없었다. 유길준의 야학 활동과 관련된 趙重應·芮宗錫·白寅
基·白完赫 등은 전형적인 친일 관료와 실업가였다. 이들은 1913
년 京城幼稚園을 설립하여 유아교육을 통한 동화정책에 앞장 선
인물이었다.[44]

金重煥은 한학을 수학한 후 1897년 문과에 급제하여 假注書로
서 관직생활을 시작하였다. 이어 성균관 전적, 사헌부 지평, 내부
참서관과 지방국장, 시종원 시종, 내부협판, 개성부윤, 탁지부문부
조사위원장, 중추원 의관 등을 두루 역임한 관료였다. 그는 1905년
부터 普成學校·贊文學校·漢南學校·華東學校·廣成學校·玄

---

42)『매일신보』1914년 5월 7일「女學生界의 福音」, 5월 23일「女子의 國
語普及」.

43)『대한매일신보』1908년 3월 22일 시사평론「병든나라」, 1909년 6월 12
일 론셜「학싱계에 새광치」, 6월 15일 잡보「각회반디」, 11월 11일 론
셜「이왕 국스범 졔씨에 디ᄒᆞ야」:『大韓每日申報』1909년 11월 11일
논설「已往亡命客諸氏에게 對호 一言」, 1910년 6월 28일 雲外尖峰「兪
吉濬氏가」: 윤희병, 1998,『유길준 연구』, 204~208쪽 : 김형목, 1997,
「자강운동기 한성부민회의 의무교육 시행과 성격」, 101~102쪽.

44)『매일신보』1913년 1월 31일「京城幼稚園 創設, 敎育界의 曙光 幼稚
兒의 福音」, 2월 4일 사설「幼稚園의 美擧」, 4월 11일 사설「幼稚園의
授業」: 김형목, 2001,「1910년대 同化政策과 京城幼稚園」『한국민족
운동사연구』28, 한국민족운동사학회, 137~138쪽.

成學校・東明學校 등 무려 7개 사립학교장을 겸임하였다.[45] 그는 盤松坊과 盤石坊을 합한 松石坊團의 부회장으로서 의무교육 시행에 적극적이었다. 敦下義務敎育會長의 취임은 그의 의무교육에 대한 열성을 반증하는 부분이다.[46] 1908년에는 자기집에 일어야학교를 설립한 후 山口照平・도변죽사랑과 그의 부인을 교사로 채용하는 등 일어보급에 앞장섰다.[47] 또 찬문학교 임원진과 함께 학교 내에 찬문야학을 설립한 후 박창선・윤시용・윤태중 등과 교사로서 활약하였다.[48] 그는 기호흥학회 평의원, 대한협회 찬무장, 교남학회 임시회장, 대한학회 찬성회원 등으로 활약하는 등 교육운동에 노력을 기울였다.[49] 1914년에는 千英基 등과 함께 輔仁學校 내에 대정국어야학회를 설립하였다. 이들은 강습소로 인가를 받은 후 대규모 학생 모집을 꾀하는 등 일어보급에 남다른 관심을 보였다.[50]

---

45) 국사편찬위원회, 1972, 『대한제국관원이력서』, 142~143쪽 : 『독립신문』1899년 7월 27일 잡보 「두 부윤 샹환」: 『大韓每日申報』1906년 8월 11일 잡보 「漢江校況」, 8월 14일 잡보 「金氏自退」과 「玄校校長」, 1907년 7월 9일 잡보 「金氏熱心」, 1908년 4월 8일 잡보 「鳳校任員」, 4월 15일 잡보 「勅語函請」, 7월 19일 잡보 「廣校將就」: 『대한매일신보』1908년 4월 5일 잡보 「교장션뎡」, 4월 8일 잡보 「임원조직」.

46) 『황성신문』1908년 10월 2일 잡보 「將來可望」, 1909년 1월 16일 잡보 「松石坊團」: 『大韓每日申報』1908년 9월 30일 잡보 「義務盛擧」: 기호흥학회, 「학계휘문, 敦下總會」『기호흥학회월보』8, 64쪽.

47) 『대한매일신보』1908년 4월 1일 잡보 「김씨의 야학교」: 『大韓每日申報』1908년 4월 2일 잡보 「金家設校」.

48) 『대한매일신보』1907년 12월 7일 잡보 「찬문야학 신셜」.

49) 대한협회, 『大韓協會會報』1, 58쪽 : 『대한협회회보』5, 64쪽 : 기호흥학회, 『기호흥학회월보』1, 60・64쪽 : 『大韓每日申報』1908년 3월 10일 잡보 「嶠南學會」, 5월 14~15일 광고 「大韓學會贊成會趣旨書」.

50) 『매일신보』1914년 1월 29일 「大正國語夜學會設立, 일어비홀 학싱을 모집ᄒᆞᄂᆞᆫ더 쳥원ᄒᆞᄂᆞᆫ 사ᄅᆞᆷ이 답지ᄒᆞᆫ다고」.

조중응은 1890년 李堈 수행원으로 일본을 다녀온 후 친일의 길을 들어섰다. 俄館播遷 이후 10여 년간 일본 망명생활은 그를 철저한 친일분자로 만들었다.[51] 헤이그특사사건이 발생하자, 광무황제의 퇴위를 주장하는 한편 1907년 10월에는 궁궐 경호의 책임자로서 이들을 감시하는 등 온갖 만행을 서슴지 않았다.[52] 1909년 친일신문인『법정신문』을 발행하는 동시에 친일단체 國民演說會 발기를 주도하는 등 친일파의 화신이 되었다.[53] 京城府民會와 大正親睦會 회장을 맡는 등 일제주구로서 역할을 충실히 수행하여 나갔다. 전통문화를 타파하는 대신 일제 문화를 이식시키는 방편으로 경학원을 설립하는 데 앞장섰다.[54] 그는 아세아연대주의를 강조하는 등 일제의 대륙침략 선동·미화에 노력을 아끼지 않았다. 조중응 역시 유길준과 마찬가지로 야학을 통한 동화정책에 적극적인 입장이었다.[55] 8개 공립보통학교 내에 설립한 직공야학은 이러한 사실을 잘 보여준다.

> … 大抵 智識이 無ᄒ면 人이 人되는 資格을 失ᄒ인즉 業務餘暇에 學問을 修ᄒ얏다가 將來에 其學問을 利用ᄒ이 諸君 今日에 無形ᄒ 資本을 蓄積함인 안인가 故로 吾人은 此를 熟慮ᄒ고 且 寺內總督의 鮮人敎育에 苦心ᄒ는 眞意를 體ᄒ야 玆에 職工夜學을 開設코져ᄒ노니 此는 第一 寺內總督의 眞意所在이오 第二 吾輩 貴族의 援助ᄒ는 바ㅣ오 第三 主唱者된 芮宗錫氏의 斡旋한 바ㅣ라 …[56]

51) 장석흥, 1993,「조중응-친일의 길이라면 물불 가리지 않았던 매국노-」『친일파99인』1, 돌베개.

52) 大村友之丞, 1910,『朝鮮貴族列傳』, 92~94쪽 : 국사편찬위원회, 1972,『대한제국관원이력서』, 754쪽.

53) 細井肇,『現代漢城風雲과 名士』; 한국학문헌연구소,『구한말일제침략사료총서(사회편)』3, 34~41쪽 : 牧山耕藏, 1910,『조선신사명감』, 26~27쪽.

54)『매일신보』1913년 2월 1일 사설「孔子敎의 復活」.

55)『매일신보』1916년 1월 16일「德性涵養의 急要, 子爵 趙重應氏談」.

학문을 배우는 목적은 미래에 대한 무형의 자본을 축적함이다. 그는 노동자인 야학생들에게 여가를 이용한 학문 정진을 강조하였다. 이러한 사실은 노동자들에게 지식 보급이라는 측면에서 긍정적이다. 그런데 직공야학 설립 취지는 바로 寺內 총독의 眞意라는 사실이다. 이는 식민교육정책 일환으로 직공야학이 운영된 사실을 의미한다.

예종석은 궁내부 전선사감동을 역임한 전직 관료였다. 그는 동양용달합자회사 총무, 경성상업회의소 임원 등을 거쳐 실업가로서 명성을 떨쳤다. 1907년 한성부민회 발기인으로 참여하여 서무주임과 남부부장 등을 역임하였다.[57] 한성부민회를 통하여 그는 사회적인 활동 영역을 확대하기에 이르렀다. 한성부민회가 설립한 9개소의 직공야학은 그의 노력으로 유지될 수 있었다.[58]

李浩升은 한학을 수학한 후 홍릉참봉, 내무 주사, 상호도감 낭청, 능도감 낭청, 양천군수를 역임한 인물이다.[59] 양천군수로 부임한 그는 관내 학교에 교과서를 무료 배부하는 등 교육운동에 열성적이었다. 그는 직접 노동야학을 설립한 후 스스로 교수하는 한편 운영비도 월급으로 충당하였다.[60]

李奭宰는 1898년 판임6등으로 관계에 진출하여 군부주사를 거쳐

---

56) 『매일신보』 1912년 12월 24일 「職工夜學開設, 寺內總督의 眞意」.
57) 牧山耕藏, 1910, 『조선신사명감』, 239쪽 : 『매일신보』 1912년 6월 27일 「남부장의 설명」, 7월 6일 「南部 納稅贊務員, 남부의 납세찬무원」와 「南部 商況의 調査, 남부의 장ㅅ정황됴사」.
58) 『매일신보』 1911년 6월 8일 잡보 「煙草職工學校와 京城府」, 7월 7일 교육잡사 「職工夜學校」, 9월 14일 잡보 「煙草職工學徒의 棲屑」, 1912년 12월 25일 사설 「職工夜學開設」, 1913년 1월 28일 「煙草職工夜學校現狀」.
59) 국사편찬위원회, 1972, 『대한제국관원이력서』, 102·693·832쪽.
60) 『대한매일신보』 1910년 1월 1일 잡보 「교과셔거부」, 1월 11일 학계 「리씨열심」 : 『대한민보』 1910년 1월 12일 敎育界 「陽倅敎熱」.

안산군수로 부임하였다.[61] 그는 유지들과 더불어 안산공립보통학교의 발전을 위한 대책을 도모하는 데 앞장섰다. 학교 내에 야학과를 설립하여 초동목수 50여 명 모집·교수에 지원을 아끼지 않았다. 이에 재무서장 李聖儀, 찬성장 嚴柱漢, 부훈도 李源璜 등은 각 면에 사립학교 설립을 계획하는 등 교육운동을 널리 확산시킬 수 있었다.[62]

申鍾協은 1894년 두위영군사마로 관직에 진출한 후 경산군수·중추원 의관 등을 역임하였다. 그는 1900년 관직을 사임하고 향리인 通津郡 陽陵面 谷村洞에서 생활하고 있었다.[63] 군수 趙東善이 汾陽學校를 설립하여 60여 생도를 모집·교수하자, 이에 자극을 받은 유지들은 汾南學校를 설립하는 등 교육열이 고조되었다. 신종협은 순검 白孝元과 야학을 설립한 후 초동목수 40~50명을 모집·교수하는 등 교육열 고조에 부응하였다.[64]

이동휘의 교육진흥책은 강화도내 사립학교 운영·유지로 귀결되었다. 그는 육영사업에 몰두하는 한편 의병전쟁을 지원하는 등 문무겸전에 입각한 민족교육을 실시하였다. 특히 학교 유지책으로 각 학교마다 學父兄契를 조직하는 등 남다른 관심을 보였다. 이에 보창학교는 민족교육을 대표하는 근대교육기관으로 부각되었다. 이는 인근 지역으로 곧바로 파급되었다. 통진군 분양학교는 김포·강화 등지에 소재한 13개와 더불어 이를 개최하였다.[65] 통진

---

61) 국사편찬위원회, 1972, 『대한제국관원이력서』, 699쪽.
62) 『황성신문』 1908년 4월 30일 잡보 「安倅獎學」와 광고 「公立安山郡普通學校補助人員落成宴時」, 7월 5일 잡보 「安倅興學」.
63) 국사편찬위원회, 1972, 『대한제국관원이력서』, 359쪽.
64) 『황성신문』 1908년 4월 2일 잡보 「汾陽闡明」 : 『大韓每日申報』 1908년 6월 16일 잡보 「汾校運動盛況」 : 기호흥학회, 「학계휘문, 汾陽經試」 『기호흥학회월보』 7, 39쪽.
65) 『황성신문』 1908년 6월 9일 잡보 「汾校運動盛況」 : 『大韓每日申報』

지역 사립학교설립운동도 이를 전후하여 활성화되었다.

개성교육총회의 위로회는 이동휘의 사회적인 영향력을 보여준다. 위로연에 참석한 회원은 50여 명에 달하였다.66) 주요 인사는 회장 韓教學을 비롯한 林圭永·劉元杓·崔文鉉·尹應斗 등이었다. 이들은 보창학교 지교를 설립뿐만 아니라 이를 후원할 찬무회도 조직하였다. 이동휘 구속으로 보창학교 지교가 경영난에 처하자, 개성교육총회는 운영비 절반을 담당하기로 결의하기에 이르렀다. 특히 관내 사립학교에 대한 장기적인 후원 계획도 수립하는 등 교육운동을 주도하고 나섰다.67)

개성·풍덕·장단·함흥 등지의 지교 설립은 근대교육사상 그의 영향력을 유감없이 보여준다.68) 이러한 가운데 조직된 개성교육총회는 개성지역 사립학교설립운동을 주도하는 중심단체나 다름없었다. 부윤 韓永源은 이러한 활동을 적극적으로 지원하고 나섰다.69) 회장 李健爀을 비롯한 회원들은 빈번한 강연회 개최 등을 통하여 근대교육의 중요성을 널리 알렸다. 보창학교 지교를 비롯한 관내 사립학교에 대한 재정적인 지원도 이러한 목적에서 비롯되었다. 특히 지교 교감인 金基夏는 자신의 가옥을 저당하여 학교 운영비를 마련하는 등 적극적이었다.70) 개국기원절에 대한 관내 공·사립학교를 동원한 행사는 학생들에게 민족정신을 일깨우는

1908년 6월 16일 잡보 「汾校運動盛況」.
66) 『大韓每日申報』 1908년 1월 9일 잡보 「李氏慰勞」.
67) 『大韓每日申報』 1908년 1월 15일 잡보 「普昌校中興」.
68) 『大韓每日申報』 1906년 5월 4일 잡보 「院舍許借」, 5월 26일 잡보 「老物爲魔」, 6월 17일 잡보 「貞洞美以美教會의 寄函」, 6월 23일 잡보 「開城興學」.
69) 『大韓每日申報』 1906년 6월 28일 잡보 「開城教育總會趣旨書」; 『황성신문』 1906년 7월 2일 잡보 「靑開設校」.
70) 『대한매일신보』 1907년 2월 21일 잡보 「賣舍補校」, 7월 13일 잡보 「總會紀念의 補助」.

계기였다. 학생과 주민 등 연합운동회 참여자는 1만여 명에 달할 정도로 인산인해를 이루었다.[71] 참여학교와 학생수는 공립소학교 42, 開城學堂 71, 배의학교 80, 中京義塾 38, 사령부야학교 40, 보창학교 지교 68, 善竹學堂 20명 등 360여 명에 달하였다. 이어 실시된 제등행렬도 참여자에게 자긍심 고취와 아울러 애국심을 일깨웠다.

제2절 하삼도지방

金商翊은 한학을 수학한 후 1900년 내부주사로 관계에 진출하였다. 이어 궁내부, 탁지부세무시험소에 근무하면서 1906년 법어학교에서 입학·졸업한 후 주로 탁지부에서 재직하였다.[72] 그는 임천군수 金應圭, 군주사 趙東翊 등과 天興學校 내에 노동야학을 설립하여 40여 명을 교수하는 등 적극적인 교육활동을 펼쳤다.[73]

朴初陽은 1873년 서울에서 태어났다. 家塾에서 한학을 수학한 후 관계에 진출하여 단양·진천·회인군수 등 외관직을 두루 역임하였다.[74] 그는 단양군수 재직시 일진회원들의 불법행위를 엄단하는 등 생활안정에 노력을 기울였다. 반면 그는 학교설립을 핑계

---

71) 『大韓每日申報』 1906년 9월 11일 잡보 「慶祝盛況」, 9월 23일 잡보 「敬德宮慶祝」.
72) 국사편찬위원회, 1972, 『대한제국관원이력서』, 117쪽.
73) 『황성신문』 1908년 7월 29일 잡보 「三氏贊校」.
74) 牧山耕藏, 1910, 『朝鮮紳士名鑑』, 87쪽 ; 『황성신문』 1905년 9월 2일 잡보, 「忠北義兵」와 10월 10일 광고, 1906년 4월 11일 잡보, 「丹陽來書」와 「靑會作弊」.

로 토색질을 일삼았다.[75] 지희열은 1875년 충남 공주군 남부면에서 출생하였다. 그는 사숙에서 전통교육을 받았으며, 관계에 진출하였다. 직산군수를 비롯한 외직에 주로 재직한 그는 교육운동에 열성적이었다.[76]

음죽군수 서광세는 1874년 서울에서 출생하였다. 그는 일찍이 사숙에서 전통교육을 받은 후 과거에 급제하는 등 재능을 발휘하였다. 이후 군수 등을 역임하는 가운데 학교를 설립하는 등 교육운동에 적극적이었다.[77] 충남 진잠군 동면 출신인 서재덕은 1878년에 태어났다. 한학을 수학한 후 관계에 진출한 그는 당진·결성군수 등을 역임하였다.[78] 원긍연은 대한협회 직산지회원이자 평의원이었다.[79] 그는 한글의 유용성에 창안하여 국문야학을 설립하였다. 이후 군내 노동야학이 우후죽순처럼 설립되는 등 교육열을 고조시켰다. 300여 명에 달하는 야학생은 이를 통하여 교육 수혜를 널리 받을 수 있었다.

윌리암은 1906년 6월 한국에 입국한 직후 공주에 부임하였다. 그는 선교활동에 전념하는 한편 교육사업에 적극적이었다. 永明男學堂 개교는 이러한 활동 중 하나였다. 이어 강경·논산·홍성·서산 등지에도 학교를 설립하는 등 이 일대 교육운동을 주도한 중심인물이었다. 1940년 강제 추방될 때까지 의료사업을 전개하는 등 그는 위생관념을 널리 확산시켰다.[80]

75) 『황성신문』 1906년 5월 10일 잡보, 「違反敎育」 : 『大韓每日申報』 1906년 10월 10일 잡보, 「資勒徵의 裁判」.
76) 牧山耕藏, 1910, 『朝鮮紳士名鑑』, 97쪽.
77) 牧山耕藏, 1910, 『朝鮮紳士名鑑』, 234쪽.
78) 牧山耕藏, 1910, 『朝鮮紳士名鑑』, 234쪽.
79) 대한협회, 『대한협회회보』 1, 58쪽과 『대한협회회보』 2, 70쪽.
80) 영명90년사편찬위원회, 1997, 『永明九十年史』, 영명중·고등학교, 97~104쪽.

申鉉九는 임시면화재배소 기수로 관계에 진출한 후 옥천군수로 승진되었다.[81] 그는 농사개량과 민지계발을 위한 노동야학을 설립·후원하였다. 특히 해외유학생의 재정적인 지원을 위한 留業所는 그와 13인의 동지들이 조직한 단체이다.[82]

黃尙奎는 集成學校를 졸업한 후 교육운동에 종사하였다. 그는 마산의 昌新學校와 밀양의 高明學校를 설립하는데 주도적인 인물이었다.[83] 관리 제씨들과 밀양 읍내에 노동야학을 설립한 후 체육교사로서 활약하였다.

玉麒煥·具聖傳 등은 지방자치제의 일환으로 마산민의소를 조직하였다. 일제의 경제적인 침략에 맞서, 이들은 상민조합을 설립하는 등 상권수호운동에 노력을 기울였다.[84] 이와 더불어 민의소의 부대사업으로 노동야학을 운영하는 등 이 지역 계몽운동을 주도하기에 이르렀다. 그러나 1911년 矯風會 조직과 동시에 이들은 점차 식민체제 내로 동화·흡수되는 양상이었다.[85]

이윤재는 김해군 합입학교 교사로 재직 중 야학교사로서 명성을 얻었다. 그는 각 동리에 농무회가 설립되자, 명예교사로 자원하는 등 김해지역 야학운동의 중심적인 인물로 부각되었다. 그는 이후 인근 동래군과 마산 등지에 재직하는 동안에도 야학운동에 노력을 아끼지 않았다.[86]

---

81) 국사편찬위원회, 1972,『대한제국관원이력서』, 749쪽 : 牧山耕藏, 1910,『조선신사명감』, 231쪽.
82)『大韓每日申報』1909년 10월 27일 학계「申氏熱誠」.
83) 韓相禱, 1992,「1920년대 의열단 노선재정비 과정」『獨立運動史의 諸問題』, 범우사, 166쪽.
84) 김형윤, 1973,『馬山野話』, 태화출판사.
85) 이귀원, 1996,「1920년대 전반기 마산지역의 민족해방운동」『지역과 역사』1, 부산경남역사연구소, 9~14쪽.
86)『대한매일신보』1910년 8월 7일 긔셔「ᄌ유된 대한민일신보를 축하ᄒ노라, 동릭군 리윤직」:『大韓每日申報』1910년 8월 7일 긔셔「自由의

玄擎(炅)運은 1895년 대구부 주사로 관계에 나아갔다. 1899년에 대구전보사 주사로 임명된 이래 대구전보사장 등을 역임하는 등 계속 이 방면에 재직하였다.[87] 그는 청년들의 지식계발로 노동의 중요성을 일깨우려고 야학을 설립하였다.

慶南日報社의 일어야학에서 한문을 교수한 장지연은 1897년 관계에 진출한 이래 개화사상가로 활동하기 시작하였다. 이듬해 관직을 사임한 그는 『황성신문』 창간에 관계하는 한편 南宮檍・李承晚 등과 萬民共同會의 총무위원으로 활약하였다. 그는 1899년 時事叢報社와 황성신문사의 주필을 맡는 등 언론인으로서 두각을 나타내었다. 이른바 을사보호조약의 부당성을 폭로한 「是日也放聲大哭」으로 옥고를 치룬 그는 이후 大韓自强會・大韓協會 설립과 운영을 주도하였다. 또한 徽文義塾 휘문관 편집원과 平壤日新學校 교장에 임명됨을 계기로 『高等小學讀本』・『中等修身敎科書』・『東國歷史』・『大韓新地志』 등을 편찬하였다. 그는 1908년 2월 러시아로 망명하여 『海朝新聞』의 주필로서 활동하다가 이후 중국 관내를 두루 유람하였다.[88] 8월에 귀국한 그는 이듬해 진주의 大韓協會 연설대회에 참석함을 계기로 『경남일보』의 주필로 초빙되었고, 사내에 설립된 일어야학회 교사로서 활동하였다.[89] 그런데 장지연의 논리 역시 적극적인 저항보다는 체제 순응적인 경향성이 있었다. 이는 곧 식민지 상황에서 일어야학을 별다른 꺼리낌없이 시행할 수 있는 요인이었다.[90] 그의 아들 張在軾도 1908년 서울에

大韓每日申報를 祝賀ᄒ노라, 東萊府 沙下面 私立養正學校敎師 李允宰」.

[87] 국사편찬위원회, 1972, 『대한제국관원이력서』, 614쪽 : 牧山耕藏, 1910, 『조선신사명감』, 164쪽.

[88] 千寬宇 외, 1993, 「張志淵 年譜」『韋庵 張志淵의 思想과 活動』, 민음사, 621~630쪽.

[89] 崔起榮, 1991, 『大韓帝國時期 新聞研究』, 일조각, 161~164쪽.

일어야학교를 설립하는 등 일어보급에 노력하였다.

최동섭은 진주경찰서 警部로서『경남일보』에 법률에 관한 사항을 연재하였다. 그는 법률적인 지식을 바탕으로 법률학을 교수한 것으로 생각된다. 그런데 그의 주된 논조는 實定法을 준수하여 불이익을 받지 않도록 민중을 계몽하는 데 주안점을 두었다. 즉 법령에 저촉된 사실은 바로 법령을 제대로 숙지하지 못한 본인의 잘못인 점을 지적하였다.[91] 그런 만큼 모순된 법령을 개정하거나 개혁하려는 의도는 전혀 반영되지 않는 채 식민지체제를 그대로 인정하자는 논리였다. 일본어를 담당한 김명현의 행적은 거의 알려져 있지 않다. 다만 부산의 대한매일신보지사의 운영에 관여한 사실로 보아 지방에서 활동한 언론인으로 볼 수 있다.[92]

姜渭秀는 평남관찰부 주사, 중추원 의원을 역임하였다. 그는 우리나라 최초의 지방지인『경남일보』발기인과 감사역으로 운영비 조달에 노력을 기울였다. 그는 공립보통학교·私立鳳陽學校에 대한 의연금은 물론 동교 내에 국어강습회 설립·유지에도 앞장섰다. 자기집에 桑園을 설치하고 교사를 고빙하여 인근의 여자들에게 잠업을 가르쳐 농가부업에 크게 이바지하였다. 그는 면장에 재직하면서 청년자제들의 교육을 위한 지원에 많은 노력을 아끼지 않았다.[93]

---

90) 李康沃, 1990,「張志淵의 의식변화와 서사문학의 전개(上)─『익국부인전』·『녀즈독본』·『逸士遺事』─」『한국학보』60, 일지사, 223~230쪽.

91)『경남일보』1909년 11월 17일「法令의 注意홈」과 1910년 2월 2일「人民에게 法令公布홈을 注意홈」.

92)『大韓每日申報』1906년 5월 22일 광고「在桑港遭難同胞救助金」.

93)『매일신보』1913년 3월 1일「朝鮮人物觀(無順), 處事正直ᄒ고 公益心이 富훈 姜渭秀氏」.

제3절 북부지방

金九는 일찍부터 근대교육 보급에 노력을 아끼지 않았다. 심지어 죄수들조차도 주야로 향학열을 불태웠다.[94] 인천감옥소에 수감 중인 김창수·양봉구는 죄인들에게 근대적인 학문에 근면하라고 권유하였다. 김창수는 바로 대한민국임시정부 주석인 백범 金九이다. 海西敎育總會 학무총감을 비롯한 楊山學校 운영 등 그의 교육구국운동은 이때 이미 배태되고 있었다.[95] 죄수들은 두 사람의 영향을 받아 학문에 매진하는 등 모범을 보였다. 이리하여 감옥을 '인천감리서학교'라고 할 정도로 세인의 관심을 받았다. 그는 1905년 金鴻亮이 안악에 설립한 양산학교(양산소학교와 양산중학교 2개 과정) 내의 야학과 교사였다.[96] 동학농민운동과 의병운동을 주도하다가 실패한 그는 장연 鳳陽學校와 은률 廣進學校에 근무하였다. 1907년 이후 그는 양산학교의 운영 책임자로서 면학회의 하기강습회를 이 학교에서 개최하는 등 청소년에게 민족의식을 고취시켰다. 백범의 활동으로 안악·재령 일대에 교육열은 고조되었고, 그는 기독학교 최명식과 함께 양산소학교 내에 야학과를 설립하는 한편 교사로 활약하였다.

全鳳薰은 해주경찰서 總巡·警部와 배천군수·신천군수 등을

---

94) 『독립신문』 1898년 2월 15일 외방통신.
95) 김형목, 2004, 「대한제국기 인천지역 근대교육운동 주체와 성격」, 81쪽.
96) 『대한매일신보』 1908년 7월 5일 잡보 「열심교슈」.
　　 "안악군 양산학교 안에 야학과를 설립ᄒ고 나무ᄒ는 ᄋ희 오십여명을 모집ᄒ야 교수에 김구씨와 긔독학교 교수에 최명식씨가 열심으로 ᄀᄅ 친다더라"

역임한 전형적인 관료였다.[97] 그는 관리로서 재직하는 가운데 1903년 해주에 正內學校를 설립하였다.[98] 서북학회와 면학회 회원인 그는 해주 齊民學校를 설립·후원하는 한편 목동자립학교에 대한 지원도 아끼지 않았다.[99] 특히 배천군수 재직시는 면마다 사립학교를 설립하는 동시에 각 동리마다 야학을 설치하는 등 근대교육의 보급에 노력하였다.[100] 각 면마다 설립한 사립학교는 의무교육의 일환이었다. 유지들과 함께 세운 사립학교는 50여 개교에 달하였다.[101] 근대교육의 확산을 위한 학우회 조직에도 지원을 아끼지 않았다. 또한 신문잡지종람소를 설치하여 시세 변화에 대한 중요성을 군민들에게 일깨웠다. 특히 군내 연합운동회 개최는 주민들의 화합을 도모하는 현장이었다.[102] 21개교 재학생 900여 명과 주민 4,000여 명이 운집하였다. 운동회 직후 읍내 東明學校에서 거행된 연설회에 1,500여 명이나 참석하는 성황을 이루었다.[103] 그의

---

97) 牧山耕藏, 1910, 『朝鮮紳士名鑑』, 239~240쪽 : 『대한매일신보』 1907년 11월 5일 「海州總巡 全鳳薰氏가 十三道宣諭使의게 警告ᄒ여曰」.

98) 김구, 1947, 『백범일지』, 백범김구선생기념사업협회, 186~187쪽.

99) 『황성신문』 1908년 5월 7일 잡보 「齊民續聞」과 11월 25일 잡보 「可謂齊民」 : 『만세보』 1907년 6월 27일 잡보 「樵牧夜學」.

100) 서북학회, 「會事記要」 『서북학회월보』 1-14, 55쪽 : 『황성신문』 1908년 5월 7일 잡보 「齊校續聞」, 1908년 7월 1일 잡보 「齊民勇進」과 12월 15일 잡보 「夜學又興」 : 『대한매일신보』 1909년 1월 28일 잡보 「빅천군슈의 조션」 : 『大韓每日申報』 1908년 2월 29일 잡보 「五氏設校」.

101) 『황성신문』 1908년 11월 21일 잡보 「義務實施」, 1909년 3월 4일 잡보 「白倅興學」, 3월 5일 잡보 「白川鮮明」, 1910년 5월 4일 잡보 「普校盛況」, 6월 4일 잡보 「白川近信」, 6월 12일 잡보 「白川의 「師範講習」 : 『大韓每日申報』 1909년 9월 19일 학계 「白倅優績」, 1910년 2월 2일 학계 「白倅勸諭」 : 『대한매일신보』 1909년 3월 2일 잡보 「빅천군슈권학」, 1910년 1월 30일 학계 「빅천군슈효유」.

102) 『황성신문』 1909년 11월 6일 잡보 「白校運動會寄附」.

103) 『대한매일신보』 1910년 5월 22일 학계 「白川運動盛況」.

노력으로 배천군은 물론 인근 연안군에도 교육열이 고조되기에 이르렀다. 서우학회 창립시 그는 박은식·주시경 등과 교무원으로 활약하였다.[104] 1909년 8월에 인가된 서북학회 배천군지회도 그의 활동에 의해 가능하였다.[105] 그의 부인 李龍祥은 부인회를 조직하는 한편 여성교육 보급에 앞장섰다.[106] 1921년 해주에서 여자야학을 설립·운영할 정도로 여성교육에 노력을 기울였다.

주시경은 攻玉學校 내에 朝鮮語講習院을 운영하는 한편 1908년에는 夏期國語講習所와 야학강습소를 통해 한글 보급에 심혈을 기울였다.[107] 특히 사립학교와 야학교 교사 양성을 위한 재령강습소의 강습회에 교사로 자원하였다. 이러한 노력은 국문야학을 널리 발흥시키는 데 크게 이바지하는 계기였다.[108] 주시경은 서우학회와 서북학회 학무원 등 주요 임원을 두루 역임하였다.[109] 이러한 경험은 방학을 이용한 국어강습소를 운영하는 계기였다.

목동자립학교를 설립한 조광표·유몽택·李容弼 등은 모두 서

---

104) 서우학회, 「會員名簿」『서우』, 48쪽.
105) 서북학회, 「會事記要」『서북학회월보』1-16, 66쪽 : 「公函 白川郡守 全鳳薰氏」『서북학회월보』1-17, 55쪽.
106) 『大韓每日申報』1910년 5월 25일 학계「婦亦熱心」: 『대한매일신보』 1910년 5월 25일 학계「부인열심」: 『황성신문』1910년 4월 22일 잡보「崔夫人施賞」과「婦人愛校」, 5월 10일 잡보「婦亦熱心」.
107) 외솔회, 1971, 『나라사랑(한힌샘 주시경선생 특집호)』4, 외솔회 : 허웅, 1971, 「周時經 先生의 學問」『東方學志』12, 연세대 동방학연구소 : 독립운동사편찬위원회, 1971, 『독립운동사』8, 독립유공자사업기금운용위원회, 239~240쪽 : 李基文, 1970, 『開化期의 國文硏究』, 일조각 : 金敏洙, 1971, 「周時經의 初期硏究」『亞細亞硏究』44, 고려대 아세아문제연구소 : 愼鏞廈, 1977, 「周時經의 愛國啓蒙思想」『한국사회학연구』1, 한국사회학연구회.
108) 『大韓每日申報』1910년 5월 25일 학계「寧郡講習準備」: 『대한매일신보』1910년 5월 25일 학계「하긔강습」.
109) 서우학회, 「회록, 會員名簿」『西友』1, 49쪽.

북학회 회원이었다. 재령군수 이용필은 교육운동을 적극적으로 지원한 지방관이었다. 군내 사립학교연합운동회를 관람하던 초동목수들이 10명씩 대오를 정비하여 운동가를 부르는 등 기상을 드높였다. 이에 유지들이 야학을 설립하여 이들을 교육하자, 사령청을 교사로 빌려주는 한편 제반 운영비를 지원하는 등 야학교의 재정적인 기반을 확충하게 하였다.[110] 黃履淵은 1895년 평안남도관찰사 주사에 관계에 진출하였다. 1906년 황해도재판소 주사로 재직하면서 관내 근대교육 보급에 노력을 기울였다.[111] 이러한 일환이 전봉훈 등과 주야학인 제민학교 설립으로 이어졌다.

　盧伯麟은 1898년 일본육군사관학교를 졸업한 후 軍門에 재직하여 정3品까지 승진한 유능한 군인이었다.[112] 군대해산 이후 普成學校의 교사로 재직하였으며, 송화군에 光武學堂을 설립하는 등 황해도 일대의 교육운동을 크게 발흥시켰다.[113] 또한 자신의 고향인 풍천에서 노동야학을 설립하여 노동자에게 긴급히 깨우쳐야할 사항을 교수하였다. 이는 노동자에 대한 무한한 애정과 신뢰감에서 비롯되었다.[114] 여학교 설립도 병행하는 등 여성교육에 남다른 관심을 보였다. 그 역시 해서교육총회와 서북학회 회원으로서 활발한 활동을 벌였다.

　장연공립보통학교 내에 노동야학을 설립한 張義澤은 은률에 鳳

---

110) 『만세보』 1907년 6월 27일 잡보 「樵牧夜學」.
111) 국사편찬위원회, 1972, 『대한제국관원이력서』, 379쪽.
112) 국사편찬위원회, 1972, 『대한제국관원이력서』, 455쪽과 592쪽.
113) 김구, 1947, 『백범일지』, 192～194쪽 : 독립운동사편찬위원회, 1976,
　　『독립운동사』 8, 271·315·327쪽 : 洪允靜, 1998, 「盧伯麟의 抗日獨立
　　運動硏究」 『한국민족운동사연구』 18, 한국민족운동사연구회, 134쪽 :
　　李炫熙, 2000, 『桂園 盧伯麟將軍 硏究』, 신지서원, 55～56쪽.
114) 『대한민보』 1909년 8월 27일 학계기문 「盧氏興學」 : 김형목, 2001, 「한
　　말 해서지방 야학운동의 실태와 운영주체」, 247～248쪽.

陽學院을 설립한 교육가였다.[115] 그는 하기방학을 이용한 소학교 교원들의 하기강습소를 설립하는 등 이 지역 교육운동을 주도한 인물이었다.[116] 崔在學 등과 서우학회와 서북학회 회원으로 활동하였다.[117]

노동야학 교사인 백남훈·이응호·장원용·이기종·임국승·허련 등도 서북학회 지회원이자 면학회 회원이었다.[118] 장연노동학교를 설립한 임원석은 군주사·재무주사 등에 재직한 관리이자 서북학회 지회원이었다. 안악의 목동야학교 교사인 장형재·김희문·임성하·한정교 등도 서산동청년친목회 임원으로서 서북학회와 해서교육총회 임원이었다.[119] 은율의 배영야학교를 후원한 홍진삼은 서점을 운영하는 실업가였다. 그 역시 서북학회 지회원으로서 각종 교육기관에 무료로 교재를 지원하였다. 보창학교 지교부설 노동야학교의 金性初·安承旭 등도 지회원이었다.

벽동군수로 야학을 설립한 張鎭奭은 사숙에서 수학하였다. 그는 영변부 서기를 시작으로 평북관찰부 서기와 주사를 거치는 동안 회계·법규 등에 관한 강습 등을 받았다.[120] 또 운산군수 등을 역임하는 등 전형적인 관료였다. 장진석도 역시 서북학회의 회원이었다.[121]

金正洪은 좌율면장으로 자기집에 사립야학교를 설립하였다. 그

---

115) 독립운동사편찬위원회, 1970, 『독립운동사』 8, 271쪽.
116) 『대한매일신보』 1908년 7월 15일 잡보 「쟝씨교육」 : 『大韓每日申報』 1908년 7월 15일 잡보 「張氏熱心」.
117) 서우학회, 「會報, 新入會員氏名」 『西友』 3, 42쪽.
118) 김구, 1947, 『백범일지』, 173쪽.
119) 김구, 1947, 『백범일지』, 190~191쪽.
120) 牧山耕藏, 1910, 『조선신사명감』, 99쪽 : 국사편찬위원회, 1972, 『대한제국관원이력서』, 260쪽.
121) 서북학회, 「會員消息」 『서북학회월보』 1-8권, 서북학회, 46쪽 : 『황성신문』 1910년 5월 21일 잡보 「今之文翁」.

는 羅秉熙·崔濟弘·李東植·金振弼 등과 昌明學校(普明學校로 개칭 : 필자주)를 세웠다. 여자교육의 시급함을 개탄한 후 이들은 의연금을 모집하여 보명여학교도 설립하였다. 이어 여교사 吳仁聖을 교사로 연빙하는 만전을 기하였다.122) 그의 열성적인 활동은 남녀 60여 명과 야학도 10여 명의 출석으로 나타났다. 그는 해서교육총회와 서북학회 재령지회 평의원이었다.123) '한일합병' 이후 그는 계속 면장직을 수행하면서 이재민에 대한 은사금을 갈취하여 구설수에 올랐다.124) 다만 이러한 행위가 일제에 대한 저항의식의 발로인 지는 알 수 없다.

증남포 영어야학을 설립한 吳日煥은 관립한성영어학교, 量地衙門 측량견습생, 진남포 保東學校 일어과 등지에서 수학하였다. 그는 1899년 양지아문 기사로 임명된 이래 흥화학교 영어야학과 교사, 地契衙門 附屬 관리, 인천해관 서기, 진남포해관 서기 등을 역임한 관료 출신으로 천주교 신자였다.125) 경력에서 나타나듯이, 그는 영어를 중시하는 곳에서 근무하였다. 즉 양지아문과 지계아문은 물론 해관이나 흥화학교의 교사도 모두 영어와 관련된 업무가 많았다. 이러한 배경은 그로 하여금 야학을 통한 영어교육을 실행하는 계기였다. 증남포 영어야학의 후원자인 안중근은 삼흥학교·돈의학교 등의 야학운동에 적극적인 입장이었다.126)

---

122)『황성신문』1909년 3월 23일 잡보「教育과 農業」, 4월 10일 잡보「普明興旺」, 4월 13일 학계「四氏熱心」:『대한매일신보』1909년 4월 8일 잡보「봉명학교흥왕」.

123) 서북학회,「會計員報告」『서북학회월보』1-3, 49쪽 :「載寧郡支會任員改選氏名」『서북학회월보』, 63쪽 : 김구, 1947,『백범일지』, 192~193쪽.

124)『매일신보』1912년 1월 28일「各地片言一括, 毁言日至」.

125) 국사편찬위원회, 1972,『대한제국관원이력서』, 911~912쪽 : 국사편찬위원회, 1968,『韓國獨立運動史(資料)』7, 정음사, 201쪽과 293쪽.

창해야학교의 설립자이자 교사인 崔聖澤은 1899년 증산군교원
을 비롯하여 삼화항, 평남관찰부 교원과 평북관찰부 공립소학교
교원 등을 두루 역임한 교육자였다.[127] 숙천군 吹里面 葛山洞에서
農會를 조직한 金鎭初는 사학을 설립하는 한편 국문야학교를 설
립하였다. 그는 일찍이 해외 유학에서 농학을 공부한 후 귀국하여
농민운동에 종사한 인물이다.[128] 서북학회 회원으로서 서북학회가
운영하던 農林講習所에서 활동한 그는 농가의 소득증대를 위한
果樹園 창설과 회원소유지에 대한 식목 등을 주장하였다.[129] 申秉
均은 영유군참사로 농업개량과 교육발전에 노력을 기울였다. 그는

---

126) 안중근은 비교적 빨리 근대교육을 접할 수 있는 분위기에서 자랐다.
  부친 安泰勳은 관직생활을 통해 일찍부터 약육강식이 지배한 국제정
  세를 이해할 수 있었다. 이리하여 그는 부국강병을 위한 방편으로 천
  주교에 입교하였고, 그의 가족들도 예외는 아니었다. 이러한 영향으
  로 안중근은 근대교육의 중요성을 인식하는 한편 형제들과 함께 사립
  三興學校(전신은 三高英學校 : 필자주)와 敦義學校를 설립·인수하
  는 등 근대교육의 시행에 노력하였다[『大韓每日申報』1907년 5월 31
  일 잡보「賣土寄校」: 국사편찬위원회, 1968,『한국독립운동사(자료)』
  7, 201~205쪽과 292~294쪽]. 영어야학에 대한 그의 아낌없는 지원은
  바로 그러한 산물의 하나이다. 그의 교육활동과 국채보상운동을 포함
  한 자강운동에 대한 실체도 앞으로 밝혀야 할 과제이다. 이는 자강론
  자에서 의열투쟁가로 전환하는 배경을 찾아볼 수 있다는 점에서 한국
  독립운동사상 중요한 의미를 지니기 때문이다.
127)『대한매일신보』1908년 9월 5일 잡보「창희학교」:『大韓每日申報』
  1908년 9월 12일 잡보「光明教師의 光明」: 국사편찬위원회, 1972,
  『대한제국관원이력서』, 679쪽.
128) 서북학회,「논설; 肅川郡 葛山洞農會 設立에 對ᄒᆞ야 百拜祝賀홈」
  『서북학회월보』1-5권, 1~2쪽 :「교육부, 祝十一學士, 東京遊客 金源
  極」, 4~8쪽 :「會計員報告」『서북학회월보』1-4권, 38쪽 :『황성신
  문』1908년 9월 8일 잡보「農會事業」: 박은식전서편찬위원회, 1978,
  『朴殷植全書』下, 단국대출판부, 34쪽 : 李基俊, 1985,『韓末西歐經濟
  學導入史研究』, 일조각, 제17장 참조.
129) 金鎭初,「果樹園을 創設홈」『서북학회월보』1-14권, 43~46쪽.

청년들의 교육을 위해 야학을 설립·운영하기에 이르렀다. 이러한 그의 노력은 시찰단원으로 일본을 방문하는 등 모범적인 공무원으로 칭송되었다.[130]

만우야학교(일명 만우청년야학회 : 필자주) 교사 朴東元은 1898년 관립일어학교와 1900년 무관학교 등에서 수학한 후 1902년 육군 참위로 임명되었다. 이듬해 시위대에서 견습을 마치고 러일전쟁 직후인 1904년 4월 일본군대 접대위원으로 피선된 후 진남포 등지에서 근무하였다.[131] 설립자인 李箕容도 서북학회 의주지회 회원으로서 교육운동에 노력을 기울였다.[132]

신흥야학교 설립자 白舜欽은 사숙인 鳳鳴齋에서 수학하는 등 근대교육은 거의 받지 않았다. 그는 1901년 강서군 임시우편주사를 거쳐 잠시 휴직하였다가 1906년부터 강서군주사로 재직하면서 근대교육의 보급에 앞장선 인물이다.[133] 그도 역시 서우학회의 회원이자 서북학회 강서군지회원으로서 활동하였다.[134] 아울러 근대교육 보급을 위한 방안도 학회지에 투고하는 등 교육운동가로서 명성을 얻었다.[135]

---

130) 『매일신보』 1913년 2월 27일 「朝鮮人物觀(無順), 雍容寬厚ᄒ고 慧達 明敏호 永柔郡參事 申秉均氏」.

131) 『황성신문』 1907년 9월 2일 잡보 「灣友夜學會趣旨書」 : 『大韓每日申 報』 1907년 8월 24일 잡보 「義州府灣友夜學會趣旨書」, 1908년 1월 19일 잡보 「夜學將就」 : 국사편찬위원회, 1972, 『대한제국관원이력 서』, 217쪽.

132) 서북학회, 「會事記要」 『서북학회월보』 1-11권, 53쪽.

133) 국사편찬위원회, 1972, 『대한제국관원이력서』, 438쪽.

134) 서우학회, 「會報, 新入會員氏名」 『서우』 3, 42쪽 : 「會計員報告」 『서북 학회월보』 1-6권, 29쪽 : 「會事記要」 『서북학회월보』 1-11권, 53쪽 : 『황성신문』 1907년 11월 30일 잡보 「又一賀事」 : 『大韓每日申報』 1907년 12월 13일 잡보 「新興夜學」, 1908년 3월 21일 잡보 「新校日新」.

135) 서우학회, 「會報, 先入의 僻見을 主ᄒ는 人은 眞理를 觀키 不能홈 ; 寄函, 江西會員 白舜欽」 『서우』 3, 44~45쪽.

영변상업야학교 설립발기인 池思榮은 서북학회 영변지회 설립
을 주도하였다. 특히 발기인 중 金元彬·鄭德昇·池熙文 등은 영
변지회 회계원·평의원 등으로 활동하는 등 영변지역 교육운동을
주도한 인물이었다.[136] 곽산군 好岳里에서 李寅芳·金基源 등과
개진학교 내에 開進夜學校를 설립한 李根宅은 사숙 月嚴齋에서
수학하는 등 전통교육을 받았다. 이후 그는 崇仁殿 참봉을 지낸 전
직 관리였다.[137]

의주야학을 설립한 崔秉斗는 한학을 수학한 후 황해도 순검을
시작으로 일어통역겸장, 감독순사 등 주로 치안 관련 업무에 종사
하였다. 그는 신의주에 부임한 후 순사와 상업종사자를 위한 실무
교육 일환으로 야학을 설립하는 등 근대교육에 노력을 아끼지 않
았다.[138]

朴箕陽은 四崇齋에서 전통교육을 받은 후 1897년 평안남도관찰
부주사로 관직생활을 시작하였다. 1904년 법부 보고문서를 잘못하
여 견책을 받는 등 그의 관직생활은 순탄하지만 않았다.[139] 하지만
그는 1907년 7월 성천군수로 임명되는 등 지방관으로 발탁되었고,
이어 영유군수로 부임하면서 자강운동 일환으로 사립학교 지원과
야학에 대한 실천을 병행하였다.[140]

---

136) 서북학회,「회사요록」『서북학회월보』1-1권, 41쪽 :「회사기요」『서
    북학회월보』1-9권, 59쪽 :「회사기요」『서북학회월보』1-12권, 52~
    53쪽.
137) 국사편찬위원회, 1972, 『대한제국관원이력서』, 512쪽 : 『황성신문』
    1908년 7월 14일 잡보「晝夜熱心」.
138) 『황성신문』 1910년 5월 12일 잡보「警官熱心」: 국사편찬위원회,
    1972, 『대한제국관원이력서』, 512쪽.
139) 牧山耕藏, 1910, 『조선신사명감』, 51~52쪽 : 大村友之丞, 1910, 『조선
    귀족열전』, 174~177쪽 : 국사편찬위원회, 1972, 『대한제국관원이력
    서』, 222쪽.
140) 『大韓每日申報』 1908년 9월 1일 잡보「永柔日進」: 『대한매일신보』

時興學校 교사로서 야학교 명예교사로 활동한 張龜洙도 서북학회 지회원이었다.[141] 시흥학교는 서북학회 지교로 설립인가되었다. 야학교사인 姜燦弘도 역시 지회원임을 짐작할 수 있다. 용강군수로 보신학교 내에 야학교를 설립한 田德龍도 서북학회의 회원으로 교육운동에 노력하였다. 그는 농가의 소득증대를 위한 개량된 뽕나무와 유실수 보급에 남다른 노력을 기울였다.[142]

이상에서 야학의 설립·주체는 근대교육을 수학한 인물은 물론 전통교육을 받은 경우도 적지 않았다. 지방관리는 오히려 후자의 경우에 속하는 인물이 많았다. 이들이 사립학교나 야학을 통한 근대교육에 노력을 기울인 것은 바로 시세 변화를 인식하였기 때문이다.[143] 곧 사립학교설립운동이나 야학운동을 교육운동의 일환으로 이해한 점이다. 나아가 守令七事의 하나인 興學校를 자신들의 책무로서 인식하였다.[144] 사립학교 명칭으로 義務學校가 널리 사용된 사실은 이러한 당시 분위기를 반증하는 부분이다. 아울러 서북지방 자강론자들의 정치적인 지향은 이러한 활동과 무관하지 않았다.[145]

군수·보통학교장·경찰·면장 등은 주로 식민지체제에 순응하는 경향이 강한 인물이었다. 군청과 공립보통학교 등은 1910년

1908년 8월 26일 잡보 「영유군의 교육확장」.

141) 서북학회, 「會事記要」『서북학회월보』1-2권, 40·42쪽 : 「회사기요」 『서북학회월보』1-3권, 41쪽 : 「회사기요」『서북학회월보』1-7권, 36~ 37쪽.

142) 『대한매일신보』1910년 7월 16일 잡보 「룡강군슈 선치」 : 서북학회, 「會員消息」『서북학회월보』1-9권, 55쪽.

143) 李光麟, 1990,「舊韓末 關西地方 儒學者의 思想的 轉回」『李丙燾九旬紀念 韓國史學論叢』, 일조각.

144)『大韓每日申報』1906년 8월 16일 잡보 「平察公報」.

145) 朴讚勝, 1990,「韓末 自强運動論의 각 계열과 그 성격」『한국사연구』68, 한국사연구회.

대 국어강습회 설립·운영을 주도하는 상황이었다. 그런 만큼 하급관리들은 적극적으로 이를 지원하거나 추진하지 않을 수 없었다. 야학을 통한 일본어 보급이 시정행정의 긴급한 현안인 이상 방관적인 태도는 사실상 불가능하였다. 또한 유지들도 일제의 야학에 대한 보조금이나 장려금 등을 제공하는 가운데 스스로 식민체제에 편입되었다.[146)

제4절 근대교육사상 위치

야학은 1890년대 후반 근대교육의 확산과 함께 시작되었다. 각 사립학교 부설의 야학과나 사립야학교 운영이 바로 그것이다. 이에 박은식은 민중교육의 현실적인 대안으로써 學區에 의한 의무교육과 야학 시행을 제시하였다. 이러한 제안도 외세의 경제침탈에 따른 민중경제 몰락으로 교육은 부차적인 문제로 인식될 수밖에 없었다. 그런데 「을사5조약」 이후 근대교육운동 확산은 야학을 발흥시키는 계기였다.

특히 義兵戰爭의 전면적인 확산, 植民地化에 대한 위기의식의 고조, 민중층 성장에 따른 교육열 상승은 야학운동을 활성화시키는 기반이었다. 민중 교육열 고조로 한글은 자강론자들의 관심사이자 주요한 연구 과제였다. 이들은 한글판 신문은 물론『교육월보』·『가정잡지』등을 간행·보급시키는 데 노력을 기울였다. 또한 자

---

146)『매일신보』1917년 1월 23일「安城에서 國語의 普及」과 1918년 3월 31일「馬山 夜學會에 補助金」.

강론자들의 민중에 대한 인식도 단순한 教化 대상에서 점차 사회적인 존재로서 인식하게 되었다.[147]

야학 설립과 운영자인 관리·유지·교사들은 노동자·부녀자 등과 이들 자제를 위한 노동·농민·국문야학교를 각지에 설립하였다. 각종 노동회·농무회·민회 등도 야학 설립을 주도하는 상황이었다. 일부 학생들은 방학을 이용하여 야학을 운영하는 등 전국적인 확산에 이바지하였다.[148] 또 민중 스스로도 자금을 모금하여 야학을 설립하거나 학교·학회 등에 야학 설립을 청원하기에 이르렀다. 이는 민중이 지난한 질곡에서 벗어나 점차 사회적인 존재로서 성장하는 실상을 반증한다.

심지어 북간도·해삼위·하와이 동포사회에서 야학이 시행되었다.[149] 즉 국외 동포들도 새로운 변화에 부응하려는 모습을 보여준다. 이처럼 야학은 시작과 동시에 민중의 전폭적인 참여 속에서 발전을 거듭하는 등 바야흐로 교육구국운동의 한 영역인 야학운동으로 전개되었다. 야학운동은 이처럼 국권회복을 위한 일환인 점에서 중요한 의미를 지닌다.[150]

김구는 양산학교 운영 책임자로서 면학회의 하기강습소를 개최

---

147) 김종진, 2004, 「개화기 이후 독본 교과서에 나타난 노동 담론의 변모 양상」, 『한국어문학연구』 42, 한국어문학연구회, 60~612쪽.
148) 『대한매일신보』 1908년 10월 9일 잡보 「강씨열심」 : 『황성신문』 1909년 3월 5일 잡보 「學生奬學」.
149) 『대한매일신보』 1908년 3월 4일 잡보 「기씨열심」, 1910년 3월 24일 학계 「간도야학교」 : 『황성신문』 1907년 3월 13일 잡보 「安氏演說」 : 『경향신문』 1909년 11월 19일 외국보 「부인야학교」.
150) 염인호, 1993, 『김원봉연구』, 창작과비평사, 13쪽.
   黃尙奎가 밀양 읍내에 설립·운영한 노동야학은 이러한 분위기 이해에 시사하는 바가 크다. 또한 이동휘가 보창학교 지교 부설로 설립한 야학도 이러한 범주에서 볼 수 있다. 그러나 대다수는 실력양성론 경도된 경향성을 보여준다.

하는 등 청소년에게 민족의식을 고취시켰다. 당시 김구가 「한인이 배일하는 이유가 무엇인고」라는 제목으로 연설한 내용을 보면,

> 과거 일청, 일아 두 전쟁 때에는 우리는 일본에 대하여 신뢰하는 감정이 극히 두터웠다. 그 후에 일본이 강제로 우리 나라 주권을 상하는 조약을 맺음으로 우리의 악감정이 격발되었다. 또 일병이 촌락으로 횡행하며 남의 집에를 막 들어가고 닭이나 달걀을 막 빼앗아서 약탈의 행동을 하므로 우리는 배일을 하게 된 것이니 이것은 일본의 잘못이요 한인의 책임이 아니다.[151]

야학을 매개로 시행된 강연회·강습회는 단순한 지식보급에 그치지 않고 있다. 곧 민족의식과 국가의식 등이 청소년에게 널리 인식되는 공간이었다.

특히 일제의 침략과 친일세력의 발호 속에서 우리의 글인 한글만을 교육한 국문야학은 중요한 의미를 지닌다. 국가의식과 민족의식은 이를 통하여 배양되는 외세에 대한 저항심을 북돋우기 때문이다. 문맹퇴치를 통한 민중들의 새로운 민중문화 창출 공간으로서 활용된 점에서 더욱 그러하다.

한말 서울지역과 1910년대 국어강습회처럼, 일본어를 중시하는 야학은 많은 문제점을 지닌다. 이는 야학운동 운영주체의 현실인식을 반영한 점에서 더욱 그렇다. 즉 일제에 적극적인 항일의지는 고사하고 오히려 일제의 침략에 편승·동화되는 양상이었다. 학부도 관리들을 대상으로 일어강습회를 설립·운영하는 등 식민교육 체제 내로 포섭되고 있었다.[152] 야학을 통한 일본어 보급은 당시

---

151) 김구, 1947, 『백범일지』, 188~189쪽.
152) 『대한매일신보』 1907년 11월 19일 잡보 「일어강습」, 1908년 3월 14일 잡보 「강습소근친회」 : 『大韓每日申報』 1907년 11월 19일 잡보 「高官亦習」.

비난 대상 중 하나였다.

> 남북촌에 완고로인들이 기화홀 목뎍으로 서로 모혀서 일어를 학습
> ᄒᆞ는뒤 리웃사룸들의 귀가 압흐다ᄒᆞ니 빅발로인이 녯꿈을 늣게ᄭᅵ여
> 기명세계로 나아가고져ᄒᆞ나 일어만 ᄒᆞ면 ᄉᆞ통질이야.153)

노인들의 일어 학습에 대해 매우 부정적으로 보고 있다. 개명화
를 위한 방법이 오직 일본어 습득밖에 없는가를 반문하고 있다. 이
는 양정의숙 설립자인 엄주익의 일어야학과 운영에 대한 비난으
로 이어졌다.

> 시국이 변쳔홈을 보고 기명홀 목뎍으로 일어를 열심ᄒᆞ야 공부ᄒᆞ다
> ᄒᆞ니 이러호 시디를 당ᄒᆞ야 기명목뎍이 됴키는 됴흐나 일어만 비호는
> 거슨 무슴 좁은 소견인고 필시 츄셰ᄒᆞ는 의의이지 일어는 불과시 통
> 변거리나 군인이어든 병학이나 젼문으로 ᄒᆞ쇼.154)

일어 교육에 치중한 야학에 대한 비판은 당시 상황을 이해하는
데 주요한 단서를 제공한다. 즉 야학운동에 동참한 사실도 중요하
다. 그러나 일제의 침략적인 본질을 간파하지 못한 채, 실력양성론
에 매몰된 인식은 비판받아야 마땅하다. 이는 1920년대 문화운동
으로 계승·발전되는 가운데 식민체제에 순응·안주하는 요인이
나 마찬가지였다.

따라서 야학운동은 식민지교육에 대한 저항 주체로서 인식하지
말고, 문화운동의 한 영역으로 인식하여야 한다. 저항과 순응의 본
질 중 어디에 중점을 두었는가를 분명하게 구분할 필요가 있다. 이
러한 시각에서 야학운동을 볼 때, 야학운동이 지닌 진정한 의미를

---

153) 『대한매일신보』 1907년 11월 21일 시ᄉᆞ평론 「근일」.
154) 『대한매일신보』 1907년 11월 22일 시ᄉᆞ평론 「엄쥬익씨는」.

엿볼 수 있다.

반면 한글에 대한 관심은 식민지화에 대한 위기의식과 더불어 고조되었다. 국문학교 설립계획이나 국문야학 성행은 이러한 사실을 반증한다. 특히 周時經은 전국 각지를 순회하면서 국어강습소를 운영하는 등 한글 보급을 위한 활동을 전개하였다. 당시 널리 애창된 이른바 「국문가」는 이러한 분위기를 보여준다.

> ㄱ字ᄒ나 쓰고보니/ 記憶ᄒ셰 記憶ᄒ셰
> 國家羞恥 記憶ᄒ셰/ 우리大韓 獨立ᄒ면
> 永遠萬世 無窮토록/ 康衢烟月 太平歌에
> 自由福樂 누리련만/ 今日羞恥 생각하면
> 죽기젼에 못잊깃네 …155)

한글에 대한 관심은 교육열 고조로 이어졌다. 노동야학은 이러한 상황과 맞물려 발전을 거듭하기에 이르렀다. 홍주군 상명노동야학교 설립취지서는 이를 반증한다.

> … 농업에만 진력ᄒ야 교육이 업스면 이 동포는 우리 황뎨폐하의 빅셩이 아니며 우리 부모의 ᄌ식 이 아닌가 날이 시면 져물도록 로동 진력ᄒ야 칠팔십년간에 사롬의 직분을 아지 못ᄒ고 지내는 것이 가ᄒ냐 슬프다 우리 동포여 져녁 먹고 어서 샹학ᄒ사이다 버러지도 쉬지 아니ᄒ면 천리를 가고 화륜거도 고동이 아니면 지쳑을 못가ᄂ니 어서 샹학ᄒ사이다 침침히 어두운디 단단명월을 나왓니 어셔 샹학ᄒ사이다.156)

노동자는 학문이 없어 종일토록 노동하나 뚜렷한 성과를 이루지 못한다. 나아가 사람의 직분을 제대로 인식하지 못하고 사는 모습

---

155) 『대한매일신문』 1909년 10월 22일 「國文歌」.
156) 『경향신문』 1909년 4월 30일 각디방긔셔 「야학교를 설시홈」.

이 애처롭다. 이에 노동야학을 설립하니 빨리 야학에 와서 공부에 힘쓰라는 요지였다. 곧 야학을 통한 문맹퇴치가 우선적인 과제임을 분명하게 밝히고 있다. 문명사회는 이를 통하여 달성된다고 인식하였다. 다음의 창가 내용은 이러한 인식과 정황을 상징적으로 나타낸다.

삼천강토 우리대한　　이천만구 우리동포
단톄력단톄력ᄒ니　　몃몃영웅단톄력고
우리로동야학교에　　익국가를 드러보오
훈량에 두푼변리　　느눈ᄌ미 됴컨마는
좌우훈쟝 즁훈월급　　고등대신 항록이여
츄월피년 희망터니　　신문긔쟈 속이눈지
샤회샤회 ᄒ건마는　　ᄌ강력을 미득인지
직정곤란 ᄒ다소리　　엇지ᄒ면 쥬급홀고
비화가면 지식넓어　　ᄌ강긔초 세우리라
풍운조화 단쳥ᄒ여　　독립대연 비셜ᄒ새
익국셩익국셩ᄒ니　　몃몃지ᄉ익국셩고
학교셩학교셩ᄒ니　　몃몃학셩 졸업인고
남던북답 고딕광실　　부쟈사롭 항복이여
대한강토 주러간다　　그돈으로 물너보새
우리동포 건져줄가　　침불안식 불감으로
호소식이 어딕갓소　　죵년토록 로동가던
열심만극 진ᄒ면　　텬신감응 ᄒ시련만
극력히 농ᄉ지어　　야학만 진취ᄒ소
인의례지 집을짓고　　밋봄으로 텬하교졔.[157]

문맹퇴치를 통한 능력배양은 야학 목적임을 거듭 강조하고 있다. 즉 이들은 빈약한 경제에 따른 생존권 문제나 바쁘다는 시간을 핑계로 교육을 등한시하지 말 것을 더욱 경계하였다. 이는 향학열

---

157) 김형목, 2002, 「한말 충청도 야학운동의 주체와 이념」『한국독립운동사연구』18, 독립기념관 한국독립운동사연구소, 55~56쪽.

을 고취시키려는 자강론자들 의도에서 비롯되었다. 이처럼 야학운
동은 교육입국론 차원을 넘어 독립정신·민족의식 등을 일깨우는
교육현장이었다.

결 론

　갑신정변 후 일본에 망명한 朴泳孝는 국정 개혁을 위한 「上疏文」에서 義務敎育論을 처음으로 제기하였다. 그는 모든 학령아동에게 의무교육을 실시한 후 장차 이들을 관리로서 발탁을 주장하기에 이르렀다. 국어·국사를 중심으로 법률·정치 등을 중시하는 실용교육은 그의 주된 논리였다. 망명객 처지에서 제기한 그의 의무교육론은 현실적으로 수용·시행될 수 없었다. 더욱이 사회적인 영향력을 미치기에도 역부족인 상황이었다. 다만 신분·지위에 구애됨 없이, 모든 사회구성원에 대한 균등한 교육 수혜를 제공하려는 의도는 근대교육사상 주요한 의미를 지닌다. 신분제 질곡은 근대교육 보급과 더불어 상당 부분 극복될 수 있었기 때문이다.

　兪吉濬도 서양의 교육제도를 소개하는 중 의무교육 문제를 제기하였다. 교육은 국가나 민족의 興亡盛世를 좌우하는 근본 요인이나 마찬가지였다. 그는 지덕체 三育 중 德育을 매우 중시하였다. 그도 역시 甲午改革을 추진하던 중 일본으로 망명할 수밖에 없는 처지로 몰렸다. 이는 의무교육론에 입각한 근대교육 시행을 지연시키는 요인으로 작용하였다. 이리하여 자강운동기에 이르러서야 일부 府·郡을 단위로 '제한적인' 의무교육은 시행되었을 뿐이다.

　이러한 가운데 근대교육의 중요성을 인식한 일부 지배층은 실천의지를 천명하였다. 국왕은 「敎育立國詔書」를 통하여 조속한 근대교육 시행 계획을 밝혔다. 이는 學務衙門 설치와 아울러 일련의 교육법령 정비·반포로 나타났다. 특히 「소학교령」 공포는 보통교육 시행을 위한 기본적인 토대나 마찬가지였다. 그러나 정국 불안과 실천력 부족 등으로 의지와는 달리 뚜렷한 성과를 거둘 수 없었다. 당시 서울에 소재한 관립소학교 학생수와 지지부진한 관찰부나 개항지 공립소학교 설립은 이러한 사실을 분명히 보여준다. 특히 보수적인 지배층은 근대교육 자체를 아예 적대시하는 등 부정적인 입장을 드러내었다. 관비 일본유학생에 대한 학자금 지원 중단이나 귀국 후 이들에 대한 무관심은 이를 반증한다. 이후 상당수 국외 유학생들의 외세의존적인 입장은 이러한 배경과 무관하지 않다.

萬民共同會나 協成會도 연설회·토론회 등을 통한 근대교육의 중요성과 필요성을 역설하고 나섰다. 『독립신문』은 이러한 문제를 지속적으로 보도하는 등 근대교육 보급에 노력을 기울였다. 특히 아동교육과 여성교육에 대한 강조는 인식 변화와 더불어 대두된 새로운 주장이자 개혁책이었다. 이는 사회구성원의 절반을 차지하는 여성이 자기 역할을 제대로 수행할 때, 文明化는 곧바로 달성될 수 있다는 논리로 귀결되었다. 이들은 서구사회가 이룩한 문명화 원동력 하나로서 광범한 의무교육 시행에서 찾았다.

이러한 노력은 1890년대 후반부터 점차 효과를 나타내기 시작하였다. 전·현직 관리와 개화론자 등을 중심으로 사립학교가 설립되는 가운데 근대교육은 확산을 거듭할 수 있었다. 19세기말부터 20세기 초반 유림의 본고장인 安東·密陽·尙州·晋州 등지에 설립된 사립학교는 의미하는 바가 크다. 이처럼 '막연하게' 유생은 근대교육에 부정적이라는 인식은 반드시 재고를 요한다. 사립학교 설립을 주도한 전·현직 관리는 대부분 근대학문보다 전통교육을 수학한 인물이었다. 즉 東道西器論者로 대표되는 개신유학자들은 새로운 사회세력을 형성하고 있었다. 이들 중 일부는 중앙정계로 진출하는 등 점차 사회적인 영향력을 발휘하기 시작하였다.

한편 노동자·농민·부녀자 등을 대상으로 한 민중교육론도 제기되었다. 변화를 주도한 개화론자들은 한글판『독립신문』·『민일신문』·『제국신문』등을 발간·보급하는 등 民智啓發에 노력을 아끼지 않았다. 이는 언문일치와 한글 전용을 주창하는 등 한글에 대한 관심을 고조시키는 계기였다. 이러한 분위기는 한글에 대한 인식을 변화시키는 요인이었다. 한글은 이제 '諺文'이나 '암글'이 아니라 당당한 자국어로서 위치하기에 이르렀다. 池錫永·周時經·兪吉濬·崔光玉·金嘉鎭·李鍾一 등은 이를 주도한 중심 인물이었다. 한글판 신문과 국한문 혼용 교과서 발간은 당시 상황에서 파생된 주요한 역사적 산물 중 하나였다. 신문은 정보 제공뿐만 아니라 학술·사상 등을 소개하는 학술지나 다름없었다. 특정한 독자층을 겨냥한 발간 목적은 이와 무관하지 않다.

朴殷植은 민중교육의 현실적인 대안으로 學區에 의한 의무교육과 민중교육론 일환으로 야학 시행을 제시하였다. 근로청소년을 위한 야학은 가장 현실적인 대안이었다. 하지만 당시에는 별다른 주목을 받지 못하였다. 민중의 경제적인 몰락에 따라 자제 교육문제는 부차적인 문제로서 인식되었기 때문이다. 이는 결국 근대교육의 부진을 초래하는 요인 중 하나였다. 이에 사립학교 설립·운영자들은 현실적인 대안으로 무료인 야학과를 부설하거나 야학(교)을 설립하였다.

야학은 이러한 상황 속에서 시작되었다. 근로청소년·노동자를 위한 이러한 변화는 야학에 대한 인식 변화와 더불어 근대교육 보급에 어느 정도 이바지하였다. 그런데 전반적인 근대교육 부진은 결국 야학을 발흥시키지 못하고 말았다. 궁극적인 원인은 지배층의 의지 부족이었다. 1904년까지 전체 예산 중 겨우 2% 미만에 불과한 교육비는 이를 반증한다. 교육예산은 새로운 학교 설립은 고사하고 기존 학교 유지조차 불가능한 미미한 액수였다. 이처럼 교육정책은 '선언적인' 구호에만 그치는 등 형식에 불과할 뿐이었다. 따라서 실질적인 시행이나 교육제도 전반에 관한 개선책은 전무한 실정이었다. 곧 근대교육은 총체적인 위기 상황에 처해 있었다.

러일전쟁 발발과 「을사5조약」을 계기로 근대교육은 발전·확산되는 계기를 맞았다. 식민지화에 대한 위기의식은 각종 계몽단체의 조직·활동을 활성화시키는 계기였다. 특히 一進會를 비롯한 친일단체 발호는 자강론자들에게 경각심과 아울러 위기의식을 증폭시켰다. 이는 憲政硏究會·輔安會 등으로 분산된 계몽단체를 大韓自强會로 통합시키는 등 정치역량을 결집시키는 요인이었다.

이와 더불어 西友·漢北興學會를 비롯한 각종 학회도 조직되는 등 계몽운동 활성화를 위한 기반은 점차 확대되었다. 자강단체와 학회 등 본회는 지회 설립인가에 상당한 노력을 기울였다. 지회의 조직 확대·강화는 문화계몽운동을 지방으로 확산시키는 주요한 기반이나 다름없었다. 이리하여 근대교육운동은 국권회복을 위한 교육구국운동으로 전환되는 등 커다란 진전을 가져왔다. 운동론은 "교육 진흥과 식산 흥업"에 근거한 內修自强論이었다.

자강론자들이 가장 심혈을 기울인 의무교육 시행 계획은 중추원을 거쳐 閣議에서 가결되었다. 대한자강회가 입안한 의무교육론의 주요 내용은 8세에서 15세까지를 학령아동으로 규정이었다. 즉 의무교육 기간은 8년이었다. 다만 현실적인 상황을 고려하여, 당분간 5년으로 규정하였다. 또 학구는 500호를 기준으로 하는 의무교육이었다. 이는 同化主義에 입각한 '차별화된' 식민교육정책과 정면으로 배치되었다. 따라서 통감부는 '時勢와 民度' 등을 구실로 의무교육 시행을 철저하게 저지하고 나섰다. 반면 식민지배에 순응·복종하는 인간 양성을 위한「보통학교령」은 공포·시행되는 계기를 맞았다. 일본어교육 강화는 이러한 의도와 맞물려 관철되어 나갔다.

당시 발간된 신문·학술지·잡지 등도 의무교육의 필요성과 중요성을 널리 알리는 등 분위기 조성에 노력을 기울였다. 자강론자들도 교육운동 활성화를 위한 다양한 방법을 모색하는 한편 대대적인 선전활동을 전개하였다. 이와 더불어 의병전쟁의 전면적인 확산, 식민지화에 대한 위기의식 고조, 민중층 성장에 따른 교육열 상승은 이를 추동시키는 기반이었다. 서북학회는 協成學校를 설립한 후 海西·西北地方에 70여 개 지교를 인가하는 등 사립학교설립운동에 박차를 가하였다. 각 학교에 필요한 교원 양성은 속성과정의 사범강습소 운영으로 귀결되었다.

新民會도 활발한 교육운동을 전개하였다. 신민회가 운영한 대표적인 학교는 강화도 普昌學校, 평양 大成學校, 정주 五山學校, 안악 楊山學校 등이다. 이러한 학교는 '단순한' 교육활동에만 그치지 않았다. 학교는 신민회원을 확보하는 통로이자 합법적인 활동공간이었다. 특히 보창학교 지교는 강화도 내에만 30여 개교를 설립·인가하였다. 이러한 분위기는 서북지방을 중심으로 100여 개교에 달하는 지교 설립으로 이어졌다. 당시 분위기는 "이동휘의 한 번 호소에 1개의 사립학교가 설립되고, 한 번 연설에 1개 학회가 설립된다"고 할 정도였다. 강화도 역시 학구에 의한 의무교육을 시행한 대표적인 지역이다. 즉 16개 면의 114개 동리를 56개 학구로 구분하는 등 주민 부담에 의한 사립학교 설립을 추진하였다. 의무교육비는 생활 정도에 따라 차등 부과되었다. 잡지·신문 등 언론은 이러한 사실을 대대적으로 보도하는 등 근대교육에 대한 인식을 환기시켰다.

　고조된 민중 교육열에 따라 한글 연구·교육은 자강론자들 주요 관심사이자 '의무'적인 현안으로서 부각되었다. 이들은 한글판 신문은 물론『교육월보』·『가정잡지』·『여자지남』등 한글 잡지를 간행·보급시켰다. 또한 한글만을 교육하는 국문학교 설립을 주장하는 한편 이를 실행에 옮겼다. 주시경·지석영·이종일·유성준·최광옥 등은 한글 연구·보급에 종사한 대표적인 인물이다. 특히 주시경은 스스로 攻玉學校 내에 한글하기강습소를 개최하였다. 또한 金九 등이 주관한 양산학교 하기강습소의 강사로 참여하는 등 한글에 대한 관심을 널리 확산시켰다. 그에게 한글 보급과 상용화는 국권회복을 위한 방안이나 마찬가지였다. 일평생을 한글 연구에 종사한 이유도 이러한 인식과 목적에서 비롯되었다. 나아가 이들의 민중에 대한 인식도 '단순한' 敎化 대상에서 점차 사회적인 존재로서 인식하는 등 변화되었다. 민중에 대한 무한한 신뢰감과 애정은 국문야학 운영으로 이어졌다.

　한편 地方自治制 일환으로 의무교육도 논의·시행되었다. 漢城府民會는 1908년 8월 48坊을 중심으로 坊會－部會－府民會를 조직하였다. 방회의 구성 요건은 500호를 기준으로 삼았다. 가구수가 부족한 방은 여러 방을 연합하여 방회를 구성하는 등 현실적인 상황을 고려하였다. 각 방회는 '의무학교'(일명 坊會學校 : 필자주)로 1개 사립학교를 설립하거나 기존 사립학교를 인수·운영하기에 이르렀다. 학교 설립·운영비는 주민 부담과 유지들의 기부금·의연금 등으로 충당되었다. 물론 운영비 확보를 위한 수익사업도 병행되고 있었다. 정부가 발주하는 각종 청부공사 참여는 이와 무관하지 않다.

의무학교 운영을 통한 근대교육 시행은 사숙·의숙 등 전통교육
기관 폐지로 이어졌다. 한성부윤 張憲植은 각 방을 단위로 5명의
학무위원을 선정하는 등 근대교육 보급을 위한 기반 구축에 나섰
다. 學務委員會는 관내 학령아동 부모들로 하여금 방회학교로 입
학을 권유하는 등 많은 노력을 기울였다. 초기에는 이들의 열성적
인 활동과 주민들의 적극적인 호응으로 대단한 성과를 거두었다.
沿江學務會·敦下義務敎育會·仁明義務敎育會 등의 조직도 이
러한 상황 속에서 이루어졌다. 이리하여 서울은 물론 인근 외곽지
대의 의무교육도 시행되는 계기를 맞았다.

지방에 조직된 民會·民議所·市議所·農務會·鄕會 등도 지
방자치제를 표방하였다. 이러한 단체의 우선적인 사업도 바로 사
립학교 설립을 통한 근대교육이었다. 仁川府民會·馬山民議所·
密陽市議所·高靈民會·江景民會·葛山農務會·來城農務會·
金海農務會 등은 당시를 대표하는 단체였다. 이러한 단체도 주민
부담에 의한 의무교육을 실행하거나 계획을 입안하고 있었다. 이
는 지방자치를 위한 예비 또는 준비단계로서 인식되었다. 향촌공
동체의 '강제력'에 의한 주민들 참여는 面立이나 郡立학교 설립에
의한 의무교육으로 귀결되는 요인이었다.

각 동리마다 조직된 김해농무회는 사립학교·야학 등을 운영하
였다. 이와 더불어 정기적으로 강연회도 개최하는 등 주민들에게
시세변화를 일깨웠다. 마산민의소도 1907년 마산노동야학을 설립
하는 등 노동자교육을 위한 노력을 아끼지 않았다. 인천부민회는
관내 사립학교에 대한 지원에 앞장섰다. 순종황제 즉위 1주년을 맞
아 대대적인 환영회를 개최하는 등 주민들 자긍심도 고취하는 데
노력하였다. 밀양시의소는 사립학교·야학은 물론 1910년 유치원
을 설립하는 등 이곳 근대교육을 사실상 주도하고 있었다. 이러한

활동은 농한기 농촌사회에 만연한 도박이나 잡기 등이 일시에 사라지는 성과를 거두었다. 곧 미풍양속의 전통을 계승한 새로운 시대에 부응한 민중문화가 창출되기에 이르렀다.

군이나 면 단위로 조직된 교육회·장학회·면학회 등도 역시 마찬가지였다. 金鴻亮·崔光玉 등은 평양과 재령에 각각 사범강습소를 설립하는 한편 면학회를 조직하였다. 사범강습소 목적은 교육열 고조에 부응한 우수한 교사 양성이었다. 주민들의 호응과 이들 노력으로 1908년 면학회는 海西教育總會로 개편되는 등 신민회 외곽단체로서 성격을 띠었다. 이 단체는 양산학교를 소학·중등·속성과로 분리하는 가운데 독립적인 중학교 설립 계획을 세우기까지 하였다. 학교 운영책임자인 金九는 부설로 야학을 설립하는 등 노동자교육에 주목하였다. 특히 하기강습소는 전국 각지에서 수백 명이나 몰려드는 등 대성황을 이루었다. 이리하여 양산학교는 당대를 대표하는 민족교육기관으로 발전을 거듭하였다. 이른바 '105인사건'은 서북지방 민족교육과 독립운동가 근거를 말살하기 위한 음모에서 비롯되었다.

지방관이나 유지 개인의 관심도에 따라 근대교육운동은 발전을 거듭하였다. 이들은 면리 단위로 학교나 야학을 설립·운영하는 등 지역사회의 교육운동을 주도하는 중심 인물이었다. 포천군수 崔斗榮, 배천군수 全鳳薰, 창성군수 金相範, 삼척군수 최기섭, 평양군수 백낙균, 홍천군수와 경흥부윤을 역임한 金榮鎭 등은 대표적인 인물이다. 이들에게 교육활동은 지방관으로서 반드시 수행해야 할 하나의 '의무'로서 인식되었다. 면립이나 군립으로 설립된 사립학교를 흔히 '의무학교'라 부른 사실은 이를 반증한다.

이들의 노력으로 '한일합병' 직전까지 설립된 사립학교는 6,000여 개교에 달하는 대단한 성과를 거두었다. 해서·서북지방의 경

우에는 군마다 30~40개 사립학교를 설립·운영할 만큼 주민들의
대대적인 호응을 받았다. 이는 당시인의 교육에 대한 관심도를 반
영하는 부분이다. 곧 근대교육운동은 광범위한 민중들의 지지와
관심 속에서 전개된 사실을 의미한다. 한말 근대교육운동에 대한
"소수 지식인에 의한 계몽운동이었다"는 관점은 재고를 요한다. 곧
대부분 자강론자들은 '교육=의무'로서 인식하는 동시에 이를 실천
하고 있었다.

한편 사립학교설립운동 중 일부가 국권회복운동 일환임을 간파
한 일제는 「사립학교령」 시행으로 이를 탄압하는 데 주저하지 않
았다. 특히 사립학교의 재정적인 기반이었던 기부금·의연금에 대
한 통제는 저들의 궁극적인 의도를 보여준다. 「寄附金品募集取締
規則」 시행은 이러한 의도와 맞물려 철저하게 시행되었다. 西北學
會·畿湖興學會 등 5개 학회를 중심으로 전개된 사립학교유지방
안도 별다른 성과를 거둘 수 없었다. 이 법령은 시행과정상 관권의
자의적인 판단이 개입될 수 있었다. 기부금 모집과 사용처에 대한
의무적인 보고 규정은 교육운동의 경제적인 기반을 송두리 말살시
켰다. 이에 수많은 사립학교는 통·폐합되는 비운을 당하고 말았
다. 즉 '한일합병' 직전까지 '종교학교'를 포함한 사립학교는 불과
2,250여 개로 축소되지 않을 수 없었다. 이는 「조선교육령」 시행과
더불어 더욱 확산되어 나갔다.

이러한 상황에서 야학운동도 근대교육운동 일환으로 전개되었
다. 야학운동을 주도한 사람이나 단체는 사립학교 설립·운영주체
와 유사한 성격을 지녔다. 대부분은 전현직관료·실업가·교사·
언론인·상급학교 학생 등이었다. 이들은 노동자·농민·부녀자
등을 위한 노동·농민·국문야학교를 각지에 설립하였다. 노동자
나 농민을 위한 야학은 노동학교·노동야학·노동야학교·농부

학교·농민학교·농부야학교 등이었다. 특히 교육열 고조와 더불어 無産學齡兒童 구제를 위한 야학이 많이 운영되었다. 이러한 야학은 樵童學校·靑靑學校·自新學校·牧童學校 등으로 명명되었다. 비록 명칭은 학교였으나 명칭과 달리 모두 야학이었다.

지방관 중 일부도 야학의 설립·유지에 많은 노력을 기울였다. 이들은 관내의 동리마다 야학이나 강습소를 설립하는 등 야학운동을 주도하는 인물이었다. 야학운동은 이들에게 의무교육의 일환이었다. 양양군수 최기섭은 관내에 70여 개 야학을 설립할 정도로 열성적이었다. 배천군수 전봉훈은 의무교육 일환으로 각 면마다 사립학교를 설립하였다. 그는 해주경찰서 경부로 재직시 야학인 목동자립학교 지원에 앞장섰다. 교하군수 윤기섭은 각 면리마다 속성야학을 설립하였다. 당진군수 徐載得과 지방위원 印魯洙 등도 관내에 47개소의 노동야학강습소를 설립하였다. 아울러 이들은 계몽단체 지회의 설립을 주도하거나 활동을 지원하는 데 노력을 아끼지 않았다. 지회의 활동상은 이들 성향에 따라 좌우될 정도로 주요한 요인이었다.

일부 지방관은 신문이나 잡지종람소를 설치·운영하는 등 시세변화에 부응한 민지계발에 주력하였다. 신문잡지종람소는 가장 최신의 지식과 정보를 제공하는 등 지역사회 '정보센터'나 다름없었다. 더욱이 신문·잡지는 당시 향촌사회 교육기관의 주요한 교재로서 널리 활용되었다.

노동회·농무회·민회 등도 사립학교를 설립하는 한편 야학운동을 주도하였다. 대한노동회는 노동자와 그들의 자제를 위한 노동야학회를 세웠다. 당시 서울에 거주하는 노동자는 1만 여 명에 달할 정도로 대규모였다. 이 단체는 전국에 각 지회를 설립하는 등 외형적으로 노동자 권익을 옹호하는 양상이었다. 삼화부·군산·

인천·평양 등지의 노동단체 역시 노동야학을 운영하였다. 평양의 노동야학은 수백 명이 호응하는 등 모범적인 노동야학으로 발전할 수 있었다. 안악 서산동친목회는 사립학교 대신 목동야학교를 세웠다. 임원들의 열성적인 교수와 주민들 호응으로 50여 명이나 출석하는 등 성황이었다.

　일부 학생들은 방학을 이용한 귀향활동 일환으로 고향에서 야학을 설립·운영하였다. 이는 극소수에 불과하지만, 지역사회에 파급된 영향력은 대단하였다. 안산군의 공립보통학교·기독학교·삼산학교 생도들은 7개의 초동야학을 설립하는 한편 명예교사로서 자원하는 등 이곳 야학운동을 주도하였다. 성균관 생도 姜泰範은 고향인 안성군 남면 마을회관 내에 야학교를 세웠다. 그는 근로청소년을 대상으로 보통학교 교과과정을 속성으로 가르쳤다. 개성 출신 유학생 80여 명으로 조직된 동지청년회는 培義學校 내에 하기강습소를 운영하였다. 이들은 보교과정을 교대로 교수하는 등 향학열 고취에 노력을 기울였다. 또한 공립보통학교나 사립학교 재학생을 위한 전문강좌도 개설하였다.

　재령 여물평 출신 서울유학생도 재령강습소를 설립·운영하는 등 향학열을 고취시켰다. 경신중학교 鄭文源은 은율군 남상면 계양촌에 노동야학교를 세웠다. 그는 보통학교 과정을 속성으로 가르치는 등 노동자교육에 헌신적이었다. 서울 유학생인 崔基律은 명천군 고면 토원에 노동야학을 설립하였다. 유지 崔基柄·李河英 등의 명예교사로서 자원과 지원 등은 발전을 위한 밑거름이었다.

　민중 스스로도 야학을 설립하거나 학교·학회 등에 야학 설립을 청원하는 등 야학운동은 전국적인 양상으로 전개되었다. 서울의 급수상야학과 우산학교 지교, 간성의 노동야학교, 은율의 배영야학, 신천의 목동학교와 명신야학교, 金川의 진영야학교, 자산의 농민야학, 평양의 농부야학교와 노동야학교, 단천의 龍進學校 등은 대표적인 경우이다. 이는 노동자·농민들의 성장한 의식을 반영한 점에서 중요한 의미를 지닌다. 이처럼 시세 변화와 더불어 노동자들도 사회구성원으로서 자기존재를 인식하고 있었다. 3·1운동 이후 민족해방운동 주체로서 등장은 이러한 역사적인 배경에서 비롯되었다.

이처럼 야학은 특징 지역이나 인사들에 의해 운영되지 않았다. 이는 전국적인 보편적 양상으로 전개되는 특징을 나타내었다. 심지어 동경·만주·연해주·하와이·멕시코 등지 국외 동포사회에서도 널리 시행될 정도로 확산되어 나갔다. 이리하여 한말 무려 1,000여 개 이상에 달하는 야학이 설립되었다. 야학운동은 시작과 동시에 민중의 전폭적인 참여 속에서 발전을 거듭할 수 있었다. 바야흐로 근대교육운동의 중심 영역인 야학운동으로서 전개되었다. 특히 「사립학교령」 이후 야학운동은 더욱 확산되어 나갔다. 통감부의 야학운동에 대한 방관적인(?) 입장은 이러한 양상을 초래하는 주요한 요인이었다.

자강운동기 야학규모는 10여 명에서 수백 명에 이르는 등 많은 편차를 보인다. 20여 명 미만의 야학도 상당수 있었지만, 20~60명의 야학이 절대 다수를 차지한다. 반면 100명 이상을 수용한 '대규모' 야학도 일부 운영되었다. 서울의 중동야학, 우산학교 지교, 성공개진야학, 경기 광주 야학과, 충남의 은진 노동야학교, 연산 진명 노동야학, 예산 동명야학교, 경남 웅천 노동자야학과, 대구의 하기강습소, 원주의 노동야학교, 전남 광주의 노동야학교, 황해 장연의 노동야학, 배천 노동야학교, 용천 노동야학교, 평남 평양 동포루야학, 강원 원주 노동야학교, 함남 함흥 농부야학교와 북청 국문야학과 등은 100여 명 이상을 수용한 야학이었다. 특히 서울 연초직공야학은 무려 3,000여 명에 달하는 근로자 중 상당수가 이에 호응하는 상황이었다. 당시 야학을 통한 교육적인 수혜는 최소한 5만 명 이상으로 볼 수 있다. 이는 1910년대 초반 공립보통학교 수용력과 비슷한 수준이다.

야학규모나 교육 내용 등은 제도권 교육기관에 비해 '상대적인' 영세성을 면치 못하였다. 독립적인 교실 확보나 교사진 구성도 여의치 않았다. 그러나 교육에 대한 열의만은 제도권 교육기관의 학생들에게 결코 뒤지지 않았다. 특히 평남 안주 장흥야학교 생도 15인의 '혈서맹약' 단행은 이를 반증한다. 목적은 야학에 대한 후원과 아울러 주민들 경각심을 일깨우는 데 있었다. 이들은 교육 받는 목적을 '보국안민'임을 당당히 밝혔다.

교과목은 한글과 초보적인 한문·산술 등이 주류였다. 문맹퇴치라는 목적과 맞물려 한글은 가장 중시된 교과목이었다. 충북 직산의 元兢淵·吳漢泳 등이 국문야학을 설립하자, 관내 유지들도 이에 적극적으로 호응하고 나섰다. 관내 각처에 설립된 국문야학의 학생수는 무려 300여 명에 달하는 성황이었다. 함북 경성 金鼎九·金曔洙·金河鍵·柳泳鶴 등도 4개소 국문야학을 설립하였다. 평북 숙천 갈산농무회도 농민교육 일환으로 국문야학를 세웠다. 임원인 金鎭初는 신문잡지종람소를 설치하는 등 시세 변화에 부응하였다. 이처럼 한글만을 주요 과목으로 가르친 국문야학 성행은 이와 같은 상황과 무관하지 않다. 각지에 성행한 노동야학을 흔히 국문야학이라 지칭한 이유도 이러한 배경에서 비롯되었다. 곧 한글교육은 단순한 문맹퇴치 차원을 넘어 민족의식·민족정신을 고취시키는 데 유용한 방편이었다.

역사·지리뿐만 아니라 일본어와 영어 등 외국어도 채택되었다. 일부는 체조·창가 등을 채택하는 등 상무정신 고취를 위한 방안을 강구하고 있었다. 이처럼 피교육자의 구성에 따라 상업·부기·경제 등이나 법률·측량학을 가르치는 등 교과목은 다양하게 편성·운영되었다. 여자야학은 가정학·재봉·위생학·윤리학·서간문 등을 추가하였다. 즉 야학 목적이나 피교육생 구성과 현지 여건 등에 따라 교과목은 편성되었다. 운영주체 의도나 능력도 주요한 변수로 작용하였다.

교과목 중 일본어 교수는 여러 가지 문제점을 지닌다. '단순한' 실력양성이라는 측면에서만 볼 때, 영어 등과 더불어 일어도 주요한 외국어임에 틀림없다. 그런데 당시 식민교육정책의 기조가 '차별적인' 同化主義인 점에서 많은 문제점을 지닌다. 이는 곧 자강론자들의 외세에 대한 인식이 의병전쟁론에 비해 상당히 낙관적인 사실을 반증한다. 언어가 지닌 문화적인 침략의 속성을 제대로 간파하지 못한 채, 이들 중 일부는 실력양성론에만 매몰되고 말았다. 이러한 경향은 서울의 각 사립학교 부설인 일어강습소나 일어야학에서 특히 두드러지게 나타난다. 이는 친일단체가 주장한 文明化 논리와 별다른 차별성이 없었다. 근대교육에 대한 불신은 이러한 상황과 무관하지 않았다.[1]

운영주체는 관리·실업가·교사·학생 등이 대부분이었다. 이

---

1) 『대한매일신보』 1909년 3월 2일 긔셔 「어학의 의류, 쟝우싱」 : 『大韓每日申報』 1909년 3월 2일 기서 「語學을 論홈, 長吁生」.
   오늘날과 마찬가지로 당시에도 조기 어학교육에 대한 우려는 매우 심각한 상황이었다. 특히 일본어에 치중된 교육정책은 많은 비판을 받았다. 비판논리는 다음과 같다. 첫째로 올바른 외국어를 배울 수 없다. 둘째로 국가정신이나 민족정신을 소멸시킨다. 셋째로 궁극적으로 국어도 제대로 이해할 수 없다는 등이다. 고조된 배일의식과 이러한 비판에도 일본어를 배우려는 분위기는 사회전반으로 확산되었다. 제도권 교육기관에 대한 통제와 탄압은 이를 더욱 부추기는 등 부지불식간에 식민교육정책 기조를 관철되기에 이르렀다.

들은 야학의 설립자·후원자뿐만 아니라 명예교사로서 역할을 자임하고 나섰다. 야학의 교육적인 성과는 이들의 의지에 달려 있다고 보아도 과언이 아니었다. 이러한 경향은 1920년대 전반기도 거의 유사한 상황이었다. 물론 소수의 노동단체·농민단체 등도 야학 설립은 물론 운영비를 조달하는 경우도 있었다.

교사진은 1명에서 10여 명에 달하는 등 많은 편차를 나타내었다. 이는 야학생수와 반드시 비례하지 않았다. 시골인 경우는 단독으로 설립자와 교사로서 겸하여 활동하였다. 대체로 教科全擔制를 채택한 야학은 비교적 교사수가 많았다. 이러한 야학은 교장, 부교장, 교감, 교사, 서기와 같은 직제로 편성되었다.

이상 자강운동기 야학운동의 특징을 정리하면 다음과 같다. 첫째, 교실은 공공기관이나 제도권 교육기관을 이용하는 경우가 많았다. 이는 사립학교와 달리 마을회관·사무실·공회당 등지를 교실로 활용할 수 있는 데에서 비롯되었다. 또한 야학에 대한 인식 확산과 근대교육 보급에 따른 보다 쉬운 교사진 확보와 관련된 문제이다. 사립학교 부설인 경우도 마찬가지였다. 1920년대 2부제 수업이나 강습소 등도 이와 유사한 성격을 지닌다.

둘째, 1908년 이후 노동·국문야학 등이 성행하였다. 서울 동명학교 부설의 국어야학과, 상동교회의 국문야학, 서울 국민야학교, 시흥군 서면 소하리 국문야학교, 동군 중종리 4개소의 국문야학교, 抱川郡 社倉村과 左石池·萬橋里의 국문야학, 보창학교 지교의 국문야학, 직산 국문야학교와 국어야학교, 개령 국문야학, 함북 경성 국문야학 등은 대표적인 경우이다. 충남 당진, 경기 강화 등지 국문야학은 의무교육 일환으로 추진되었다. 한글 교육은 '단순한' 문해교육 차원을 벗어나 민족정신·국가정신 등을 일깨우는 요인이었다. 우리 말과 글에 대한 이해는 자기정체성은 물론 민족정체

성 정립으로 이어지기 때문이다. 야학운동도 이러한 배경과 맞물러 발전을 거듭할 수 있었다.[2]

셋째, 여자야학은 매우 부진한 상황으로 극히 소수만 운영되었다. 지금까지 알려진 최초 여자야학은 남녀야학인 목동야학이다. 본격적인 여자야학은 1909년 서울 소안동 趙鳳植이 설립한 여자사숙에서 시작되었다. 자세한 내용은 알 수 없지만, 피교육자는 10~40세 여자만으로 제한되었다. 李珏卿이 養源學校 내에 설립한 여자야학이나 養心女學校 내의 여자강습소는 일본어·영어 등을 중심으로 한 여자야학이었다. 이는 여성을 전문인으로 양성하려는 의도와 무관하지 않다.

그런데 남존여비에 입각한 여성차별의 강고한 인습이 잔존하는 상황에서 야학을 통한 여성교육은 상당히 제한될 수밖에 없었다. 여자야학은 1910년대 국어강습회 성행과 더불어 증가하는 계기를 맞았다. 근대적인 여성 노동자 형성은 여성인력 활용에 주목하지 않을 수 없었다. 특히 3·1운동 이후 문화운동 확산에 따른 여성운동 활성화와 더불어 여자야학은 급속히 진전될 수 있었다. 1920년대 전반기는 야학을 통한 여성교육은 괄목한 만한 변화양상을 보여준다. 한말 여자야학 설립자 중 기생은 상대적으로 높은 비중을 차지한다. 사회적인 대우와 그들의 경제적인 여유는 이를 가능케 하는 요인이었다. 나아가 시세 변화와 더불어 이들의 현실인식도 심화된 사실을 반증하는 부분이다.

넷째, 어학 중 일어의 비중이 상당히 높다. 국문야학·영어야학 등을 제외한 서울의 대부분 야학은 일어를 '주요한' 과목으로서 채택하였다. 일어는 사실상 '필수과목'이나 마찬가지였다. 올바른 외

---

2) 윤복남, 1990, 『한국 문해교육의 사회사적 고찰』, 고려대박사학위논문, 81~82쪽.

래 문물 수용과 학술 교류상 영어를 비롯한 어학은 매우 중요한 위치를 차지한다. 하지만 일제 침략에 의한 식민지로 전락하는 당시 상황을 상기할 필요가 있다. 즉 문맹퇴치를 위한 야학이 한글보다 일본어를 중시한 사실은 많은 문제점을 지닐 수밖에 없다. 이는 '일본어만능시대'라는 우리 근대교육의 '일그러진' 자화상인 지도 모른다.

실력양성론에 매몰된 설립·운영주체의 현실인식도 여기에 그대로 반영되어 있다. 이들은 어학 능력배양을 최우선적인 과제로서 인식할 뿐이었다. 외래 문물제도와 학술·사상에 대한 소개는 곧 문명화와 직결된다는 논리였다. 그런 만큼 '근대교육기관 설립=교육구국운동'이라는 기존 인식은 철저하게 비판을 받아야 마땅하다. 반면 보창학교·양산학교 등을 비롯한 이른바 '민족교육기관'에 대한 차별화 된 이해와 인식도 필요한 시점이다.

다섯째, 야학 설립 주체나 교사진은 거의 전·현직 관리이거나 실업가·교사·상급학교 학생들이었다. 설립자가 교사를 병행하는 경우도 90%를 차지하는 등 자강론자들은 곧 야학운동을 추진한 중심체였다. 또 지방관도 설립자·교사·후원자로서 야학운동의 중심적인 인물이었다. 이들은 각 계몽단체의 지회 설립·운영은 물론 지역사회 계몽운동 활성화에 크게 이바지하였다. 사립학교설립운동도 이들 계몽론자들에 의하여 주도되었다. 특히 이동휘는 강화도에 보창학교 본교를 설립한 이래 지교 부설로 노동야학·국문야학를 세웠다. 이는 주민 부담에 의한 의무교육 일환이었다. 지방자치제를 표방한 민회·향회·민의소·시의소·농무회 등도 마찬가지였다. 야학은 지방자치제 시행을 위한 '준비단계'로서 계획·시행되었다.

여섯째, 노동자·농민 스스로가 야학을 설립한 사실이다. 이러

한 야학은 소수에 불과하지만, 노동자·농민 등 민중이 사회구성
원으로서 자신 존재를 점차 인식한 점에서 중요한 의미를 지닌다.
당시 자본주의적 관계는 이러한 변화와 무관하지 않다. 이는 시세
변화와 더불어 민중이 성장한 사실을 부분적이나마 상징적으로 보
여준다. 노동가치와 신성성에 대한 노동담론은 근대적인 노동자
계급 형성과 맞물려 논의되고 있었다.

　일곱째, 종교기관이나 단체가 운영한 야학이 소수에 불과한 점
이다. 서울 상동교회 내의 국문야학교, 경북 영천의 노동야학교, 증
남포 영어야학 등은 기독교와 관련된 단체나 인물이 설립한 야학
이다. 반면 경상도의 범어사·직지사·기림사 등 사찰은 야학을
설립하였다. 이는 불교계의 사립학교설립운동 일환으로 전개된 사
실과 무관하지 않다. 반면 개신교를 비롯한 종교단체는 야학에 대
한 중요성을 크게 인식하지 못한 사실을 반증한다. 물론 기독교인
이 야학활동을 전혀 하지 않았다는 의미는 결코 아니다. 이동휘·
김구·안중근 등은 기독교인으로서 당대를 대표하는 교육운동가
였다. 인천 박문학교 교장으로서 영어야학을 설립한 全學俊은 답
동성당 신부였다.[3]

　여덟째, 지역적인 편중성이다. 문화계몽운동이 왕성한 지역은
곧 야학운동 활성화 지역으로 볼 수 있다. 서울을 비롯한 개항장이
나 지방 주요 도시 등은 바로 여기에 해당한다. 인천·평양·의
주·마산·부산·목포·대구·증남포·광주·원산·함흥 등지
는 대표적인 경우이다. 특히 개항장은 일찍부터 영어·일어 등을
가르치는 어학 위주의 야학을 운영하였다. 이는 현실적인 필요성
에 의하여 야학 교과목을 편성한 사실을 반영한다.

---

3) 『경인일보』 2005년 4월 14일 「인천인물 100인, 초등교육 선구자 전학
　준 신부」.

마지막으로 「私立學校令」 이후 야학운동은 더욱 발전하였다. 서울지역을 제외한 다른 지역은 공통적으로 이러한 양상이었다. 자강론자들은 사립학교설립운동이 일제의 탄압으로 한계에 직면하자, 야학을 통한 교육운동으로 방향 전환하지 않을 수 없었다. 1914년까지 일제는 야학에 대한 통제를 전혀 가하지 않았다. 다만 양 민족의 우호적인 선린관계와 한국인의 일본인으로 동화를 위한 일본어 보급은 식민교육정책 근간으로 추진되었다. 90%에 달하는 한국인 文盲率은 식민지배에 커다란 걸림돌이었기 때문이다.

통감부 설치 이후 식민당국자는 한국인 관리·교사에게 일본어, 일본인 관리·교사에게 한글의 해독력을 요구하였다. 일본어에 익숙하지 못한 관리는 불이익을 당하는 상황이었다. 반면 일본어 능통자는 우대 받는 등 일본어에 대한 관심을 고조시켰다. 이른바 '일본어만능시대'가 전개되는 상황이었다. 그런데 증폭된 배일감정과는 달리 대부분은 이를 수용하는 분위기였다. 더욱이 일본인 관리·실업가 등도 '개혁시대'에 부응한다는 미명 하에 야학·강습소를 설립하거나 명예교사로서 활동하는 등 식민지 당국의 동반자 역할을 자임하고 나섰다. 한말 자강론자들도 한일 양국의 상호이해증진과 개인 능력 배양을 위한 일본어 중심의 야학을 각지에 설립하였다. 이러한 분위기는 일본어를 위주로 가르치는 야학이 우후죽순처럼 설립되는 계기였다.

특히 「사설학술강습회에 관한 건」을 공포한 일제는 계몽야학 설립마저 불가능하게 만들었다. 오직 일어보급을 위한 국어강습회만이 운영되었다. 대부분 야학은 일본어를 필수적인 교과목으로 편성할 수밖에 없었다. 일본어를 교과목에서 배제한 야학·강습소에 대한 설립인가는 사실상 허용되지 않았다. '한일합병'이 단행된 지 불과 10개월만에 경기도 내에 운영된 국어강습회는 47개소에 달하

였다. 설립 장소는 거의 제도권 교육기관과 관청 부설이었다. 1914
년 1월 함북 도내에는 무려 207개소가 설립·운영되었다.

이러한 양상은 다른 지방도 비슷하였다고 생각된다. 각 관청은
일본어 보급 성적이 우수한 야학·강습소 등에 대한 지원을 아끼
지 않았을 뿐만 아니라 우수자를 하급관리로서 등용하였다. 이는
민중으로 하여금 점차 식민체제 내로 동화시키는 요인의 하나였
다. 일본인 헌병·경찰이나 한국인 보조원 등이 운영한 국어강습
회는 이러한 성격을 분명하게 보여준다. 나아가 주민을 통제·감
시하는 수단으로서 국어강습회는 운영되었다. 일본인 헌병·경찰
의 임무는 식민통치에 필요한 정보를 수집하는 동시에 주민들을
감시하는 데 있었기 때문이다. 이는 1930년대 후반 민족말살정책
과 더불어 더욱 강화되었다. 황국신민화는 폭압적인 상황과 맞물
려 친일세력을 양산하는 결정적인 계기였다.

야학교재는 보통학교 교과서 등을 주로 사용하였다. 현채의『유
년필독』은 당시 가장 많이 보급된 교재 중 하나이다. 한글로 된 신
문이나 잡지 등도 주요한 교재로서 널리 활용되었다. 야학생의 신
문사나 잡지사에 대한 신문·잡지 요청은 이를 반증한다.『교육월
보』·『여자지남』과『경향신문』·『대한매일신보』·『제국신문』·
『만세보』등 한글판 발간은 국문·노동야학 성행과 밀접한 관련
성을 지닌다. 특히 '종합강의록' 성격을 지닌『교육월보』는 지방에
서 많이 활용되었다. 일부 운영자들은 피교육자 구성에 따라 직접
교재를 만들기도 하였다. 경기도 시흥군 서면의 국문야학, 평북 자
산군 농민야학 등은 대표적인 경우이다.『三字經』등 기초적인 한
문교과서도 교사들에 의하여 제작·사용되었다. 또한 대다수는
『千字文』·『童蒙先習』등 서당 교재를 사용하는 상황이었다.

반면 유길준이 노동야학을 위한 편찬한『노동야학독본』은 의도

와 달리 거의 보급되지 않았다. 이러한 원인은 그가 행한 일련의 친일적인 행위와 결코 무관하지 않았다. 당시 발행한 부수는 3천여부로 상당한 규모였다. 그는 이를 각지에 무료로 제공하는 등 많은 노력을 기울였다. 하지만 이를 교재로 사용한 경우는 전혀 확인되지 않을 정도로 철저하게 외면당하고 말았다.

한편 야학 기능은 매우 다양한 성격을 지녔다. 우선적으로 學齡兒童의 구제를 위한 초등교육기관이었다. 교육열 고조는 이러한 현상을 더욱 심화시켰다. 그런데 기형적인 식민경제구조는 근대교육운동에 커다란 장애 요인으로 작용하였다. 이에 야학을 통한 근대교육은 시행되는 계기를 맞았다. 사립학교와 더불어 야학은 초등교육을 시행하는 주요한 교육기관이나 마찬가지였다.

둘째로 민중문화를 창출하는 공간이자 보존·계승하는 공간도 야학을 '매개체'로 이루어졌다. 시세 변화와 인간관계 변화는 이에 부응한 민중문화를 절실히 요구하는 상황이었다. 야학과 관련된 운동회·학예회·토론회·연설회·음악회 등은 새로운 사회질서에 부응한 문화를 창출하는 공간으로 활용되었다. 마지막으로 일본어보급을 위한 교육기관이었다. 동화정책의 일환으로 국어강습회가 시행된 배경을 보여주는 부분이다. 이 외에 무산학령아동 구제라는 사회복지적인 측면도 내포하고 있다.

학예회는 교육적인 성과를 평가받는 등 야학생에게 자신감을 갖게 하는 계기였다. 문맹자의 처지로부터 해방은 민중들에게 진정한 '光明'이었다. 근로청소년이나 노동자 향학열 고조는 이러한 인식과 분위기에서 비롯되었다. 자기존재성 인식은 자신감에 가득찬 사회생활로 이어졌다.

음악회나 歌劇大會는 정서적인 순화와 더불어 민중을 결집시키는 유효한 방법의 하나였다. 이는 시대 변화상을 널리 홍보할 수 있는 동시에 기부금·의연금을 모금하는 기회이자 공간이었다. 그러나 집회·결사의 자유가 원천적으로 봉쇄된 상황은 이러한 활동마저 불가능하게 만들었다. 그런 만큼 문화적인 활동공간 축소는 새로운 민중문화를 창출할 계기 축소로 이어졌다.

운동회는 학생들 건강증진에만 그치지 않았다. 병식체조와 군사훈련을 방불케 하는 운동회는 상무정신 고취와 국가정신을 일깨우는 계기였다. 아울러 지역민을 통합·단결시키는 활력소도 바로 운동회였다. 1908~1909년 보창학교에서 춘추로 개최된 연합운동회에는 1만여 명이나 참석하는 등 인산인해를 이루었다. 행사 이후 개최된 강연회나 토론회는 시세 변화를 일깨우는 동시에 지역사회의 여론을 형성하는 공간으로 활용되었다. 또한 주민들과 함께 하는 각종 경기는 건전한 민중문화를 보존·계승하는 공간이나 다름없었다. 학생들은 이를 통하여 우리의 전통 오락문화를 터득하는 동시에 일상사에서 이를 활용하기에 이르렀다.

야학운영의 설립·주체 대부분은 일제 침략을 제대로 간파·인식하지 못하였다. 사회진화론에 경도된 이들에게 제국주의 침략마저도 '문명의 시혜'로서 인식되는 상황이었다. 이들의 계급적인 성격은 문화계몽운동에 투신하는 주요한 배경으로 작용하였다. 이는 적극적인 저항보다 체제 내로 포섭·동화되는 경향성을 지닐 수밖에 없었다. 식민통치 강화는 이들로 하여금 '비굴한' 변명과 더불어 식민체제 내로 견인시키는 결정적인 계기나 다름없었다. 자강단체의 중심적인 인물조차도 자신들의 입장을 미화·옹호하는 데 급급하였다.

이는 이후 민족해방운동 전반에 막대한 폐해를 끼쳤다. 지금까지 근대교육운동 전반에 대한 긍정적인 평가는 이러한 배경에서 비롯되었다. 민족교육이라는 미명하에 교육운동을 주도한 사실만으로 과대평가 하는 학계 분위기는 아직 제대로 극복되지 않았다. 오히려 기념사업회 등에서 발간한 전기류를 포함한 인물사 연구는 이를 더욱 조장하는 분위기나 다름없다. 야학운동에 대한 성격이나 평가도 뼈아픈 반성적인 과정을 거쳐 재정립해야 할 시급한 현안 중 하나이다.

한편 야학운동은 근대 문화계몽운동 기반을 굳건하게 하는 요인이었다. 식민통치 강화와 더불어 굴절되는 등 부정적인 요소도 전혀 배제할 수 없다. 그러나 1920년대 '문화운동' 확산과 더불어 야학운동은 민중 일상사의 한 부분으로 정립되었다. 야학은 부문별 민족해방운동과 연계하는 가운데 분화·발전을 거듭하기에 이르렀다. 야학은 여론 형성을 위한 공간이자 변혁운동 '매개체'로서 활용되었다. 일제강점기 국내 민족해방운동은 이를 기반으로 가능할 수 있었다. 야학운동에 대한 재평가는 이러한 사실에 근거해야만 한다. 즉 야학운동 전반에 걸친 긍정·부정적인 측면을 동시에 밝힐 때에만 진정한 의미를 찾을 수 있다.

부 록

한말 지역별 야학일람표

<부록 1~9>에 표기된 황은『황성신문』, 세는『만세보』, 경은『경향신문』, 대는『대한매일신보(한글판)』, 大는『大韓每日申報(국한문판)』, 민은『대한민보』, 해는『해조신문』, 매는『매일신보』, 동은『동아일보』, 조는『조선일보』, 『西友』는『서우』,『기월』는『畿湖興學會月報』, 『서북』은『西北學會月報』, 『대한』은『大韓協會會報』, 『교남』은『嶠南敎育會雜誌』, 『조농』은『朝鮮農民』등을 각각 의미한다.『奏本』은 규장각에서 영인·발행한 奏本이다.

〈부록 1〉 한말 서울지역 야학일람표

명 칭	위 치	설 립 자	교 사 진	교 과 목	학 생 수	출 전
諺法會야학교	水下洞 소학교내	梁弘默	수하동소학교 교사	보교과정	다수	大1905.11.11,1906.5.8,1907.5.11
일어야학교	한어학교내	한어학교	한어학교 교사	일어	다수	大1905.2.10
進明夜學校	향토현 기념각	유지	진명학교 교사	日語·英語·漢文·歷史·地理	다수	황1906.3.28
漢語야학; 중등야학(교)	관립한어학교내	李命七·崔崙源 (한어학교교사)	柳光烈·朴任廳·吳信圭; 한어학교 교사	일어·한어·산술	(60,300)	황1906.3.28,1907.1.7,1908.2.28,10.6; 세1906.9.6,10.18,1907.1.10; 대1908.2.13; 大1907.7.6,1908.2.11,4.28,5.10,5.17
贊文야학	찬문학교내	찬문학교 임원	박·장·신·윤시용·윤 태중·金重煥	일어·산술		세1906.11.17; 大 대1907.12.7
일어야학강습소	평운대 반월정	鄭象煥(진의관)	좌동	일어		세1906.8.21
牛山學校支校	서서 西江坊	樵童牧竪외 교사	우산학교 고용년	국문·한문·산술	초등무수; 100	황1906.8.23
일어야학과	山林洞 光明學校내	광명학교	李丙植·宋秉頊·李鍾頊	일어·산술		大1906.8.26
일어야학강습소	마포 보성소학교내	李鍾浩	朴台秉·尹世鏞	일어·지지·역사		황1906.7.24,9.2,9.7,9.8,10.20,1907.1.19
均明義塾야학	서서 萬里峴	朱寅植·玄龍澤	유지 제씨	국문·영어·일어		大1906.9.30
정서사숙	묘동	鄭普若	鄭文鏑	일어	주야; 40	세1907.4.24
영어야학	壯洞 淸風學校내	李祥來	李祥來·吳元夏·李秉主	영어·산술·지지	30	세1907.5.31; 大1907.6.4,11.8
一成義塾야학	官立校洞 보통학교내	兪鎭國·李承薰외 7인	慶勳·李命七외 4인	법학·산술·일어	70	황1907.6.13,8.31; 대1907.7.7,7.17; 大1907.7.17
中橋義塾야학	中橋義塾내	韓榮奎·金泰裕	좌동	일어	6개월	대1907.9.18,1908.3.21; 大1907.7.9,1908.3.21

명칭	위치	설립자	교사진	교과목	학생수	출전
야학과	普光學校내	李址鎔	李址鎔·兪星濬	보교과정		大1907.7.7,1908.2.9,4.8,4.9; 대1908.4.8
光興特別영어야학교	광흥학교내	광흥학교 임인	韓百源	영어	30	황1907.7.19; 大1907.7.23,8.1,9.6 대1907.8.1
야학교	대안동	金承鑛	좌동	보교과정		大1907.7.21
야학교	삼청동	全聖旭	좌동	산술·수학·일·어	주; 여자 야; 남자	大1907.9.1,9.5; 대1907.9.1
일어야학과	養正義塾내	嚴柱益	좌동	일어	34	대1907.9.1,10.1,11.21,11.26,1908.2.13 황1907.9.27; 大1907.11.25,1908.2.13
觀英夜學舍	히문의슉내	徽文義塾	히문의슉 교사	물리·산술·영어·일어·부기	40; 과정 1년	황1907.10.1, 11.9
국문야학교	상동교당내	鄭泰容·金鼎植·윤명환	정태용·김정식	일어·산술·국문·지지·역사	20~35세; 40(과정은 6개월)	대1907.11.1,11.3,11.26,1908.1.12,2.8 大1907.11.27,1908.1.14,5.14
正則ML야학교	상동 청년회관내	柳一宣	柳一宣·安英·洪秉璇	일어·한문·산술·代數·幾何·三角	과정 1년	황1907.11.4~11; 大1907.11.5
汲水南야학	協成學校내	서북학회	협성학교 교사	국문·한문·산술·지리·역사·법률·위생법	급수상; 45	대1908.1.5,3.12 황1908.2.19,2.20,3.4,3.14,1910.4.19 大1908.3.7,11.21; 경1908.2.21; 해1908.4.16
사립야학	야주현 廣興義塾내	광흥의숙(중학교)	李健榮·池泰觀·李象馥·沈冒澤	일어·산술·보통과		『西友』하,335~336쪽,361쪽,415쪽 대1907.12.29; 大1907.12.29,1908.1.12
일어야학과	중서 묘동	鄭錫胤(중의생)	좌동	일어		황1907.6.21
일신소학교야학	일신소학교내	일신소학교	일신소학교 교사	일어	다수	大1907.5.3

명 칭	위 치	설립자	교 사 진	교 과 목	학생수	출 전
일어야학과; 좌등야학교	유동 萊東學校내	朴羸壽(전 승지)·金重煥	좌동	일어·부기·산술		대1907.11.28,1908.1.24,1.28,7.31,8.7.8.11,8.29,11.3,11.24; 大1908.2.19,2.29,4.3,11.21
新明야학	누구동 新明學校내	嚴俊源·유지 제씨	金駿秀·崔榮問 등	일어·산술	다수	大1908.1.11; 대1908.4.12,5.17.7.3 황1908.6.6,6.21,6.23,7.4,12.3,1909.2.19 민1909.8.1,12.10
영어야학과	서부 玄成學校내	권성학교	교사	영어		대1908.1.24; 大1908.1.24,3.19
國民영어야학교	북서 齋洞契	李昌植·崔在學·趙重昌	좌동	국문·한문·산술·加減乘除	14~35세 고용인	황1908.2.12,1910.4.14 大1908.1.26,2.11,2.13,6.6,6.11,9.5 대1908.2.11,3.13,6.6
桂山야학	桂山學校내	유지신사	계산학교 교사	보통학교과정	40	황1908.2.20,3.12
일어영어야학교	장교 長薰學校내	장훈학교	장훈학교 교사	일어·산술	다수	대1908.2.6; 황1908.3.4,3.6; 大1908.2.6,2.19
영어야학교	서서 남문 양동 廣化新塾내	광화신숙	광화신숙 교사	영어		大1908.2.9
돈명의숙야학	敦明義塾내	이기용	돈명의숙 교사	보교과정	다수	황1908.3.28
사훈양영학교	서부 사촌리	유지 제씨	좌동	보교과정	주야; 90	대1908.10.10; 大1908.10.10,1909.6.13
일어야학교	서울	金重煥	山口照平·渡邊竹四郎·李相憲	일어		大1908.1.8,4.2; 대1908.4.1
일어야학과	동어개진학우회내	이용식	김병선·朴羸壽	일어·법률·산술	20세 이상	대1908.4.2; 大1908.4.2,4.12
노동야학교	서울	노동야학회	임원진	일어·산술·국문	다수	대1908.4.7,7.23; 大1908.3.26,5.15,5.21 『養本』136
야학과	북부 삼청동	유지	좌동	법률·경제·일어	다수	大·대1908.5.1
明薪義塾야학; 명신야학교	校洞	尹滋普	尹相龔·崔在翊이 안동보교강사 4명	수업(년한; 2년과 6개월)	다수	황1908.5.3; 대1908.7.16

명 칭	위 치	설 립 자	교 사 진	교 과 목	학 생 수	출 전
야학교	齋洞	李鍾寅	좌동	보교과정		황1908.5.7; 大1908.6.11
일어야학교	齋洞	洪運杓	金光爀·내무주사	일어	관리대상	황1908.5.31
특별야학교	중부 전포동	張在軾(張志淵의 子)	장재식·徐廷然·金熙純	산술·일어	다수	大1908.6.17
국문야학과	東明學校내	李奎夏·李鍾華·李秀一	동명학교 교사	국문	수백명	황1908.7.17
한남야학교	중부 중부동	한석모	좌동	보교과정		大1908.7.15,7.20,11.11
재동의숙야학	서울	청년 10여인·이범식(전 시종)	尹敦求·李範錫	일어·산술·작문		大·대1908.7.29
일어야학교	서울	한상학(시종)	좌동	일어	시종인 소속 시종	대1908.11.18
普明야학교	마포 普成學校내	유지 제씨	보성학교 교사	한문·상어·산술·일어		大1908.11.22
일어야학과	소안동	趙鳳植	좌동	일어	10~40세 여자	大1909.1.8; 대1909.1.6,6.30
음숙야학	동부 어의동	김두종·상인15인	김두종·주숙;순사	국어·한문	상인지계수	대1909.1.10
일어강습소	嘉安坊	南章熙	좌동	일어		大·대1909.1.30
노동야학회	嘉安坊	南章熙	좌동	일어		大·대1909.1.30
일어야학	광화문 永敎學校내	權重洛·吳天默	林大圭	일어	다수	대·大1909.2.3
한어야학교	좌상중회관내	張上達(중국인)	좌동	중국어		大·대1909.4.16
仙笛書齋	적성관동	慶渦顯	慶魯顯		노동자 다수	大·대1909.4.16
協成分場	서서 용산방 리굴	吳大振·吳合煥(협성학교장)	좌동	보교과정	주야; 50	大·대1909.4.21

명 칭	위 치	설 립 자	교 사 진	교 과 목	학 생 수	출 전
進明강습소	阿峴 車子里契	盧淳根·李起夏·趙洁·金春夏	좌동	국문·한문·일어·산술	70	大1909.4.29 / 대1909.4.30
한문야학교	黃土峴 三間洞	葦草房都家	尹廷圭	한문	20	황1909.6.10
여자야학	養源學校내	李珏卿	양원학교 교사	어학·산술; 방학실시		민1909.6.19 / 大1908.9.27
일어강습소	중부 寺洞	金承圭	일본인	일어	40	민1909.6.25,9.8
旅館야학	중로 廣耳洞	金光爛	좌동	일어·산술		황1909.7.1
여자강습소	養心女學校내	양심여학교	양심학교 교사	일어·영어·산술	부녀 다수	황1909.7.14; 민1909.7.14
일어강습소	山林協會내	李夏榮	좌동	일어		민1909.7.21
일어강습소	履洞 進明學校내	李慶裕	李哲鍾·金圭元·高永煥	일어	다수	민1909.7.22
일어야학	竹洞	李相宇	江田野風郎	일어	다수	민1909.7.22
음악야학	공옥학교내	공옥학교	공옥학교 교사	음악 일반		大1909.9.7,9.9
聖公開進야학	西學峴 영국교당	영국교당	타이베이(교주)·李源祝·金汶植·吳周煥·崔彼應	성경·일어·영어·산술	130, 초등·중등과	황1909.7.31,8.4; 大1909.8.11 / 대1909.7.31,8.11,8.14
국문전습소	휘문의숙내	유지 제씨	좌동	한문·국문·작문법	전문강좌	大1909.11.13
야학부	남부 소평동 南學校내	광남학교	광남학교 교사	일어·부기		大1909.11.14,11.17; 황1909.11.13
일어야학교	後洞	李鍾泰	貴布根康吉	일어		민1909.9.23; 황1909.9.25
실업야학교	미동보통학교내	금화교육회	좌동	보교과정	다수	대·황1909.12.4
실업야학교; 실업보습야학	미동 수하동,어의동보통학교내	한성부	사범학교 교사	한글·산술 제조	70,71,76	민1909.11.21; 황1910.2.26,3.29,4.17 / 대·大1910.2.27; 『교남』441쪽

명칭	위치	설립자	교사진	교과목	학생수	출전
일어야학교	남부 시동 춘도학교내	薰陶學校	全奉基·李青在·黃致英·尹京志	일어	다수	황1910.1.13
야학교	泥洞	馬熙奎·李普潤	이보윤·조상기·李容冕			매·大1910.1.16
일어연구회	相思洞	林圭	좌동	일어		황1910.1.26;大1910.1.28
일어과	동부 壹洞	海東新塾	해동신숙 교사	일어·영어		大1910.2.20;황1910.2.11
한어야학강습소	종로	종로청년회관	金佑行	중국어		황1910.2.24
한문야학교	화문의숙내	李龍鍾·金文黃	화문의숙 교사	한문		민1910.3.13
야학교	長通學校내	姜重遠·女相説	장통학교 교사	영어·일어·산술·부기		大1910.3.25; 매1910.3.27
일어야학연구회	중부 내상동	三興學校	삼흥학교 교사	일어		황1910.3.27
일어야학	弱雲學校내	필운학교	필운학교 교사	일어		大1910.3.31; 매1910.4.1; 황1910.3.27
상업야학과	종로 황성기독교 청년회관내	황성기독교청년회	임인진	산술·부기·상업학·상업지리·상품학·경제학·상정·이학	100; 수업년한 2년	황1910.4.2,4.10
고등야학과	協成學校내	협성학교	협성학교 교사	생리학·물리학·화학·일어·한문		황1910.4.19
중등예비과강습소	북부 제동	南章熙		중등입시준비		매1910.4.21
야학강습소; 대동강습소	중부 교동 교회관내	대동교	金鳳鑛·任命鑛·李浩浩	교리·일반상식	주야; 80~90	황1910.4.24,7.20
노동야학교	북부 삼청동	文敬善	좌동		50	황·매·大1910.5.25

명 칭	위 치	설 립 자	교 사 진	교 과 목	학 생 수	출 전
東昌야학교	기호학교내	崔亨植	崔亨植·趙大熙·崔浩哲	영어·일어·산술		황1910.5.28
일어사숙	서부 향토권	吉田幸夫	좌동	일어		대·大1910.5.31
상업야학과	응희강습소내	鄭在恩·鄭秀鎭	李珊雨·金晩圭	상업일반		대·大1910.6.1,6.2
연초조합야학	보인·양정·삼흥학교	연초조합소	각 학교교사		연초조합소 노동자; 3,000	황1910.6.21,7.1,7.9; 대1910.6.27,7.1,7.9; 大1910.6.23,7.9
야학강습소	서북학회내	孫榮國(법률가)	孫榮國·金基雄·姜昌梧(의학가)	물리·화학·생리·법률·일어		황1910.3.31,7.1
영어강습소	동부 이현 신흥학교내	신흥학교	신흥학교 교사	영어	다수	大1907.7.31,1910.5.6,7.28; 대1910.5.8,5.24;황1910.7.7,7.22
일어강습소	〃	〃	〃	일어	다수	大1910.5.6,7.28; 대1910.5.8; 황1910.7.7,7.22
일어강습소	보인학교내	金纘濟(내무주사)	좌동	일어		황1910.6.9
일어강습소	보성전문학교내	보성전문학교	林圭·李恩雨·蔡基斗·方漢復·崔浩善	일어		황1910.7.1
하기강습회	중부 중마동	硏精堂	연정당 교사	산술·기하·대수		황1910.7.8
야학강습소	普興學校내	보흥학교	藤井直次	일어·산술		황1910.7.4
한문강습소	관립한성고등학교내	呂圭亨(한문교사)	좌동	한문	관립학교 4 학년생 대상 보중교육	황1910.7.17
일어연구회	흥사단내	林圭	좌동	일어	다수	황1910.8.23

〈부록 2〉 한말 경기지역 야학일람표

명 칭	위 치	설 립 자	교 사 진	교 과 목	학 생 수	출 전
新英야학교	안산 瓦里面 新角里	유지 제씨		보교과정	다수	대1909.2.17; 大1908.4.22,1909.2.18 3년전 설립
야학과	김포 읍내 金陵學校내	李性植	좌동	보교과정	다수	大1906.7.8
博文야학	인천 박문학교내	郭重根·全主水	설립자외 張箕彬	영어·일어·산술	30	황1907.12.18; 1년전 설립
조동야학	남양읍	유지신사	朴潤榮; 시립보충학 교 사무원	보교과정	조동목수; 29(50)	황1907.2.1,1908.9.4; 대1908.4.8,9.4 大1908.4.9
面里校塾速成科	교하 각 면·리	양기섬(군수)				황1907.12.14
야학과	광주 中位 松坡	유지 제씨	金昌鎭	보교과정	주야; 100	『기월』하,324쪽
국문야학교	시흥 서면 소하리	李淵哲(면장)	좌동	국문번역 교수	30	대1908.1.9,1910.1.26; 등1923.10.6 大1908.1.10,6.3
宣城야학	교하	유지 제씨	鄭泰鳴·尹應秀	국문·한문·산술	노동자제; 20	황1908.1.12,6.24 大1908.1.30,1.31,2.8,5.24,1910.1.14
支石里야학교	교하 지석리	申鳳均·군수	좌동	보교과정	수십명	황1908.1.12
국문야학	포천 읍내 擧野義塾내	신아의숙	신아의숙 교사	국문·기타	다수	大1906.8.21,1908.1.22; 『기월』상;129쪽
〃	포천 社倉村	유지 제씨	좌동	〃	〃	大1906.8.21,1908.1.22 『기월』상,129쪽
〃	포천 萬橋里	유지 제씨	좌동	〃	〃	大1906.8.21,1908.1.22 『기월』상;129쪽
〃	포천 左石里	유지 제씨	좌동	〃	〃	大1906.8.21,1908.1.22 『기월』상;129쪽

명 칭	위 치	설 립 자	교 사 진	교 과 목	학 생 수	출 전
汾院야학교; 신학교	양근 분원	權童 40명	鄭慶時(보통학교교사)	〃	40~50명	황1908.2.18; 大1908.2.22; 대1908.2.23
국문야학교	시흥 중종리; 4개 동리 설립	안양서	좌동	국문		大·대1908.2.28
야학교	수원 읍내 북문	李大粹	이대순·차석우(삼일학교 학생)	국문	수료증수여	大1908.3.6
국문야학교	강화 각면 보창학교내	李東輝	학우회	국문·산슐·어학	노동자; 400	황1908.3.10; 大1908.3.5,5.26,8.23, 『기월』하;432~439쪽
야학과	풍덕 南面 丁串洞 영명학교내	柳達秀	白樂玉	국문·한문·산슐·작문	주야; 40~50	大1908.3.14
汾陽야학	통진 陽陵面	趙東薈(군수)	申鍾協·白孝元(순검)	보교과정	40~50	황1908.4.2; 大1908.6.16 『기월』하;45쪽
야학과	안산 공보교내	李夔秉(군수)	안산공보교 교사	보교과정	50	황1908.4.30
야학과	과천 하서 호계동	樂英義塾	좌동	보교과정	다수	大1908.10.8; 설립 4월
종도야학	남양 쌍부 한각리	崔正珠	좌동	국어·한문		大1908.4.11
청년야학교	광주 退村 주자동	朴齊先	좌동	일반상식·국어·한문·산슐	수십명	大1908.4.23
종도야학	통진 분남학교내	분남학교 교사	좌동	국어·한문·임어·제조	40	大1908.4.17,5.9,5.22,11.15,1909.1.13 황1910.3.31
종도야학 7처	안산	공보교·기독교·삼신학교 생도	좌동	보교과정	다수	대1908.5.22; 大1908.5.22,7.17
야학과	강화 沙器洞 계명의숙내	계명의숙	계명의숙 교사	보교과정	주야; 100	大·대1908.6.6

명 칭	위 치	설 립 자	교 사 진	교 과 목	학 생 수	출 전
초등야학	광주 염주	유지 제씨	좌동		40	大·대1908.6.6
樵童야학교	광주 역촌 광흥학교내	鄭九夏·南一祐	좌동	보교과정	80	大1908.3.26,4.8,5.10; 황1908.5.22,8.11
목동학교	광주 慶安 德谷里	유지 제씨	좌동	국어·한문·산술·계몽편	다수	大1908.5.10
〃	광주 경안 胎峯 漢山學校내	한산학교	한산학교 교사	〃	〃	〃
목동학교	광주 경안 前枝里	유지 제씨	좌동	국어·한문·산술·계몽편	34	大1908.5.10
야학과	광주 廣彦里 廣彦學校내	曹輔承·李秉羲	광언학교 교사	보교과정	주야; 90	대1908.8.5; 大1908.7.17,8.5
상업야학교	개성	개성학회	임원	상업일반·부기·주산·산술		大1908.6.17
普昌야학교	풍덕 領井浦 보창학교지교내	李允鍾(군수) 金公普·李聖學	좌동	보교과정	20	황1908.7.16; 大1908.2.5,7.17,8.9,11.17 1909.9.16,12.30 『기월』상, 265쪽과 337쪽
영촌야학교	광주 인구 영촌	金國培	좌동	국문·한문 각과정	주야; 40	大·대1908.7.15
노동야학교	부평	全國煥(군수)	桂昌學校 교사	국문·한문 각과정	주·야간 조동목수; 70	황1908.9.13,9.19; 大1908.9.4,9.16
樵童야학교; 開進학교	광주 오포 양촌리	黃顯在·柳冕永	黃在永·黃義明·柳根永	국문·한문·산술·본국역사·지지	40	大1908.9.25; 대1908.9.17
노동야학강습소; 노동야학(최소) 31개소	강화 읍내 보창학교지교내	李允文·李完求·劉鉉基·朱元植·金永祚	柳景根·方永秀 외 각 지교 교사	국어·일어·한문·산술	400여 명	大·대1908.9.29; 『기월』하,256쪽
안성강습소	안성	吳主泳·李起鎔·鄭庠敎·姜泰遠·金泍	좌동	보교과정	하기방학	大·대1908.9.30

명 칭	위 치	설 립 자	교 사 진	교 과 목	학 생 수	출 전
야학교	안성 남면 신촌 마을회관내	姜泰範(성균관연학생)·金正弼	강태범	보교과정	30	매·大1908.10.9
노동야학교	교동	郭璨(군수)	좌동			매1908.10.23; 大1908.10.24 / 황1908.10.24,1910.5.11
노동야학과	양평	李殷哲(군주사)·李承僑(우편취급소)	좌동	국문 번역 교수	40	황1908.7.3,11.14; 매·大1908.11.15 / 『기월』상,44
인천의숙	인천 花島里	조동무부	조정삼		다수	매1908.10.24 / 大1908.10.25,11.14
보성야학	가평	보성학교	李元鍾(통역주사)·李相穆	야학		매1908.10.30; 大1908.5.9,11.1
光熙야학교	통진 읍내	白孝元(순사)·李能夏(주사)	李能夏	보교과정	조동무수; 40	황1908.11.24,12.23 / 매1908.12.18,1909.1.27 / 大1908.12.19,1909.1.27
분양학교지교	통진 읍내 조강리	李能夏(주사)	좌동	보교과정	70	매1908.12.18,1909.1.27 / 大1908.12.19
명신야학교	인천 明新學校내	명신학교	李容晦·李敎元·申聖先·李鍾濂	보교과정	30	매1908.11.26 / 大1908.12.28
야학과	강화 하도	尼山義塾	朴吉秉·李泰榮·咸命植	보교과정	주야; 100	『기월』하,141~142쪽
노동야학교	양주 上道 嘉梧室	유지 제씨	좌동	보교과정	50	大1909.5.13; 설립 1908.11
보통야학교; 隆興義塾	시흥 西面 日直里	梁柱鶴	梁柱鶴·權轍榮·兪庚濬·閔勤	보교과정	40	민1910.3.18; 매1910.4.2; 大1910.4.3 / 황1910.5.11; 『기월』하),140쪽 / 1908년 설립

명 칭	위 치	설 립 자	교 사 진	교 과 목	학 생 수	출 전
樵童야학교	안산 北坊 遠達里	鄭圭大(이장) 高鎭國(전의관)	좌동	보교과정	40	대·大1909.1.1
노동야학회	진위	柳俊珌(우편국주사)	柳定基·金正賢	보교과정	50	대·大1909.2.14
노동야학교; 각 동마다 설립	고양 한지 왕십리	유지 제씨	좌동	보교과정	240	대·大1909.3.14
노동야학교	利川 草面 대내리	노동자 20~30명	崔基正·崔毅珣	보교과정	30	대·大1909.3.18
상업야학교; 孟東義塾(三仁學校)	개성	명동의숙	명동의숙 교사	상업일반	주야; 100(수업년한 2년)	大1910.4.5; 황1910.4.10
노동야학과	인천 新地面 進明養塾내	鄭炯澤(정삼품)·鄭禹澤	鄭禹澤		30	大1909.4.27; 대1909.4.28 『기읽』하,258쪽
靑校강습소	靑城第一學校내	정성학교,대한협회 포천지회	정성학교 교사	札書·창가·수학		민1909.7.27; 황1909.11.14,1910.1.26 『기읽』상,339쪽,하46쪽 대 257쪽
노동야학교	진위 東明義塾내	金聖熙	李在英	보교과정	주야; 80	大1909.11.18
노업야학교; 농림야학교	안산	趙重恩(군수)·鄭顯哲·嚴桂漢·趙秉植·任甲準	좌동	현재 교과서 기증	40	황1909.12.14; 민1909.12.14
법률야학교	수원 읍내 三二學校내	林勉洙(교장)·具滋旭(군주사)	林勉洙(교장)·相(주사)·具滋旭(군주사)	법률·경제	50~60	민1909.12.15; 대1909.12.14 大1907.7.18,1909.12.18; 황1909.12.14 『기읽』하,44쪽
노동야학교	利川 長面	閔仲植	좌동			민·大 대1909.12.18

명 칭	위 치	설 립 자	교 사 진	교 과 목	학 생 수	출 전
焦牧야학; 石明里 備合 야학校	적성 西面 石明里	郭承篇·都永民·郭永完·郭相億	좌동		40	황1909.12.22
楊州야학교	양주 군정내	朴永大(군수)	군정관리	토지가옥증명서규칙등 실무	면에서 2인씩 을 선발	황1910.1.1; 대1910.2.20 大1910.2.16
합일야학교	강화 위양 중권등	合一學校	田炳奎·金容夏	보교과정	20	대1910.1.8.5.7; 大1910.1.8.5.6
노동야학교	양천	李浩升(군수)	좌동	보교과정	40	대1910.1.11; 大1910.1.6,1.15 민1910.1.12
廣信야학교	과천 廣灘面	沈相格(恰)	좌동	〃	50~60	대1910.1.22,1.26; 大1910.1.27
야학교	남양 普興學校내	黃潤東(군재무주사)	좌동	일어·산술		대1910.1.27; 大1910.1.28
景重야학교	양주 九旨面 四老里	金奎朝	좌동	보교과정	30	대1910.1.23; 大1910.1.28
야학교	인천 舊邑面 官廳里	金在玉·河錫炫·崔京鉉·鄭泰俊·제룡명	좌동		30	대1910.2.20; 大1910.2.22 황1910.3.18
야학과	개성 開城學堂내	개성학당	개성학당 교사	보교과정		황1910.3.31
以文學校, 노동 야학	인천 多所 松林洞	許遜·李甲奎·李明浩·趙在榮·申永愚등	좌동	보교과정	50	大·대1910.4.9
노동야학교	竹山 近三 杜垰洞	李慶夏·李範邊·李範寬	좌동			황1910.5.4; 大1910.5.4
노동야학교	남양 新里 仕串洞	洪在完·辛宗益	辛驥夏		30	大1910.5.5; 대1910.5.6

명 칭	위 치	설 립 자	교 사 진	교 과 목	학 생 수	출 전
야학교	가평 嘉陵 향교리 보성학교내	보성학교	보성학교 교사	보교과정		大1910.5.29; 대1910.5.31
하기강습소	개성 培義學校 내	동지청년회(개성 출신유학생 80명)	좌동	전문강좌	다수	황1810.8.20
야학과	양주 고양주 웅 마장리	유지 제씨	좌동	보교과정	다수	『기월』하,383쪽
야학과	양주 고양주 읍 리	유지 제씨	좌동	보교과정	다수	『기월』하,383쪽
야학과	양주 고양주 신 천리	유지 제씨	좌동	보교과정	다수	『기월』하,383쪽

〈부록 3〉 한말 충청도 야학일람표

명칭	위치	설립자	교사진	교과목	학생수	출전
進明야학교	충남 공주	金永斗·金宇鎭(탁지부주사)·李南植(은행원)·兪南式 지인사	김영두·김우진·이남식	경제·산술·부기·상업	40	쎄1907.5.21
노동야학교	충남 은진 彩雲堤內里	閔善基·李會喆·金樂植·邊翼一	좌동	보교과정	100	대1910.5.8; 大1910.5.7; 1907년 설립
樵童야학	충북 괴산	李應運·安弘遠(보명학교 교사)	좌동	국문	50	大1908.1.10,1.26; 대1908.1.26
국문야학	충남 홍주 洪明學校내	농민 다수	金始元	국문·한문·산술	다수	大1908.1.22
국문야학교	충남 직산	元鏡淵·吳漢泳·金東植	유지 제씨	국문·산술	군내 야학생; 300	황1908.4.25,4.26,12.22
노동야학교	충남 노성 禾谷 龍井里	유지 제씨	좌동			황1908.5.1
야학교	충남 은진 내	李同萬(군수)·유지 제씨	安明玉·愼慶洽·安鍾雲	보교과정	주야: 80	大1908.7.17; 『기원』상, 409쪽
天興야학교	충남 林川	金應圭(군수)·趙東潤(군주사)·金商璐(재무서장)	좌동	보교과정	40	황1908.7.29; 대1908.8.1; 大1908.8.2
중명야학	충북 청안	重明學校	金昌淳		50~60	大1908.9.16
향교야학	충남 은진 상무 내곡	柳星烈·徐琦勳·徐基道 면장등	우리암(목사)·徐基道·徐琦勳·卜基業	성경·영어·지지·역사·산술·한문·제조	33	대1908.10.17; 大1908.7.16,10.20

명칭	위치	설립자	교사진	교과목	학생수	출전
국문야학교	충남 직산 經緯學校내	유지	경위학교 교사	국문	60	大1909.1.15,4.20; 대1908.4.20,10.1 황1909.12.4,12.9,1910.1.19,3.20 『기월』하,257~258쪽
일어야학과	충남 아산 日新學校내	安允中(전 군수)	안윤중·李綱淳(군 재무주사)	일어	50~60	大·대1908.10.1; 황1909. 12.19,1910.3.3
노동야학과	충북 황간 공립학교내	황간공립학교	呂圭穰(공립학교 부 훈도)	보교과정	50	대1909.1.27; 大1909.1.28
노동야학	충북 옥천	申鉉九(군수)	유지	보교과정		황1909.2.13; 大1909.10.27
국어야학교	충남 괴산 南中面 典法里	趙宗鎬·金相翼·金演羲	좌동	국문·산술	조동무수;다수	황1909.2.27; 대1909.3.4 大1909.3.5,4.2; 『기월』하,200쪽
야학회	충남 직산 山井里	閔啓東(교사)	좌동	국한문·어학·산술	20	황1909.3.2
노동야학	충북 청주	鄭蘭澤	좌동	국문·창가	조동무수; 40	황1909.3.23
노동학교	충북 제천 塔內洞	李鍾華외 관리	鄭奎硯·李光雨	국문·한문·산술	50	大1909.4.4; 『기월』하,256쪽
勞動東明야학교	충북 옥천 伊南 坪山里	朴政鎭·李教喆 曹昌烈·朴權浩	좌동	보교과정	86	大1909.4.28
노동東明야학 지교	충북 옥천 이남 所道里 赤驛과 所道里	朴政鎭·李教喆 曹昌烈·朴權浩	좌동	보교과정	49	大1909.4.28
노동東明야학 지교	충북 옥천 면 赤驛과 所道里	朴政鎭·李教喆 曹昌烈·朴權浩	좌동	보교과정	49	大1909.4.28
상명노동야학교	충남 홍성 궁성 면 외상리 덕명 학교내	유지 제씨	이창구·이은구	보교과정	20	경1909.4.30,5.14

명칭	위치	설립자	교사진	교과목	학생수	출전
제천노동야학교	중북 제천	유지 제씨	좌동	국문·보통학	25~26개교	황1909.5.6
東一硏成야학교	중남 예산	成昌永·崔圭桓·成哲永·李明鎬	朴勝泰·韓錫命·申永	보교과정	다수	大1909.5.7;『기』하,322쪽
진명노동야학	중남 연산 양소 오산 광동야학교 내	이용래·이주철·김병주·이병묵	좌동		100	대1909.5.28
報恩야학	중북 보은	崔秉轍(군주사)	좌동		수십명	황1909.6.20;『교남』5,38쪽
노동야학교	중남 청주	李相(商)雨(학교장)	좌동	보교과정	80(수백인)	민1909.9.22,1910.3.23 대1910.1.20,3.24; 大1910.3.25 황1910.3.24
괴산야학교	중북 괴산	申桑雨·柳愚根	李起旭·正村要藏(재무주사)	보교·일어		황1909.6.8
법률강습소	중남 당진	金永準	李範聲	법률		大·대1909.10.28
노동야학교	중남 連山	유지 제씨	金聲洙(군주사)·金高契(재무서장)		50	황1909.11.17
노동야학교	중남 임천 內洞面 北 里	趙東普·文相鷹·姜信禹·姜錫台	좌동	국어·일어·산술	주야 60	황1910.4.6
법률강습소	중남 직산	池喜烈(군수)	좌동	법률 등 전문과정		大1909.1.12; 황1910.4.7;『기』하,45쪽
노동야학교	중남 강경	方敬燮·朴明順	좌동			황1910.5.4
노동야학교	중남 연산 東面 外於谷里	유지 제씨	좌동	보교과정	30	대1910.5.24,7.20; 大1910.5.24
야학교	중남 은진 논산	金在煥(진장동)	좌동	보교과정		大·대1910.6.16
동명야학교	중남 예산 郡內面 莫泉洞	金顯冀	姜貞燮(순사)·宋秉周·朴英秀(동句)	보교과정	30	대1910.4.21,7.17 大1909.12.30,1910.7.17

명칭	위치	설립자	교사진	교과목	학생수	출전
노동야학교	충남 공주 商務都家내	金覺會·金仁泰·金基鳴	좌동	보교과정	상업종사자 다수	황1910.8.23
노동야학교	충남 진천 文明學校내	朴初陽(군수)	군수·유지		60	大1909.11.17;『기월』하,142쪽
노동야학; 동리마다 설립	충북 충주 목계	유지 제씨	좌동	국문·한문·산술		大1909.12.2
노동야학교	충남 충주 牧溪 通明學校내	유지신사	吉野藤巖	상업일반·국문·한문·주산	상업종사; 다수	황1909.11.28 大1910.6.16
동명야학교	충남 예산 郡內 寒泉洞	姜寅燮(순사)·宋秉周·朴英秀(동역)·金顯東	좌동	보교과정	200	대1909.12.30 大1909.12.30,1910.7.17
광동야학교	충남 전의 동면 노계 광동학교내	孫昌膺·鄭寅哲	광동학교 교사	보교과정	초등목수;30	대1910.1.8; 大1910.1.9
광동강습소	충북 영동 陽南	유지 제씨	좌동	보교과정	다수	황1910.1.12
일어전문과	충남 회인	進明學校	加藤末次郎(전보은군 취급소장)	일어	다수	황1910.1.15
노동야학교	충북 청주 湖廙 學校내	유지인사	호중학교 교사		80	大1910.1.19; 대1910.1.20 황1910.4.8,4.9,4.14,4.24,4.29
노동야학교; 관내 다수	충남 해미	李起元(군수)	유지 제씨	보교과정		대1910.2.5; 大1910.2.12
鎭岑야학	충남 진잠 읍내	曹欽承(군수)·金永基·朴忠籍·金哲洙 등	좌동	보교과정		황1910.2.24

명 칭	위 치	설 립 자	교 사 진	교 과 목	학 생 수	출 전
노동야학교	충북 음주	徐光世(군수)	군정 관리	보교과정	60	황1910.3.13; 데1910.3.15 大1910.3.16
노동야학강습소	충남 당진	徐戴德(군수)·印魯洙(지방위원)	각 면·리회 임원	국문·한문·산술	47개소	민1910.3.29

〈부록 4〉 함말 경상도 야학일람표

명칭	위치	설립자	교사진	교과목	학생수	출전
일어야학과	경남 김해	李濬鎬(공립학교교사)	일본인	일어	다수	새1906.8.30
노동자야학과	경남 웅천 開通學校내	유지 제씨	개통학교 교사	보교과정	여학과·본과·야학과; 300	대1908.11.25,1910.5.7 / 大1908.11.27,12.6,1910.5.6 / 황1910.5.5; 3년전
普通야학과; 마산 노동야학	경남 마산 완월리 民議所내	마산민의소	王琪煥·具聖傳 외	보교과정	60	황1909.4.14, 4.1;1907년 설립 / 大1909.4.15,1910.6.2; 대1910.5.31 / 매1916.3.21; 동1921.7.16
동래야학	경남 동래	金教獻(동래부윤)의 아들	좌동	작문·산술·지지·역사	다수	대1907.7.18; 大1907.7.18,8.5
야학과	경북 경주 공보교내	桃花(기생)	공보교교사	일어·한문·산술		大1908.2.27
釜山야학	경남 부산 초량사립학교내	鄭箕斗·金永圭·金德祜	청년유지	보교과정	노동자와 금수상; 50	황1908.3.17; 경1908.4.10
야학교	경남 김해 夫溘人學校내	李允宰	좌동	일어·한문·산술	50	大·대1908.5.26
야학과	경남 동래 明正學校내	金教路·金梵河·崔一海	임인	일어·한문·산술	20	大1908.6.6
노무야학교	경남 김해 부내리	노무회	임인	보교과정	다수	大1908.6.9,6.18; 『교남』,449쪽
야학교	경남 김해 부위리	노무회	임인	"	다수	大·대1908.6.7,6.9
야학교	경남 함진 海明學校내	해인사	해명학교 교사	불교교리·보통학문	20	大1908.7.4

명 칭	위 치	설 립 자	교 사 진	교 과 목	학 생 수	출 전
노동야학회	경북 김산 김천	안덕일·김성필·이진수	한상동·이용준	보교과정	40	매1908.7.12
農務勇進야학교	경남 김해 좌부면 동상리	農務회	裵秉靑	국문·산술·제조	60	大1908.8.9,11.27; 매1908.8.9
노동야학	경남 웅천 加德	노동자	尹漢武·朴聖仁		다수	大1908.7.7
대구노동야학교	경북 대구	玄擎運	설립자외 4~5명	역사·지지·산술·제조·국문	노동자; 70~80	황1908.9.20; 大1908.9.22
야학강습소	경남 진주	노동자와 대한협회 지회	金羲順	일반상식·국문·한문·산술	노동자; 60	황1908.11.1
직명야학	경북 김산 직명학교내	직지사	직명학교 교사	보교과정	주야;70	매1908.11.5
야학교	경남 웅천 中面	洪鍾謨·朱祥燁	좌동	보교과정	다수	大1908.11.18
自致야학교	경남 삼가	朴基準·任孌淳	좌동	보교과정		황1908.11.20
노동야학교	경북 동래부 西面	金秉圭·金雨英·秋鳳贊	좌동		노동자; 67	大1909.1.6
노동야학교	경북 영천 모사면 지일근등	취주교인	김봉삼	교리·보통학문	교인자제 다수	경1909.5.14; 설립은 1.15
야학교	경남 진주 城內	李周晟	좌동	보교과정	70	大1909.1.29
농민야학교	경남 진주 大安面	유지신사	姜璟鎬	보교과정	90	매1909.2.3; 大1907.3.28,1909.2.14,6.8 『교남』440쪽
국문야학	경북 개령 西部	文益漢(開進學校 학감)	좌동	국문·한문·산술		황1909.2.17
부야학	경북 개령 西面 當岩里	禹鼎泰(曾成學校 학생)	좌동	노동쾌자	농가자제 다수	황1909.3.5

명칭	위치	설립자	교사진	교과목	학생수	출전
明進야학교	경남 부산 영주동	高允河·趙鏞宇·郭重煥·朴勝玉·朴東植	朴勝玉·李長春·韓鏞杓	보교과정	남;56 여;82	황1909.3.18,1910.7.21 大1909.3.5
노동야학교	경남 하동	유지 청년	鄭大基(교사)	보교과정	50~60	大1909.4.18
開慶야학교	경남 진주 옥봉	金勳鏑(서울 유학생)	金俊鏑·權得龜	보교과정	남;34 여;20	大1909.4.23
宜新學校야학과	경남 의령	의령민의소	좌동	일어·한문	다수	황1909.4.25
여자일은문공습소	경북 대구	유지	좌동	일어·한문	160	대1909.8.12 大1909.8.12,8.18
국문야학	경남 함천	朴從龍(군수의 관리)	朴從琪	교육일보	50~60	황1909.9.7
야학교, 공립보통학교변경	경남 용남 西面 忠洞洞	徐洛三	崔基旭·崔璟烈·崔基昇	법률·일어·산술·한문	300	황1909.9.28
노동야학교	경남 밀양 城內	관리 제씨	李應悳·崔元植(군주사)·表正淑·黃尙奎	국어·한문·일어·산술·제조	200	황1909.10.29
노동야학과	경북 대구 花縣內面 日新學校내	鄭子烈·李允植·李龍瑞·鄭明龍·徐碎範	朴鑛龍	보교과정다수		황1910.1.9
일어야학과	경남 자인 培義學校내	洪昌燮(군수)·崔丙圭(주사)		일어		민1910.2.15
노동야학교	경남 마산	李承奎	좌동			민1910.2.24
감우강습소	경남 진주	진주分監所	좌동 일반	일어·농학	죄수;16	민1910.3.9
나창야학교	경남 울산 동면 남전리	이종림·장두영·장인화·장남기	좌동	일어·농학	24	대1910.3.10
노동야학교	경북 순흥	元段常(군수)·유지 제씨	勤勉會 임원	보교과정	다수	황1910.3.31; 大1910.4.1; 대1910.4.2

명 칭	위 치	설 립 자	교 사 진	교 과 목	학 생 수	출 전
부인야학교	경북 대구 달서여학교내	달서여자교육회	金和秀	가정학·위생학·경제학	20	大1909.12.30,1910.4.14 황1910.4.14,4.15
노동야학교	경남 초계 中坪·下坪	유지 제씨·甘麒鉉(군수)	李健鎬(창신학교 교사)		70~80	大1910.4.29; 대1910.5.1
노동야학교	경남 초계 上坪	유지 제씨	좌동		50~60	〃
노동야학	경남 함양 赤中面 上部里	유지 제씨	車載文·吳達用·金萬成	국어·산술(기초한자)	160	등1921.6.23
襄陽야학교	경남 예천	유지 제씨	金鼎力(회장)·張昇煥(군주사)·李栢(우체주사)白漢鎭	보교과정	40	황1910.4.6,5.18
노동야학교	경남 창원 熊東 陽德里	문식운	좌동		30	大1910.5.22; 대1910.5.18
일어강습소	경북 대구	기생조합소	김명기	일어·창가·서간문·산술		대1910.5.31; 大1910.6.3
법률야학강습소	경북 대구	달성친목회	司法官 某某	보성전문학교강의록		황1910.6.15
하기강습소	경북 대구 協成學校내	달성친목회	교교육회 임원	수학·법률과 등 전문강좌	120	황1910.6,7.16,8.13
야학과	경남 웅천 巍明學校내	朴啓亨(교감)·朱基南(교사)	좌동		30	대1910.6.17; 大1910.6.18
노동야학교	경북 비안 군내면 倉上洞	朴甲周	상동	보교과정	수십인	대1913.2.14
노동야학교	경북 장기	지림사	이범해(승려)	교리·일반상식·한문·국문	30	대1910.7.27

〈부록 5〉 한말 전라도 야학일람표

명 칭	위 치	설 립 자	교 사 진	교 과 목	학 생 수	출 전
永華學校야학	전남 목포	기독교인	南宮檍 曹秉禹(교사)	일어·영어	다수	황1907.5.8
全州야학교; 進明야학교	전북 전주공립한교교내	金奎熙(관찰사)·교사 등	尹憲求·金鳳鎭, 熙(교장)·二則耕夫 盧	법률 일어·산술	수십명	황1907,12.13,1908.3.27,3.28 大1908.2.26
사립야학교	전북 군산	유지·李樵榮(옥구군수)	趙棨承·韓承履 啓愚	보교과정	수십명	大1908.2.12
보통과야학	전남 목포 土商會社내	土商會社	임인	한문·법률·상 업일반		황1908.4.26
영어야학	전남 무안	남궁억(세무주사)	좌동	영어·국문·한문	60	大1908.5.6
야학교	전북 교산	華山義塾	閔泳府(숙장)·吳秉德·宋在鳳(교사)	국문번역 교수	30~40	大·대1908.5.29
야학과	전북 임피 한일학교교내	金鏞煥·林震燮(군수)	좌동	보교과정		大1908.7.30
야학교	전남 남평 관덕정	박흥식	申泰根	보교과정	50	대1908.10.10
야학교	전북 군산	유지신사	좌동	보교과정	상인; 40	大1908.11.26; 대1908.11.27
朱陽야학교	전북 옹담 西面	유지인사	좌동	보교과정	노동자; 40	大1909.1.6
야학교	전북 옹담 서면 과정	유지인사	좌동	보교과정	20~30	大1909.1.6
야학교	전북 옹담 서면 星岩외 4개처	유지인사	좌동	보교과정	각 20~30	大1909.1.6
야학강습과	전북 진안 文明學校내	문명학교 설립자	李萬用(세무서장)·白 琮基(주사)·학교생도 3인	보교과정	30	황1909.1.31

명 칭	위 치	설 립 자	교 사 진	교 과 목	학 생 수	출 전
노동야학교	전남 목포 오금동	홍필순	홍필순 부자와 조가	보교과정	노동자; 100	대1909.2.28; 大1909.3.3
노동학회	전북 부안 牛浦	金鼎濟	좌동		흥동목수; 다수	황1909.3.30,4.24
노동야민학교	전북 고산	유지·안회진·서상문(순사)	안회진·서상문·고준오·이학로	보교과정	80	경1909.3.12,3.19,4.16,8.27,12.24
노동야학	전남 여수	金漢永	좌동	보교과정	다수	황1909.5.1; 大1909.6.7
야학교	전북 전주 동문	李正淑	趙千鍾	보교과정		大1909.12.10
능민야학과	전북 진안 文明學校내	교장·교감·교사 등	柳柄助·申鉉德(교사)	보교과정		황1909.12.15; 大1909.12.19
노동야학	전북 군산	유지신사	노동회 임원진	상업학·법학		황1910.3.27; 대1910.4.1,5.3
야학교	전북 만경	權周相(군수)	좌동	산술·법률·일어	30~40세 남자	大1910.4.1; 대1910.4.2
노동야학교	전북 군산 藏財洞	여상회사	金商冀	상업대요·부기·일반상식·법률·주산	30	大1910.5.14; 대1910.5.22
노동야학교	대한협회 광주지회	崔鍾涉	지회 임원	보교과정	130	대1910.6.30
하기강습소	전북 진안 文明學校내	白鎌基(대성학교 생도)	좌동	보교과정		황1910.8.3

〈부록 6〉 한말 황해도 야학일람표

명 칭	위 치	설 립 자	교 사 진	교 과 목	학 생 수	출 전
배영야학교	안악 동창리	車景哲·表致楨·金炳旭·高基泰	좌동	보교과정	40	大·매1908.10.16; 3년전설립
收童自立學校; 自立收童學校	재령	趙光表(杓)·劉夢澤·李容郁(군수)	좌동과 유지	보교과정	70~80	제1907.6.27; 매1908.5.26,7.18,1909.6.15 大1907.7.20,1908.1.5,3.24,3.25,4.10,5.27, 5.28,7.21,1909.5.6;창립3년전 『교남』,343쪽
배영야숙; 배영야학	은율	효동 다수·洪鎭三(박문사사장)	유지	국문·일반상식	60	大·매1908.8.25; 1907.8월 창립
齊民야학교	해주 제민학교내	李惠憲(겸지)·全鳳薰(겸부)·黃履淵(제1과소주사)	金昶源과 제민학교 교사	한리·작문·습자·체조	수십명	황1908.4.15,4.21,5.7,7.1,7.12 大1908.2.9,4.2,4.16,11.25,1909.1.12 『대한』,하,454쪽
熙明야학교	연안 읍내 희명학교내	申鉉容·明海一 등	林貝根	부기하·일어·산술	50	황1908.5.19; 大1908.5.27
무등학교, 명신야학교	신천 읍내	李僑奎·崔相植·崔麟祥 등20인	南時勛·崔明俊	한문·제조	30	大1908.5.22,6.28,7.16 매1908.5.21,7.16
야학과	문화 草里 達泉洞	면장·洪在鈗	柳東輝·유희원	보교과정	60	大1908.6.13
야학교	신천 서부 良井洞	柳文馨	좌동	국문·산술·지지·역사·체조	30	大1908.6.28
야학교	안악 양산학교	양산학교	김구·최명식(교사)	보교과정	50	매1908.7.5
창명야학교	재령 해장 창명학교내	유지인사	金周鉉·韓耋集		30~40	大·매1908.8.14

부록 : 한말 지역별 야학일람표　355

명칭	위치	설립자	교사진	교과목	학생수	출전
노동야학	장연 公立學校내	張羲澤의 제씨	張羲澤·白南薰·李膺浩·莊元銟·李基鍾·林國承·許錬	보교과정	180	황1908.7.6,8.23; 大1908.8.4
중등야학교	신천 향교내	유지·金禹熙(군수)	좌동	보교과정	50	大1908.8.16
장연노동야학교	장연	林元錫(전군수)	李俊憲·金泰淵		50	大·대1908.8.20,8.23
노동야학교	은율 남상 계양촌	鄭文源(경신중학생)	좌동	보교과정	50	대1908.8.25; 大1908.8.26
光明야학	해주 花陽 三四里 晩洞	吳武煥	광명학교 교사	국문·한문·습자·체조	40	大1908.9.2,1909.2.10,9.9; 대1909.2.5,9.5
遠川야학교	安岳 龍門 遠川洞	姜仁元·柳元桂 등	姜日奎		초등무:무수; 20	大1908.9.17
명신야학교	신천 읍내	초등 다수	류만열·최린상·朴宗賢	보교과정		대1908.10.9; 大1908.10.10
堂山야학	신천 加串坊 堂山村	申永白(교사)	좌동	국문·산술	다수	大·대1908.10.18
진영야학교	김천 梧泉里	全鑛源(전신사무원)·吳漢會(은승사무원)·金禧碩	전진원·구한회	보교과정	60	대1908.10.17,10.23; 大1908.10.24
야학교	장연 토성	張奎燮(무신학교 교사)	좌동		20	大1908.10.20
야학교	안악 龍門 德洞 日新學校내	趙文明·全運繡·吳雲冰·金泳植	金澤模	한문·국문·산술	30	大1908.11.17
야학과, 일어속성과	김천 北面 廣灘里 廣信學校내	이부□·이태희 등 노동자	李宇鄕	일어	70	大1908.11.26; 황1910.3.3

명칭	위치	설립자	교사진	교과목	학생수	출전
문창야학	인약 文山 文昌學校내	鄭學基(면장)·元宗奎·孫世德·宋昌淳	張弘範	보통학문	27	大1908.11.22; 대1908.11.24
야학교	제령 安城里	魯熙昌	좌동	보통학문	40	大1908.12.4
노동야학교	김천 江北 助邑浦	사립보창학교 임원	金性初·安承旭	어학·산술	조동모두수; 20	황1908.12.22; 大1908.12.18,12.29 대1910.5.7
노동야학교	砥절 無仇 彦默洞 普昌學校내	全應敎·吳昌陸·金世植·金宇鎬		일어·산술·국문·한문	노동자; 140	大1908.12.15; 황1909.2.23,1910.5.4
노동야학	安岳 青龍面 龜藏洞	崔亨瑞	좌동		조동모두수; 40	大·대1909.1.19,6.24
목약야학교	인약 세동 瑞山洞	張衡哉·金熙文·任聖河·韓禎敎·林澤權·張應星		국문·일반상식·농사법	50	大1908.9.17,1909.3.6
은률야학	殷栗 사범강습소내	야학강려회	홍진섭	국문·산술	40	대1909.3.7
노동야학교	信川	李悌珊·崔東珣	좌동			大1909.3.17,8.25
야학교	平山	강명두·현저익·좌정준·김순익(군주사)	좌동	보통학문	다수	대1909.3.30
야학교	평산 水蛋學校내	任台現(제무주사)	좌동	일어·산술·이화·등등을	30	대1909.3.25; 大1908.12.19,1909.4.4
松城노동야학교	白川 道上面	유지	좌동		40	황1909.4.18
야학속성과	瑞興 서명학교내	서명학교 임원	李漢吉(권사)·宋泰用(서기)	일어·법률·상식	40	大·대1909.4.30
사립야학교	載寧 左을면	金正洪(면장)	좌동	보교과정	10	대1909.5.2; 大1909.5.7

명 칭	위 치	설립자	교사진	교과목	학생수	출 전
야학교	鳳山 沙里院	김맹응·정창순	김창두	보교과정	다수	매1909.5.28
재령강습소	載寧 余勿坪	재령출신 서울재하생		보교과정	다수	민1909.9.12
노동야학	풍천	盧伯麟(전 정령)	좌동	보교과정	다수	민1909.8.27
야학강습소	安岳 培英學校내	유지	吳贊圭·李春三·車錫三		수십명	大1909.12.30
법어강습소	황주	尹相佑·申大鉉	좌동	법률일반 등 전문강좌	다수	황1909.12.26
사립강습소	김천	金禧碵·洪承宇	좌동		60	황1910.1.20
노동야학교	白川 進明學校내	全鳳薰(군수)·張東植·劉奎晶	진명학교 교사	보교과정	100	大1910.1.29; 매1910.1.27; 황1910.2.9
야학교	長淵 秋花溪面 井築學校내	金學卿	좌동	보교과정	30	매1910.1.28; 大1910.1.30
보통학교	은율 북산	정광권	김광술·최인욱		주야; 60	민1910.2.22
敎義야학교	安岳 안곡면 春坡洞	鄭基錫·양지원	경기식·양지원·박범모	보교과정	30	매1910.3.1; 大1910.3.4
야학교	白川 무구면 모례리	李仁壽·李大器·邊敬集	金俊泳	한글·한문 일반상식	수십명	매1910.3.23; 大1910.3.24
노동야학교	載寧 우읍면	張宗鍵·李達藻(雲水학교 학생)	좌동	보교과정		매·大1910.4.3; 황1910.4.2 『교남』3,41쪽
야학교	海州 청단면 정명학교내	金建權(貞明學校 교사)	좌동	보교과정	20	大1910.4.15; 매1910.4.17
사범강습소	평산	李圭溥(泓)(군수)·全秉淳(군주사)	趙重栢·兪鎭赫	사범교육	60	大1910.5.28; 매1910.5.29; 황1910.4.8

〈부록 7〉 한말 평안도 야학일람표

명 칭	위 치	설 립 자	교 사 진	교 과 목	학 생 수	출 전
영릉강습소	평남 평양	日新學校	安秉瓚	보통일반	60	大1906.8.9
영어야학교	평남 증남포 안회학교내	오일환(성당 사역인)	좌동	영어	40	경1907.1.4, 1908.4.24
潘友야학교	평북 의주부	李明煥·張明昊·李箕容	趙任燊(세무관)·朴東元(주사)·金學俊(참봉)·金永一(순사)	영어·법률·일어 습자	30	大1907.8.24, 1908.1.19; 황1907.9.2; 5월 7일 개학
인봉사수야학	평북 용천 내하·화성등	李福會·李辰木·李果會·李世會	李應一·張成達	한글·한문·산술 습자	70	大1908.5.21
기성야학교	평북 선천 검암	崔阜鉉·李基浩	좌동	보교과정	80	대·大1907.9.29
永柔야학교	평남 영유	柳矞·羅輪烱	羅嘆伸	보교과정	30	황1907.10.13
지산잠수야학교	평남 개천 지산	玄熙燮·권희정·玄懿根·支滋根·玄基薰	좌동	제조·기예 등	다수	大1907.11.6; 대1907.11.5
繼進야학교	평남 평양 梨川洞	유지	김석일·金在積·金萬錫·金在性·金洛鍾	보교과정	30	大·황1910.5.5; 대1910.5.7 수년전 설립
제명야학교	평북 안주 운곡 제전리	유지	김인진	보교과정		대1910.7.22; 수년전 설립
江西야학교	평남 강서	유지 등	좌동		수십명	大·대1907.11.16
東砲樓船舶야학	평남 평양 東砲樓船舶	노동자 400명	유지인사 4인	한문·국문·일어·산술; 1시간	노동자의 자제	황1907.11.29
報濟야학교	평북 철산	沈致珪·鄭元杓·方濟善	좌동	보교과정		황1910.1.19; 大1910.2.12 대1910.2.16; 수년전 설립

명 칭	위 치	설 립 자	교 사 진	교 과 목	학 생 수	출 전
新興야학교	평남 강서 東十里	朴明善·白鉉欽(군주사)	사범·공립·정년학교 학생	보교과정	野農樵夫: 80	황1907.11.30 大1907.12.13,1908.2.7,3,21
昌城야학	평북 창성 각동리	金相範(군수)	李喬榮·姜正彬·曹文承	국문·한문	대상자; 30~50세	황1907.12.13; 대·大1908.2.28
維新야학	평북 의주 圓峰洞	車昌民·朴英欽	상급학생		수십명	大1907.12.25
국문야학	평북 숙천 下檢面 內四里	崔秉億	좌동	국문·일반상식	다수	大1908.1.5
義英야학	평북 용천 良策館	金鍾樹 등	좌동			大1908.1.10
만우야학회	평북 남문	李箕容 등	趙在榮·宋蓮源	영어·일어·산술·역사	30	大1908.1.19
야학교	평남 영유	申秉均	좌동(군수부인의 지원)	국문·한문·일반상식	일	大1908.1.24; 대1908.1.23
야학교	평남 중산 四賢面 普通學校내	金能殷 등 유지	보흥학교 교사	보교과정	20	大1908.2.9
宣川야학	평북 선천 읍내	金熙綽·梁聖河	좌동	보교과정	종동무수, 고용자; 50~60명	황1908.2.11
新日야학	평남 평양 上四里	金鎭根·尹敬植·張東煥·金敦永·鄭鳳朝	일신학교 교사	보교과정		大1908.2.11
국산정년야학	평북 곽산	金薰·金庚成	좌동		40	大1908.2.12
태평동야학	평남 평양 태평동	鄭雲擧·金性初·趙陽河·李成龍·申樂均(군수)	좌동	국문·한문·일반상식	40	大1908.2.12

명 칭	위 치	설 립 자	교 사 진	교 과 목	학 생 수	출 전
노동야학교	평남 용강 천군곡면 주흥동	금석주	이봉배·임관모	보교과정	40	대1908.2.16
야학교	평북 곽산 중앙학교내	姜興周·金相禹·李國順·金目憲·申景載·金敏禛	중앙학교 교사	보교과정	40	大1908.2.22
목동야학	평남 강서 태평 신동	유지청년	좌동		목동과 여학도	대1908.2.26
농민야학	평북 자산 豊出面 第一里	청년농민 다수	청년농민	三字經·初學階梯·산술	다수	황1908.2.28
농민야학	평북 자산 豊出面 第二里	〃	〃	〃	〃	황1908.2.28
新築야학교	의주 비현 주봉동	三首學校	金宅根·신부	국문·제조·산술		大1908.3.6
야학과	평북 중산	彰新學校	중산학교 교사	보교과정		大1908.3.8
야학교	평북 용천 服上 立石洞	金永五·洪麟元·金說根	좌동	보교과정	주야: 40~50	大1908.3.8
야학교 외 2처	평북 선천	餘鎭浩(군수)·金熙綜(군주사)	梁聖河			大1908.3.10
야학교	의주 廣中里	韓應秀	좌동	국문·한문·산술·물리	50	大1908.3.14
노동야학 3처	평남 평양부	노동자	유지		700	황1908.3.17
영변상업야학교	평북 영변	설암가·유지 등	좌동	부기·주산·상업일반	다수	大1908.3.20
尙忠야학교	평북 용천 楊上	유지 제씨	金應奎·金承洛·鄭姓禳	보교과정	수십명	大1908.3.21

명 칭	위 치	설 립 자	교 사 진	교 과 목	학 생 수	출 전
부두야학	평남 삼화항	부두조합 임원	부두조합 임원	보교과정	노동자 다수	大1908.3.22,8.13,10.1 대1908.5.8,8.2,8.13
야학교	평남 순안 須明學校내	柳鍾舶(군수) 韓仁根(군주사) 林基磐	좌동	국문·한문·산술·제조·습자	100	大1908.4.4
진명학교	평남 증화 평천면	朴鎭雍	좌동	보교과정	중하류(야학) 등(주학)	大1908.4.12; 대1908.4.11
專수야학교, 소년학교	평북 의주 枇幌面	金志闇(전대학교장)·한인진·金鉉玉	李維根·장문화·洪瑞洛	보교과정	주야; 300	대1908.4.11 大1908.2.29,4.25,4.29,4.27,6.2 황1908.6.4
야학교	평북 용천 外上 구진	日新學校	李錫洪·申瑞梱	보교과정	100	大1908.4.12
야학교	평북 박천 구진	朴鳳朝	좌동		50	大1908.4.17,5.1
전의야학교	평북 용천 서석동	崔處道·최서항·安明煥·최최제	崔九鉉	보교과정	100	大·대1908.5.6
능민야학교	평북 영변 上月里	박이형·송인흠	좌동	국문·한문·산술·제조	100	大1908.5.15
야학과	평북 용천 火成洞 元峯私塾내	李德…張成達	좌동	국문·한문·산술·서간문·역사	70; 친목회 조직	大1908.5.21
사립청년야학교	평북 郭山 읍내	청년유지	좌동	보교과정	50	大·대1908.5.22
英明야학교	평북 宣川 吉星里	田段圖	田文屹			황1908.6.2

명칭	위치	설립자	교사진	교과목	학생수	출전
청년야학교	평북 곽산	유지 제씨	좌동	보교과정	청소년 다수	大1908.6.23
야학교	평북·용천 현성학교내	朴厚觀	좌동·성금만 학생		100	大1908.6.25
야학교	평북 의주 비현면 노남동	박오정(명의학교 교사)	좌동·유지 제씨	보교과정	주야; 100	大1908.6.28
극명야학교	평북 의주 비현면 당후동	金龍涉·金載謙	좌동·유지 제씨	보교과정	150; 친목회 조직 후원	대1908.7.3; 大1908.7.4
야학과	평북·용천 東上沙洞	龍岡學校	林基元·金得夏·朴維九		주야; 80	大1908.7.5
振興夜學校	평북 정주	유지 제씨	盧德澈(교장)·任道明(교감)	보교과정		大1908.7.10
開進야학교	평북 곽산 好岳面 里 개진학교 내	李寅芳·李根宅·金基源	좌동		주야; 80	황1908.7.14
야학과	평북 의주 영명동	각 야학교	각 야학교 교사	보교과정	60	大1908.7.17
靑育학교	평남 삼화부 甑南浦	초등무우수 등과 金向英	金向英	보교과정	다수	황1908.7.30; 경1908.8.14
창명야학교	평북·용천 양지	자신상회	金致正·黃菊保·文汝彬		70	大1908.7.30
농민야학교	평북 운산 南面 諸仁里	李重進	좌동	보교과정		황1908.8.1
노동야학교	평남 영유 四隱里	朴箕陽(군수)	유지 등	보교과정	수십 명	大1908.9.1,1909.10.29; 대1908.8.26
"	평남 영유 英蓉里	"	"	보교과정	수십 명	大1908.9.1,1909.10.29; 대1908.8.26

명칭	위치	설립자	교사진	교과목	학생수	출전
仁昌야학과	평북 운산 南面 仁峴洞	유지인사	李潤綱	국문·제조	주야; 40	황1908.8.9
普興야학교	평북 安州	成龗慶(보교교사)·金昌基(세무주사)	성희경·김창기·金候主		115	황1908.8.14,8.29
노동야학교	평남 순천 분지면 일리	李種杰·李元和	金觀柱	보교과정	30	大·때1908.8.16
야학교	평남 삼화항	한산모군정과 짐군정		국문·한문·일반상식·산술	40	大·때1908.8.13 大1908.8.16,1909.1.16
광계야학교	평북 용천 광화 용계등 광계하교내	광계하교 임인진	文精華	보교과정	50	大·때1908.8.30
明進야학교	평남 숙천	李柄乾(하교사 무인)	좌동	보교과정	농상인과 종목 이동	大1908.9.3
蒼海야학교	평남 강동 蒼海義塾 내	崔輩澤(광명하교교사)·金章翰·景鉉·金商俊	최성태	보교과정	40	때1908.9.15; 大1908.9.5,9.12
국문야학교	평북 숙천 葛山洞	갈산노무회	金鑛初(노동하사 농무회 임 임)	국문과 신문종람소 운영	농민자제와 노동자	황1908.9.8;『서북』1-5권,1쪽
東明야학교	평남 창성	李鍾偶·崔斗銓·兪昌淳·石文植·金應烈	李始馥(유년하교 교사)		40	때1908.9.15; 大1908.9.16
勞成야학교	평북 운산 咸鑛兩面 보통하교내	李文赫·梁襄旬	좌동	보교과정	30	大·때1908.9.18

명 칭	위 치	설 립 자	교 사 진	교 과 목	학 생 수	출 전
노부야학교	평남 평양 林原 都龍洞	韓源模와 농부 다수	養材學校 교사	보교과정	30	大1908.10.6; 대1908.10.7
熙明學校야학과	평북 구성 南湖	金昌淡(교장)·崔 利奎·文洛範·許 泰洞	金秉祚	보교과정	주야; 50명	大1908.10.6; 대1908.10.8
彰新야학교	평북 창하리	李柄愚	좌동	보교과정	다수	대·大1908.10.11
신명야학	평북 영변 소림 등산리	吉基俊 明膽元· 吉鎭浩·明正賢· 明以俊	徐任晤		주야; 100	大1908.10.20
야학교	평북 정주 교읍 신리촌	李鍾默(전군당)	좌동		노동자; 50~60	대1908.10.30; 大1908.10.31
日新야학교	평남 강서 沙津面	韓成龍·韓宅撰	韓相鳳·朴明普의 2인	보교과정	70	황1908.11.5
노동야학교	평양 경원	노동자와 朴道煥	金成國	보교과정	40	대·大1908.11.5
원흥학교	평북 곽산 등 梨洞	全學奎·李筬塔· 吳宅豊·李洛行	전학구·李孝淳	보교과정	주야; 100	大1908.11.6
노동야학교	평남 순안	金文五(순사)	좌동		30	황1908.11.12
야학교	평북 車輦館	金顯敏	좌동	산술·지지·역사· 체조		大1908.11.15
기신야학교	평남 강서 야수명	崔承澤·崔勉人· 林基孝·林貞益· 崔錫佑	좌동	보교과정		大1908.11.22,1909.1.8
報濟야학교	평북 철산	閔致珪	좌동	보교과정	수백명	大1908.11.22; 황1910.1.19

명 칭	위 치	설 립 자	교 사 진	교 과 목	학 생 수	출 전
通德학교	평남 숙천 右上面 通德里	申蔡間의 3	좌동	보교과정	청년자제; 60	황1908.11.26
노동야학	평북 무산 읍내면	南重鉉(군서기)	좌동		25(인근에 3개 야학)	황1908.12.29
야학교	평남 강서 보인면 서하리	金鳳河 .	좌동			대·大1910.3.8 1908년 설립
야학교	평남 평양 쯤串面	李秉悅·林鍾湜·崔鼎植	좌동	보교과정	수십명	大1909.1.20
덕흥학교	평북 영변 상월림	유지	덕흥학교 교사	보교과정	수십명	대·大1909.1.20
明月야학교	평남 개천 중남 龍源里	廣達學校 임원과 교사	광달학교 교사	보교과정		大1909.1.28; 황1910.6.21
揚明야학교	"	"	"	보교과정		大1909.1.28; 황1910.6.21
삼덕야학교	평북 희천 등 장동	유지	좌동	보교과정	다수	대1909.2.7; 大1909.2.10
야학교	평남 중산 松石里 永明洞	金泰勳·鄭黃泳·文德善	좌동		20	大1909.2.18
야학교	평북 개천 鳳明學校내	강명두(군주사)·현저익·최정준·김순옥	좌동		다수	대1909.3.30
淸源야학	평북 강계	金鳳塤(교장)·笠鍾爛田虎一(하무원)	鄭錫煥(보통학교교사)	보교과정	57	황1909.4.29
維新야학교	평북 용천 外下 順川洞	維新學校	유신학교 교사			大·대1909.4.29

명칭	위치	설립자	교사진	교과목	학생수	출전
장흥야학교	평남 안주남	洪昌鑣·王廷煥·金潤國·李元邦	유지 제씨	보교과정	15인 혈서맹약	大·대1909.4.29
보통진취야학관	평남 덕천 상리 일동	박문주·김기순	노덕선·안항제	보교과정	다수	대1909.5.1; 大1909.6.5
야학교	평북 의주 多智洞	黃基源	좌동	보교과정		大·대1909.5.7
노동야학	평남 성천 四佳面	李炳秀·韓錫曄	좌동	보교과정	수십명	황1909.5.15
노동야학	평남 성천 四佳面	李炳秀·韓錫曄	좌동	보교과정	수십명	황1909.5.15
의무학교	평북 운산 北鎭	朴鳳淵	姜尙祖·卓茂胃	보교과정	주야; 100	大1909.6.9
의무학교	평북 운산 北鎭	朴鳳淵	姜尙祖·卓茂胃	보교과정	주야; 100	大1909.6.9
일어야학과	평남 甑山 보통학교 내	韓利殷(제무사장)	金興能·羅周源(주사)	일어	40	황1909.10.6; 大1909.10.6
야학교	평남 평양	尹麟柱(경신학생)·金驥燁(승실학생)	尹麟柱·金驥燁·張秀用,未泰鉉	보통학문	50	大1909.12.3
야학종	평북 함종 倉後里	康健爀	좌동		다수	大1909.12.18
법률강습소	평북 정주	崔聖得·洪成麟·金俊煥	成燮水	법률 일반		대·大1910.1.26
야학교	평남 성천 四佳 上坪里	노동자 다수와 朱詳龍	李鈺均·韓正俊·李炳秀		50	대1910.1.19; 大1910.1.26

명 칭	위 치	설 립 자	교 사 진	교 과 목	학 생 수	출 전
石東야학교	평남 숙천 松里 百石里	咸益謨	좌동	보교과정	30	대1910.1.22,6.16; 大1910.1.26,6.18
三成야학교	평남 강동 晚達面 栢坊洞 三成學校내	아소교회	삼성학교 교사	국어·한문·산술·지리·역사	다수	大1910.1.25; 대1910.1.26
노동야학교	평북 운산 교민 상리 부상동	백종을	좌동		수십명	대1910.1.30
야학강습소	평북 의주	의주청년학우회	洪鍾殷·李裕弼·桂龍攬	일어·법학·약물학·물리		大·대1910.2.13
龍淵야학	평남 강서 大倉面 龍淵里	姜道蘼	姜昇昱·姜昌海·姜起龍		30	황1910.2.18
야학교	평북 개천 중서 평인 重遠學校내	학부모지회지회	金子明·李元圭·李庭河(교사)	보교과정	70~80	대1910.3.18,5.6; 大1910.3.20,5.4 황1910.2.22,3.10,5.4
야학교	평북 초산 강면	李秉翼(廣明學校 교장)	광명학교 교사		주야; 80~90	대1910.3.23; 大1910.3.25
일어야학과	평북 의주	金道洛(朔原學校 校主)	崔鄧俊	일어		황1910.4.15
일흥야학교, 야학 강습소	평북 벽동	金黃國·孔周昌	좌동	보교과정	40	대1910.4.22; 大1910.4.17 황1910.1.30
초목야학소	평북 벽동 군내면	유지	좌동			대1910.5.1; 大1910.5.3
야학교	평북 가산 艾島	承觀河·李秉憲	朱昌均·김봉익·이익준		80	대1910.5.5; 大1910.5.1

명칭	위치	설립자	교사진	교과목	학생수	출전
노동야학교	평북 成川 鳳鳴學校 내	韓正烈	盧秉翼		40	황1910.5.5; 大1910.4.5,5.5; 대1910.5.7
의주야학	평북 신의주	崔秉斗(경부)	佐등	일어·산술·법률	변호사·순사; 10, 상업·기타; 30	황1910.5.12
일어전문과	평북 용천 용암포	龍成學校	金祥演(부윤) 金龍蕃(하감) 柳熙普(주사) 井田左十郎·村岡定彦(교사)	일어		황1910.5.13
야학교	평북 碧潼 北面	張鎮顗(군수) 林枝昌·金柄覽·金明瑞	張龜洙·姜燦弘(時興學校 교사)·金文成(중하생)	어학	50	황1910.5.21,8.7
야학교	평남 용강 普新學校내	田德龍(군수)	李學潤(부훈도)·金日興(주사)	어학		大·대1910.7.16
청년강습소	평남 중화	安秉烈(군수)	박제원·체원서·우응선·임의진		30	대1910.8.2

〈부록 8〉 한말 강원도 야학일람표

명칭	위치	설립자	교사진	교과목	학생수	출전
야학과	江陵 邑內 신태영영가	신태영(공보교 찬성원)	洪俊杓·崔大湖(공보교 교사)	한문·일어·지지·역사·수신·산문·체조·도화	보통학교 생도	황1907.11.4,1908.3.29 대·大1908.8.23
야학과	인주 原豊義塾내	洪義檜(공보교 교사)·유지 제씨	좌동	한문·국문·산술·습자	다수	大1908.4.24
야학과	좌천 좌동학교내	유지 제씨	박하영·김종영	보교과정		대1908.7.22
農人야학교	江陵 白橋	金復起	좌동		40	황1908.9.27
農人야학교	江陵 淮山里	沈相德	좌동		40	황1908.9.27
農人야학교	江陵 長峴里	崔燦九	좌동		20	황1908.9.27
노동야학교	江陵 河南面	權麟植·沈基洙	좌동		30~40	大1908.10.28
노동야학교	江陵 邱里面	沈相酢	좌동		30~40	大1908.10.28
노동야학교	江陵 南二里面	崔東吉	좌동		30~40	大1908.10.28
노동야학교	江陵 德方面	崔命洙	좌동		30~40	大1908.10.28
노동야학교	江陵 丁東面	沈佐變	좌동		30~40	大1908.10.28
노동야학교	江陵 白橋	金大振	좌동		30~40	大1908.10.28
일어야학과	회양 공보교내	朴梓根(통역주사)	좌동	일어·국문·산술		황1908.12.24
야학교	춘천 泰興學校내	韓淳基(교사)	좌동	산술·측량·기하학·물리	수십명	대·大1908.12.31
노동야학교	原州	元乃薰·張世勤	좌동	일어·산술·지지	108	황1909.1.7

명칭	위치	설립자	교사진	교과목	학생수	출전
노동국문전습소	橫城 縣內面 開花里	沈興澤(군수)	朴容佐·鄭鎬冕	국문·본국국역사·지지	주야; 60	황1909.1.19,1910.3.23 대·大1909.2.10
노동야학	春川	좌동		사수읍 아동으 모		황1909.2.3
노동야학	襄陽 읍남면	趙鍾穆·趙淳元·鄭覓時·崔致五	좌동	보교과정	60~70	황1909.2.17
속성야학교	伊川 하읍면 개양리 명의학교 내	쳥주교인·석남봉(군수)	최한필·김광봉		20	경1909.2.19
명동야학교	간성 아호	崔常基·金弘奎·朱雨南·尹良五	좌동	보교과정	40	대·大1909.2.26
노동야학	강릉 신리	허신·金演和 등	金鼓俊		270	대·大1910.3.10
노동야학교	襄陽	군수·유지 제씨	張元燮	農家要訣	중 500; 70여 및	황1909.3.9,4.24
야학교	華川 上面	程周鎬·任聖準			수십인	황1909.3.16; 大1909.3.17
노동야학교	江陵 望祥面 王溪	申泰榮(읍내교장)·金東鎬(교사)	좌동	국문·한문·산술·지지	50	황1909.4.10
노동야학교	江陵 望祥面 商縣內里	申泰榮(읍내교장)·金東鎬(교사)	좌동	국문·한문·산술·역사	50	황1909.4.10
노동야학교	江陵 望祥面 助山里	申泰榮(읍내교장)·金東鎬(교사)	좌동	국문·한문·산술·역사	50	황1909.4.10
通明야학교	通川 順達面 庫底里	홍사단지부	李春杉·劉時澤	일어·한문	50	황1909.4.16,1910.7.7
노동야학교	橫城 甲川面 釜洞里	鄭蘭基·張基葉·鄭寅鉻·沈能紀	좌동	보교과정	반동하회지교; 30	大1909.4.25
야학교	三陟 각동리	崔禎集(군주사)	최기집·유지 제씨			大·대1909.5.27

명 칭	위 치	설 립 자	교사진	교 과 목	학 생 수	출 전
노동야학교	杆城	노동자	南玄弼			황1909.8.14
노동야학교	通津普通學校내	閔丙德	좌동	보교과정		민1909.12.10
야학연구소	通川	崔赝集(己수)·金珣根·李鍾淵·盧永憲·張潤升·金有善	李鍾淵(제판소서기)·金珣善(면닉己)	범음·어학		황·大1910.3.2
公明義塾야학	杆城 왕곡민	金昌鎬·金乃賢·朴根亨·金弘圭·姜錫化·朴基晟	공명의숙 교사	보교과정	50	대1910.3.12
노동야학	강릉 신리 橋項里	崔悠洙·崔秉柱	좌동		50	대1910.3.9,3.15,4.24 大1910.3.12,4.21
노동야학	강릉 신리 香湖洞	李達鎬·鄭鎬濟	좌동		30	대1910.3.9,3.15,4.24 大1910.3.12,4.21
노동야학교	通川 順達 通明학교	朴昌奎(좌감)·金演周(교사)	韓柱東		노동자; 60	황1909.12.26,1910.3.23,4.29 大1910.7.7
노동야학관	通川 陽址洞	嚴永燮·張泰源·朱基薰·朴容賢·南相翼	朴淳秉		40	황1910.4.1

〈부록 9〉 한말 함경도 야학일람표

명 칭	위 치	설 립 자	교 사 진	교 과 목	학 생 수	출 전
普成야학	함남 함흥 新中面	유지 제씨	金鳳煥·洪春義외 2인		남; 40 여; 20	『조농』1927.12일호,18쪽
龍進學校	함남 단천군 東上里	조둥무우수	金柄洙·沈宜哲·朴允信·徐文淳	보교과정		大1908.10.8
土馬노동야학	함북 명천 고면 토은	崔基烈(서울 유학)	崔基烈·崔基柄·李河英	보교과정	60	대1909.8.24,1910.1.18 大1909.8.25,1910.1.28; 2년전 설립
陵洞야학당,농부야학교	함남 함흥 西加州 등부	李基演	李基演·이긴호·유유·주제헌	산술·국문·작문	100	대1908.1.8,2.26; 大1908.2.26~27 등1921.9.20; 1907.5 설립
泰成商會야학	함북 길주 泰成商회내	태성상회	金子文·金秉淵·梁泰運	국문·산술·史誌·상업일반	상업종사자; 50	황1907.8.26
養成學校	함북 길주	유지 제씨	朴勝源(세무주사)	상업일반	상업종사자	황1907.11.19
北靑講習所	함남 북청읍	金泰燮·安道星·韓昌世 등	金演昇(總巡)	정칙학		황1908.2.6
국문야학교	함남 함흥 朝陽面	韓貞鳳(興仁學校 교사)	좌동	국문·한문·산술		황1908.2.19; 大1907.4.6
야학교	함남 성진	金秉洽(공립보교 교사)	좌동		100	大1908.3.5,5.30
야학교	함남 함흥 원평장	朴任徹·李龍鍾·邊道根	朴任徹·李龍鍾·邊道根·金順夏		60	大1908.4.4
국문야학교	함남 함흥 西雲田社 官西里	조희도·金麗謙·吳文根·趙錫源	좌동	국문·산술·역사·지지	40~50	大1908.4.21
노동야학교	함북 경흥 각 面·社	김영진(부윤)	유지 제씨	국문·산술	조둥; 70	대.大1908.5.1; 황1910.4.23

명칭	위치	설립자	교사진	교과목	학생수	출전
야학연구회	함남 定平	유지인사	좌동	국문·한문·산술		황1908.5.10
사립연구야학교	함남 중원	유지	좌동		다수	경1908.5.29
농민야학교	함남 함흥 古驛豊湖里	사립보창학교 부설	보창학교 교사	보교과정	다수	황1908.6.9
야학교	함남 중원	군수·유지 제씨	좌동		다수	대1908.8.26
商名야학교	함남 중원	鄭冕鎭	金龜荷·김경호	보교과정	다수	大1908.5.27
국문야학교	함북 경성 城內	金鼎九·金暎洙 金河鍵·柳泳鶴	김경구·김경호	국문·산술	3개교; 140	황·대 大1908.8.30
국문야학교	함북 경성 城南	金鼎九·金暎洙 金河鍵·柳泳鶴	김하건	국문·한문	〃	황·대 大1908.8.30
국문야학교	함북 경성 城西	金鼎九·金暎洙 金河鍵·柳泳鶴	유영학	국문·한문	〃	황·대 大1908.8.30
야학과	함남 성진	金載律	金載律 金應圭義化中 교사)	전문강좌	다수	황1908.9.6; 대·대1908.9.24
昌明義塾야학과	함남 단천진군 기명리	梁桂篇	좌동	보교과정		대1908.9.15; 대1908.9.16
조부모야학; 豊부모야학교 沺學校	함남 영흥 관서리	趙希道 등	좌동	보교과정	50	大1908.10.10
국문야학교	함남 북청 대구후 서호리	청우창학회 지회	朱榮煥·李章浩·李泰元·李麟洙	국문·산술	100	대1908.4.4; 大1908.10.24,10.30
普光야학	함남 북청 楊川面 梨花洞	樵夫牧童	全鳳植·朱亮善·全恒植·金泓雲·朱昊섭	국문·한문·산술	수십명	大1908.10.24
국문야학교	함남 북청 昇平里	농무회	李蔡培·孫昇麟	국문·산술·한문	초등목수; 45	대1908.10.28; 大1908.10.29

명 칭	위 치	설 립 자	교 사 진	교 과 목	학 생 수	출 전
야학강습소	함남 북청 양화	李啓年·金洙鍊	좌동	실업교육	30	大1908.11.15
明中야학교	함남 중원 州南 前津浦	朴載燁·朴建厚·劉璟晩·金炳郁·金道樓	金世應·全字錫	보통교육	노동자 다수	황1908.11.21,1910.5.8 大1910.5.10
야학교	함남 정호 진명학교내	진명학교	진명학교 교사	보교과정	40	대·大1908.12.20
사립야학교	함남 함흥 주남 하동리	全光甫·千世河·朴基順·崔有景 (목수)	유지 제씨	보교과정	수십명	황1908.12.22; 대1908.12.20 大1908.12.22
노동야학교	함남 인산	申錫甫·全星三	좌동		노동자 다수	대·大1909.1.14
국문야학	함남 경성 咸一學校내	金鼎九·柳泳鶴·金曝洙·張玩杓의 3인	文衡璇·농상공부 기수	국어·산술 한문	수십명	황1909.2.9
强立學校	함북 부령 東面 富洞	朴東薛·朴鍾福	좌동	보교과정	70	大1909.2.11
노동야학교	함남 문천 鰲老洞	蔡元表	좌동		초등무수; 다수	황1909.3.13
노동의숙	함남 함흥	노동자	유지 제씨	국어·산술	30	大1909.3.14
농상학교	함남 함흥 오류춘 정티	임경업	좌동		주야; 30	대·大1909.3.14
東興야학교	함북 회령	陳鼎澈(진정뭉)	좌동	보교과정	30	大1909.4.29
普通進就야학社	함남 덕원 上里 壹洞	朴文福·金基淳	趙應(純)善·安恒濟	보교과정		대1909.5.1; 大1909.5.6

명 칭	위 치	설 립 자	교 사 진	교 과 목	학 생 수	출 전
노부야학교	함남 북청 德城面 羅荷臺	李桂哲(전 감리)	좌동	보통교과서와 잡지류 번역	85	대1909.5.1; 大1909.5.6
노동진명회	함북 청진	이방림·송병두·김기호·신자석	좌동			대1909.6.22
노동야학교	함남 단천	유지 제씨	李明均	보교과정	다수	大1909.8.19.9.18
야학교	함남 문천	徐廷淑(군수)			각면 다수	황1909.9.11
문창야학교	함남 이원 서 文昌里	姜賢秀·姜泳澤	좌동	보교과정	주야; 100	大1909.12.18
노민야학교	함남 안변 下道 後洞	金昌能·金溶必	좌동	보교과정	농민교육	민1909.12.22; 황1909.12.22
협성야학교	함남 이원	유지 제씨	좌동		주야;80~90	대1910.1.7; 大1910.1.9
興南야학교	함남 함흥 西面 興南里	咸錫龜의 2인			남;32 여; 27	『조동』1927.12월,16쪽
노동야학교	함북 경흥 蘆面 屈浦	文光順·柳枝萬·文光彦	좌동		다수	大·대1910.3.10
光德야학교	함남 원산 臥牛洞	유지 제씨	좌동		50~60	大1910.3.14; 대1910.3.12
農昌야학교	함남 안변 內坪洞	김석조·金成根	좌동	보교과정	농민	大1910.4.17; 대1910.4.22
야학교	함남 안변	黃賛植·朴麟夏·勉善婦人會	좌동		80~90	大1910.4.17; 대1910.4.20
공무강습소	함남 안변	高義麟(군제무서 주사)	좌동	국문·행정실무	판리 일반	大1910.4.19; 대1910.4.21
수리강습소	함남 이원 보명학교내	申合曦·김병군(동경유학생)	좌동	수학;전문강좌	100	大1910.8.28; 대1910.8.26

참고문헌

1. 史 料

1) 신문류

『漢城旬報』,『독립신문』,『협성회회보・미일신문』,『제국신문』,『시사총보』,『그리스도신문』,『대한그리스도인회보』,『萬歲報』,『大韓民報』,『경향신문』,『皇城新聞』,『大韓每日申報(국한문혼용판)』,『대한매일신보(한글판)』,『해조신문』,『慶南日報』,『大東共報』,『신한민보』,『동아일보』,『매일신보』.

2) 학회지와 잡지류

『大朝鮮獨立協會會報』,『西友』,『西北學會月報』,『大韓興學報』,『大韓自强會月報』,『畿湖興學會月報』,『大韓協會會月報』,『太極學報』,『大韓學會月報』,『大韓留學生會學報』,『湖南學報』,『嶠南敎育會雜誌』,『大同學會月報』,『교육월보』,『여ㅈ지남』.

3) 일반 사료

『관보』.
『奏本』규장각17703.
『學部來文』규장각17772.
『學部來文』규장각17774-1.
『學部來去案』규장각17774-2.
일본외무성,『日本外交文書』제21권.
京城日報社, 1942,『韓國近現代史人名錄』.
국사편찬위원회, 1968,『韓國獨立運動史－資料編－』.
＿＿＿＿＿＿＿＿, 1972,『高宗時代史』.
＿＿＿＿＿＿＿＿,1972,『大韓帝國官員履歷書』.

국사편찬위원회, 1972,『高宗純宗實錄』.

＿＿＿＿＿＿＿＿＿, 1988,『統監府文書』(영인).

＿＿＿＿＿＿＿＿＿, 1988~1999,『한민족독립운동사자료집』.

金允植, 1960,『續陰晴史』, 국사편찬위원회.

金正明, 1983,『日韓外交資料集成』, 嚴南堂書房.

大久保利謙, 1975,『明治文化資料叢書』, 風周書房.

大垣丈夫, 1913,『朝鮮紳士大同譜』, 조선신사대동보간행소.

大村友之丞, 1910,『朝鮮貴族列傳』, 조선총독부인쇄국.

渡部學・阿部洋 編, 1991,『日本植民地敎育政策資料集成(朝鮮編)』, 龍
　　　　溪書舍.

독립운동사편찬위원회, 1972~1978,『독립운동사자료집』, 독립유공자
　　　　사업기금운용위원회.

丹齋申采浩全集刊行委員會, 1975,『丹齋申采浩全集』, 형설출판사.

牧山耕藏, 1910,『朝鮮紳士名鑑』, 일본전보통신사.

閔泳煥,『海天秋帆』, 독립기념관 소장.

朴殷植全書刊行委員會, 1975,『朴殷植全書』, 단국대출판부.

백암박은식선생전집편찬위원회, 2002,『白巖朴殷植全集』, 동방미디어.

細井肇, 1910,『現代漢城の風雲と名士』, 日韓書房.

宋炳基, 1973,『統監府法令資料集』, 국회도서관.

宋炳基・朴容玉・朴漢卨・徐柄漢, 1970~71,『韓末近代法令資料集』,
　　　　국회도서관.

安龍植, 1994~1996,『大韓帝國官僚史研究』, 연세대 사회과학연구소.

옥파문화재단옥파기념사업회, 1984,『沃坡李鍾一先生論說集』, 교학사.

兪吉濬, 1909,『노동야학독본』, 경성일보사.

兪吉濬全書刊行委員會, 1971,『兪吉濬全書』, 일조각.

李基文 編, 1975,『周時經全集』, 아세아문화사.

李寅燮, 1911,『元韓國一進會』, 문명사.

張志淵全書刊行委員會, 1983,『張志淵全書』, 단국대출판부.

鄭 喬, 1957,『大韓季年史』, 국사편찬위원회.

조선총독부, 1927,『朝鮮人の思想と性格』.

_____, 1917,『朝鮮の保護及併合』.

朝鮮總督府學務局, 1942,『現行朝鮮敎育法規』.

朝鮮總督府內務部學務局學務課, 1910,『京城府私立學校現狀一斑』.

통감부, 1906,『韓國施政一斑』.

_____, 1906,『韓國事情一覽』.

學 部, 1910,『韓國敎育の現狀』.

_____, 1910,『朝鮮敎育の旣往及現在』.

한국여성연구소, 1974,『韓國女性關係資料集(近代篇)』, 이대출판부.

한국정신문화연구원, 1993,『韓國敎育史料集成』, 한국정신문화연구원.

한국학문헌연구소 편, 1976,『韓國開化期學術誌』, 아세아문화사.

_____, 1977,『 韓國開化期敎科書叢書』, 아세아문화사.

_____, 1982,『黃玹全集』, 아세아문화사.

黃 玹, 1955,『梅泉野錄』, 국사편찬위원회.

2. 단행본

1) 국 내

姜東鎭, 1980,『日帝의 韓國侵略政策史』, 한길사.

姜在彦, 1983,『近代韓國思想史硏究』, 한울.

姜允浩, 1975,『開化期의 敎科用圖書』, 교육출판사.

경기도, 1995,『경기도항일독립운동사』, 경기도사편찬위원회.

_____, 2004,『경기도사(한말편)』6, 경기도사편찬위원회.

고려대 교육사철학연구회 편, 1994,『民族敎育의 思想史的 眺望』, 집
        문당.

국사편찬위원회, 1968,『한국독립운동사』1-5, 정음문화사.

국사편찬위원회, 1988~1993,『한민족독립운동사』, 탐구당.

_____, 1995,『한국사론』25~26.

權大雄, 1993, 『1910년대 慶尙道地方의 獨立運動團體硏究』, 영남대박
　　사학위논문.

기독교야학연합회, 1985, 『민중야학의 이론과 실천』, 풀빛.

김경미, 1998, 『갑오개혁 전후 교육정책 전개과정 연구』, 연세대박사학
　　위논문.

김　구, 1947, 『백범일지』, 백범김구선생기념사업협회.

金淇周, 1993, 『韓末 在日韓國留學生의 民權運動』, 느티나무.

金度亨, 1994, 『大韓帝國期의 政治思想硏究』, 지식산업사.

김명구, 2002, 『한말 일제강점기 민족운동론과 민족주의 사상』, 부산대
　　박사학위논문.

金敏洙, 1977, 『周時經硏究』, 탑출판사.

김민환 역, 1990, 『일제하 문화적 민족주의』, 나남.

김봉희, 1999, 『한국 개화기 서적문화 연구』, 이대출판부.

김성학, 1996, 『서구교육학 도입의 기원과 전개』, 문음사.

金泳謨, 1982, 『韓國支配層硏究』, 일조각.

金英宇, 1985, 『韓國開化期의 敎員養成硏究』, 창학사.

＿＿＿, 1996, 『韓國 開化期의 敎育』, 교육과학사.

金玉根, 1992, 『朝鮮王朝財政史硏究(近代篇)』Ⅳ, 일조각.

金雲泰, 1988, 『日本帝國主義의 韓國統治』, 박영사.

金昌洙, 1995, 『韓國民族運動史 硏究』, 범우사.

김쾌상외 역, 1979, 『民衆敎育論－제3세계의 視角－』, 한길사.

김학준, 2000, 『한말의 서양정치학 수용 연구－유길준·안국선·이승
　　만을 중심으로－』, 서울대출판부.

金恒勼, 1992, 『大韓協會(1907-1910) 硏究』, 단국대박사학위논문.

김형목, 2001, 『1910년 前後 夜學運動의 實態와 機能』, 중앙대박사학위
　　논문.

김형윤, 1973, 『馬山野話』, 태화출판사.

金鎬逸 편저, 2000, 『韓國 近現代移行期 民族運動』, 신서원.

盧榮澤, 1979,『日帝下 民衆教育運動史』, 탐구당.

_____, 2000,『韓末 國民國家建設과 國民教育』, 신서원

魯仁華, 1989,『大韓帝國時期 官立學校 教育의 性格研究』, 이화여대박
　　　　사학위논문.

도진순 주해, 1997,『백범일지』, 돌베개.

독립운동사편찬위원회, 1964~1971,『獨立運動史』, 독립유공자사업기
　　　　금운용위원회.

망원한국사연구실, 1989,『한국근대민중운동사』, 돌베개.

朴敏泳, 1998,『大韓帝國期 義兵研究』, 한울.

박영복, 1995,『한국기독교사회교육사』, 교육과학사.

朴容玉, 1984,『韓國近代女性運動史研究』, 정신문화연구원.

_____, 2001,『한국 여성 근대화의 역사적 맥락』, 지식산업사.

朴贊勝, 1991,『한국근대정치사상사연구』, 역사비평사.

朴玄埰·鄭昌烈 編, 1985,『韓國民族主義論』, 창작과비평사.

白東鉉, 2004,『大韓帝國期 民族意識과 國家構想』, 고려대박사학위논
　　　　문.

白樂濬, 1970,『韓國改新教史』, 연세대출판부.

반병률, 1997,『성재 이동휘일대기』, 범우사.

서울대 한국문화연구소, 2003,『한국 근대사회와 문화 I－19세기 말에
　　　　서 20세기 초를 중심으로－』, 서울대출판부.

徐仲錫, 1989,『韓國近現代의 民族問題 研究』, 지식산업사.

孫仁銖, 1971,『韓國近代教育史; 1885~1945』, 연세대출판부.

_____, 1980,『韓國開化教育研究』, 일지사.

孫禎睦, 1992,『韓國地方制度·自治史研究』, 일지사.

신연재, 1991,『동아시아 삼국의 사회진화론 수용에 관한 연구』, 서울
　　　　대박사학위논문.

_____, 1982,『朴殷植의 社會思想研究』, 서울대출판부.

_____, 1980,『韓國近代史와 社會變動』, 문학과지성사.

愼鏞廈, 1985, 『韓國民族獨立運動史研究』, 을유문화사.

아세아문제연구소편, 1971, 『日帝의 文化侵奪史』, 민중서관.

_____, 1971, 『日帝의 經濟侵奪史』, 민중서관.

_____, 1971, 『日帝下의 民族運動史』, 민중서관.

安 澔, 1984, 『韓國義務敎育成立史研究』, 동양문화사.

安基成, 1984, 『韓國近代敎育法制研究』, 고려대출판부.

역사문제연구소, 1988, 『한국근현대 연구입문』, 역사비평사.

역사학회편, 1987, 『韓國近代民族主義運動史研究』, 일조각.

연세대 국학연구원, 2004, 『전통의 변용과 근대개혁』, 태학사.

오미일, 2002, 『한국근대자본가연구』, 한울.

오천석, 1964, 『韓國新敎育史』, 현대교육총서출판사.

兪東濬, 1987, 『兪吉濬傳』, 일조각.

柳芳蘭, 1995, 『韓國 近代敎育의 登場과 發達』, 서울대박사학위논문.

柳永烈, 1985, 『開化期의 尹致昊研究』, 한길사.

_____, 1997, 『大韓帝國期의 民族運動』, 일조각.

柳永益, 1990, 『甲午更張研究』, 일조각.

柳子厚, 1947, 『李儁先生傳』, 동방문화사.

유준기, 2001, 『한국민족운동과 종교활동』, 국학자료원.

尹健次(심성보외 역), 1987, 『한국근대교육의 사상과 운동』, 청사.

尹炳喜, 1998, 『兪吉濬研究』, 국학자료원.

尹 玩, 1997, 『朝鮮統監府時期 民立私學의 敎育救國活動에 관한 연구』, 단국대박사학위논문.

李光麟, 1993, 『開化期의 人物』, 연세대출판부.

李基文, 1970, 『開化期의 國文研究』, 일조각.

李基俊, 1985, 『韓末 西歐經濟學導入史研究』, 일조각.

李萬珪, 1949, 『朝鮮敎育史』下, 을유문화사.

李萬烈, 1986, 『韓國基督敎文化運動史』, 대한기독교출판사.

_____, 1988, 『한국기독교와 민족운동』, 보성.

이민수 역, 2000, 『민충정공 유고』, 일조각.

李松姬, 1986, 『大韓帝國末期 愛國啓蒙學會研究』, 이화여대박사학위
　　　논문.

李庸昌, 2004, 『東學・天道教團의 民會設立運動과 정치세력화 연구
　　　(1896~1906)』, 중앙대박사학위논문.

李元浩, 1983, 『開化期 教育政策史』, 문음사.

李潤相, 1996, 『1984~1910년 재정제도와 운영의 변화』, 서울대박사학
　　　위논문.

李學來, 1989, 『韓國近代體育史研究』, 지식산업사.

이화여대 한국문화연구원, 1998, 『대한 제국사 연구』, 백산자료원.

　　　　　　　　　　　　　, 1998, 『20세기 전반기 한국사회의 연구』, 백
　　　산자료원.

전복희, 1996, 『사회진화론과 국가사상』, 한울.

전우용, 1997, 『19세기말~20세기초 韓人 會社 研究』, 서울대박사학위
　　　논문.

丁曍淑, 1988, 『大韓帝國末期 女性運動의 性格研究』, 이화여대박사학
　　　위논문.

鄭 灌, 1995, 『舊韓末期 民族啓蒙運動研究』, 형설출판사.

정숭교, 2004, 『韓末 民權論의 전개와 國粹論의 대두』, 서울대박사학위
　　　논문.

鄭英熹, 1998, 『개화기 종교계의 교육운동 연구』, 혜안.

鄭在哲, 1985, 『日帝의 對韓國植民教育政策史』, 일지사.

鄭晋錫, 1987, 『大韓每日申報와 裵說』, 나남출판사.

趙東杰, 1989, 『韓國民族主義의 發展과 獨立運動史研究』, 지식산업사.

趙恒來, 1984, 『一進會研究』, 중앙대박사학위논문.

趙恒來 편, 1993, 『1900年代의 愛國啓蒙運動研究』, 아세아문화사.

趙恒來 편, 1994, 『日帝經濟侵略과 國債報償運動』, 아세아문화사.

　　　　　, 1996, 『日帝의 大韓侵略政策史研究』, 현음사.

조현욱, 2001, 『西北學會의 支會와 支校研究』, 성신여대박사학위논문.

차기벽 엮음, 1985, 『日帝의 韓國植民統治』, 정음사.

崔起榮, 1991, 『大韓帝國時期 新聞研究』, 일조각.

_____, 1997, 『韓國近代啓蒙運動研究』, 일조각.

최숙경, 1991, 『황성신문의 계몽사상에 관한 연구』, 영남대박사학위논문.

한국교육연구소, 1993, 『한국교육사』, 풀빛.

한국사편집위원회, 1994, 『한국사』, 한길사.

한국여성연구회 여성사분과, 1992, 『한국여성사(근대편)』, 풀빛.

한국역사연구회 민족해방운동사연구반, 1990, 『쟁점과 과제; 민족해방운동사』, 역사비평사.

한국현대사편찬위원회, 1970, 『한국현대사』, 신구문화사.

한명근, 2002, 『韓末 韓日合邦論 研究』, 국학자료원.

한완상・허병섭 외, 1985, 『한국민중교육론』, 학민사.

홍순권, 1994, 『韓末 湖南地域 義兵運動史研究』, 서울대출판부.

홍석창, 1995, 『제물포지방 교회사자료집, 1885-1930』, 에이맨.

2) 국 외

高稿濱吉, 1927, 『朝鮮教育史考』, 제국지방행정학회.

古川宣子, 1996, 『日帝時代 普通學校 體制의 形成』, 서울대박사학위논문.

弓削幸太郎, 1923, 『朝鮮の教育』, 自由討究社.

大野謙一, 1938, 『朝鮮教育問題菅見』, 朝鮮教育會.

渡部學, 1970, 『近世朝鮮教育史研究』, 雄山閣.

_____, 1975, 『朝鮮教育史』, 講談社.

稻葉繼雄, 1997, 『舊韓末「日語學校」の研究』, 九州大學出版會.

_____, 1999, 『舊韓國の教育と日本人』, ふるかわつぱん出版.

박득준, 1989, 『조선근대교육사(북한연구자료선15)』, 한마당(영인).

사회과학원, 1980, 『조선전사』, 과학・백과출판사.

杉尾敏明, 1987, 『融合教育の視点 − 部落解放と 人權主體の 形成 −』, 兵庫部落問題研究所.

森田芳夫, 1987, 『韓國における 國語・國史教育』, 原書房.

桑村寬, 1983, 『近代の 教育と 夜學校』, 明石書店.

信夫淳平, 1901, 『韓半島』.

鈴木敬夫, 1989, 『法을 통한 朝鮮植民地 支配에 관한 硏究』, 고려대출판부.

李淑子, 1985, 『教科書に 書かれた 朝鮮と 日本』, ほふぷ出版.

佐藤由美, 2000, 『植民地教育政策の 研究(朝鮮 1905 ~ 1911)』.

幣原坦, 1919, 『朝鮮教育論』, 六盟館.

3. 연구논문

1) 국 내

姜東鎭, 1970, 「日帝支配下의 勞動夜學」 『역사학보』 46, 역사학회.

강재순, 2004, 「韓末 俞吉濬의 實業活動과 勞動觀」 『역사와 경계』 50, 부산경남사학회.

高永根, 1983, 「開化期의 國語研究團體와 國文普及活動 − '한글모죽보기'를 중심으로」 『한국학보』 30, 일지사.

_____, 2000, 「開化期의 國語學 業績과 學會活動」 『國語學研究 − 흐름과 動向 −』, 학연사.

郭 靜, 1998, 「愛國啓蒙家들의 地方自治制論과 그 運動」 『崇實史學』 11, 숭실대.

權大雄, 1994, 「韓末 慶北地方의 私立學校와 그 理念」 『國史館論叢』 58, 국사편찬위원회.

_____, 1996, 「韓末 嶠南教育會 研究」 『韓國史學論叢』, 중산정덕기박사화갑논총간행위원회.

權泰檍, 1994, 「1904 ~ 1910년 일제의 한국침략 구상과 '施政改善'」 『한국사론』 31, 서울대.

김기승, 1999,「대한협회 안동지회」『安東史學』4, 안동대.

김도형, 2000,「대한제국기 계몽주의계열 지식층의 '삼국제휴론' — 인종적 제휴론을 중심으로 — 」『한국근현대사연구』13, 한국근현대사연구회.

金度亨, 1988,「韓末 啓蒙運動의 政治論研究」『한국사연구』54, 한국사연구회.

_____, 1988,「韓末 啓蒙運動의 地方支會」『손보기정년기념한국사학논총』, 동간행위원회.

_____, 1989,「한말 재야지배세력의 민족문제 인식과 대응」『역사와현실』1, 한국역사연구회.

_____, 1992,「日帝侵略初期(1905~1919) 親日勢力의 政治論 研究」『啓明史學』3, 계명대.

_____, 1993,「애국계몽운동의 현황과 과제」『한민족독립운동사연구』12, 국사편찬위원회.

_____, 1996,「애국계몽운동(Ⅰ)」『한국독립운동사사전』1, 독립기념관 한국독립운동사연구소.

김명구, 1997,「한말 대한협회계열의 정치사상의 성격」『부대사학』21, 부산대.

김민남·조정봉, 1998,「1930년대 칠곡지역 야학 재발견」『중등교육연구』42, 경북대 중등교육연구소.

_____, 2004,「일제하 영주지역 노동야학에 관한 연구」『한국교육』31, 한국교육개발원.

金敏洙, 1993,「近代의 國語運動」『韓國思想史大系』, 정신문화연구원.

金祥起, 1984,「韓末 私立學校의 設立理念과 新敎育 救國運動」『청계사학』1, 정신문화연구원.

金淑子, 1988,「舊韓末 女性誌의 救國敎育論」『한국민족운동사연구』2, 한국민족운동사연구회.

金淑子, 1998,「대한제국기 민권의식의 변화과정」『한국민족운동사연구』20, 한국민족운동사연구회.

金 勝, 2000, 「한말·일제하 동래지역 민족운동과 사회운동」『지역과 역사』 6, 부산경남역사연구소.

金丁海, 1987, 「1895~1910 私立學校의 設立과 運營」『역사교육논집』 11, 경북대.

김종서, 2003, 「개화기 사회문화 변동과 종교인식」『한국 근대사회와 문화Ⅰ -19세기 말에서 20세기 초를 중심으로-』, 서울대출판부.

金鍾俊, 2002, 「進步會·一進支會의 활동과 鄕村社會의 동향」『한국사론』 48, 서울대.

김종진, 2004, 「개화기 이후 독본 교과서에 나타난 노동 담론의 변모양상-『노동야학독본』과 『중등교육조선어급한문독본』을 중심으로-」『한국어문학연구』 42, 한국어문학연구학회.

김중섭, 1995, 「일제 식민 통치와 주민 교육 운동-진주지역을 중심으로-」『설화와 의식의 사회사』, 문학과지성사.

金昌洙, 1987, 「開化期의 國學振興運動과 民族意識」『韓國近代의 民族意識研究』, 동화출판공사.

_____, 1993, 「문화운동연구의 현단계와 과제」『한민족독립운동사』 12, 국사편찬위원회.

金泰熊, 1997, 「근대 중국·일본의 地方自治論과 韓末의 지방자치 문제」『역사교육』 64, 역사교육연구회.

김태준, 2003, 「문의 전통과 근대교육제도」『한국어문학연구』 39, 한국어문학회

김한교, 1989, 「일제 식민정책의 변천」『한민족독립운동사』 5, 국사편찬위원회.

金炯睦, 1997, 「自强運動期 漢城府民會의 義務敎育 施行과 性格」『中央史論』 9, 중앙사학연구회.

_____, 1998, 「私立興化學校(1898~1911)의 近代敎育史上 位置」『白山學報』 50, 백산학회.

_____, 1999, 「한말 경기지역 야학운동의 배경과 실태」『中央史論』 10·

11, 중앙사학연구회.

金炯睦, 1999, 「1906～1910년 서울지역 야학운동의 전개 양상과 실태」 『鄕土서울』 59, 서울시사편찬위원회.

_____, 1999, 「自强運動期 平安道地方 '夜學運動'의 實態와 性格」 『한국민족운동사연구』 22, 한국민족운동사연구회.

_____, 1999, 「畿湖興學會 京畿道 支會 現況과 性格」 『中央史論』 12·13, 중앙사학연구회.

_____, 2000, 「한말·1910년대 女子夜學의 性格」 『中央史論』 14, 한국중앙사학회.

_____, 2001, 「韓末 海西地方 夜學運動의 實態와 運營主體」 『백산학보』 61, 백산학회.

_____, 2001, 「畿湖興學會 忠南支會의 活動과 性格」 『중앙사론』 15, 한국중앙사학회.

_____, 2002, 「자료소개; 夜學 校舍 賃貸에 관한 문서」 『한국근현대사연구』 21, 한국근현대사학회.

_____, 2002, 「夜學運動의 意義와 硏究動向」 『사학연구』 61, 한국사학회.

_____, 2002, 「韓末 忠淸道 夜學運動의 主體와 理念」 『한국독립운동사연구』 18, 독립기념관 한국독립운동사연구소.

_____, 2003, 「한말 충청지방의 사립학교설립운동」 『한국근현대사연구』 23, 한국근현대사학회.

_____, 2003, 「한말 국문야학 성행 배경과 성격」 『한국독립운동사연구』 20, 독립기념관 한국독립운동사연구소.

_____, 2004, 「대한제국기 인천지역 근대교육운동 주체와 성격」 『인천학연구』 3, 인천학연구원.

_____, 2005, 「한말 홍성지역 근대교육운동의 성격」 『韓國史의 探究』, 최홍규교수정년기념논총간행위원회.

_____, 2005, 「한말 야학운동의 기능과 성격」 『중앙사론－上岩金鎬逸 敎授停年紀念特輯－』 21, 한국중앙사학회.

金炯睦, 2005,「일제강점 초기 改良書堂의 기능과 성격」『사학연구』 78, 한국사학회.

_____, 2005,「대한제국기 강화지역의 사립학교설립운동」『한국독립 운동사연구』 24, 독립기념관 한국독립운동사연구소.

金鎬逸, 1973,「近代 私立學校의 設立理念 硏究」『史學硏究』 23, 한국 사학회.

_____, 1980,「韓國近代敎育의 成立」『韓國史學』 2, 한국정신문화연 구원.

金興洙, 1994,「韓國 近代 初等學校의 設立에 關한 硏究」『논문집』 34, 춘천교대.

_____, 1998,「朴泳孝의 敎育觀」『아시아문화』 12, 한림대.

노관범, 2000,「1875~1904년 박은식 주자학 이해와 교육자강론」『한 국사론』 43, 서울대.

盧榮澤, 1987,「사립학교의 구국운동」『한민족독립운동사』 2, 국사편 찬위원회.

류방란, 2003,「개화기 기독교계 학교의 발달−소학교를 중심으로−」 『한국 근대사회와 문화Ⅰ−19세기 말에서 20세기 초를 중심 으로−』, 서울대출판부.

박민영, 1998,「1908년 경성의병의 편성과 대한협회 경성지회」『한국근 현대사연구』 4, 한국근현대사연구회.

박수연, 1998,「통감 이등박문의 대한정책과 이에 대한 애국계몽파의 인식」『한국민족운동사연구』 20, 한국민족운동사연구회.

朴容玉, 1967,「1896~1910 女性團體의 硏究」『한국사연구』 6, 한국사 연구회.

朴贊勝, 1990,「韓末 自强運動論의 각 系列과 그 性格」『韓國史研究』 69, 한국사연구회.

_____, 1994,「한말 호남학회 연구」『國史館論叢』 53, 국사편찬위원회.

潘炳律, 1994,「李東輝와 韓末 民族運動」『한국사연구』 87, 한국사연 구회.

邊勝雄, 1989,「大韓帝國政府의 經本藝參政策과 儒生層의 新教育參與」
　　　『건대사학』 7, 건국대.

＿＿＿＿, 1990,「韓末 私立學校의 設立動向과 愛國啓蒙運動」『국사관
　　　논총』 18, 국사편찬위원회.

孫仁銖, 1988,「日帝 植民地 教育政策의 性格」『日帝下의 教育理念과
　　　그 運動』, 정신문화연구원.

愼鏞廈, 1974,「우리나라 最初의 近代學校의 設立에 대하여」『한국사
　　　연구』 10, 한국사연구회.

＿＿＿＿, 1980,「韓末 愛國啓蒙思想과 運動」『한국사학』 1, 정신문화연
　　　구원.

＿＿＿＿, 1977,「주시경의 애국계몽운동」『한국사회학연구』 1, 한국사회
　　　학회.

申惠暻, 1993,「大韓帝國期 國民教育會 研究」『梨大史苑』 20·21, 이화
　　　여대.

오영섭, 1997,「韓末 義兵運動의 勤王的 性格」『한국민족운동사연구』
　　　15, 한국민족운동사연구회.

유승렬, 1991,「한말·일제초기 근대 노동자조직의 형성과정」『역사학
　　　논총』, 이원순교수정년기념논총간행위원회.

柳永烈, 1987,「大韓自强會의 愛國啓蒙運動」『韓國近代民族主義運動
　　　史研究』, 일조각.

＿＿＿＿, 1998,「大韓協會 支會 研究」『국사관논총』 67, 국사편찬위원
　　　회.

＿＿＿＿, 1998,「애국계몽운동의 전개」『한국사』 43, 국사편찬위원회.

柳漢喆, 1988,「韓末 私立學校令 以後 日帝의 史學 彈壓과 그 特徵」
　　　『한국독립운동사연구』 2, 한국독립기념관 한국독립운동사연
　　　구소.

＿＿＿＿, 1997,「1906년 光武皇帝의 私立學校 詔勅과 文明學校 設立 事
　　　例」『韓國民族運動史研究』, 우송조동걸선생정년기념논총간
　　　행위원회.

尹慶老, 1988,「신민회의 지방조직에 대하여」『한성사학』4, 한성대.

尹炳奭, 1998,「李東輝와 桂奉瑀의 民族運動」『한국학연구』6·7, 인하
　　　대.

李桂炯, 1999,「한말 공립소학교의 설립과 운영(1895~1905)」『한국근
　　　현대사연구』11, 한국근현대사연구회.

李基文, 1989,「한글의 연구와 보급」『한민족독립운동사』5, 국사편찬
　　　위원회.

이상찬, 1988,「1906~1910년의 地方行政制度의 變化와 地方自治論議」
　　　『한국학보』42, 일지사.

＿＿＿, 1991,「한말 지방자치실시 논의와 그 성격」『역사비평』여름
　　　호, 역사비평사.

李松姬, 1984,「韓末 愛國啓蒙思想과 社會進化論」『釜山女大史學』2,
　　　부산여대.

이영호, 1990,「갑오농민전쟁 이후 동학농민의 동향과 민족운동」『역
　　　사와 현실』3, 역사비평사.

이태훈, 2000,「한말 대한협회 주도층의 국가인식과 자본주의 근대화론
　　　」『학림』21, 연세대.

李鉉淙, 1966,「舊韓末 政治·社會·學會·會社·言論團體調査資料
　　　」『亞細亞學報』2, 아세아학술연구회.

＿＿＿, 1966,「大韓自强會에 대하여」『진단학보』29·30, 진단학회.

＿＿＿, 1969,「畿湖興學會에 대하여」『사학연구』19, 한국사학회.

＿＿＿, 1972,「湖南學會에 대하여」『震檀學會』33, 진단학회.

李炫熙, 1989,「語文研究와 文字普及運動」『한민족독립운동사』9, 국
　　　사편찬위원회.

李勛相, 1990,「舊韓末 勞動夜學의 성행과 兪吉濬의 '勞動夜學讀本'」
　　　『斗溪李丙燾博士九旬紀念 韓國史學論叢』, 일조각.

전재관, 1997,「한말 애국계몽단체 지회의 분포와 구성－대한자강회·
　　　대한협회·오학회를 중심으로－」『崇實史學』10, 숭실대.

정　관, 1987,「嶠南教育會에 대하여」『역사교육논집』10, 경북대.

鄭崇敎, 1995, 「1904~1910년 自强運動의 國民敎育論」『韓國史論』33, 서울대.

_____, 1998, 「대한제국기 지방학교의 설립주체와 재정」『韓國文化』 22, 서울대.

鄭英熹, 1999, 「私立興化學校에 관한 硏究」『實學思想硏究』 12, 무악 실학회.

丁仲煥, 1965, 「朴泳孝 上疏文(資料)」『亞細亞學報』 1, 아세아학술연구 회.

趙 珖, 1994, 「안중근의 애국계몽운동과 독립전쟁」『교회사연구』 9, 한국교회사연구소.

조규태, 1990, 「舊韓末 平安道地方의 東學－敎勢의 伸張과 性格에 대 한 檢討를 중심으로－」『동아연구』 21, 서강대.

趙東杰, 1989, 「韓末 啓蒙主義의 構造와 獨立運動上의 位置」『韓國學 論叢』 11, 국민대.

趙恒來, 1998, 「大韓協會 현실정치론」『숭실사학』 12, 숭실대.

朱秀雄, 1985·1989, 「韓國における日本語敎育に關する硏究(Ⅰ)· (Ⅱ)·(Ⅲ-1,2,3)」『논문집』 17~21, 경기대.

崔敬淑, 1995, 「한말 유생층의 신교육 참여」『吳世昌敎授華甲紀念韓 國近·現代史論叢』, 동간행위원회.

崔起榮, 1995, 「韓末 天道敎와 梁漢默－그 활동과 사상을 중심으로－」 『역사학보』 147, 역사학회.

_____, 1998, 「애국계몽운동(Ⅱ)」『한국독립운동사사전』 1, 독립기념 관 한국독립운동사연구소.

崔永禧, 1969, 「韓末官人의 經歷一般」『사학연구』 21, 한국사학회.

표언복, 2004, 「양계초와 대한제국기 애국계몽문학」『전통의 변용과 근대개혁; 연세국학총서47(한국사회의 변동과 근대화1)』, 태학 사.

韓圭茂, 1998, 「1900년대 서울지역 기독교회와 민족운동의 동향」『한 국민족운동사연구』 19, 한국민족운동사연구회.

韓明根, 1998,「대한협회의 현실인식론－3파연합운동과 합방인식론을 중심으로」『숭실사학』12, 숭실대.

한은숙, 1985,「개화기 의무교육에 관한 연구」『논문집』18, 청주교대.

한용진, 2004,「경성학당에 관한 연구」『한국교육사학』26-2, 한국교육사학회.

_____, 2005,「개화기 일본 민간단체 설립 학교 고찰－京城學堂을 중심으로－」『동양학』38, 단국대 동양학연구소.

한우희, 1991,「보통학교에 대한 저항과 교육열」『교육이론』6-1, 서울대.

2) 국 외

渡部學, 1964,「朝鮮における「副次」的初等教育施設(上, 中)－朝鮮近代教育理解のための領域づけへの提言－」『武藏大學論集』8, 武藏大學.

_____, 1964,「朝鮮における「副次」的初等教育施設(上, 中)－朝鮮近代教育理解のための領づけへの提言－」『武藏大學紀要』8, 武藏大學.

_____, 1974,「『私設學術講習會』の「露頭」－日政時代 私學初等教育の一領域－」『韓』34, 한국연구원.

_____, 1973,「韓國教育における二言語主義」『한』21, 한국연구원.

馬越徹, 1988, 「漢城時代の幣原坦－日本人お雇い教師の先驅け－」『國立研究所紀要』115, 국립연구소.

阿部洋, 1974,「日本統治期 朝鮮の教育」『韓』34, 한국연구원

永島廣紀, 1997,「일진회의 일어학교에 대한 고찰」『한일관계사연구』7, 한일관계사학회.

月脚達彦, 1997, 「保護條約以後の「實力養成運動」の理論と活動－兪吉濬と漢城府民會を中心に－」『朝鮮學報』165, 천리대.

井上薫, 1991,「韓國統監府設置 前後の公立普通學校體制形成と日本語普及政策」『日本の教育史學』34, 교육사학기요.

青木功一, 1976 · 1977, 「朴泳孝の民本主義 · 新民論 · 民族革命論(一, 二)」 『朝鮮學報』 80 · 81, 천리대.

찾아보기

ㄴ

김 형 목(金炯睦)

경남 진주 출생
중앙대 사학과 및 동대학원 졸업(문학박사)
인천대·경원대·중앙대 강사 역임
독립기념관 한국독립운동사연구소 연구원

▪ 저서 및 논문

경기도인물지(공저)
자강운동기 평안도지방 '야학운동'의 실태와 성격
1910년대 야학의 실태와 성격 변화
기호흥학회 충남지방 지회 활동과 성격
야학운동의 의의와 연구동향
윤봉길의 현실인식과 청년운동사상 위치
한말 국문야학의 성행 배경과 성격
대한제국기 인천지역 근대교육운동 주체와 성격
한국 근대 초등교육의 발전(공저)
정재홍의 현실인식과 의열투쟁
대한제국기 강화지역의 사립학교설립운동

대한제국기 야학운동   정가 : 22,000원

2005년 10월 30일 초판 발행
2006년 9월 30일 재판 발행

저   자 : 김 형 목
회   장 : 한 상 하
발 행 인 : 한 정 희
발 행 처 : 경인문화사
편   집 : 신 학 태
서울특별시 마포구 마포동 324 - 3
전화 : 718 - 4831~2, 팩스 : 703 - 9711
E-mail : kyunginp@chollian.net
등록번호 : 제10 - 18호(1973. 11. 8)

ⓒ 2005, Kim, Hung-Mok. Kyung-in Co, Printed in Korea
ISBN : 89-499-0373-3 94910
* 파본 및 훼손된 책은 교환해 드립니다.